LE LIVRE DE
TOUS LES JEUX

LE LIVRE DE TOUS LES JEUX

FRANCE LOISIRS
123, boulevard de Grenelle, Paris

Ont collaboré à cet ouvrage :
G. Hamard, F. Lohéac, M. Malek, M. Maraninchi, O. Meyer.
Maquette : Dominique Lemonnier.

ISBN : 2-7242-5395-7
N° d'éditeur : 20295
Dépôt légal : août 1992

Édition du Club France Loisirs, Paris,
avec l'autorisation des Éditions Solar

Achevé d'imprimer en août 1992
par l'Imprimerie Pollina, 85400 Luçon - n° 14066

Sommaire

Les Jeux d'Échiquier

Jeu de stratégie par excellence, les Échecs ont séduit sous des formes diverses une multitude de joueurs à travers le monde, et cela depuis les temps les plus reculés.

Le jeu que nous connaissons aujourd'hui possède de multiples variantes, amusantes ou intrigantes, comme l'introduction dans le jeu de pièces « féeriques » au comportement inhabituel, la présence de « mines » sur des cases de l'échiquier qui détruisent automatiquement toute pièce adverse s'y posant, ou la réapparition des pièces capturées dans le camp adverse, aux Échecs « fantômes ».

En Inde, au Japon ou en Chine, des formes de jeu différentes de celles que nous connaissons ouvrent des perspectives nouvelles aux amateurs du « Jeu des rois et roi des jeux ».

Les Échecs

Les Échecs sont nés en Inde, il y a 1 000 ou 2 000 ans, sous le nom de Shaturanga. Ils se sont propagés au Moyen-Orient par la route des caravanes (Perse, Irak, Syrie, Égypte), sous le nom de Shatranj, pour finalement être introduits en Europe par les croisés, et largement diffusés par les conquêtes arabes. Les Échecs peuvent à la fois être considérés comme un jeu, très populaire dans le monde entier, mais aussi, à haut niveau de compétition, comme un sport et un art : en effet, si les parties sont très éprouvantes nerveusement, elles permettent aux joueurs d'exprimer leurs idées et leur personnalité dans une création chaque fois unique et renouvelée.

MATÉRIEL

Un échiquier de 8 cases de côté et un jeu d'Échecs composé de 32 pièces, 16 blanches et 16 noires, décrites plus loin.

BUT DU JEU

Capturer le Roi adverse. En pratique, cette capture n'est cependant jamais effectuée : lorsqu'elle est inévitable, on se contente de déclarer le Roi « échec et mat », expression provenant du persan **Shah mat** ***et signifiant « le roi est mort ».***

RÈGLES

L'échiquier et les pièces

L'échiquier est un plateau composé de 64 cases alternativement blanches et noires. Par convention, au début du jeu, les joueurs placent l'échiquier de façon à avoir une case blanche à leur droite. On donne le nom de « colonnes » aux séries de cases verticales, celui de « rangées » ou « traverses » aux séries de cases horizontales, et de « diagonales » aux séries de cases obliques, comme l'illustre le *diagramme 1*.

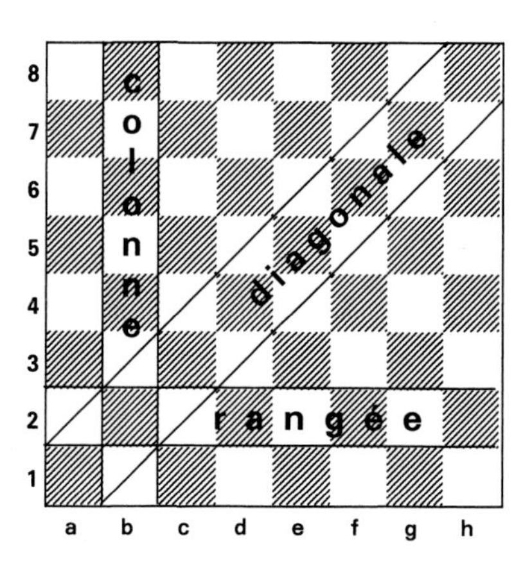

Diagramme 1 : L'échiquier

L'échiquier comporte un système simple de coordonnées, permettant de désigner chaque case. Ce système est semblable à celui de la Bataille navale, que tout le monde connaît : on attribue à chaque colonne une lettre, de a à h, et à chaque rangée un chiffre, de 1 à 8. Chaque case est ainsi identifiée par la lettre et le chiffre correspondant à l'intersection d'une colonne et d'une rangée : par exemple, la case située colonne « c » sur la quatrième rangée porte le nom de « case c4 »

La position de départ est représentée sur le *diagramme 2*. Les pièces sont disposées de façon symétrique dans les deux camps. On notera que la Dame de chaque joueur se trouve sur une case de la couleur de son propre camp (c'est-à-dire une case blanche pour la Dame blanche et une case noire pour la Dame noire).

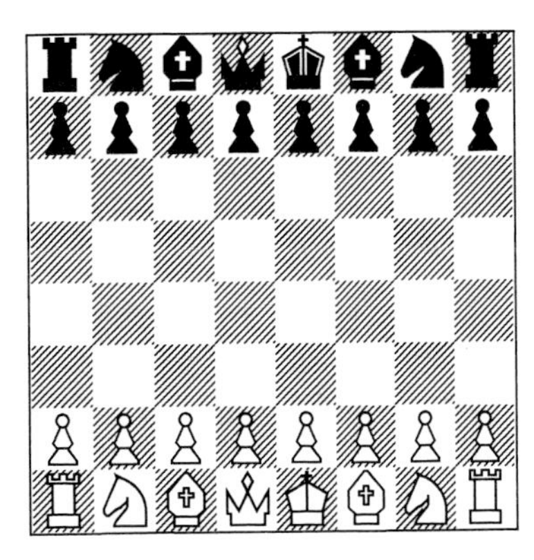

Diagramme 2 : La position de départ

Marche et prise des pièces

Nous allons décrire la marche des pièces sur un échiquier vide. Dans la pratique, les pièces rencontrent des obstacles et obéissent alors aux règles suivantes :

- Aucune pièce ne peut se rendre sur une case occupée par une pièce amie.
- Une pièce peut en revanche se rendre sur une case occupée par une pièce ennemie. Cette dernière est alors ôtée du jeu : on dit qu'elle a été « prise ».
- Aucune pièce ne peut sauter au-dessus d'une pièce amie ou ennemie (sauf le Cavalier).
- Toutes les pièces prennent comme elles marchent (sauf le pion).

Voici la marche de chaque pièce :

– **La Tour :** elle se déplace en ligne droite, horizontalement ou verticalement, d'autant de cases qu'elle le désire *(diagramme 3)*.

– **Le Fou :** il se déplace diagonalement, d'autant de cases qu'il le désire. Notons qu'un Fou demeure toute la partie sur sa couleur d'origine *(diagramme 4)*.

– **La Dame :** cette pièce, la plus puissante du jeu, réunit la marche de la Tour et du Fou ; elle peut se déplacer dans toutes les directions d'autant de cases qu'elle le désire *(diagramme 5)*.

– **Le Roi :** il se déplace comme la Dame dans toutes les directions, mais d'une seule case à la fois. De plus, il n'a pas le droit de se mettre lui-même en échec (c'est-à-dire de se rendre sur une case où il serait susceptible d'être capturé par l'adversaire). Ainsi, deux Rois ne peuvent jamais se trouver en contact *(diagramme 6)*.

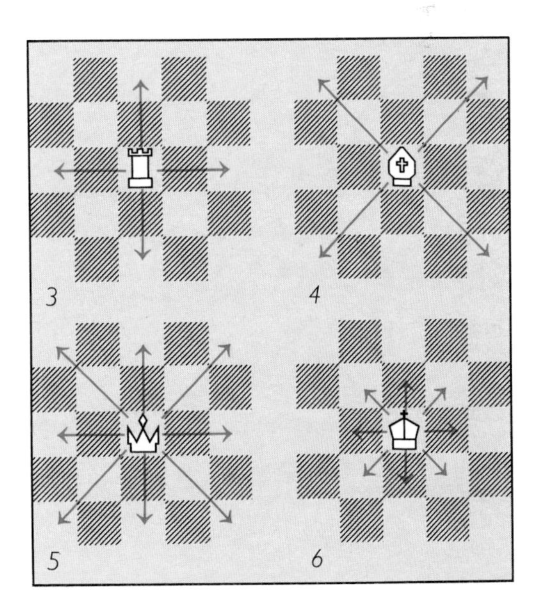

– **Le Cavalier :** il a une marche très particulière, effectuant un pas de Tour et un pas de Fou, et peut franchir des obstacles. Notons qu'il aboutit toujours sur une case d'une couleur différente de sa case de départ *(diagramme 7)*.

– **Le Pion :** il marche en avant, mais prend en biais. Il progresse d'une case à la fois seulement, soit verticalement (cas général) soit diagonalement (quand il capture une pièce ennemie). Toutefois, le pion peut avancer de deux cases lorsqu'il se trouve encore situé sur sa case d'origine. Le pion est la seule pièce à ne jamais pouvoir reculer *(diagrammes 8 et 9)*.

Coups particuliers

Les trois coups suivants obéissent à des règles spéciales :

– **La Prise en passant :** si un pion sur sa case initiale avance de deux cases mais aurait pu être capturé par un pion adverse s'il n'avait avancé que d'une case, la prise est possible comme si le pion n'avait avancé que d'une case. Toutefois, cette prise doit être effectuée immédiatement pour être valable *(diagramme 10)*.

– **La Promotion :** tout pion qui parvient sur sa dernière rangée doit être immédiatement remplacé par une autre pièce de sa couleur (Roi excepté), au gré du joueur. Si l'on choisit généralement une Dame, il est possible, quand la position l'exige, d'effectuer une promotion en Tour, en Fou ou en Cavalier.

– **Le Roque :** le Roi jouit, une fois par partie, de la faculté de se réfugier sur l'une ou l'autre aile : il se déplace horizontalement de deux cases vers l'une des deux Tours, tandis que celle-ci saute au-dessus de lui pour venir se placer à son côté. On distingue le Petit Roque et le Grand Roque, selon le parcours effectué par la Tour *(diagramme 11)*.

Cette manœuvre simultanée de deux pièces constitue un seul coup, qui ne peut

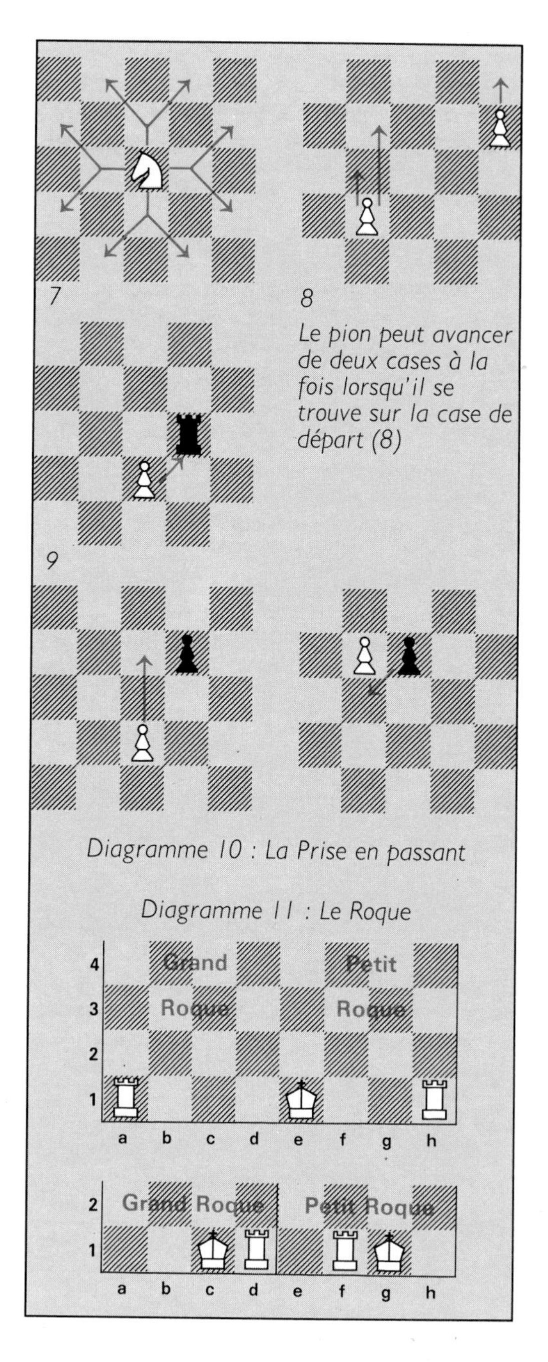

Le pion peut avancer de deux cases à la fois lorsqu'il se trouve sur la case de départ (8)

Diagramme 10 : La Prise en passant

Diagramme 11 : Le Roque

être effectué que si les quatre conditions suivantes sont remplies :

1. Le Roi et la Tour du Roque ne doivent pas avoir été déplacés.
2. Les cases situées entre le Roi et la Tour du Roque doivent être vides.

3. Le Roi ne doit pas être en échec.
4. Le Roi ne doit pas passer par une case où il serait en échec, c'est-à-dire que les deux cases qu'il traverse ne doivent pas être attaquées par une pièce adverse.

Situations spéciales

– **L'Échec et Mat :** rappelons qu'un Roi attaqué est dit « en échec ». Comme il n'est pas permis de mettre ou de laisser son Roi en échec, l'attaque doit être parée de façon prioritaire, soit en capturant la pièce attaquante, soit en interposant une pièce entre le Roi et la pièce attaquante, soit en déplaçant le Roi. Quand aucune de ces parades n'est possible, comme dans le *diagramme 12 A*, on dit que le Roi est « mat » et la partie s'arrête (la prise effective du Roi ne s'effectue jamais).

– **Le Pat :** quand un joueur dont le Roi n'est pas en échec doit jouer mais ne le peut pas, faute de coups légaux à sa disposition, on dit que ce joueur est « pat » : la partie est alors nulle. Sur le *diagramme 12 B*, les Noirs sont « pat » si

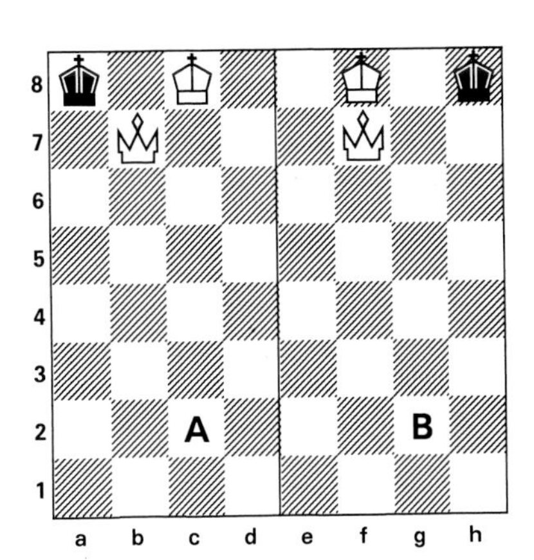

A. Les Noirs sont « mat » *B. Les Noirs sont « pat »*

Diagramme 12

c'est leur tour de jouer : ils ne peuvent bouger leur Roi (qui n'a pas le droit de se mettre en échec) et n'ont pas d'autre coup à leur disposition.

Valeur des pièces

L'expérience a permis d'attribuer aux pièces une valeur approximative, fonction de leur mobilité :

– le pion vaut 1
– le Cavalier vaut 3 } pièces dites
– le Fou vaut 3 } « mineures »
– la Tour vaut 5 } pièces dites
– la Dame vaut 10 } « lourdes »

On notera certaines équivalences :

– 1 Cavalier = 1 Fou = 3 pions.
– 1 Tour = 1 pièce mineure + 2 pions (la différence entre une pièce mineure et une Tour se nomme la « qualité »).
– 2 Tours = 1 Dame = 3 pièces mineures.

Le Roi est une pièce particulière qui, ne pouvant être prise ou échangée, n'est pas susceptible d'être cotée. Il est cependant possible de lui attribuer une valeur défensive et offensive (d'environ 5 unités).

Déroulement de la partie

Chaque joueur joue un coup à tour de rôle, le joueur ayant les Blancs débutant la partie. Le jeu se déroule habituellement en trois grandes phases :

– **L'ouverture :** phase de développement des forces, par laquelle les armées montent au combat.

– **Le milieu de jeu :** phase de lutte intense où chaque joueur tente de s'imposer. La stratégie (que faire ?) et la tactique (comment le faire ?) y règnent en maîtres. La technique défensive progressant sans cesse, il est maintenant rare qu'un joueur se fasse « mater » : le plus souvent, une attaque bien menée ne permet que de prendre un avantage matériel.

– **La finale :** phase dans laquelle on tente de réaliser les avantages acquis en milieu de jeu (par exemple en poussant un pion à Dame). La finale se caractérise par un matériel réduit, à la suite des échanges de pièces qui se sont produits dans le milieu de jeu.

NOTATION

Un système de notation a été mis au point pour conserver et reproduire les parties : on définit le mouvement d'une pièce en indiquant l'initiale de la pièce (en majuscule), sa case de départ et sa case d'arrivée, séparées par un tiret (-) en cas de simple déplacement et par le signe multiplié (x) en cas de prise. On n'utilise pas d'initiale pour le pion.

Par exemple, Ta1-d1 signifie que la Tour qui était en a1 se rend en d1 ; e2-e4 indique que le pion situé en e2 se rend en e4 ; Te8 x e4 annonce que la Tour située en e8 s'empare du pion e4 ; f5 x e6 signifie que le pion placé en f5 capture le pion situé en e6, etc.

En pratique, on utilise généralement la notation algébrique abrégée, où l'on omet de mentionner la case de départ, sauf s'il y a ambiguïté. Ainsi, Ta1-d1 devient Td1, e2-e4 devient e4, Te8 x e4 devient Txe4 et f5 x e6 devient fxe6.

On utilise en outre les symboles suivants pour compléter la notation :

0-0	Petit Roque	!!	Coup remarquable
0-0-0	Grand Roque	?	Coup faible
-	Va à	??	Gaffe
x	Prise (se prononce : prend)	!?	Coup entreprenant, intéressant, mais risqué
+	Échec	?!	Coup douteux
‡	Mat	±	Avantage Blanc
e.p.	En passant	∓	Avantage Noir
= D	Promotion (en Dame, dans notre exemple)	=	Position équilibrée
!	Bon coup		

Zones de l'échiquier

Pour décrire plus commodément le champ de bataille, on a pris l'habitude de distinguer trois zones sur l'échiquier : l'aile-Dame, composée des colonnes a, b, c ; l'aile-Roi, composée des colonnes f, g, h ; et la zone centrale composée des colonnes d et e. Le centre est une réduction de cette zone. On indiquera plus loin l'importance qu'il revêt aux Échecs. Dans sa version élargie, il comprend les 16 cases situées à l'intérieur du carré c3-c6-f3-f6. Dans sa version restreinte, il ne comprend que les 4 cases d4, d5, e4 et e5 *(diagramme ci-dessous).*

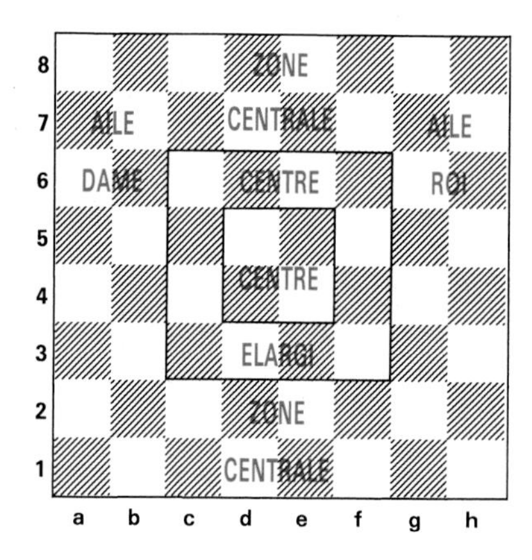

Diagramme 13 : La géographie de l'échiquier

QUELQUES PIÈGES FAMEUX

La littérature échiquéenne a répertorié un certain nombre de pièges conduisant à des « miniatures », c'est-à-dire à des parties ne dépassant pas quelques coups. Voici les plus connus d'entre eux :

Le Mat du Berger

Ce Mat, le plus célèbre de tous, illustre la faiblesse de la case f 7 (f 2) qui, en début de partie, n'est protégée que par le Roi :

	Blancs	**Noirs**
1.	e 2 - e 4	e 7 - e 5
2.	Ff 1 - c 4	Ff 8 - c 5
3.	Dd 1 - f 3	Cb 8 - c 6 ??
4.	Df 3 × f 7 ≠	

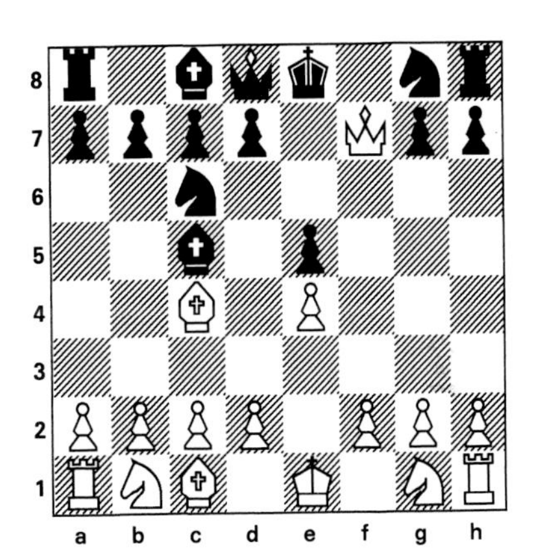

Le Mat des Imbéciles

Ce Mat se voit rarement sous sa forme la plus pure :

	Blancs	**Noirs**
1.	f 2 - f 4	e 7 - e 6
2.	g 2 - g 4 ??	Dd 8 - h 4 ≠

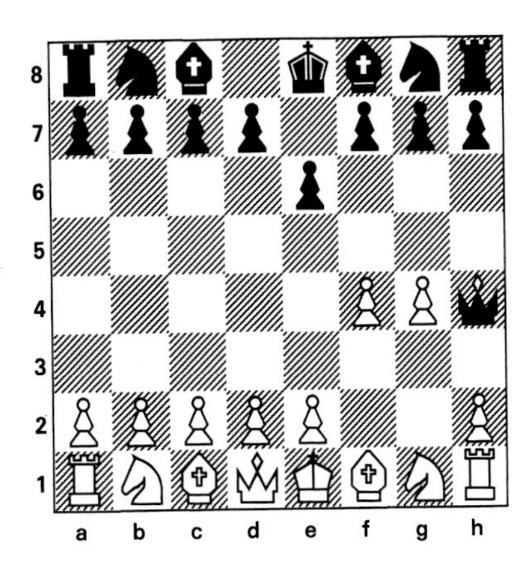

Ce type de mat est déjà intervenu en partie sérieuse :

Blancs	Noirs
1. d2 - d4	Cg8 - f6
2. Cb1 - d2 ?!	e7 - e5
3. d4 × e5	Cf6 - g4
4. h2 - h3 ??	Cg4 - e3 !!
5. Abandon	

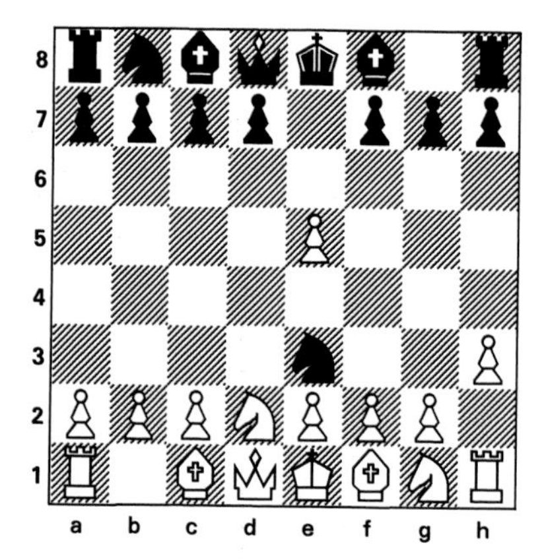

Les Blancs perdent leur Dame pour un modeste Cavalier ou se font mater au coup suivant : f2 × e3 Dd8 - h4 + 6. g2 - g3 Dh4 × g3 ‡

Le Mat de Legal

Ce Mat a été joué pour la première fois par le sire Kermur de Legal (1710-1792), dans une partie contre un amateur :

Blancs : Legal	Noirs : amateur
1. e2 - e4	e7 - e5
2. Cg1 - f3	d7 - d6
3. Ff1 - c4	Fc8 - g4
4. Cb1 - c3	g7 - g6 ?
5. Cf3 × e5 !!	Fg4 × d1 ??
6. Fc4 × f7 +	Re8 - e7
7. Cc3 - d5 ‡	

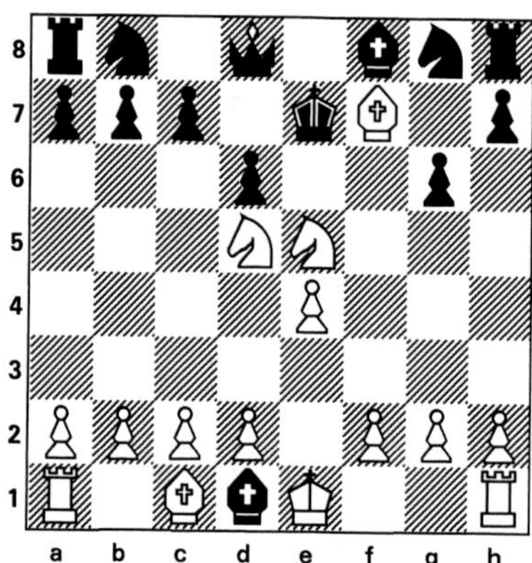

Le Mat étouffé

Mat administré par un Cavalier à un Roi entouré de pièces, qui ne peut bouger. Il existe une variante d'ouverture où ce Mat a fait de nombreuses victimes :

Blancs	Noirs
1. e2 - e4	c7 - c6
2. d2 - d4	d7 - d5
3. Cb1 - c3	d5 × e4
4. Cc3 × e4	Cb8 - d7
5. Dd1 - e2 !?	Cg8 - f6 ??
6. Ce4 - d6 ‡	

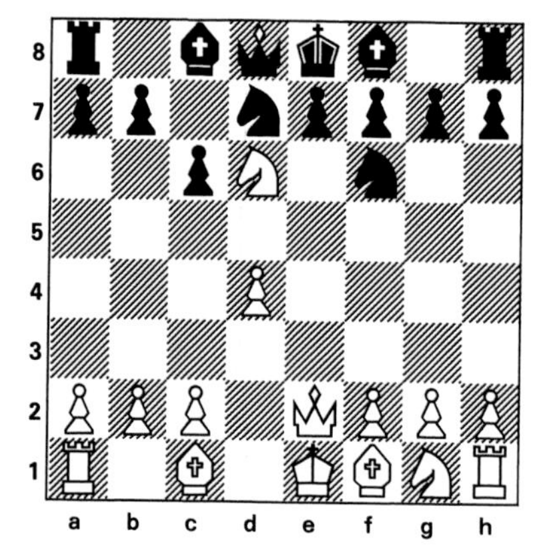

Fin de la partie

La partie ne peut avoir que deux résultats : gain ou nulle. La fin de la partie intervient en cas de Mat, de Pat, d'abandon, ou par accord mutuel des deux joueurs dans le cas d'une acceptation d'une proposition de partie nulle.

STRATÉGIE

Les Échecs passent pour être un jeu difficile, mais obéissent en fait au bon sens : un chef d'armée, quand la guerre éclate, n'envoie pas au combat les forces immédiatement disponibles, mais mobilise en masse. S'il ne sait où il va être attaqué, il regroupe ses forces au centre de son dispositif. Enfin, il ne laisse pas chaque soldat agir à sa guise, mais adopte un plan global de mobilisation et d'attaque. Voilà définis les trois principes directeurs du jeu d'échecs :

– Développement des pièces (pour qu'elles soient prêtes à être utilisées).

– Centralisation des pièces (développement sur des cases centrales, afin de pouvoir répondre au mieux à toute sollicitation).

– Coordination des pièces (qui ne doivent pas disperser leur action ou se gêner, mais agir en synergie et se protéger mutuellement).

UNE PARTIE CLASSIQUE

Voici une des parties les plus connues et les plus élégantes de l'histoire des Échecs. Elle opposa Paul Morphy (génie américain qui, comme Fischer, se retira invaincu au sommet de sa gloire) au duc de Brunswick et au comte Isouard de Vauvenargues jouant en consultation. Cette partie se déroula dans une loge de l'Opéra de Paris, durant une représentation du *Barbier de Séville*, en 1858.

Blancs : Morphy	**Noirs : Brunswick et Isouard**
	Défense Philidor
1. e2 - e4	e7 - e5
2. Cg1 - f3	d7 - d6
3. d2 - d4	Fc8 - g4 ?
4. d4 × e5 !	...

Oblige l'échange suivant, qui favorise le développement des Blancs : en effet, si les Noirs reprennent par 4. ... d6 × e5, les Blancs gagnent un pion par 5. Dd1 × d8 + Re8 × d8 6. Cf3 × e5.

4. ...	Fg4 × f3
5. Dd1 × f3	d6 × e5
6. Ff1 - c4 !	Cg8 - f6 ?

Les Noirs n'ont pas saisi toute l'étendue de la menace blanche et perdent maintenant un pion. Il fallait défendre la case f7 en jouant Dd8 - f6.

7. Df3 - b3 ! ...

Renouvelle l'attaque contre f7 et menace le pion b7.

7. ...	Dd8 - e7
8. Cb1 - c3 !?	...

Les Blancs ne désirent pas se contenter du gain de pion par 8. Db 3 × b 7, car les Noirs pourraient alors échanger les Dames par 8. ... De 7 - b 4 +, et poursuivent leur développement. La prise du pion est cependant suffisante pour mener au gain de la partie, même si celui-ci se révèle assez besogneux.

8. ...	c 7 - c 6
9. Fc 1 - g 5	b 7 - b 5 ?

Les Noirs ont du mal à développer leurs forces (9. ... Cb 8 - d 7, par exemple, perd le pion b 7) et cherchent à se dégager en chassant les pièces attaquantes. La réfutation sera cependant brutale. Il aurait sans doute été préférable de jouer 9. ... Cb 8 - a 6.

10. Cc 3 × b 5 !!	c 6 × b 5
11. Fc 4 × b 5 +	Cb 8 - d 7
12. 0 - 0 - 0	Ta 8 - d 8
13. Td 1 × d 7 !	Td 8 × d 7
14. Th 1 - d 1	De 7 - e 6

Les Blancs ont sacrifié une pièce, puis la qualité, afin de pouvoir développer toutes leurs autres pièces avec gain de temps (c'est-à-dire en effectuant chaque fois des menaces devant être parées par les Noirs). Le temps de la récolte est maintenant arrivé.

15. Fb 5 × d 7 +!	Cf 6 × d 7
16. Db 3 - b 8 +!!	Cd 7 × b 8
17. Td 1 - d 8 ≠	

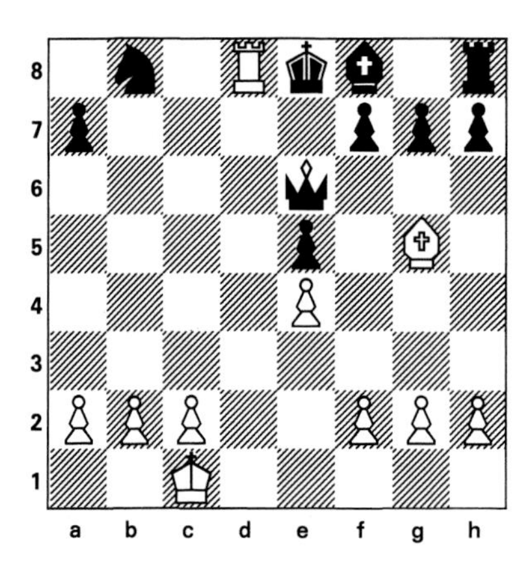

Tableau final

Les Échecs à qui perd gagne

Variante amusante des Échecs orthodoxes, où la prise est obligatoire et où le but consiste à se faire mater. En cas de prises multiples, un joueur conserve le choix de la prise.

Les Échecs marseillais

Chaque joueur, à tour de rôle, peut jouer deux fois de suite, soit en déplaçant deux pièces différentes, soit en déplaçant la même pièce deux fois consécutives. Les prises sont autorisées, mais une situation spéciale se produit en cas d'échec : comme celui-ci doit être immédiatement paré, le joueur qui fait échec par son premier coup est privé de deuxième coup. Son adversaire doit, quant à lui, parer l'échec par son premier coup. Le Mat met fin à la partie, de façon normale.

Les Échecs écossais

Chaque joueur, à tour de rôle, a le droit d'effectuer un mouvement de plus que son adversaire : ainsi, après que les Blancs ont débuté la partie, les Noirs jouent deux coups de suite, puis les Blancs jouent trois coups consécutifs, les Noirs quatre, etc.

Tout échec devant être immédiatement paré, le joueur qui fait échec lors d'un coup quelconque est privé de ses coups restants, s'il y en a. L'adversaire, comme dans les Échecs marseillais, doit parer l'échec par son premier coup. Le Mat met, tout à fait normalement, fin à la partie.

Les Échecs renforcés

Attribués à L. Tressan, vers 1840, ils constituent le premier panneau d'un triptyque comprenant Échecs renforcés, Échecs revenants et Échecs fantômes (voir plus loin). Le joueur qui capture une pièce se voit attribuer une pièce équivalente, mais de sa propre couleur, qu'il place immédiatement dans le jeu à l'endroit de son choix. Trois conditions doivent toutefois être respectées :

– Une pièce n'a pas le droit d'effectuer une prise en renaissant, et ne peut donc réapparaître que sur une case vide.

– Un pion ne peut renaître sur sa dernière rangée (en effet, bénéficiant aussitôt d'une promotion, il ne renaîtrait pas alors réellement en pion).

– Un Fou doit renaître sur une case de même couleur que la case où il a été capturé, afin de conserver l'équilibre du jeu.

Les Échecs revenants

Imaginés par R.L. Frey en 1947, ils rappellent les Échecs renforcés, avec la différence qu'une pièce capturée, au lieu d'aller grossir les rangs du camp qui vient d'effectuer la prise, est restituée à son détenteur originel.

Celui-ci peut poser la pièce sur la case de son choix, sous réserve d'obéir aux quatre conditions suivantes :

– Une pièce ne peut être posée sur une case où elle menace la pièce qui vient de la capturer.

– Une pièce doit renaître sur une case vide.

– Un Fou doit renaître sur une case de même couleur que la case où il a été capturé.

– Un pion ne peut renaître sur sa première ou sa dernière rangée.

Les Échecs fantômes

Ils appartiennent, nous l'avons dit, à la même famille que les Échecs renforcés et les Échecs revenants. Dans cette forme de jeu, les pièces reviennent à leur détenteur originel, mais uniquement sur les cases où elles ont été capturées, et quand ces dernières sont vides. Elles réapparaissent alors sous la forme de fantômes. Le fantôme se déplace et capture comme une pièce normale, mais ne peut lui-même être pris, même par un fantôme adverse. Si plusieurs pièces sont prises sur la même case, elles réapparaissent, chaque fois que cette case est vide, dans leur ordre de capture.

Les Échecs explosifs

Chaque joueur « mine » au début de la partie deux cases de l'échiquier (et note celles-ci sur un morceau de papier pour vérification ultérieure). Si un joueur place une pièce sur une case minée par l'adversaire, sa pièce « saute », c'est-à-dire disparaît de l'échiquier comme si elle avait été prise. Ce joueur ne peut alors jouer une autre pièce : le droit de jouer passe à son adversaire qui, de plus, peut changer la case minée qui vient de sauter, de façon à disposer toujours de deux cases actives. Le Roi qui passe sur une case minée saute comme les autres pièces et se voit déclaré « mat ».

Les Échecs à deux camps opposés

Ce système de jeu, imaginé vers 1950 par Michelson, permet aux deux joueurs de conduire les pièces blanches comme les pièces noires : une fois le premier coup de la partie effectué par les Blancs, chaque joueur joue deux coups consécutifs, l'un avec les Noirs et l'autre avec les Blancs.

Le premier joueur à mater l'un ou l'autre des deux Rois gagne la partie.

Les Échecs tournants

Les joueurs conviennent en début de partie d'un nombre quelconque (par exemple 5) et changent de camp chaque fois que Blancs et Noirs ont joué ce nombre de coups : ainsi, dans notre exemple, après 5 coups Blancs et 5 coups Noirs, les joueurs échangent leur place, et la partie se poursuit normalement. Les joueurs changeront une nouvelle fois de camp aux 10e, 15e, 20e coups, etc.

Le premier joueur (quel que soit le camp qu'il conduit alors) parvenant à mater l'autre gagne la partie.

Les Échecs à placement

Dans cette variante, élaborée par R. Van Dien en 1941, le jeu commence devant un échiquier vide. Chaque joueur, à tour de rôle, place ses pièces sur ses deux premières rangées, à l'emplacement de son choix : il est par exemple possible de se doter de deux Fous de même couleur. Si, au cours de ce processus, un Roi est mis en échec, il doit s'en protéger immédiatement en interposant une pièce sur sa deuxième rangée ou en s'enfuyant.

Une fois toutes les pièces placées, la partie proprement dite débute, en obéissant aux règles habituelles de déplacement et de prise du jeu orthodoxe, sous réserve des restrictions suivantes :

– Le Roque est supprimé.

– Un pion à sa case de départ ne peut plus avancer que d'une case.

LES ÉCHECS FÉERIQUES

Les joueurs d'Échecs ont inventé de nombreuses pièces dites « féeriques », dont la marche et les propriétés diffèrent notablement de celles des pièces du jeu orthodoxe.

Ces pièces portent souvent des noms saugrenus, mais sympathiques : Cavalier de la Nuit, Chameau, Girafe, Gnou, Sauterelle, Brontosaure, Zéro, Polype, etc.

On les classe généralement dans l'une des grandes catégories suivantes :

– **Les Sauteurs**, qui se déplacent, comme leur nom l'indique, en sautant. Exemple : le Chameau, qui a une marche de Cavalier légèrement allongée, réalisant deux pas de Tour avant d'effectuer son pas de Fou.

– **Les Coureurs**, qui se déplacent en suivant une ligne droite ou oblique, mais ne peuvent traverser que des cases vides. Exemple : le Fou réfléchi, qui a la marche du Fou orthodoxe, mais poursuit sa trajectoire en rebondissant à angle droit lorsqu'il touche un bord de l'échiquier.

– **Les Chasseurs**, qui se déplacent comme telle pièce en avant et comme telle autre pièce en arrière. Exemple : le Faucon, qui a la marche du Fou en avant et celle de la Tour en arrière.

– **Les Pièces capturantes**, pièces du jeu orthodoxe qui ne peuvent toutefois se déplacer qu'en capturant une pièce adverse. Exemple : le Brontosaure, qui est un Fou capturant.

– **Les Sauteurs coureurs**, qui se déplacent en effectuant une série de sauts consécutifs dans une même direction, à la condition que leurs cases de transit successives soient vides. Exemple : le Cavalier de la Nuit, qui a la marche du Cavalier orthodoxe mais peut effectuer plusieurs sauts successifs dans la même direction.

– **Les Sauterelles**, qui se déplacent selon leur itinéraire particulier tant qu'elles traversent des cases vides, mais doivent se poser dès qu'elles rencontrent une pièce, sur une des cases situées après ce « sautoir ». Exemple : le Fou sauteur, qui marche en diagonale et doit se poser sur la première case située après le sautoir.

– **Les Pièces combinées**, qui cumulent les possibilités de plusieurs pièces. Exemple : l'Impératrice, qui se déplace au gré du joueur comme une Tour ou comme un Cavalier.

– **Les Pièces aberrantes**, qui réunissent toutes les pièces inclassables ailleurs. Exemple : le Paralyseur, qui a la marche d'une Dame, mais ne peut se rendre que sur des cases vides. Il empêche toute pièce adverse se trouvant sur une des huit cases qui l'entourent de se déplacer.

On voit que les pièces féeriques sont d'une extrême variété : leurs propriétés ne sont en fait limitées que par l'imagination et la fantaisie de leur créateur. Le lecteur peut lui-même inventer de nouvelles pièces et les doter du nom, flatteur ou évocateur, qu'il trouve le plus approprié.

Ces pièces ne sont habituellement pas utilisées pour disputer des parties, mais servent à réaliser des « Problèmes ». Un Problème est une position, composée par un auteur, où les Blancs doivent mater les Noirs en un nombre donné de coups. Pour qu'un Problème ait un intérêt, il faut que sa solution soit unique, difficile à découvrir, et présente sous une forme artistique une idée, par exemple, la démonstration inattendue des propriétés d'une pièce. Ces idées, forcément en nombre limité, ont mené à une certaine saturation dans la composition des Problèmes orthodoxes : les problémistes ont alors tourné les règles du jeu classique, inventé des pièces inédites et composé des Problèmes « féeriques », dont voici un superbe exemple :

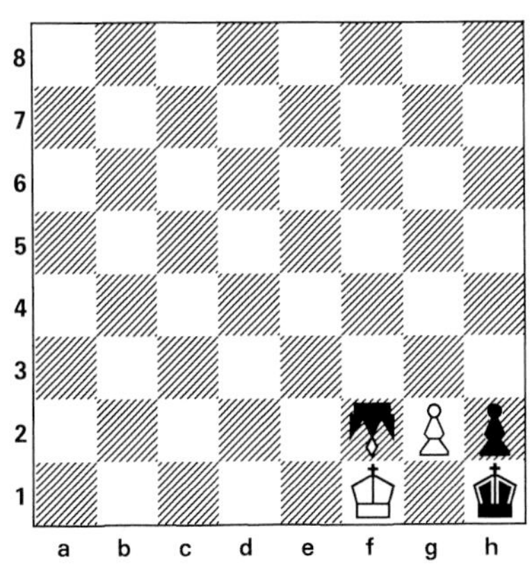

Les Blancs jouent et font Mat en 6 coups.

Ce Problème d'Onitiu, composé en 1929, met en jeu une pièce féerique, la Sauterelle. La Sauterelle est une pièce qui marche comme une Dame, mais ne peut se déplacer que si elle dispose d'un sautoir : sa case d'arrivée est alors la première case située après le sautoir, toute pièce adverse éventuellement située sur cette case étant capturée. La Sauterelle (symbole : S) est représentée graphiquement par une Dame à l'envers.

Remarquons tout d'abord que, dans cette position, les Noirs sont « pat » : la Sauterelle ne dispose en effet d'aucun sautoir. La solution consistera à fournir cinq sautoirs consécutifs à la Sauterelle noire avant d'effectuer la mise à mort.

Blancs	Noirs
1. g 2 - g 3 !	Sf 2 - h 4 (seul coup légal)
2. g 3 - g 4	Sh 4 - f 4
3. g 4 - g 5	Sf 4 - h 6
4. g 5 - g 6	Sh 6 - f 6
5. g 6 - g 7	Sf 6 - h 8

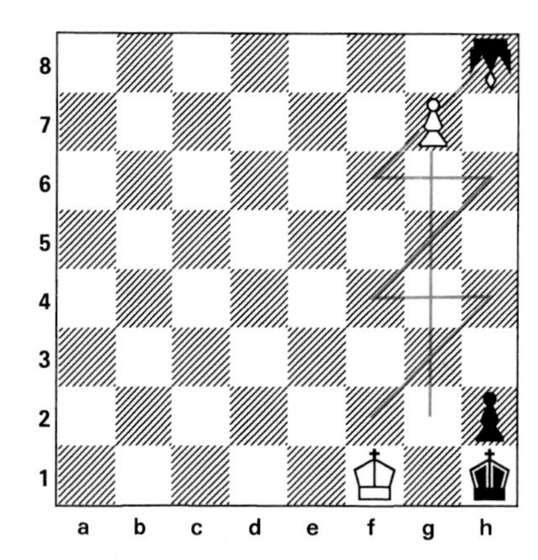

Dans cette intéressante position, les Blancs doivent mater au prochain coup, ce qui n'est possible qu'en prenant la Sauterelle noire et en faisant soi-même promotion en Sauterelle : en effet, on admet aux Échecs féeriques qu'il est possible de promouvoir en tout type de pièce présent sur l'échiquier dans la position de départ.

Ainsi, Blancs : 6. g 7 × h 8 = S !! ‡. Les Noirs sont bien « mat », la Sauterelle attaquant la case h 1, située immédiatement après le sautoir h 2.

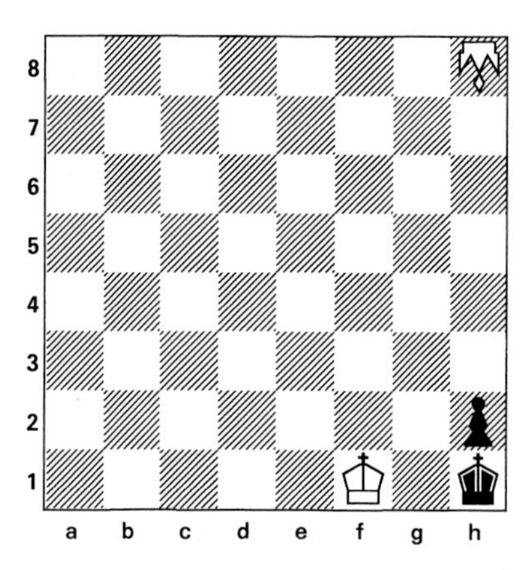

Les Échecs Ackenhead

Si, comme nous l'avons vu avec les Échecs féeriques, les pièces féeriques ont principalement été inventées dans le but d'élargir les possibilités créatives dans le domaine de la composition de Problèmes, rien n'interdit cependant de s'en servir pour disputer une partie « normale ». Il est alors nécessaire que les propriétés des pièces introduites sur l'échiquier forment un tout relativement cohérent, afin que le jeu conserve sa dynamique et son équilibre. Voici une des nombreuses possibilités, proposée par J. Ackenhead.

MATÉRIEL

Chaque joueur dispose de 16 pièces : 1 Roi, 1 Léo, 2 Vaos, 2 Maos, 2 Paos et 8 Pions Bérolina.

BUT DU JEU

Capturer le Roi adverse.

RÈGLES

Disposition des pièces

La position initiale est la suivante :

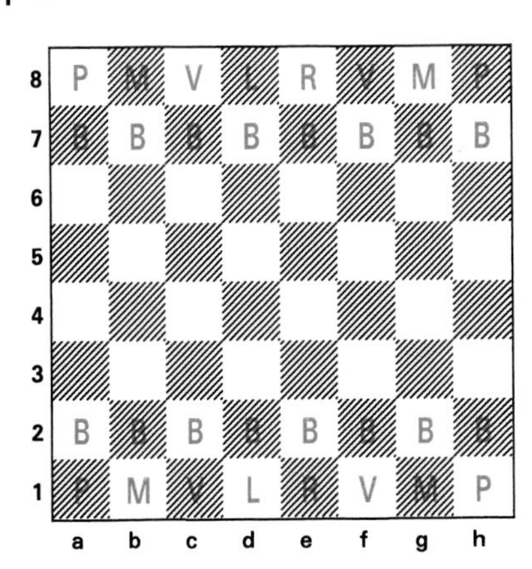

Marche des pièces

– **Le Roi :** c'est la seule pièce non féerique du jeu : sa marche est donc normale.

– **Le Vao :** il marche comme un Fou, c'est-à-dire en diagonale et d'autant de cases qu'il le désire, mais ne peut effectuer de prise que s'il dispose d'un sautoir, c'est-à-dire uniquement dans le cas où une pièce (amie ou ennemie) existe entre lui et la pièce qu'il désire prendre. S'il ne prend pas, il doit s'arrêter avant le sautoir, qui représente un obstacle pour lui.

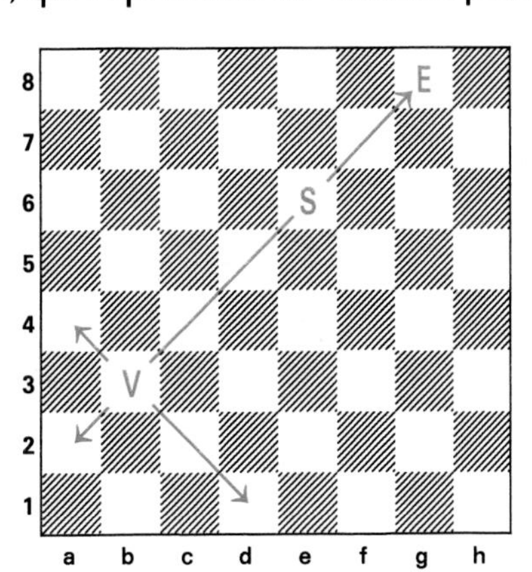

Le Vao peut capturer l'ennemi E grâce à la présence du sautoir S

– **Le Pao :** il marche comme une Tour, mais il subit alors les mêmes restrictions que le Vao en ce qui concerne les captures.

– **Le Léo :** combine la marche du Pao et du Vao.

– **Le Mao :** marche comme un Cavalier, en effectuant d'abord un mouvement de Tour puis un mouvement de Fou, mais ne peut franchir d'obstacle ; par conséquent, pour qu'il puisse se déplacer, les cases intermédiaires de son trajet doivent être vides.

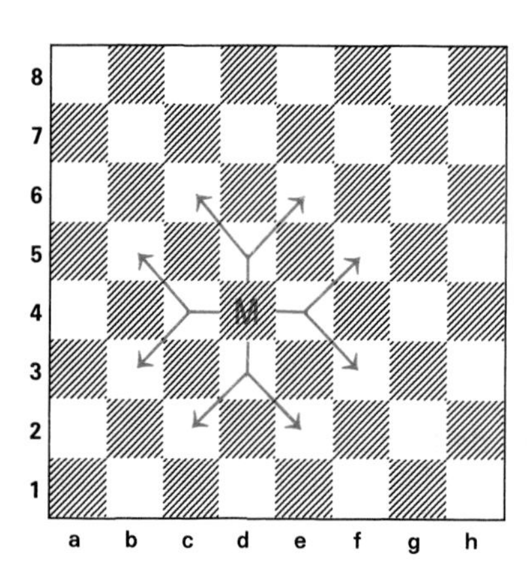

Le Mao

– **Le Pion Bérolina :** cette pièce inverse la marche et la prise du pion du jeu orthodoxe ; le Bérolina avance donc en diagonale d'une seule case à la fois (éventuellement de deux lorsqu'il se trouve encore sur sa case initiale) et peut prendre la pièce située sur la case verticale qui lui fait immédiatement front.

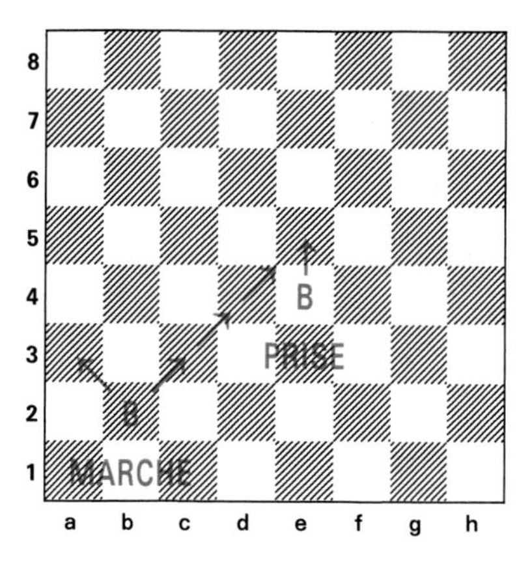

La marche et la prise du Pion Bérolina

Déroulement et fin de la partie

Une partie d'Échecs Ackenhead se déroule comme une partie normale. Les Blancs commencent, et le jeu se poursuit jusqu'à ce que l'un des joueurs soit déclaré « mat ».

Les Échecs à quatre

Dans cette forme de jeu, quatre personnes peuvent jouer simultanément, mais il n'y a toujours que deux camps, les joueurs d'un même bord étant alliés.

MATÉRIEL

Chaque joueur dispose de : 1 Roi, 1 Dame, 1 Fou, 1 Cavalier et 4 pions.

BUT DU JEU

Capturer le Roi adverse.

RÈGLES

Disposition des pièces

Les pièces sont disposées comme l'indique le *diagramme*. Les joueurs 1 et 2 sont alliés, et jouent contre les joueurs 3 et 4.

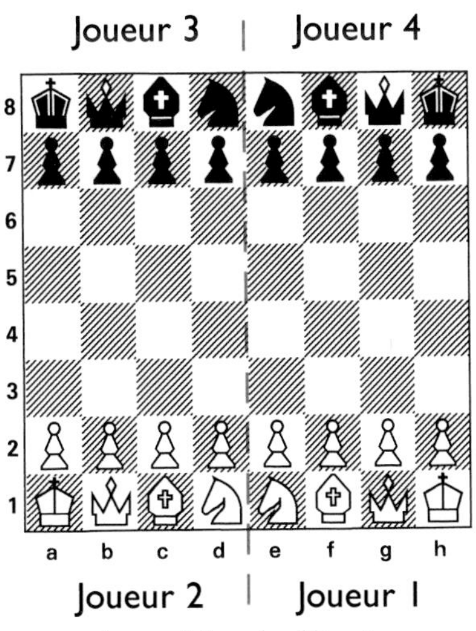

La position de départ

Déroulement et fin de la partie

Chaque joueur effectue un mouvement à tour de rôle, dans l'ordre (1 - 2 - 3 - 4), en notant que les pièces des joueurs d'un même camp ne peuvent mettre en échec le Roi de leur allié.

Le but du jeu, selon la convention adoptée en début de partie, est soit de mater l'un des Rois adverses, soit de mater les deux Rois adverses. Dans ce dernier cas, le camp dont un seul des joueurs est « mat » n'a pas encore perdu la partie.

Le joueur qui est « mat » cesse toutefois de jouer. Les pièces qui lui restent demeurent néanmoins sur l'échiquier, sauf le Roi qui est pris. Bien entendu, le joueur allié ne peut les utiliser. Ces pièces demeurent passives (c'est-à-dire ne génèrent plus de menaces et ne font plus échec aux Rois adverses), mais constituent toujours des obstacles limitant le rayon d'action des autres pièces du jeu, et peuvent être capturées.

Les Échecs de Tamerlan

Ce jeu, semble-t-il apparu pour la première fois en Perse vers le XIVe siècle, s'apparente par de nombreux côtés aux Échecs traditionnels, dont il se distingue principalement par la disparition de la Dame et l'ajout de six pièces nouvelles : Vizir, Général, Girafe, Éléphant, Chameau et Machine de Guerre.

MATÉRIEL

Un échiquier monochrome de 112 cases : 11 cases de largeur sur 10 cases de hauteur, soit 110 cases, auxquelles s'ajoutent 2 cases spéciales. Un jeu composé de 56 pièces, 28 blanches et 28 noires, décrites plus loin.

BUT DU JEU

Capturer le Shah (Roi) adverse.

RÈGLES

Les pièces

Chaque camp dispose de : 1 Shah, 1 Vizir, 1 Général, 2 Girafes, 2 Fous, 2 Tours et 11 Soldats ; 2 Cavaliers, 2 Éléphants, 2 Machines de Guerre, 2 Chameaux (soit 28 pièces en tout), appartenant à deux grandes catégories : les Coureurs, qui ne peuvent traverser au cours de leur déplacement que des cases vides, et les Sauteurs, qui se moquent de savoir si les cases intermédiaires de leur trajet sont ou non occupées. La position de départ est représentée ci-contre.

		1	2	3	4	5	6	7	8	9	10	11	
A		E		CH		M		M		CH		E	
B	R_2	T	C	F	G	V	SH	GL	G	F	C	T	
C		S	S	S	S	S	S	S	S	S	S	S	
D													
E													
F													
G													
H		S	S	S	S	S	S	S	S	S	S	S	
I		T	C	F	G	GL	SH	V	G	F	C	T	R_1
J		E		CH		M		M		CH		E	

La position de départ

Marche et prise des pièces

Nous allons décrire la marche des pièces sur un échiquier vide. Cependant, les pièces rencontrent souvent en pratique des obstacles à leur marche, et obéissent alors aux règles suivantes :

– Aucune pièce ne peut se rendre sur une case occupée par une pièce amie.

– Une pièce peut en revanche se rendre sur une case occupée par une pièce ennemie. Cette dernière est alors ôtée du jeu : on dit qu'elle a été « prise ».

– Aucune pièce ne peut sauter au-dessus d'une pièce amie ou ennemie (sauf les Sauteurs).

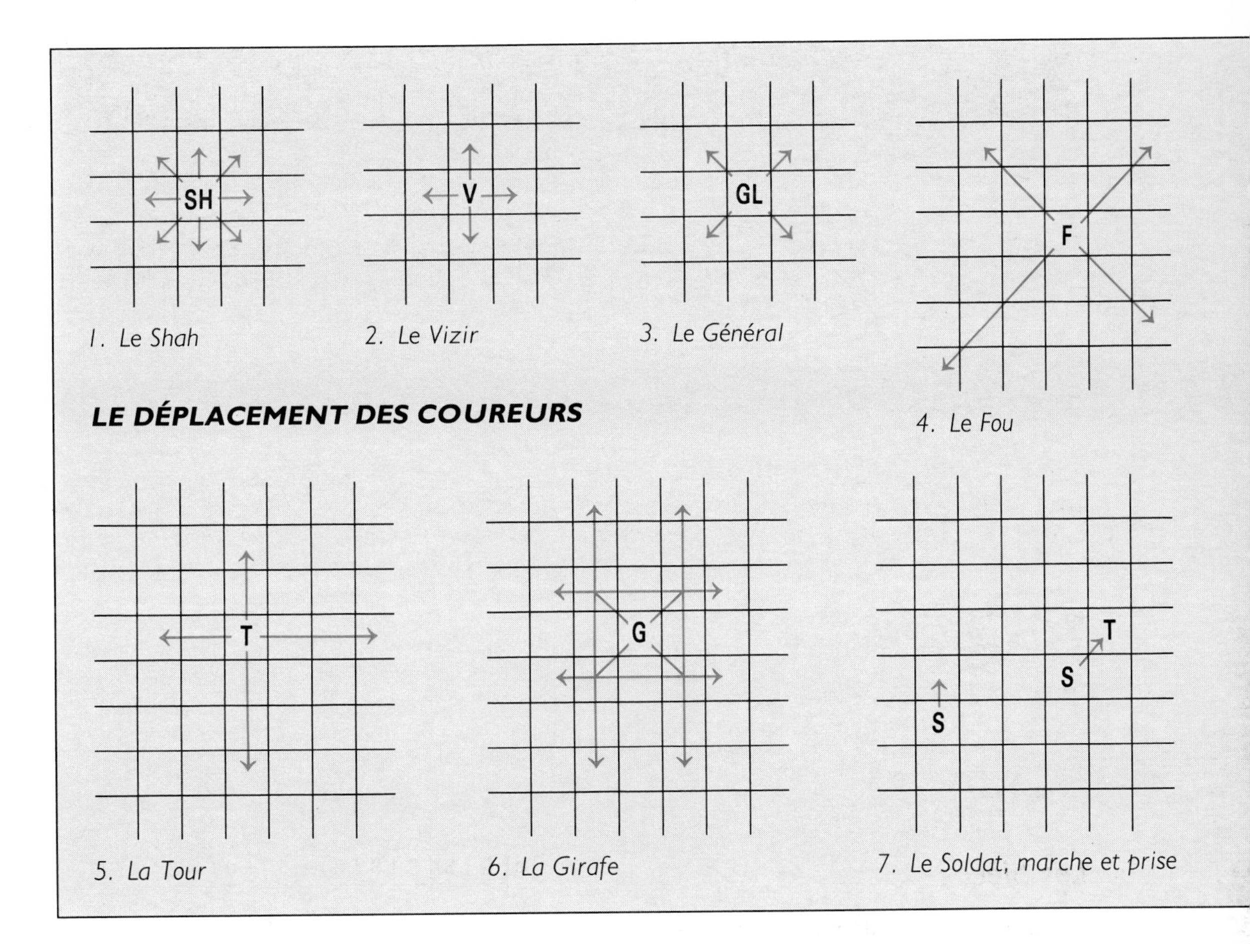

1. Le Shah *2. Le Vizir* *3. Le Général* *4. Le Fou* *5. La Tour* *6. La Girafe* *7. Le Soldat, marche et prise*

– Toutes les pièces prennent comme elles marchent (sauf le Soldat).

Voici maintenant la marche des différentes pièces :

– LES COUREURS :

● **Le Shah** (SH) : se déplace dans toutes les directions, verticales, horizontales et diagonales, mais d'une seule case à la fois *(diagramme 1)*.

● **Le Vizir** (V) : se déplace en ligne droite, horizontalement ou verticalement, mais d'une seule case à la fois *(diagramme 2)*.

● **Le Général** (GL) : se déplace diagonalement dans les quatre directions, mais d'une seule case à la fois *(diagramme 3)*.

● **Le Fou** (F) : se déplace diagonalement dans toutes les directions, comme le Général, mais d'autant de cases qu'il le désire *(diagramme 4)*.

● **La Tour** (T) : se déplace verticalement et horizontalement comme le Vizir, mais d'autant de cases qu'elle le désire *(diagramme 5)*.

● **La Girafe** (G) : cette pièce effectue un pas de Général, puis se déplace comme une Tour, d'autant de cases qu'elle le désire *(diagramme 6)*.

● **Le Soldat** (S) : marche en avant, mais prend en biais. Il progresse d'une case seulement à la fois, soit verticalement (cas général) soit diagonalement (quand il capture une pièce ennemie). Le Soldat est la seule pièce à ne jamais pouvoir reculer *(diagramme 7)*.

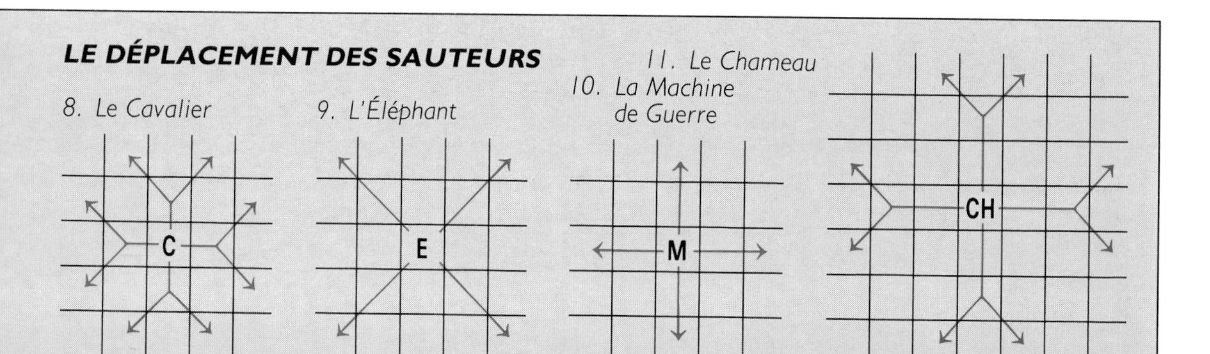

– **LES SAUTEURS :**

- **Le Cavalier** (C) : se déplace en effectuant un pas de Vizir et un pas de Général *(diagramme 8)*.
- **L'Éléphant** (E) : se déplace en effectuant deux pas de Général *(diagramme 9)*.
- **La Machine de Guerre** (M) : se déplace en effectuant deux pas de Vizir *(diagramme 10)*.
- **Le Chameau** (CH) : se déplace en effectuant deux pas de Vizir suivis d'un pas de Général *(diagramme 11)*.

Coups particuliers

– **La Promotion :** tout Soldat parvenant sur sa dernière rangée doit immédiatement être remplacé par une autre pièce de sa couleur.

Cette nouvelle pièce est obligatoirement de même type que celle figurant sur la colonne de promotion au début du jeu. Au cas où deux possibilités de promotion existent, c'est-à-dire quand le Soldat est promu sur une des colonnes occupées par des Sauteurs, le joueur choisit la Promotion qu'il désire.

Un Soldat touchant la dernière rangée su la colonne du Shah n'est pas promu, mais replacé par son possesseur sur une case vide de son choix. Ce même Soldat, s'il atteint une fois encore la dernière rangée, est à nouveau replacé par son possesseur sur une case vide de son choix. A la troisième tentative réussie, le Soldat est enfin touché par la grâce : il peut désormais remplacer son souverain si celui-ci vient à être capturé !

– **Le Roque :** le Shah jouit, une fois par partie, de la faculté de se réfugier en un endroit quelconque de l'échiquier occupé par une de ses pièces. Il permute alors tout simplement avec cette dernière.

– **Les Cases de Refuge :**
Ces cases, marquées R 1 et R 2 sur le *diagramme 1*, sont réservées aux deux monarques qui peuvent, s'ils le désirent, y chercher asile. Elles n'ont pas de propriétés particulières supplémentaires et ne protègent pas, par exemple, contre les menaces adverses.

Déroulement et fin de la partie

Chaque joueur joue un coup à tour de rôle. Le joueur ayant les Blancs débute la partie. Celle-ci ne peut avoir que deux résultats : gain ou nulle.

Le gain s'obtient en capturant le Shah de l'adversaire (sauf cas exceptionnel où celui-ci a un Shah de réserve, provenant d'une triple de promotion de Soldat sur la colonne du Shah). La nulle résulte de l'accord mutuel des deux joueurs, d'une situation de Pat ou de l'impossibilité matérielle de mater.

Le Shaturanga

Ce jeu, proche des Échecs, se joue à quatre, mais il n'y a toujours que deux camps, les joueurs étant alliés deux à deux. Le Shaturanga, comme tous les jeux dérivés des Échecs, est originaire de l'Inde.

MATÉRIEL

Un échiquier de 8 cases de côté, 32 pièces décrites plus loin, éventuellement un dé.

BUT DU JEU

Capturer les deux Radjahs adverses.

RÈGLES

Marche et prise des pièces

Chaque joueur dispose de : 1 Radjah (R), 1 Éléphant (E), 1 Cavalier (C), 1 Bateau (B) et 4 Soldats (S). La position de départ est représentée au *diagramme 1*.

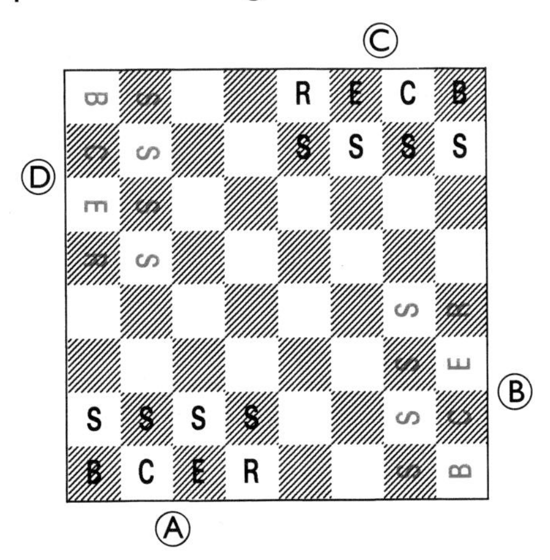

Diagramme 1 : La position de départ

Les joueurs placés en diagonale font partie du même camp : les joueurs A et C jouent contre les joueurs B et D.

Voici maintenant la marche propre aux différentes pièces :

– **Le Radjah** se déplace, comme le Roi des Échecs traditionnels, dans toutes les directions, mais d'une seule case à la fois.

– **L'Éléphant** se déplace, comme la Tour des Échecs orthodoxes, verticalement et horizontalement d'autant de cases qu'il le désire.

– **Le Cavalier** se déplace comme le Cavalier des Échecs orthodoxes, c'est-à-dire en effectuant un pas de Tour et un pas de Fou, en sautant d'éventuels obstacles.

– **Le Bateau** se déplace par saut diagonal de deux cases, la case intermédiaire du trajet pouvant être vide ou occupée *(diagramme 2, page suivante)*.

– **Le Soldat** se déplace et prend comme le pion du jeu d'Échecs orthodoxe (c'est-à-dire progresse verticalement mais prend en biais) ; toutefois, il ne peut avancer que d'une case à la fois, même quand il se trouve sur sa position de départ. Le Soldat ne peut jamais reculer.

Les pièces prennent comme elles marchent. Une restriction sévère limite ce-

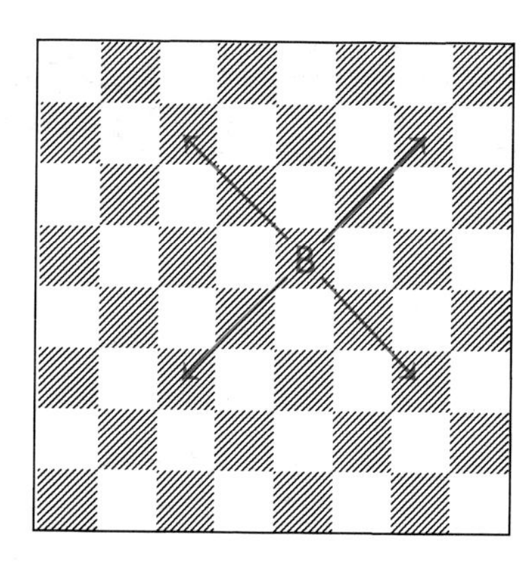

Diagramme 2 : La marche du Bateau

pendant certaines prises : les Soldats et les Bateaux, s'ils peuvent se prendre entre eux, ne peuvent capturer les autres pièces.

Déroulement de la partie

Chaque joueur joue un coup à tour de rôle, dans l'ordre (A-B-C-D), en notant que les pièces des joueurs d'un même camp ne font jamais échec au Radjah (Roi) de leur allié.

Il existe deux formes de jeu, selon que les joueurs décident en début de partie d'utiliser ou non un dé :

– Sans dé, chaque joueur joue le coup de son choix.

– Avec dé, chaque joueur jette le dé à son tour de jeu et doit déplacer la pièce prescrite par le chiffre de sortie, ou, s'il le préfère, un Soldat :

As : Bateau (ou Soldat) ;
2 : Cavalier (ou Soldat) ;
3 : Éléphant (ou Soldat) ;
4 : Radjah (ou Soldat).

Le 5 et le 6 ne comptent pas. Il est alors nécessaire de relancer le dé jusqu'à obtenir un chiffre compris entre 1 et 4. Le joueur qui ne peut jouer la pièce prescrite (parce qu'il ne la possède plus, ou parce que son mouvement est impossible) perd son tour de jeu.

La case initiale des Radjahs est appelée « trône ». Le Radjah qui s'installe sur le trône de son allié prend jusqu'à la fin de la partie et, même s'il quitte le trône, il garde la direction des opérations en ce qui concerne les deux armées. Quand vient son tour de jouer ou quand vient le tour de son allié, il décide seul quelle pièce il jouera, celle-ci appartenant indifféremment à l'une ou l'autre armée.

Fin de la partie

Le but du jeu étant de prendre les deux Radjahs adverses, le camp dont un seul des Radjahs a été capturé n'a pas encore perdu la partie. Le joueur qui est « mat » cesse toutefois de jouer. Ses pièces restent sur l'échiquier, sauf son Radjah, qui est ôté du jeu. Ces pièces demeurent passives (c'est-à-dire ne génèrent plus de menaces et ne font plus échec aux Radjahs adverses), mais constituent toujours des obstacles limitant le rayon d'action des autres pièces du jeu, et peuvent être capturées. L'allié joue uniquement avec ses propres pièces, à son tour de jeu. (Cette règle restrictive ne s'applique toutefois pas si un joueur a occupé le trône de son partenaire avant que le Radjah de celui-ci soit capturé. Toutes les pièces demeurent alors actives.) Quand deux Radjahs ont été capturés, les joueurs toujours en lice peuvent procéder à un échange s'ils le désirent : les Radjahs effectuent alors leur rentrée sur leur trône, ou à proximité de celui-ci s'il est occupé.

Les Échecs japonais ou Shogi

Le Shogi est l'équivalent japonais de nos Échecs traditionnels. Ce jeu est très populaire au Japon, où les joueurs professionnels sont aussi connus que les grandes vedettes du spectacle. Le Shogi remonte environ au VIIIe siècle, mais s'écarte radicalement de la conception des Échecs occidentaux vers le XVIe siècle, par l'adoption d'une règle permettant au joueur qui capture une pièce de la réintroduire dans le jeu en sa propre faveur, contre son ancien détenteur.

MATÉRIEL

Un échiquier monochrome de 9 cases de côté, et 40 pièces décrites plus loin.

BUT DU JEU

Capturer le Roi adverse. En pratique, la prise ne s'effectue pas : un Roi pouvant être pris est dit « mat », comme aux Échecs traditionnels. Le Mat met fin à la partie.

RÈGLES

L'échiquier et les pièces

Chaque joueur dispose de : 1 Roi (R), 2 Généraux d'Or (O), 2 Généraux d'Argent (A), 2 Lanciers (L), 2 Cavaliers (C), 1 Tour (T), 1 Fou (F) et 9 Soldats (S).

Les pièces sont toutes de même forme et de même couleur, et ne se distinguent que par leur taille et par les caractères japonais qui y sont inscrits. Elles comportent une pointe, qui est dirigée vers l'adversaire. Certaines pièces peuvent être promues lorsqu'elles franchissent leur ligne de promotion, située aux deux tiers de l'échiquier : on les retourne en cas de promotion, car elles portent leur nouvelle valeur inscrite à leur dos. L'échiquier et la position de départ sont représentés sur le *diagramme 1*.

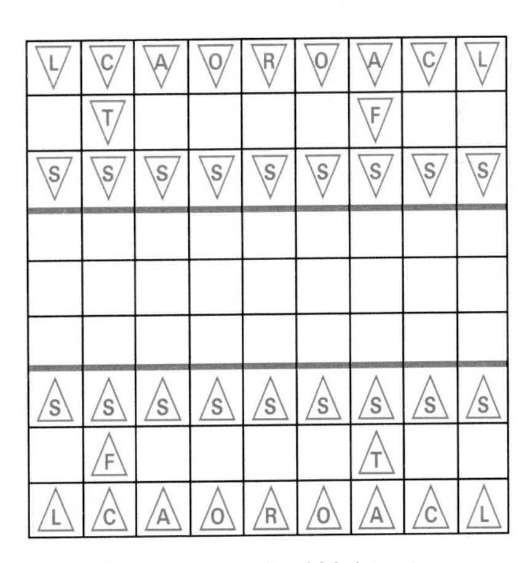

Diagramme 1 : L'échiquier

Marche et prise des pièces

Nous allons décrire la marche des pièces sur un échiquier vide. En pratique, elles rencontrent cependant des obstacles, et les règles suivantes s'appliquent :

– Les pièces ne peuvent traverser que des cases vides au cours de leur déplacement (sauf le Cavalier, qui saute les obstacles), et ne peuvent se poser que sur une case vide ou occupée par une pièce ennemie. Dans ce dernier cas, celle-ci est prise.

– Les pièces prennent comme elles marchent (y compris le Pion).

– Toute pièce prise rejoint le camp de son nouveau propriétaire et sert à combattre son ancien détenteur.

Voici maintenant la marche propre à chaque pièce :

– **Le Roi** (R) se déplace comme le Roi des Échecs traditionnels, dans toutes les directions, mais d'une seule case à la fois *(diagramme 2)*.

– **Le Général d'Or** (O) se déplace d'une seule case à la fois, dans toutes les directions, sauf sur ses deux diagonales arrière *(diagramme 3)*.

– **Le Général d'Argent** (A) se déplace d'une seule case à la fois, verticalement vers l'avant ou sur n'importe laquelle des quatre diagonales *(diagramme 4)*.

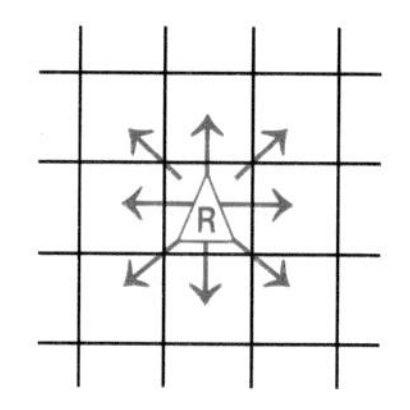

Diagramme 2 : Le Roi

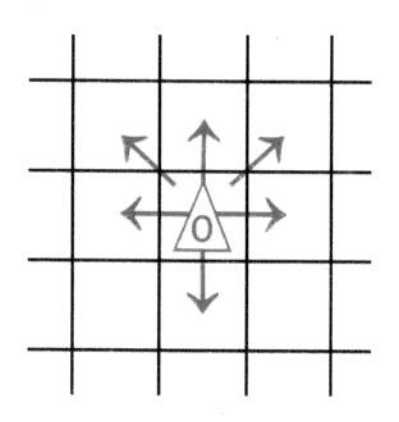

Diagramme 3 :
Le Général d'Or

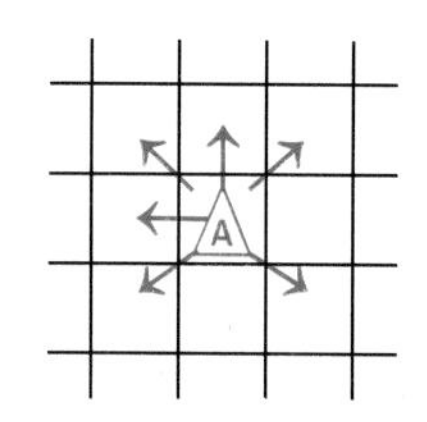

Diagramme 4 :
Le Général d'Argent

– **Le Lancier** (L) se déplace verticalement, d'autant de cases qu'il le désire *(diagramme 5)*.

– **Le Cavalier** (C) se déplace comme le Cavalier du jeu d'Échecs (c'est-à-dire en effectuant un pas de Tour suivi d'un pas de Fou), mais en avant seulement *(diagramme 6)*.

– **La Tour** (T) se déplace comme la Tour du jeu d'Échecs, c'est-à-dire verticalement et horizontalement d'autant de cases qu'elle le désire *(diagramme 7)*.

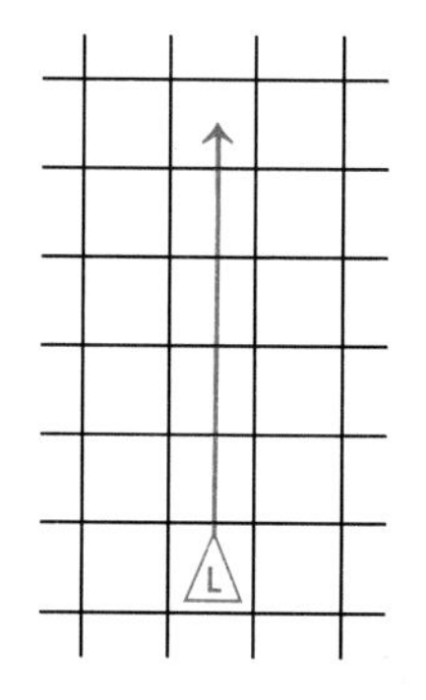

Diagramme 5 :
Le Lancier

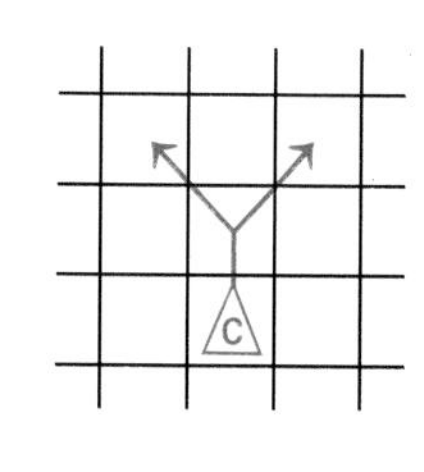

Diagramme 6 :
Le Cavalier

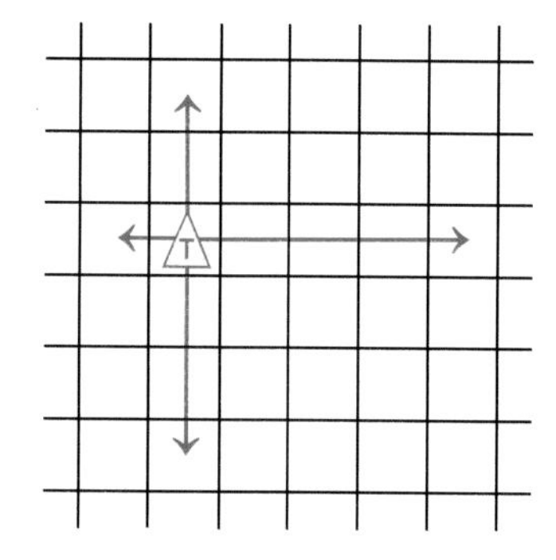

Diagramme 7 : La Tour

– **Le Fou** (F) se déplace comme le Fou du jeu d'Échecs, c'est-à-dire diagonalement, dans toutes les directions, et d'autant de cases que souhaité *(diagramme 8)*.

– **Le Soldat** (S) se déplace verticalement d'une seule case à la fois, toujours vers l'avant. Contrairement au Pion d'Échecs, il prend comme il marche *(diagramme 9)*.

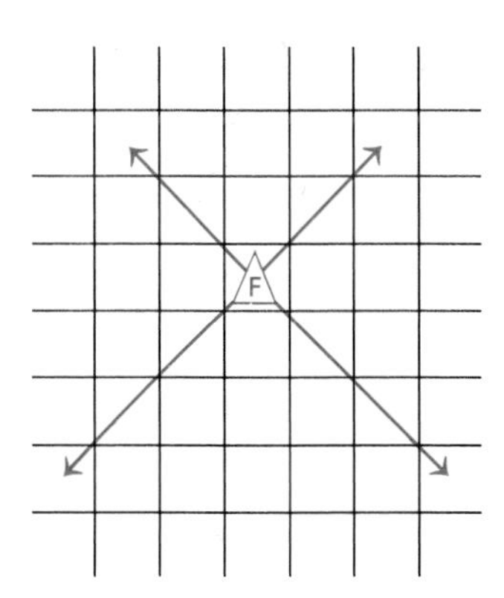

Diagramme 8 : Le Fou

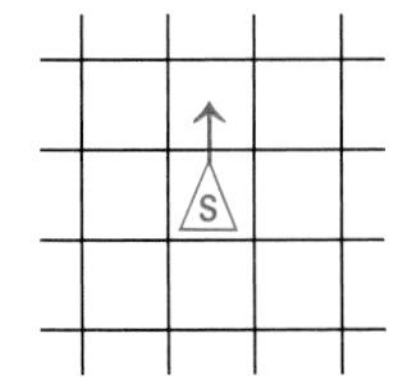

Diagramme 9 : Le Soldat, marche et prise

Promotion

Les pièces autres que le Roi et les Généraux d'Or peuvent être promues lorsqu'elles franchissent leur ligne de promotion. Cette promotion s'effectue soit immédiatement soit plus tard, au gré du joueur. Une pièce promue est retournée et prend sa nouvelle valeur dès le tour suivant.

- Le Général d'Argent, le Cavalier, le Lancier et le Soldat sont promus en Généraux d'Or.

- La Tour et le Fou sont promus en « Tour couronnée » et en « Fou couronné », ce qui leur permet d'ajouter, à leurs possibilités normales de déplacement, celles du Roi *(diagrammes 10 et 11)*.

La promotion est facultative, sous réserve qu'aucune pièce ne soit bloquée : ainsi un Soldat ou un Lancier sur la dernière rangée, comme un Cavalier sur une des deux dernières rangées, doivent obligatoirement être promus.

Diagramme 10 : La Tour couronnée

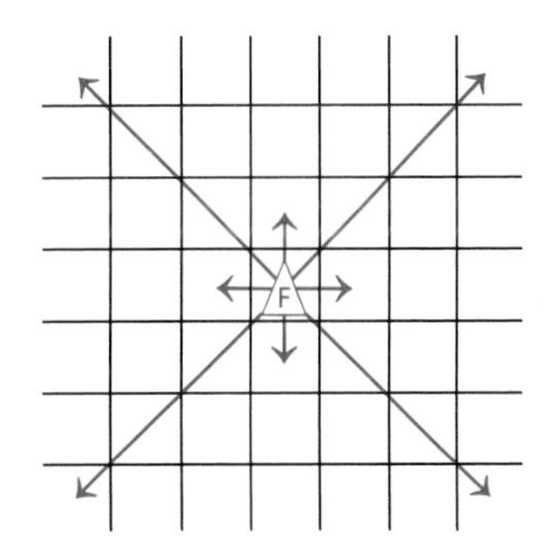

Diagramme 11 : Le Fou couronné

Remise en jeu des pièces

Une pièce prise à l'ennemi peut être placée par son nouveau propriétaire sur n'importe quelle case vide de l'échiquier lorsque c'est son tour de jouer (sous réserve de ne pas bloquer la pièce : il est donc interdit de poser un Soldat ou un Lancier sur la dernière rangée, ou un Cavalier sur une des deux dernières rangées).

Deux restrictions s'appliquent cependant à la remise en jeu des Soldats : on ne peut poser un Soldat sur une colonne où se trouve déjà un Soldat ami, ni sur une case où ce Soldat mettrait en échec et mat le Roi ennemi.

Une pièce prise posée est tournée de façon que sa pointe soit dirigée vers son ancien possesseur. Notons également que lorsqu'on remet en jeu une pièce de l'adversaire qui a été promue, celle-ci reprend son rang initial (mais pourra de nouveau être promue si elle franchit sa nouvelle ligne de démarcation).

La remise en jeu est considérée comme un coup. Le joueur qui l'effectue ne joue donc pas de coup effectif sur l'échiquier, en dehors de la pose de sa pièce.

Déroulement et fin de la partie

Chaque joueur, à tour de rôle, joue un coup ou place sur l'échiquier une pièce préalablement capturée à l'ennemi.

STRATÉGIE

La stratégie habituelle consiste à former une « forteresse » autour de son Roi, afin de pouvoir tranquillement lancer le reste de ses forces à l'attaque : pour ce faire, on le conduit dans un coin de l'échiquier, et on l'entoure de deux Généraux d'Or et d'un Général d'Argent.

Les parties nulles sont très peu fréquentes au Shogi, et ne représentent qu'environ 1 p. cent des parties jouées : c'est donc normalement le Mat qui met fin à une partie.

On peut, à titre de guide, attribuer une valeur approximative aux différentes pièces, en fonction de leur mobilité et de leurs potentialités. En prenant pour unité le Soldat, on a ainsi :

- **la Tour, qui vaut 15**
- **le Fou, qui vaut 11**
- **le Général d'Or, qui vaut ... 6**
- **le Général d'Argent, qui vaut 5**
- **le Lancier, qui vaut 3**
- **le Cavalier, qui vaut 3**
- **le Soldat, qui vaut 1**

La Tour est donc la pièce la plus puissante du jeu. Son efficacité est maximale en fin de partie, quand les lignes de pénétration dans le camp ennemi ont été ouvertes. Le Fou est l'autre pièce puissante, dont l'utilité se fait le plus sentir en début de partie. Quant au roi, il est par définition incotable, mais possède quand même des possibilités défensives qu'il ne faut pas négliger.

Si le barème que nous avons donné est utile à connaître, il ne doit pas forcément dicter toutes les actions : au Shogi, ce n'est pas tant l'avantage matériel qui compte que la sécurité des deux Rois et l'activité des pièces.

La Lutte des classes

Ce jeu, inventé par Verney en 1884 – c'est-à-dire à l'époque de l'éclosion des idées marxistes et peu d'années après l'écrasement de la Commune de Paris par le gouvernement de Thiers –, s'inspire dans son principe et son intitulé des idées du moment : il oppose en effet les prolétaires unis, représentés par une masse imposante de pions, à ceux que ces derniers désignent comme leurs oppresseurs, représentés par les pièces nobles du jeu d'Échecs.

MATÉRIEL

Un échiquier de 8 cases de côté, 32 pions noirs et les 8 figures blanches normales.

BUT DU JEU

Pour les Blancs, capturer tous les pions noirs, et, pour les Noirs, mater le Roi blanc.

RÈGLES

Disposition des pièces

Les pièces blanches sont disposées à leur emplacement habituel, tandis que les pions noirs occupent les quatre premières rangées de leur camp, comme l'indique le diagramme suivant :

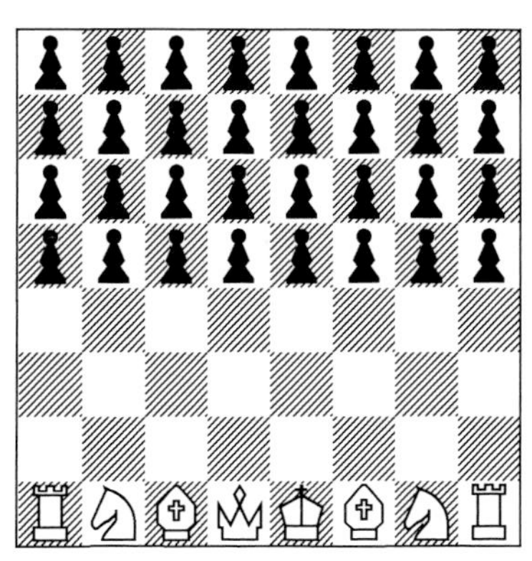

Disposition initiale des pièces sur l'échiquier

Marche des pièces

Les règles habituelles du jeu d'Échecs orthodoxe s'appliquent intégralement pour la marche des pièces, les prises, le Roque, les échecs, le Pat et le Mat, sous réserve des deux restrictions suivantes, concernant les pions :

– Même situés sur leur case de départ, ils ne peuvent avancer que d'une case à la fois.

– Ils ne peuvent être promus.

Déroulement et fin de la partie

Chaque joueur joue un coup à tour de rôle, le joueur ayant les Blancs débutant la partie. Une partie peut non seulement être gagnée ou perdue, mais peut également être nulle, en cas de Pat du Roi blanc (situation où le joueur ayant les Blancs, sans être échec, doit jouer mais n'a aucun coup légal à sa disposition).

Les Pantominos

Dans ce jeu né au cours des années 50, on utilise l'échiquier de manière originale, en couvrant sa surface de pièces de formes diverses.

MATÉRIEL

Un échiquier classique, de 64 cases, et 12 pièces appelées pantominos. Chaque pantomino est une manière d'assembler cinq carrés de la taille d'une case de l'échiquier, bord à bord. Il est possible de les fabriquer soi-même, en les découpant dans une feuille de carton.

BUT DU JEU

Faire en sorte que l'adversaire soit dans l'impossibilité, lorsque vient son tour de jouer, de placer une nouvelle pièce sur l'échiquier.

RÈGLES

Disposition du jeu

Les joueurs se placent de part et d'autre de l'échiquier. Les 12 pantominos sont posés en vrac sur le côté.

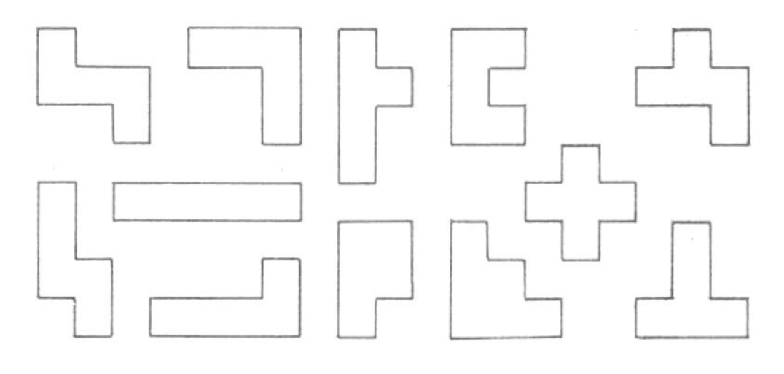

Les Pantominos

Déroulement de la partie

Le premier joueur, tiré au sort, place un pantomino de manière à couvrir exactement 5 cases de l'échiquier. Son adversaire l'imite, et ainsi de suite. Les pièces peuvent se toucher, mais elles ne doivent en aucun cas se chevaucher.

Fin de la partie

Dès que l'un des joueurs, en posant un pantomino, bloque l'échiquier de telle manière qu'il est impossible à son adversaire de placer l'une des pièces restantes, il gagne et interrompt la partie. Si toutes les pièces ont été placées sur l'échiquier, la partie est annulée.

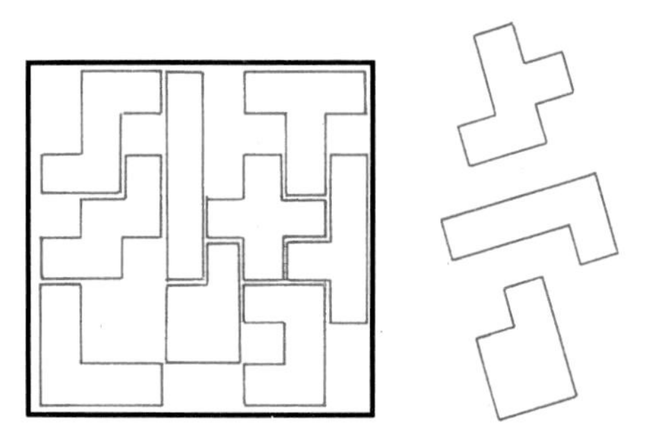

Exemple de jeu bloqué

Les Échecs chinois

ou Xiang-qi

Comme pour la plupart des jeux très anciens, on connaît mal la date de son apparition. On parle du IIIe siècle avant Jésus-Christ et des royaumes combattants, de la dynastie des Zhou, vers le VIIe siècle avant notre ère, ou encore de l'époque de la dynastie des Tang, vers 618, dont subsistent certains écrits témoignant du jeu.

Ce qui est certain, c'est que le Xiang-qi est un descendant du jeu indien Shaturanga, l'ancêtre de tous les jeux d'échecs, sous une forme adaptée à la civilisation chinoise. Ici, les Rois sont deux Empereurs qui restent dans leur palais, servis par deux Eunuques, l'Éléphant combat auprès du Cheval, et le Canon, encore appelé Bombarde ou Catapulte, nous rappelle que les Chinois ont inventé la poudre il y a déjà bien longtemps.

Les Rouges, qui ont l'avantage de débuter le jeu, représentent la race des Mandarins, nobles des anciennes dynasties chinoises, et les Noirs les envahisseurs tartares.

MATÉRIEL

Un échiquier de 64 cases, séparé en son milieu par une bande de terrain que l'on appelle le Fleuve** (diagramme 1). **Les points noirs figurant sur certaines intersections indiquent les positions de départ des pièces. Le Palais est la zone défensive délimitée par une croix. 16 pièces noires et 16 pièces rouges, comprenant, pour chaque camp, 11 pièces offensives : 2 Tours (T), 2 Chevaux (C), 2 Bombardes (B), 5 Soldats (S), et 5 pièces défensives : 2 Éléphants (E), 2 Mandarins (M), 1 Général (G).

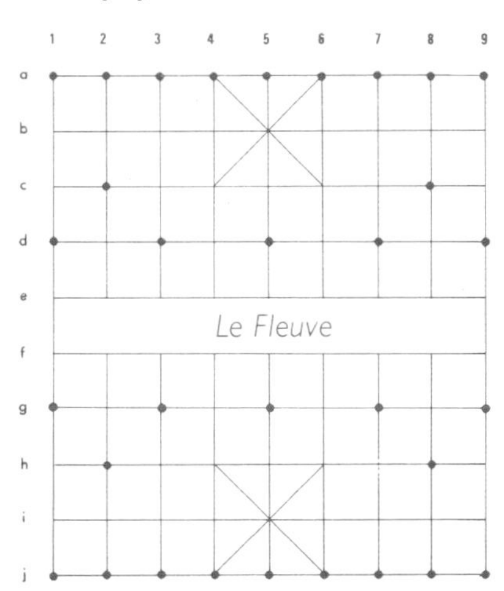

BUT DU JEU

Capturer la pièce principale de l'adversaire : le Général.

RÈGLES

Les Rouges débutent toujours la partie. Les pièces se posent sur les intersections et non au centre des cases *(diagramme 2).*

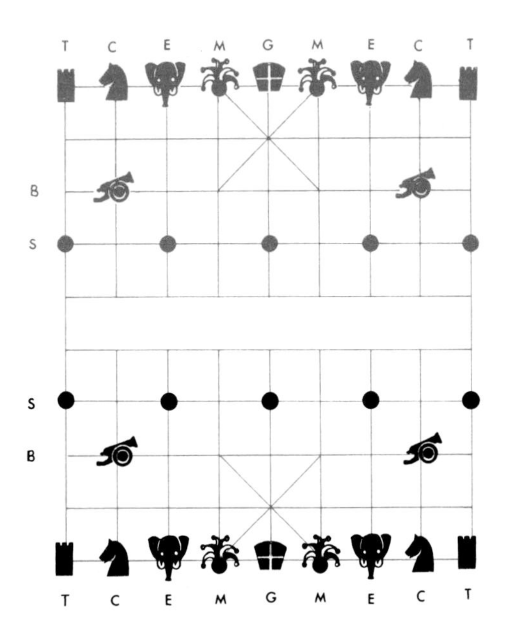

Diagramme 2 : Position initiale

Marche des pièces

Seules les pièces offensives peuvent franchir le Fleuve, les pièces défensives restant dans leur camp, à l'intérieur du Palais.

– **La Tour** se déplace sur les lignes verticales ou horizontales, de un ou plusieurs pas à sa convenance. Elle ne peut sauter par-dessus une autre pièce *(diagramme 3).*

– **La Bombarde** avance dans les mêmes directions que la Tour, mais elle doit obligatoirement sauter par-dessus une autre pièce (une des siennes ou une de l'adversaire) au cours de son déplacement. Elle ne peut sauter deux pièces. S'il n'y a pas sur sa trajectoire de pièce par-dessus laquelle elle puisse sauter, elle ne bouge pas *(diagramme 3).*

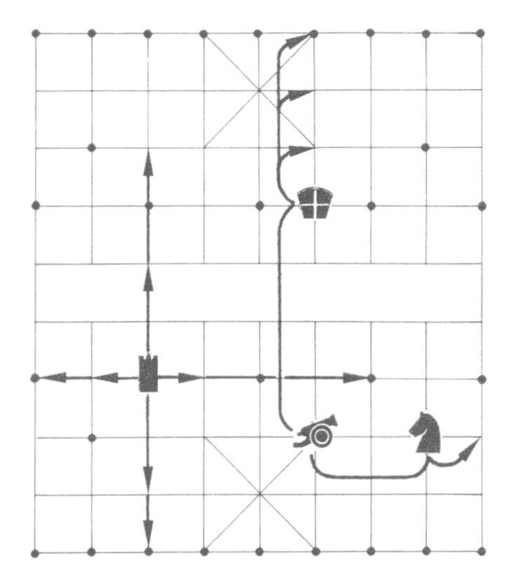

Diagramme 3 : Déplacements de la Tour et de la Bombarde

– **Le Cheval** avance de deux pas : un pas en ligne verticale ou horizontale, puis un pas en diagonale avant. La case où il bifurque doit être libre, car le Cheval ne peut sauter par-dessus une pièce. Pour changer de camp, il ne tient pas compte de l'espace du Fleuve *(diagramme 4).*

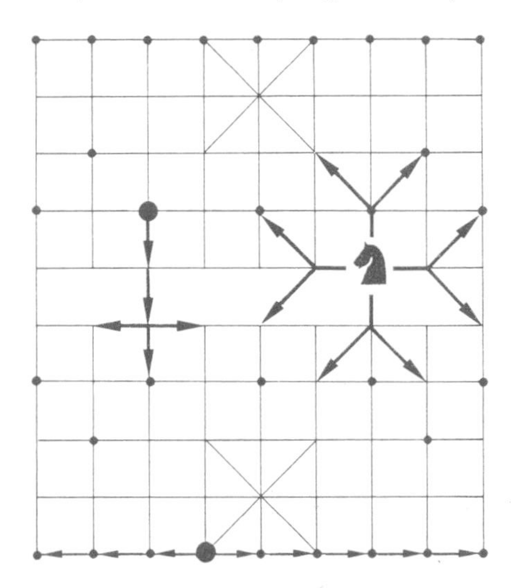

Diagramme 4 : Déplacements du Soldat et du Cheval

– **Le Soldat** se déplace d'un pas à chaque tour, en verticale, et toujours en avant. Il ne peut reculer. Une fois passé le Fleuve, il peut avancer verticalement ou horizontalement, mais ne peut ni reculer ni aller en diagonale. Une fois sur la dernière traverse de l'adversaire, il avance latéralement *(diagramme 4)*.

– **L'Éléphant** avance en diagonale de deux pas. La case par laquelle il passe doit être libre car il n'a pas le droit de sauter. Il ne franchit jamais le Fleuve *(diagramme 5)*.

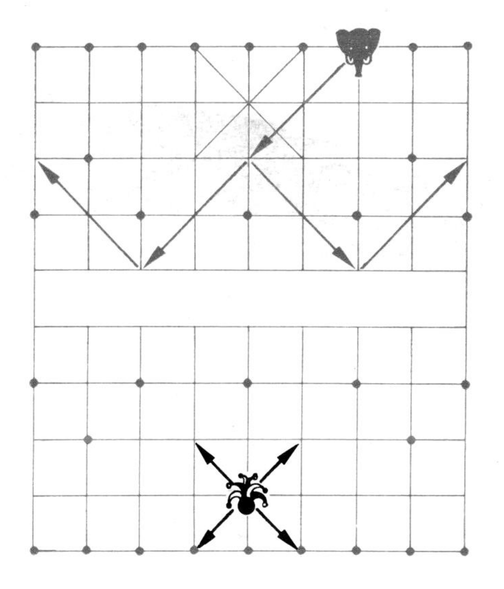

Diagramme 5 : Déplacements de l'Éléphant et du Mandarin

– **Le Mandarin** doit rester à l'intérieur de son palais de 4 cases. Il circule d'un pas à chaque tour et toujours en diagonale, avant ou arrière *(diagramme 5)*.

– **Le Général** doit, lui aussi, rester à l'intérieur de son Palais de 4 cases. Il circule d'un pas à chaque mouvement, sur les verticales et les horizontales, mais jamais en diagonale, d'avant en arrière ou de gauche à droite *(diagramme 6)*.

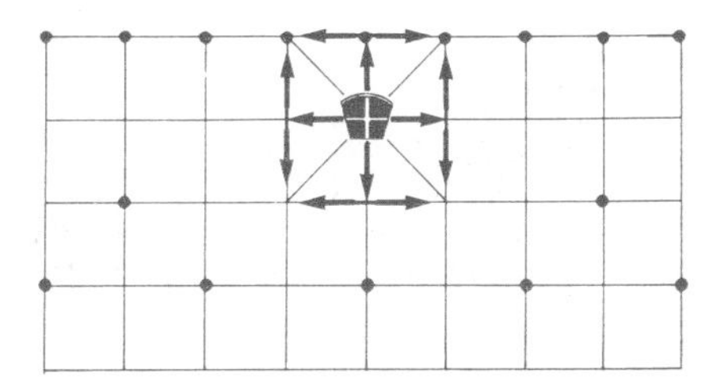

Diagramme 6 : Déplacements du Général

Prise des pièces adverses

Toutes les pièces prennent en se mettant à la place de la pièce adverse, celle-ci étant alors retirée du jeu. On ne peut prendre ses propres pièces. La prise n'est pas obligatoire.

Le Général ne peut se mettre de lui-même en échec, soit en bougeant, soit en déplaçant une pièce qui le cachait jusque-là.

L'échec

Lorsqu'une pièce vient de jouer, et qu'au coup suivant elle peut prendre le Général, elle doit l'annoncer en disant « échec ». Si le Général adverse est bloqué, on annonce sa mort par un « échec et mat ». La partie est gagnée.

Fin de la partie

Lorsqu'un Général est mis en échec, il doit réagir et essayer de se soustraire à cette attaque.

Pour cela, trois possibilités s'offrent à lui :

– la plus avantageuse est, bien sûr, de prendre la pièce qui le menace, soit lui-même, soit avec l'une de ses pièces ;

– changer de place, pour n'être plus sous le feu de l'attaquant ;

– se protéger en déplaçant une de ses pièces qu'il place en bouclier, entre lui et l'attaquant.

Si aucune de ces possibilités n'est réalisable, le Général est mort. On dit qu'il est « échec et mat ».

La partie est finie, même s'il reste encore des pièces sur l'échiquier. La perte du Général entraîne la perte de la partie.

Lorsqu'un camp ne peut plus bouger, la partie s'arrête et le camp paralysé a perdu.

Cas de nullité de la partie

– si les deux camps ne disposent plus des pièces nécessaires pour mater l'adversaire ;

– sur proposition d'un camp et acceptation de l'autre camp ;

– en cas d'un échec répété trois fois de suite ;

– lorsque la position est bloquée ;

– lorsque, en fin de partie, le Général, dépouillé de toutes ses pièces, ne peut plus bouger sans se mettre en échec (le Pat).

STRATÉGIE

Il faut bien connaître les possibilités de ses pièces pour les utiliser au mieux.

– **La Tour :** une excellente arme d'attaque grâce à sa mobilité et sa grande portée. Il faut la dégager assez vite pour lui faire occuper une position stratégique, à l'intersection de colonnes et de traverses ouvertes.

– **Le Cheval :** une grande souplesse de marche, mais une moyenne portée. Il est un excellent support pour les attaques, puisqu'il peut contrôler plusieurs pièces en même temps. Il est plus efficace au centre du jeu que sur un bord ou dans un coin.

– **La Bombarde** est rapide, et attaque par surprise, à condition d'avoir placé avant l'attaque une pièce qu'elle puisse sauter sur sa trajectoire.

– **Les Soldats** doivent s'unir afin de se protéger mutuellement.

– **L'Éléphant** ne contrôle que 7 intersections et seulement dans son camp. C'est une excellente pièce défensive qu'il ne faut pas perdre inconsidérément.

– **Le Mandarin** est utile au coin du Palais pour éviter les attaques d'un Cheval ennemi. Son action est cependant assez limitée.

– **Le Général :** sa seule qualité est d'être l'enjeu de la partie. Il est préférable de le placer sur la colonne 5.

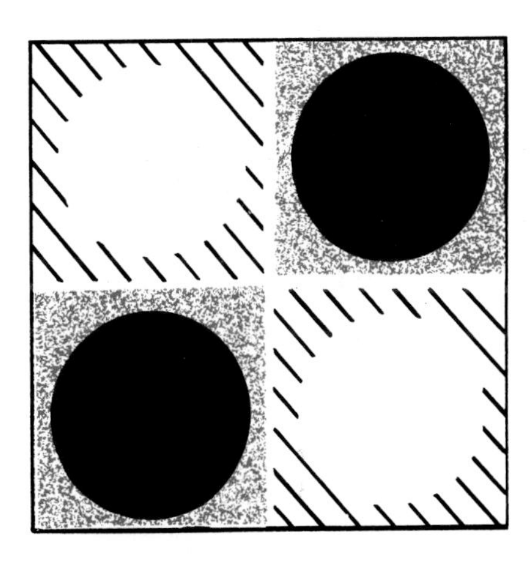

Les Jeux de Damier

Issu d'un jeu de réseau nommé Alquerque, introduit au Moyen Age en Espagne par les Arabes, le Jeu de Dames s'est répandu en Europe dès le XIIe siècle, empruntant le plateau de jeu des Échecs et les pions du Tric-Trac.

Aujourd'hui universellement connu, ce jeu a donné naissance à de multiples variantes, comme les Dames turques, canadiennes ou russes, mais aussi à des jeux dérivés, comme le Loup et les Brebis, où un seul pion noir est opposé à cinq pions blancs, ou le Reversi, où les pions capturés sont récupérés par l'adversaire, qui augmente ainsi ses effectifs.

La relative simplicité de ce jeu, beaucoup plus accessible que les Échecs, permet de le pratiquer à tous les niveaux, jusqu'à devenir un jeu de stratégie d'une finesse certaine. Les variantes que nous proposons dans les pages suivantes vous emmèneront un peu plus loin et vous feront explorer quelques-unes des richesses du damier...

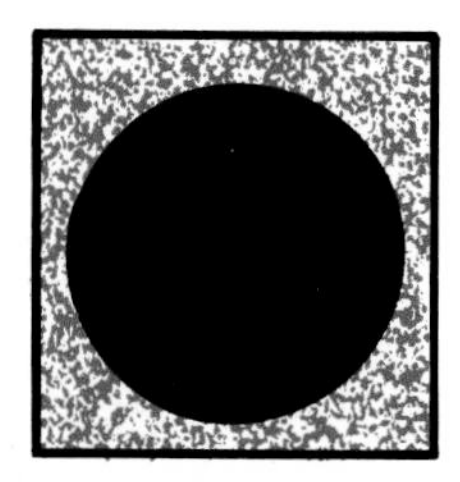

Les Dames

Si les jeux de damier remontent à la plus haute Antiquité, les Dames, sous leur forme actuelle, furent inventées vers 1725 par un militaire français qui jouait fréquemment avec un noble polonais : c'est de là que le jeu tire son nom de « Dames polonaises ».
Il existe de par le monde de nombreuses variantes très jouées, ce qui explique pourquoi le jeu ne s'est toujours pas universalisé sous une forme unique.

MATÉRIEL

Un damier de 10 cases de côté, 20 pions blancs et 20 pions noirs.

BUT DU JEU

Capturer tous les pions adverses, ou parvenir à les bloquer.

RÈGLES

Le damier et les pièces

Le damier est un plateau composé de 100 cases alternativement blanches et noires. Le jeu se déroule uniquement sur les cases noires, dites cases actives. Par convention, les joueurs placent en début de jeu le damier de façon à avoir une case blanche à leur droite. On donne le nom de « colonnes » aux séries de cases verticales, de « rangées » aux séries de cases horizontales, et de « diagonales » aux séries de cases obliques.

Chaque camp dispose de 20 pions, qui sous certaines conditions peuvent se transformer en Dames. La position de départ est représentée au *diagramme 1*.

Diagramme 1 : La position de départ ▶

Notation

Afin de conserver et de reproduire les parties, un système de notation a été mis au point. Les cinquante cases actives sont numérotées de 1 à 50, à partir du haut, et de gauche à droite, comme l'illustre le *diagramme 2*. Au départ, les pions noirs sont donc placés sur les cases 1 à 20, et les pions blancs sur les cases 31 à 50.

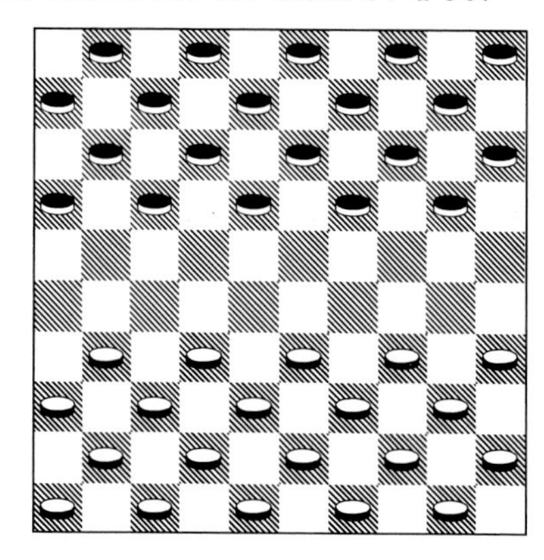

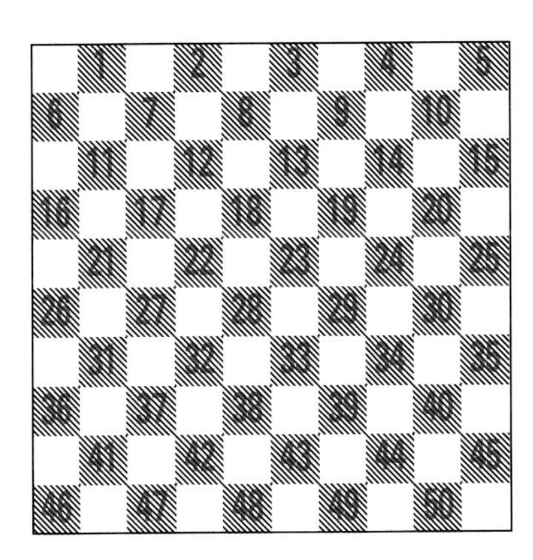

Diagramme 2 : La notation

On définit le mouvement d'un pion par le numéro de sa case de départ suivi du numéro de sa case d'arrivée. Ces numéros sont séparés par un tiret (-) en cas de simple déplacement et par le signe multiplié (x) en cas de prise. Ainsi, 42-38 signifie que le pion situé sur la case 42 se rend sur la case 38. De la même façon, 33 × 24 (qui se prononce « 33 prend 24 ») signifie que le pion situé sur la case 33 effectue une prise et se retrouve sur la case 24. Pour distinguer les coups blancs des coups noirs, on note ces derniers entre parenthèses, par exemple (20-24).

En pratique, on utilise également les symboles suivants pour compléter la notation :

!	Fort coup
!!	Coup remarquable
?	Coup faible
??	Gaffe
*	Coup forcé
+	Gain de la partie
=	Jeu égal

Déplacement des pièces

– **Le Pion :** il se déplace d'une case en diagonale, vers l'avant et sur une case vide. Il lui est interdit de reculer, sauf pour prendre. Toute sa vie se déroule sur des cases de la même couleur *(diagramme 3).*

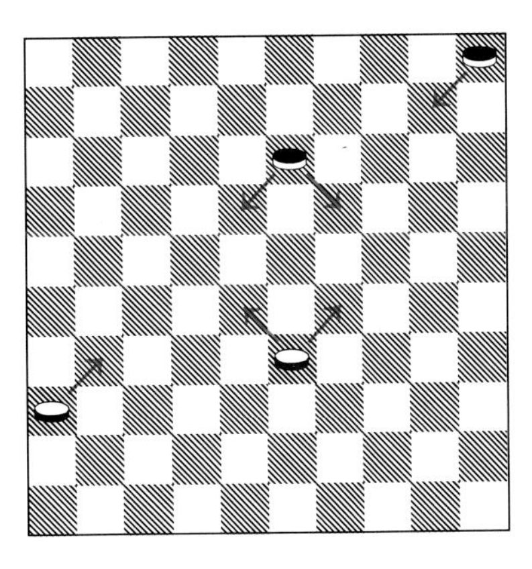

Diagramme 3 : La marche du pion

– **La Promotion :** lorsqu'un pion parvient sur sa dernière rangée, il se transforme en Dame, promotion que l'on matérialise en le couvrant d'un autre pion de la même couleur.

– **La Dame :** elle se déplace diagonalement sur les cases vides, dans les quatre directions et d'autant de cases qu'elle le désire *(diagramme 4).*

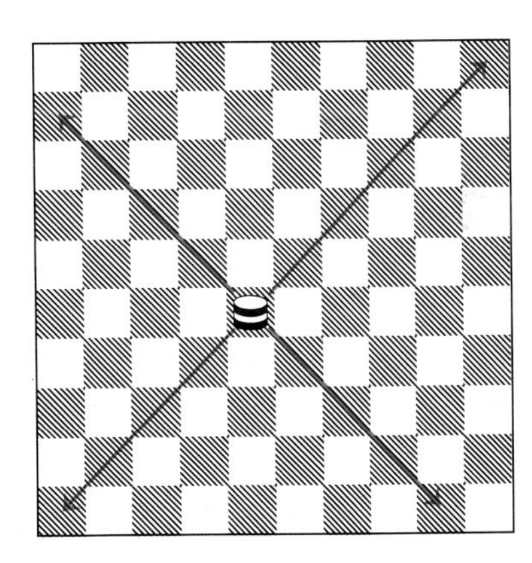

Diagramme 4 : La marche de la Dame

Prise des pièces adverses

Lorsqu'un pion est en contact avec une pièce adverse derrière laquelle se trouve une case vide, il saute par-dessus cette pièce et se pose sur la case libre. La pièce adverse est « prise » et ôtée du jeu. La prise s'effectue en avant comme en arrière *(diagramme 5)*.

La Dame prend comme le pion, mais peut franchir plusieurs cases vides avant de sauter par-dessus le pion ou après l'avoir enjambé *(diagramme 6)*.

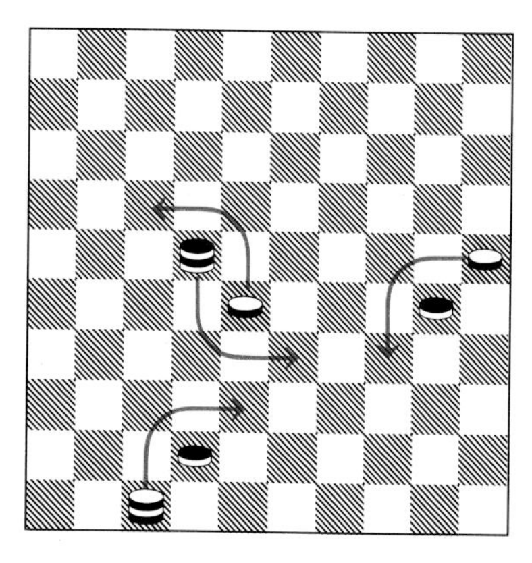

Diagramme 5 : La prise du pion

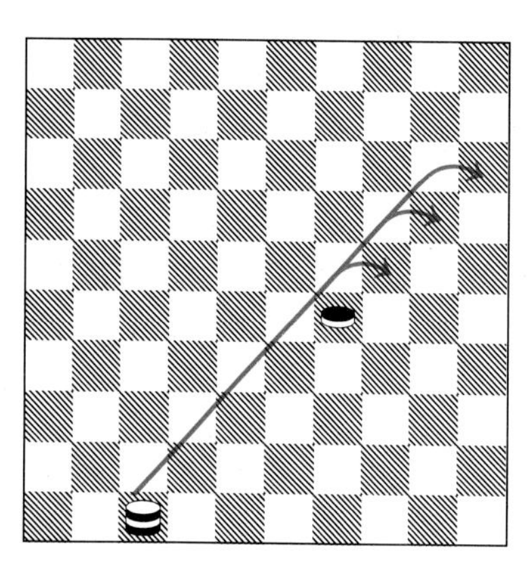

Diagramme 6 : La prise de la Dame

Si plusieurs pièces adverses sont en position d'être successivement prises, le pion ou la Dame doivent les prendre toutes. C'est ce que l'on appelle une « rafle ». S'il est permis de passer plusieurs fois sur une même case vide, il est interdit de passer plus d'une fois sur une même pièce *(diagramme 7)*. Les pièces ne sont ôtées du jeu qu'une fois la rafle terminée, ce qui limite quelquefois le nombre des prises *(diagramme 8)*.

Un pion qui touche la dernière rangée, lors d'une rafle, mais poursuit son mouvement n'est pas promu Dame « en passant ».

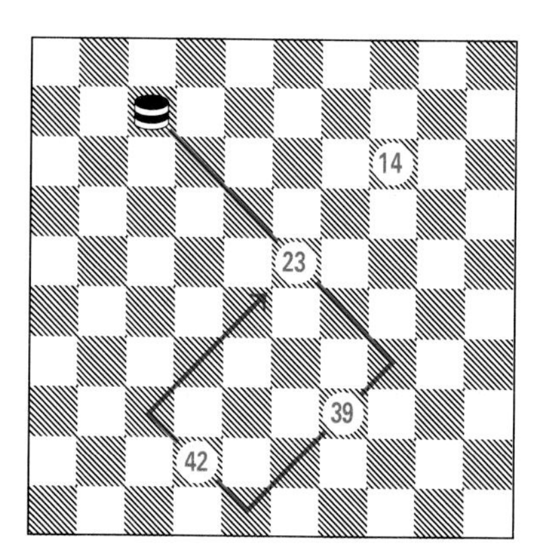

Diagramme 7 : La Dame noire ne peut repasser sur le pion 23 pour capturer le pion 14

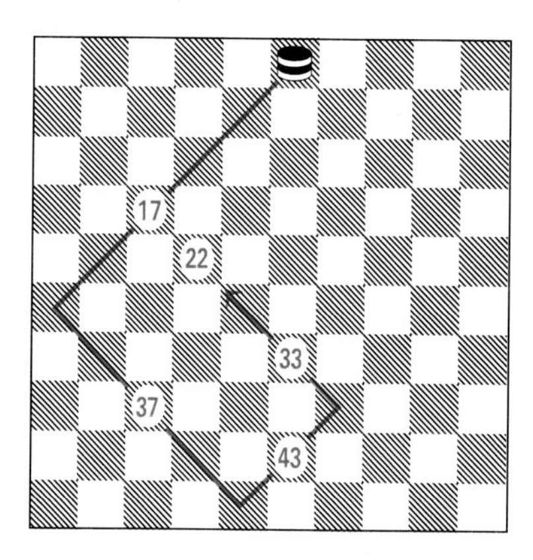

Diagramme 8 : Les pions n'étant ôtés qu'après la rafle, la Dame noire doit s'arrêter sur la case 28, où elle est en prise

La prise est absolument obligatoire, la règle du « soufflage » (selon laquelle le joueur ayant oublié d'effectuer une capture se voyait retirer le pion coupable d'omission) ayant depuis longtemps été abolie.

La prise majoritaire : un joueur qui a le choix entre plusieurs prises doit effectuer le mouvement qui lui permet de capturer le plus de pièces ennemies. En cas d'égalité, il peut choisir librement. La qualité des pièces en prise n'entre pas en ligne de compte (c'est-à-dire que la prise d'une Dame n'a pas priorité sur la prise d'un pion).

Déroulement de la partie

Chaque joueur joue un coup à tour de rôle, le joueur ayant les Blancs débutant la partie. Lorsqu'un joueur oublie d'effectuer une prise, son adversaire peut, selon son intérêt, accepter l'irrégularité ou bien exiger que le coup légal soit joué.

Fin de la partie

Une partie ne peut avoir que deux résultats : gain ou nulle.

Le gain s'obtient :
– soit par la capture ou le blocage de toutes les pièces adverses ;
– soit par l'abandon de l'adversaire.

La nulle s'obtient :
– dans tous les cas où l'on démontre que le gain est impossible ;
– lorsqu'une même position se répète trois fois de suite ;
– par accord mutuel des deux joueurs, c'est-à-dire par acceptation d'une proposition de nulle.

STRATÉGIE

Les dames sont un jeu éminemment tactique. Pour cette raison, il est malaisé d'établir une théorie du milieu de jeu très élaborée ou de dégager des principes stratégiques dont la validité soit permanente : chaque position doit être traitée selon ses propres mérites et la tactique prend généralement le pas sur la stratégie.

Cependant, les combinaisons favorisent en règle générale le camp qui jouit d'une position supérieure. Il est donc essentiel de connaître les grands principes généraux du jeu, que l'étude et la pratique des maîtres ont permis de dégager :

– Développer les pièces vers le centre du damier.
– Ne pas disperser ses pièces et tâcher de conserver une position compacte, en évitant d'isoler des pions.
– Créer de nombreuses possibilités d'échanges, afin de pouvoir éventuellement se débarrasser des pions gênants.
– Chercher à conserver des coups temporisateurs, permettant de jouer sans modifier la position, afin d'être, le cas échéant, en mesure d'attendre les décisions adverses.

VARIANTES

Les Dames anglaises

Cette variante, appelée « Draughts » en Grande-Bretagne et « Checkers » aux États-Unis, est presque exclusivement jouée dans les pays anglo-saxons. Elle correspond aux anciennes Dames françaises, et diffère des Dames internationales sur plusieurs points touchant le matériel et les règles.

Matériel

Un damier de 8 cases de côté, 12 pions blancs et 12 pions noirs.

Règles

Ce sont les mêmes que celles du jeu international, à ces différences près :

– Le pion ne peut jamais reculer, même en cas de prise.
– La Dame se déplace dans toutes les directions, mais d'une seule case à la fois.
– Un joueur qui a le choix entre plusieurs prises n'est pas tenu d'effectuer le mouvement qui lui permet de capturer le plus de pièces ennemies, mais, s'il a choisi celui-ci, il doit réaliser toutes les captures possibles.

Les Dames en diagonales

Cette variante se joue en obéissant aux règles des Dames anglaises, mais avec 9 ou 12 pions selon la position de départ. Les pions se transforment en Dames lorsqu'ils atteignent une des cases de promotion, signalées par la lettre P dans les diagrammes 9 et 10.

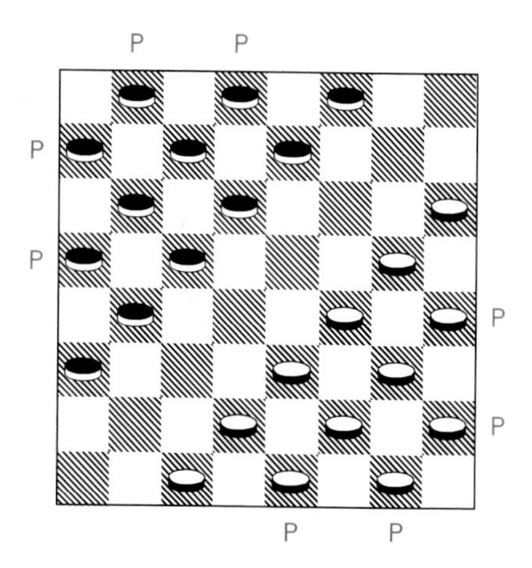

Diagramme 9 :
Dames en diagonales à 12 pions

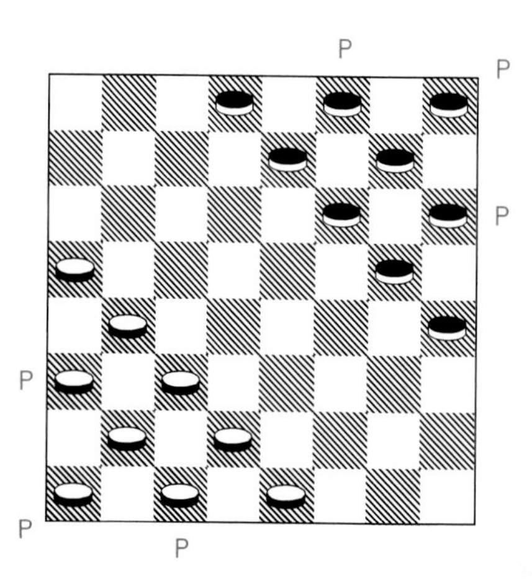

Diagramme 10 :
Dames en diagonales à 9 pions

Les Dames italiennes

Se jouent selon les règles anglaises, avec les différences suivantes :

– Le damier est positionné de façon que les joueurs aient une case active à l'extrémité droite de leur première rangée.
– Une Dame ne peut être capturée que par une autre Dame.
– On applique la règle de la prise majoritaire, selon laquelle un joueur ayant le choix entre plusieurs prises est tenu d'effectuer celle lui permettant de capturer le plus de pièces ennemies.
– Lorsqu'une Dame a le choix entre plusieurs prises d'un nombre égal de pièces, elle doit opter pour celle permettant de capturer les pièces les plus importantes (c'est-à-dire de capturer des Dames plutôt que des pions).

Les Dames espagnoles

Se jouent comme les Dames italiennes, sauf pour la marche de la Dame, qui obéit aux règles internationales.

Les Dames allemandes

Se jouent comme les Dames espagnoles. Cette variante se rapproche des Dames internationales dans la mesure où les pions sont autorisés à prendre en arrière et ne peuvent être promus « en passant » (c'est-à-dire lorsqu'ils touchent, lors d'un mouvement, leur dernière rangée, mais sans que celle-ci représente leur destination finale).

Les Dames russes

Se jouent comme les Dames allemandes, avec les différences suivantes :

– Un joueur qui a le choix entre plusieurs prises n'est pas tenu d'effectuer celle lui permettant de capturer le plus de pièces ennemies.
– Tout pion touchant la dernière rangée se transforme immédiatement en Dame, même si son mouvement n'est pas terminé (cas d'une rafle).

Les Dames canadiennes

Se jouent comme les Dames allemandes, avec les différences suivantes :

– Le damier est positionné de façon que les joueurs aient une case active à l'extrémité gauche de leur première rangée.
– Le damier comporte 144 cases (il a donc 12 cases de côté). Chaque joueur possède 30 pions, disposés sur ses cinq premières rangées.

Les Dames « à qui perd gagne »

Cette variante amusante peut se jouer selon l'une quelconque des règles que nous venons d'exposer. Le but du jeu est de se faire capturer ou bloquer toutes ses pièces par l'adversaire, les prises étant obligatoires.

Les Dames turques

Ce jeu diffère radicalement des Dames classiques par ses règles particulières, régissant la position et la marche des pions.

MATÉRIEL

Un damier de 8 cases de côté, 16 pions blancs et 16 pions noirs. Il est possible d'utiliser un damier bicolore classique, bien que le plateau de jeu traditionnel turc soit monochrome.

RÈGLES

Ce sont celles des Dames anglaises, avec les différences suivantes :
– La position de départ est représentée au *diagramme 1*.
– Les pions avancent non pas diagonalement, mais verticalement et horizontalement *(diagrammes 2 et 3)*, et prennent comme ils marchent.

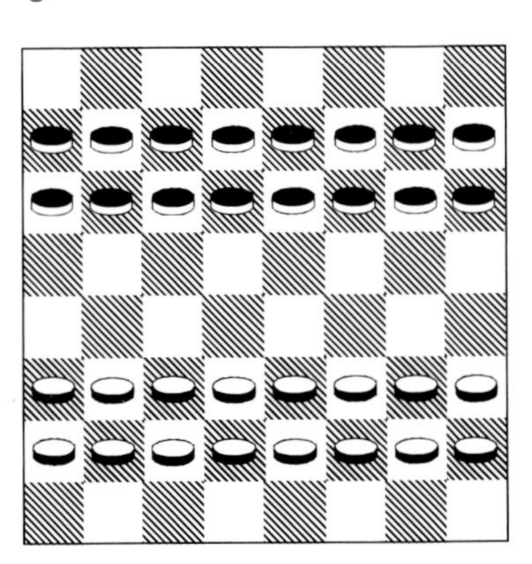

Diagramme 1 : La position de départ

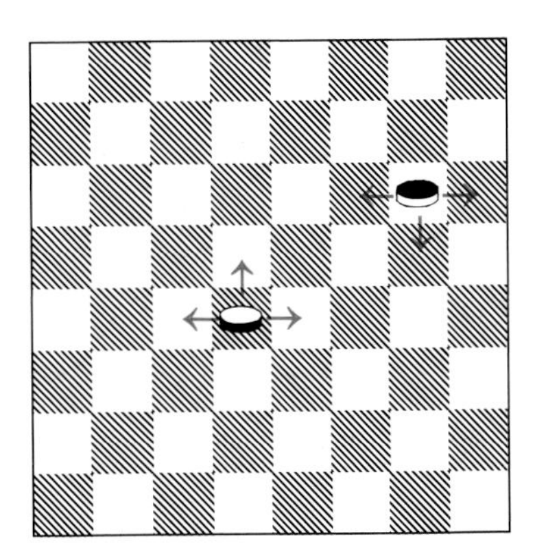

Diagramme 2 : La marche des pions

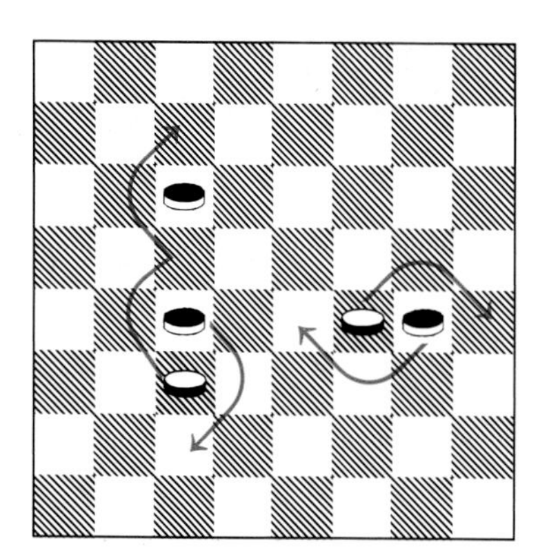

Diagramme 3 : La marche des pions, la prise

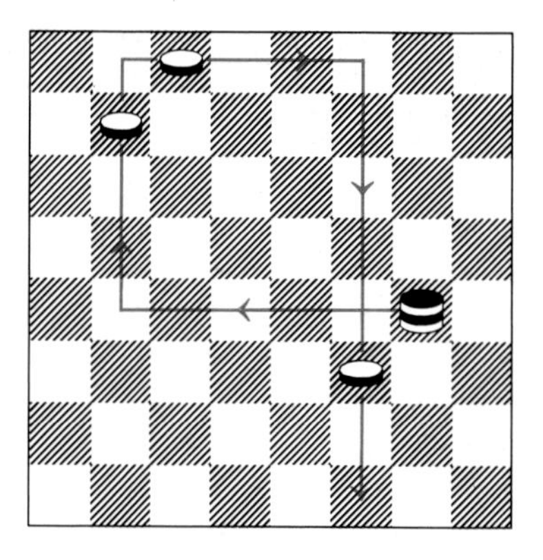

Diagramme 5 : La marche de la Dame, la prise

– Les Dames se déplacent verticalement et horizontalement d'autant de cases qu'elles le désirent, en avant comme en arrière, et prennent comme les pions *(diagrammes 4 et 5).*

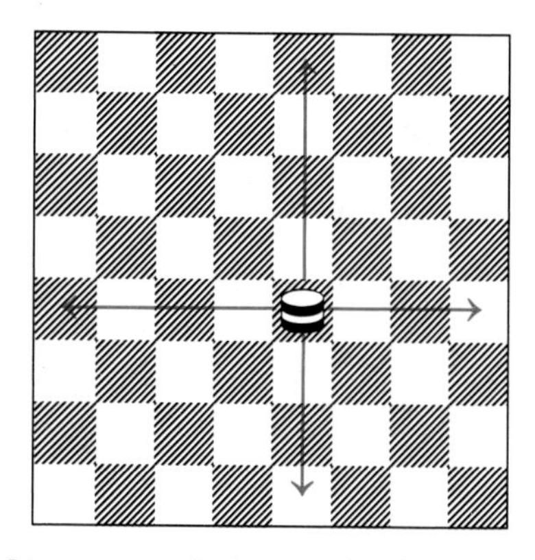

Diagramme 4 : La marche de la Dame

– La règle de la prise majoritaire s'applique. Le joueur qui a le choix entre plusieurs prises doit donc effectuer celle lui permettant de capturer le maximum de pièces ennemies.

– En cas de rafle (capture multiple), les pions sont retirés au fur et à mesure des prises.

– Toujours en cas de rafle, si un pion touche la dernière rangée au cours de son mouvement, il est promu Dame « en passant » et poursuit sa course revêtu de ses nouvelles fonctions.

– La partie est gagnée si l'on parvient à capturer ou à bloquer toutes les pièces adverses, mais aussi si une seule Dame est opposée à un seul pion.

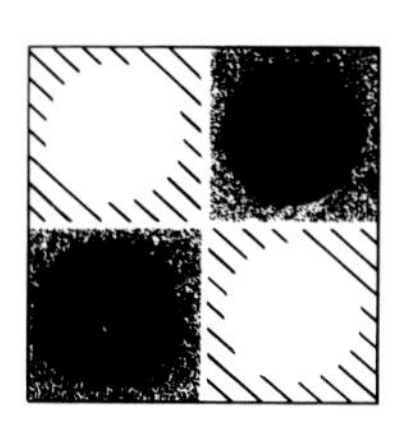

Le Dâmma

La famille des jeux de Dames a donné, en Afrique du Nord, une variante originale, le Dâmma, encore pratiquée de nos jours par les peuples sahariens.

MATÉRIEL

Une grille réalisée en traçant dix lignes horizontales et dix lignes verticales entrecroisées ; 40 pièces allongées, en général des bâtonnets, appelées pièces « mâles » ; 40 pièces rondes, matérialisées par des cailloux, des noyaux de dattes ou des pions, appelées pièces « femelles ».

BUT DU JEU

Capturer toutes les pièces de l'adversaire.

RÈGLES

Disposition du jeu

L'attribution des pièces mâles et femelles est tirée au sort. Les joueurs se placent de part et d'autre de la grille et posent leurs pièces sur les cases des quatre premières rangées de leur camp. Ils se partagent la rangée médiane, en laissant libre la case centrale.

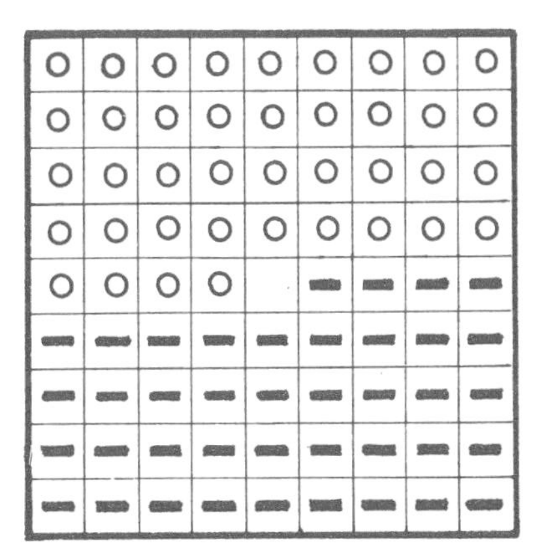

Disposition du jeu

Déplacement des pièces

Les pièces se déplacent d'une seule case par tour, verticalement ou en diagonale. Elles ne peuvent reculer.

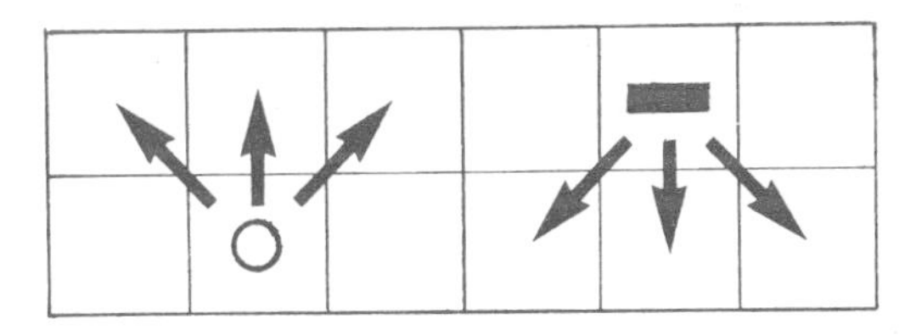

Déplacement des pièces

Prise des pièces adverses

Le principe est celui de la plupart des jeux de Dames : on prend une pièce ennemie située dans une case adjacente, en la « sautant ». La prise permet donc un déplacement de deux cases à la fois, dans toutes les directions.

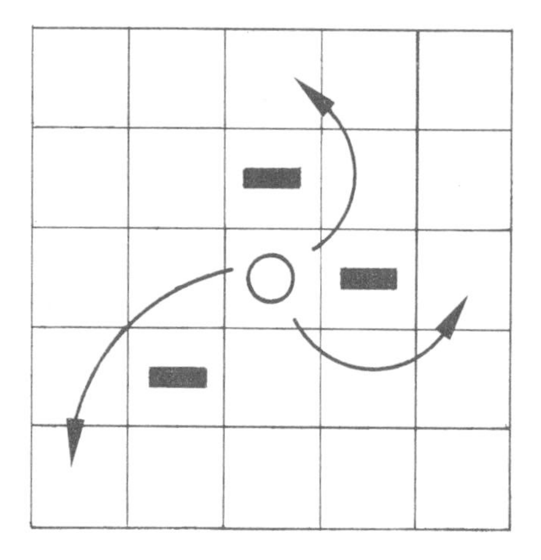

Prise des pièces

Déroulement et fin de la partie

Le joueur « mâle » avance un bâtonnet de son choix sur l'unique case vide. Son adversaire réplique en prenant le bâtonnet engagé. Les tours se succèdent jusqu'à ce que l'un des joueurs ait perdu tous ses pions. Dès que l'occasion se présente, la prise d'une pièce adverse est obligatoire.

En cas de manquement à cette règle, l'adversaire pourra « souffler » la pièce fautive avant de jouer à son tour. La pièce soufflée est retirée du jeu. Cette opération s'appelle le « cafar ».

Dès qu'une pièce atteint la dernière rangée de cases, elle devient « Dâmma », et gagne le droit de se déplacer dans toutes les directions, en ligne droite et sans limitation de distance.

Le gagnant de la partie obtient obligatoirement, lors de la partie suivante, les pièces mâles.

VARIANTE

Le Kharberg

Le Kharberg est un jeu plus vif et plus palpitant que le Dâmma, dont il est la version simplifiée. Le support carré ne compte que 25 cases, et chaque joueur possède 12 pièces. Les règles sont celles du Dâmma, sauf pour les déplacements : chaque pièce se déplace d'une case à la fois, mais dans toutes les directions.

Le Hashami-Shogi

Ce jeu japonais n'est pas sans rappeler le jeu européen de Marelle.

MATÉRIEL

Un damier carré de 9 cases de côté, 18 pions noirs et 18 pions blancs.

BUT DU JEU

Réaliser, en dehors de leurs rangées de départ, un alignement de 5 pions.

RÈGLES

Disposition du jeu

Les joueurs se placent de part et d'autre du damier, et disposent leurs pions sur les deux premières rangées de cases.

Les pions se déplacent de gauche à droite ou d'avant en arrière, mais jamais en diagonale. Ils peuvent donc se rendre sur les quatre cases contiguës à leur case de départ lorsque ces cases sont libres. Lorsqu'une case contiguë est occupée par un autre pion, quelle que soit sa couleur, ils peuvent le sauter, progressant ainsi de deux cases à la fois.

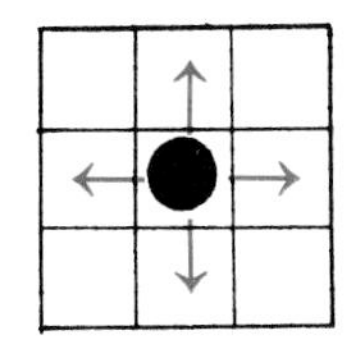

1er type

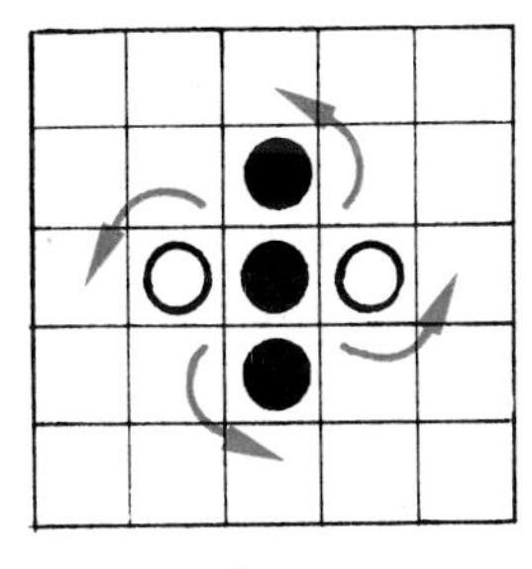

2e type

Diagramme 1 : Marche des pions

Prise des pions adverses

On peut prendre un pion ennemi en l'encadrant entre deux de ses pions, dans le sens horizontal ou vertical, ou en plaçant deux pions sur les cases horizontale et verticale adjacentes lorsque le pion convoité est situé dans un angle du damier. Le pion capturé est alors retiré du damier.

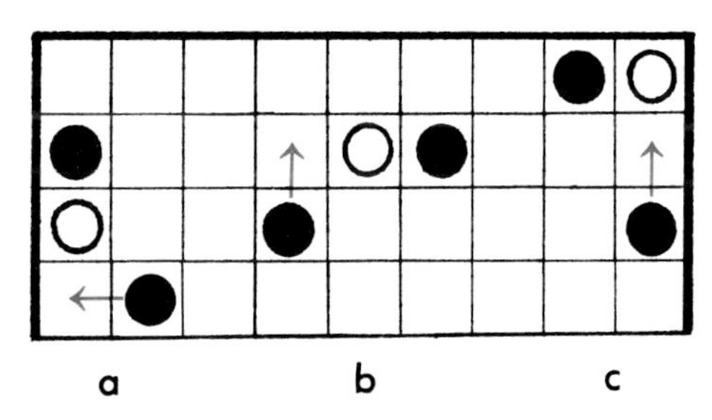

a - verticale
b - horizontale
c - dans un coin

Diagramme 2 : Prises de pions

Déroulement de la partie

La couleur des pions est attribuée par tirage au sort. Les Blancs jouent en premier, puis les deux joueurs déplacent à chaque tour un pion à la fois. La prise d'un pion ennemi ne permet pas de rejouer.

Fin de la partie

Elle intervient dès qu'un joueur parvient à aligner cinq pions horizontalement, verticalement ou en diagonale, ou en capturant le dernier pion de son adversaire.

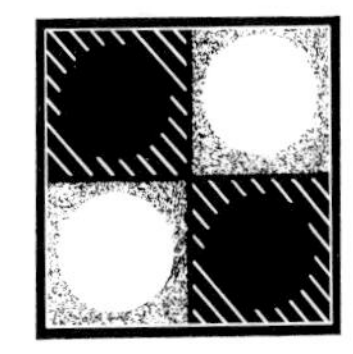

Le Loup et les Brebis

Ce jeu destiné aux enfants appartient à la famille des Dames.

MATÉRIEL

Un damier de 10 cases de côté, 1 pion noir (le Loup) et 5 pions blancs (les Brebis).

BUT DU JEU

Pour le Loup, traverser le damier. Pour les Brebis, encercler le Loup.

RÈGLES

Disposition du jeu

Les joueurs se placent de part et d'autre du damier. Les couleurs sont tirées au sort. Le joueur auquel le Loup est attribué place sa pièce devant lui, sur une case blanche de son choix. Le joueur « Brebis » aligne ses pièces sur les cases blanches du côté opposé.

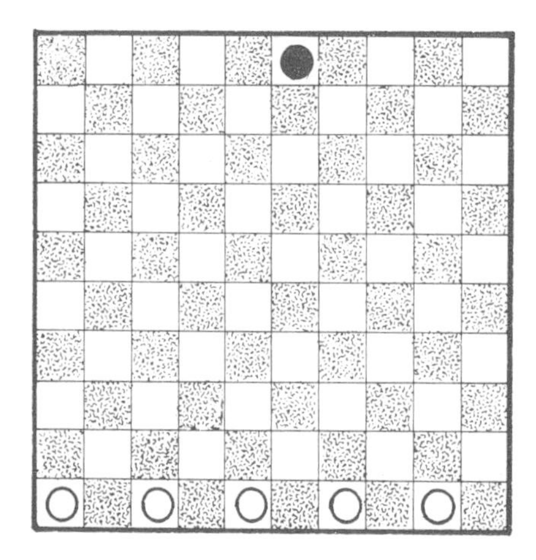

Diagramme 1 : Disposition du jeu

Déplacement des pions

Le Loup se déplace d'une case à la fois, en avant ou en arrière. Les Brebis avancent d'une case à la fois, uniquement en avant.

Déroulement et fin de la partie

Le Loup joue en premier. Tour à tour, les joueurs déplacent une pièce. La partie s'interrompt en faveur du Loup dès que ce dernier a réussi à s'installer sur la ligne de départ de l'adversaire. Elle s'interrompt en faveur des Brebis dès que celles-ci ont réussi à encercler leur ennemi.

Variante avec deux Loups et vingt Brebis

Au début de la partie, les Loups occupent sur un côté du damier deux cases blanches de leur choix. Les Brebis sont alignées sur les cases blanches des quatre premières rangées du camp opposé.

Pour que les Loups soient victorieux, il suffit que l'un d'entre eux réussisse à traverser le damier. Ils peuvent franchir autant de cases qu'ils le désirent, en avant ou en arrière, et peuvent capturer les Brebis en les sautant en diagonale. Ils peuvent franchir plusieurs cases vides avant de sauter leur victime, et atterrir plusieurs cases plus loin, si la voie est libre. Il leur est possible d'enchaîner plusieurs prises au cours d'un même tour.

Les Brebis sont retirées du jeu.

Les Brebis ne peuvent pas capturer leurs adversaires. Pour gagner la partie, elles devront les encercler tous deux.

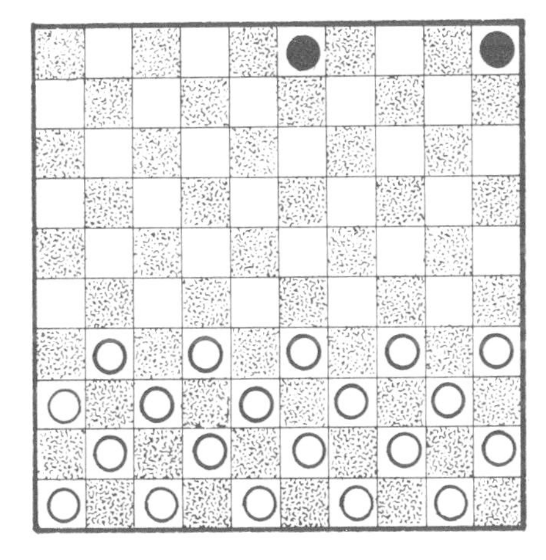

Diagramme 2 : Disposition du jeu

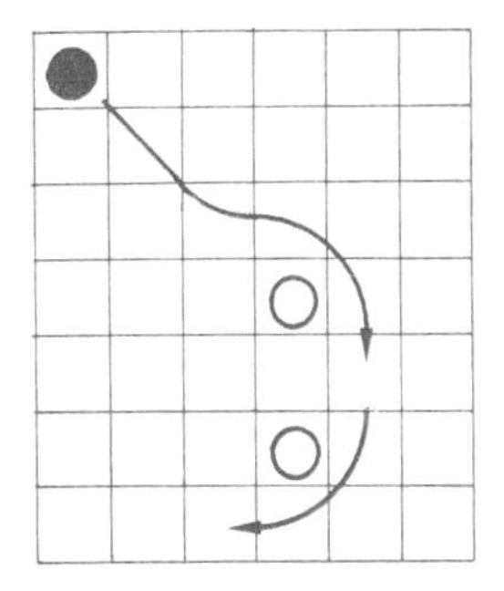

Diagramme 3 : Prises successives de deux Brebis par un Loup

Le Reversi

Malgré une certaine simplicité, ce jeu, dont l'origine remonte à la fin du XIXe siècle, fait appel à des notions élémentaires de stratégie.

MATÉRIEL

Un damier de 8 cases de côté et 64 pions bicolores (une face blanche et une face noire). En l'absence de ces pions, il est possible de les « fabriquer » en empilant l'un sur l'autre un pion blanc et un pion noir.

BUT DU JEU

Disposer ses pions sur le damier en encerclant les pions adverses afin de les capturer.

RÈGLES

Disposition du jeu

En début de partie, le damier est vide. On tire au sort l'attribution de la couleur blanche. En disposant ses pions sur le damier, chaque joueur veillera à ce que la face correspondant à sa couleur propre soit visible.

Déroulement de la partie et prise des pions adverses

Les Blancs commencent. Tour à tour, les joueurs placent un pion à la fois sur le damier. Lorsque, en plaçant l'un de ses pions, un joueur encadre un ou plusieurs pions adverses, il capture aussitôt ce ou ces pions. Les pions capturés ne sont pas retirés, mais sont simplement retournés. Leur couleur ayant changé, ils appartiennent désormais au joueur qui a pris.

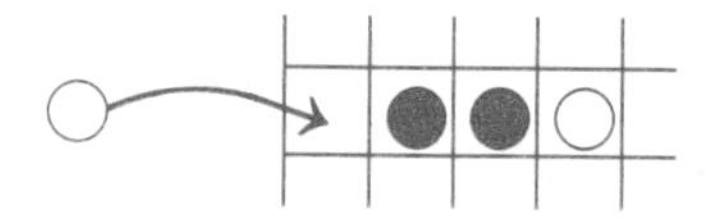

Diagramme 1 : Prise de deux pions noirs par un pion blanc

Lorsqu'un changement de couleur permet d'effectuer une prise supplémentaire, cette dernière est aussitôt réalisée.

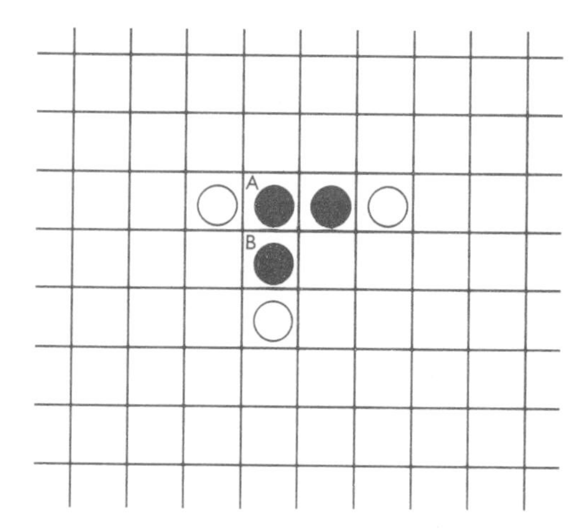

Diagramme 2 : Enchaînement de deux prises. Le pion A devenant blanc, B est encadré entre deux pions blancs. Il est pris à son tour

Fin de la partie

Dès que le dernier pion a été posé, la partie s'interrompt. Le vainqueur est le joueur dont la couleur est majoritaire sur le damier.

Le Seega

Ce jeu oriental survit de nos jours dans l'est de l'Afrique, aux confins de l'Éthiopie, limite extrême de l'ancien Empire romain dont, semble-t-il, il est originaire.

MATÉRIEL

Un damier carré de 7 cases de côté, 24 pions blancs et 24 pions noirs.

BUT DU JEU

S'emparer des pions de l'adversaire, tout en protégeant ses propres pièces.

RÈGLES

Disposition du jeu

Les deux joueurs se placent de part et d'autre du damier, et tirent au sort la couleur de leurs pions. Le joueur « Blanc » dispose à son gré deux pions sur deux cases du damier. Le joueur « Noir » l'imite, et cette opération se renouvelle jusqu'à ce que tous les pions soient placés. La case centrale doit toujours rester vide.

Déplacement des pions

Les pions se déplacent d'une case à la fois, horizontalement ou verticalement. Ils peuvent accéder à n'importe quelle case libre, y compris la case centrale.

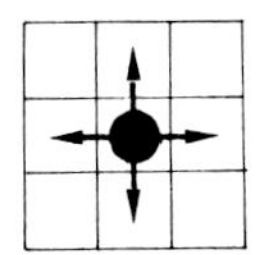

Diagramme 1 : Déplacement d'un pion

Prise des pions adverses

Lorsqu'on parvient à encadrer un pion ennemi entre deux de ses propres pions, celui-ci est retiré du jeu. Le pion dont le mouvement a entraîné la prise d'un pion adverse, ou la prise simultanée de plusieurs pions adverses, peut effectuer sur-le-champ un nouveau mouvement.

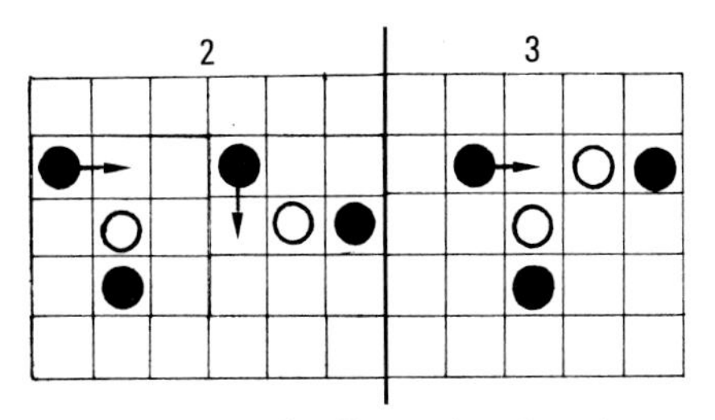

Diagramme 2 : Exemples de prise d'un pion blanc par les Noirs

Diagramme 3 : Prise simultanée par les Noirs de 2 pions blancs

Le pion occupant la case centrale est imprenable. Un pion peut se glisser entre deux pions ennemis sans courir aucun risque.

Déroulement de la partie

Les Blancs jouent en premier. Tour à tour, les joueurs déplacent un pion, dans le but de capturer des pions adverses, tout en essayant de protéger leurs propres pions. Lorsqu'un joueur est complètement bloqué par son adversaire, celui-ci doit rejouer de manière à dégager le jeu.

Fin de la partie

La partie s'interrompt lorsqu'un joueur capture le dernier pion de son adversaire. Si les deux joueurs ont réussi à édifier une barrière, la partie cesse automatiquement, et le joueur ayant capturé le plus grand nombre de pions est déclaré gagnant.

STRATÉGIE

Une tactique fréquente consiste à édifier une ceinture hermétique de pions, derrière laquelle on peut déplacer ses autres pions sans danger. Cette pratique est le principal défaut du Seega, car, en préparant ce type de barrière dès la phase de disposition des pièces, on limite l'intérêt de la partie.

Le même jeu peut se pratiquer sur un damier carré de 9 cases de côté, chaque participant disposant de 40 pions.

Le Zug

Le Zug, de création récente, appartient à la famille des Dames. Il est axé sur la rapidité de mouvement des pions.

MATÉRIEL

Un damier carré de 17 cases de côté, divisé horizontalement en trois zones ; 12 pions noirs et 12 pions blancs.

BUT DU JEU

Installer ses pions au fond du camp de l'adversaire.

RÈGLES

Disposition du jeu

Les deux bandes frontales du damier, comprenant chacune quatre rangées de 17 cases, forment les camps des deux joueurs. Ceux-ci placent 9 pions sur les cases blanches de leur première rangée, et les 3 pions restants sur 3 cases blanches de leur choix, sur la seconde rangée.

Déplacement des pions

Les pions se déplacent en avançant d'une case, en diagonale, lorsque la case visée est libre. Si cette case est occupée par un pion ami ou adverse, le pion en déplacement le saute – sans le prendre – progressant ainsi de deux cases. Il est interdit de reculer un pion.

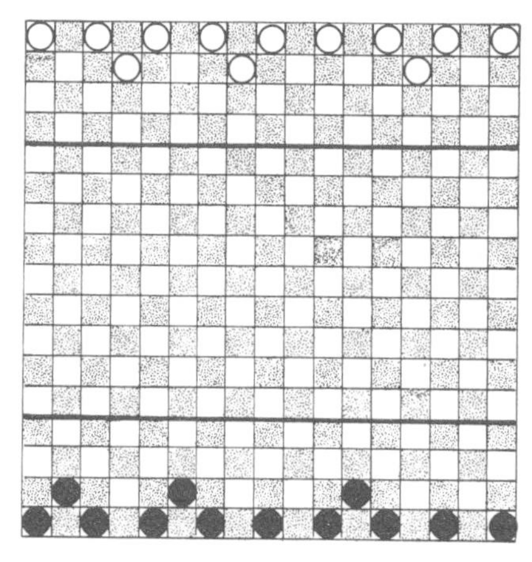

Diagramme 1 :
Configuration du jeu en début de partie

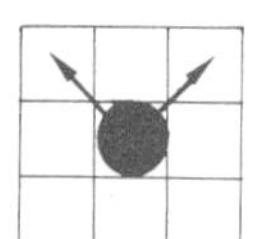

déplacement direct

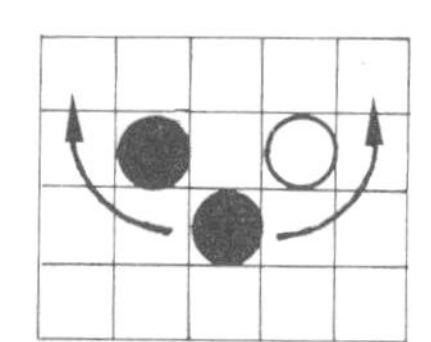

déplacement par saut

Diagramme 2 :
Les deux types de déplacement

Déroulement de la partie

Les Blancs jouant en premier, leur attribution est tirée au sort. A chaque tour, les joueurs déplacent l'un après l'autre un pion vers le camp adverse. Lorsque la progression est réalisée par saut d'un autre pion, un déplacement supplémentaire est immédiatement accordé au pion avancé.

Aucun pion ne peut franchir la limite du camp adverse tant que tous les pions amis n'ont pas quitté leur propre camp. Lorsque tous les pions d'une couleur ont franchi la limite du camp ennemi, ces pions ont la possibilité de reculer, en obéissant aux mêmes règles de déplacement.

Fin de la partie

Lorsqu'un joueur a réussi à placer neuf pions sur la première rangée du camp de son adversaire, et trois pions sur la seconde rangée, il gagne et interrompt la partie.

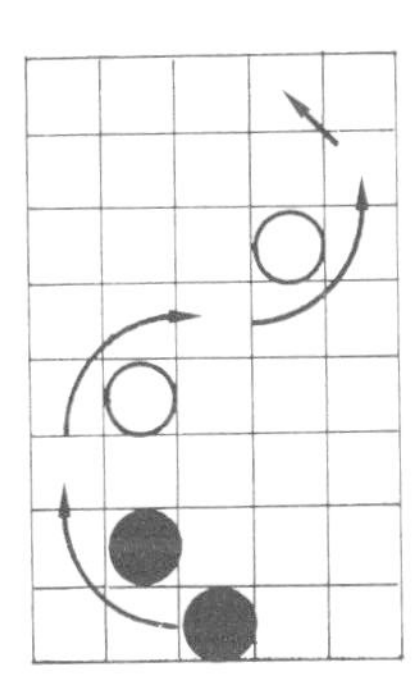

Diagramme 3 : Enchaînement de quatre mouvements pendant le même tour

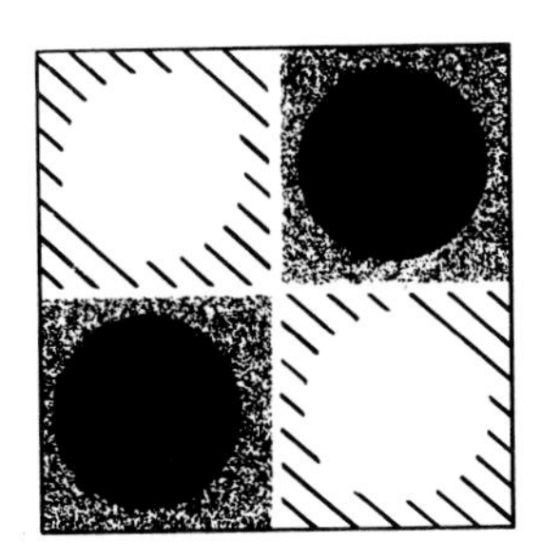

Les Jeux de Vingt-Quatre Flèches

Les jeux de vingt-quatre flèches, dont le Backgammon est aujourd'hui le plus populaire représentant, sont sans doute apparus en Inde au début de notre ère. Une légende indienne attribue au sage Qaflàan l'invention de ce jeu dont le symbolisme s'explique d'une manière mystique : la table de jeu figure l'image du monde, les douze flèches matérialisent les douze signes du Zodiaque, les dés, par la somme des chiffres de leurs côtés opposés, représentent les sept jours de la semaine, et le cornet incarne la destinée dont nous pouvons attendre heur et malheur...

Ce jeu fut transmis progressivement à travers tout le monde antique, jusqu'aux Romains, qui le nommèrent « Jeu des Douze Lignes ». Fort apprécié au Moyen Age, il se répandit à travers l'Europe sous des noms divers, et avec des particularités locales aujourd'hui tombées en désuétude. Le plus riche de ces jeux est sans conteste le Backgammon, qui s'est imposé mondialement auprès des amateurs. Le Jacquet, que nous présentons également dans les pages suivantes, conserve cependant une originalité et un attrait particuliers.

Le Backgammon

Backgammon, Toute-Table, Tric-Trac, Revertier, Toc, Tournecase, Jeu des Douze Lignes, Garanguet, Tabula, Trémeral, Nard... quel jeu peut se permettre, depuis plus de 2 500 ans, d'avoir reçu autant de noms et connu de si multiples interprétations suivant les pays et les époques ?
Les Anglo-Saxons l'ont remis au goût du jour sous le nom de Backgammon, en instituant les règles que nous connaissons actuellement. *Gamen* signifie jeu, en anglais médiéval, et *Back* illustre le fait que certains pions du jeu se font sortir du plateau et doivent repartir à zéro.
Une innovation importante fut apportée au jeu dans les années 1920 : le « videau », dé spécial permettant d'introduire un attrait supplémentaire, les paris d'argent.

MATÉRIEL

Un plateau de jeu ou tablier, séparé en deux par un espace appelé « Bar » ou « Barre », et marqué de 24 flèches de couleurs alternées. Les deux parties de chaque côté de la Barre s'appellent : « Jan intérieur » et « Jan extérieur » (ou encore Maison intérieure et Maison extérieure). 15 pions blancs (ou rouges) et 15 pions noirs (ou bruns), appelés aussi Dames. Quatre dés à six faces (deux par joueur) ; deux gobelets pour lancer les dés (un par joueur) ; le « videau » : un dé à six faces marquées 2 - 4 - 8 - 16 - 32 - 64, et qui sert à doubler le pari initial pour les parties à enjeu d'argent.

BUT DU JEU

Être le premier à ramener tous ses pions (ou Dames) dans son Jan intérieur (flèches B1 - B2 - B3 - B4 - B5 - B6 pour les Blancs, et flèches N1 - N2 - N3 - N4 - N5 - N6 pour les Noirs), puis à les faire sortir du plateau de jeu.

RÈGLES

Préparation de la partie

Les deux joueurs s'accordent pour savoir qui a les Blancs et qui a les Noirs, puis placent leurs pions selon le *diagramme 1*.

Déplacement des pions

Les pions blancs avancent dans le sens des aiguilles d'une montre et les pions noirs dans le sens contraire des aiguilles d'une montre. Chaque joueur devant ramener

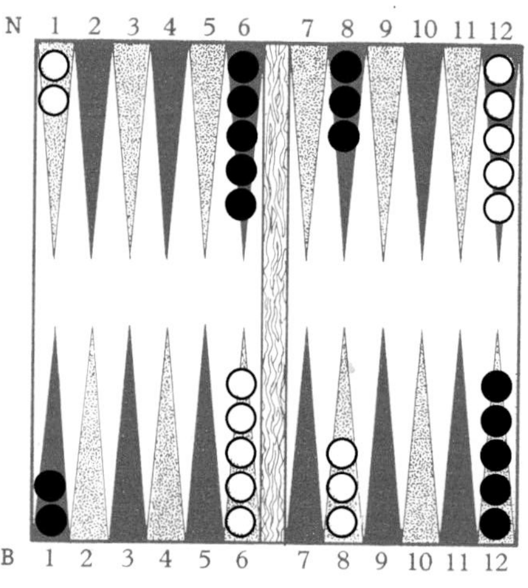

Diagramme 1

ses pions dans son Jan intérieur, certains pions n'ont pas de parcours à faire : ceux des flèches B6 pour les Blancs et N6 pour les Noirs, puisqu'ils se trouvent déjà dans leur Jan intérieur respectif.

Déroulement de la partie

Les deux joueurs lancent chacun un dé, et celui qui obtient le jet le plus fort débute la partie.

– **Avance des pions :** à tour de rôle, chaque joueur met ses deux dés dans son gobelet et les lance dans la partie du tablier de jeu située à sa droite. Selon le résultat des dés, il est possible, au choix du joueur :

– d'avancer deux pions (n'importe lesquels), respectivement du nombre de flèches indiqué par chacun des dés ;

– d'avancer un seul pion (n'importe lequel) du nombre de flèches correspondant au montant de l'un des dés, puis de l'autre, la marche du pion représentant, au bout du compte, le montant du total des deux dés.

– **Doublets :** lorsque l'on obtient un double aux dés, on double les possibilités normales d'avance.

Par exemple, pour un double 3-3, on peut :

– avancer 4 pions de 3 flèches ;

– 1 pion de 3 flèches + 1 pion de 6 flèches + 1 pion de 3 flèches ;

– 1 pion de 6 flèches +1 pion de 6 flèches ;

– 1 pion de 9 flèches + 1 pion de 3 flèches ;

– 1 pion de 12 flèches.

– **Pose des pions :** après avoir avancé du nombre de flèches indiqué par les dés, trois situations peuvent se présenter :

– La flèche où on veut aller est vide ou occupée par ses propres pions : pas de problème, on peut y poser son pion.

– La flèche est occupée par un seul pion de l'adversaire (on appelle cette situation un « blot ») : on peut s'y poser. Le pion frappe le pion adverse – l'expression exacte est « frapper un blot » –, ce qui a pour effet d'obliger l'adversaire à retirer son pion de la case où l'on vient de se poser et à le mettre momentanément hors jeu en le posant à cheval sur la Barre.

L'adversaire, dont le pion vient d'être frappé, ne pourra plus jouer ses autres pions tant qu'il n'aura pas fait ce qu'il faut pour remettre ce pion en jeu (voir le paragraphe « Sortie de Barre »).

– La flèche est occupée par deux pions ou plus de l'adversaire : on ne peut se poser sur cette flèche. On dit qu'elle est « bouchée », ou que l'adversaire « fait la case ».

Deux ou plusieurs pions d'une même couleur sur une flèche sont invulnérables et ne peuvent être frappés.

Un pion sur une flèche est vulnérable, deux pions sur une flèche sont invulnérables.

EXEMPLE : LE MOUVEMENT

Début de partie : c'est à Blanc de jouer par tirage au sort, il vient d'obtenir 2 et 5 aux dés *(diagramme 2)* :

– Il peut bouger un pion N1 en N3 (de 2 flèches), mais pas de N1 en N6 (de 5), car la flèche d'arrivée N6 est bouchée par l'adversaire.

– Il ne peut pas non plus bouger un de ses pions de N1 de 2+5, soit N1 en N3, puis de N3 en N8, car la flèche N8 est également bouchée par l'adversaire.

– Il peut bouger un pion N12 pour aller soit en B11 (de 2), soit en B8 (de 5), flèche occupée par ses propres pions.

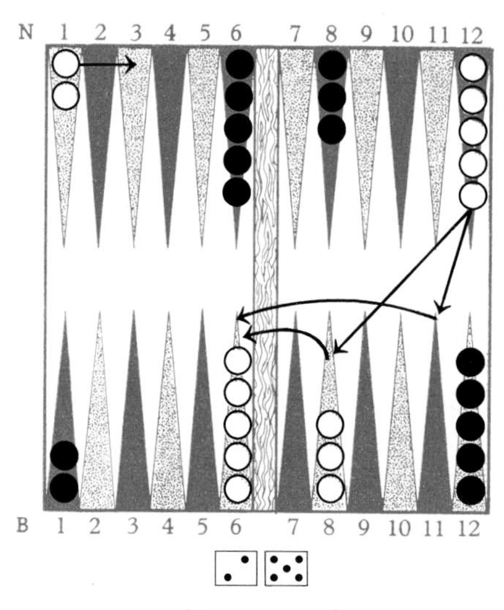

Diagramme 2

– Il peut aussi bouger un pion de 2+5 ou 5+2, puisque le parcours N12 à B11, puis B11 à B6 est possible ainsi que N12 - B8 - B6.

– Il peut aussi jouer un pion de B8 en B6 ou en B3. Mais il ne peut jouer 2+5 ou 5+2, car la flèche d'arrivée B1 est bouchée par l'adversaire.

– Il peut jouer un pion B6 (de 2) en B4, mais ne peut le jouer de 5 en B1, puisque la flèche est occupée par l'adversaire.

– Il ne peut faire sortir du jeu un pion de B6 en jouant 2+5, car tous les pions doivent être arrivés dans son Jan intérieur avant de pouvoir commencer la phase finale de sortie des pions du plateau de jeu.

EXEMPLE : LE BLOT

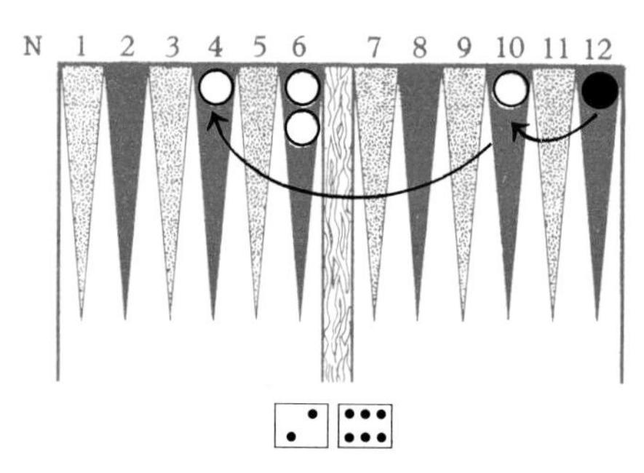

Diagramme 3

Dans cette position, c'est à Noir de jouer, il obtient 2-6 *(diagramme 3)*. Il choisit de bouger son pion N12 de 8 (2+6, remarquez qu'il ne peut jouer 6+2 car la flèche N6 est bouchée).

N12 passe en N10 et frappe le blot des Blancs, qui est exclu et va se poser momentanémént sur la Barre. Le pion des Noirs continue sa marche, et il se pose en N4, où il frappe encore un blot des Blancs, qui lui aussi se retrouve sur la Barre.

La Barre peut supporter plusieurs pions à la fois, de n'importe quelle couleur.

– **Les portes :** si plusieurs flèches consécutives sont bouchées par un des adversaires, le passage de pions deviendra difficile pour l'autre joueur, voire impossible dans le cas de 6 flèches bouchées consécutives.

On dit que ce joueur qui gêne ou bouche le passage a des « portes ».

Exemple *(diagramme 4)* : l'adversaire a des portes sur 6 flèches consécutives. Un tirage de 6-1 ne permet pas aux Blancs de passer, car le pion N3 ne peut passer en N9, qui est case bouchée, et le pion N1 ne peut passer en N7 pour les mêmes raisons.

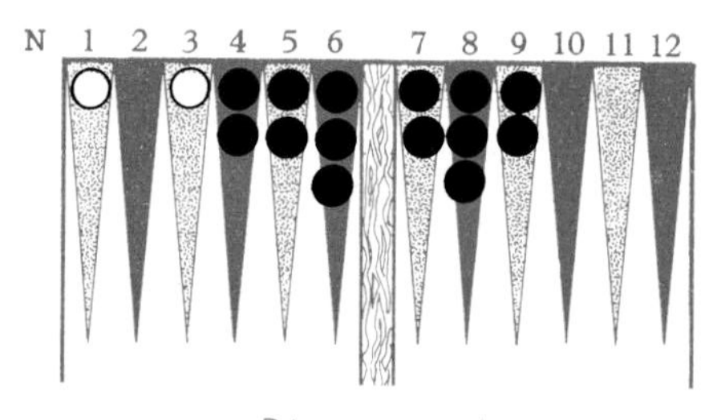

Diagramme 4

Il faudrait obtenir au moins un 7 à l'un des deux dés pour franchir ce barrage ! Les Blancs sont ainsi bloqués jusqu'à ce que les Noirs se décident à bouger.

– **Sortie de Barre :** lorsqu'un joueur a un ou plusieurs pions sur la Barre, il doit les faire rentrer de nouveau sur le plateau de jeu pour pouvoir continuer la progression de ses autres pions.

Pour cela, il faut que le résultat d'un des deux dés permette au pion frappé de rentrer dans le Jan intérieur de l'adversaire (qui est le point de départ le plus éloigné du point d'arrivée de tous les pions).

Il va sans dire que la flèche où veut se poser ce pion exclu ne doit pas être occupée par deux pions ou plus de l'adversaire. Exemple *(diagramme 5)* : le pion blanc doit se poser dans le Jan intérieur de l'adversaire avant de pouvoir repartir dans l'autre sens sur son parcours normal. Le pion blanc peut sortir en tirant les dés suivants : 1-2-4-6. Remarquez que, en tirant un 2, on peut frapper le blot noir situé en N2.

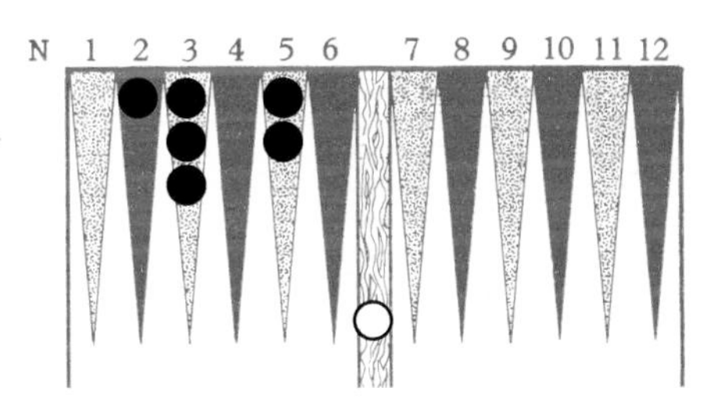

Diagramme 5

Fin de la partie

Lorsqu'on a réussi à amener tous ses pions dans son Jan intérieur (et seulement à cette condition), on doit ensuite obtenir aux dés des résultats capables de faire sortir ces pions du plateau de jeu.

Exemple *(diagramme 6)* : avec un tirage aux dés de 3-5, on peut avancer le pion B3 de 3 (2 flèches + 1 passage hors du jeu). Ce pion est ainsi définitivement sorti. Puis avancer de 5 le pion B5, pour le faire également sortir du jeu.

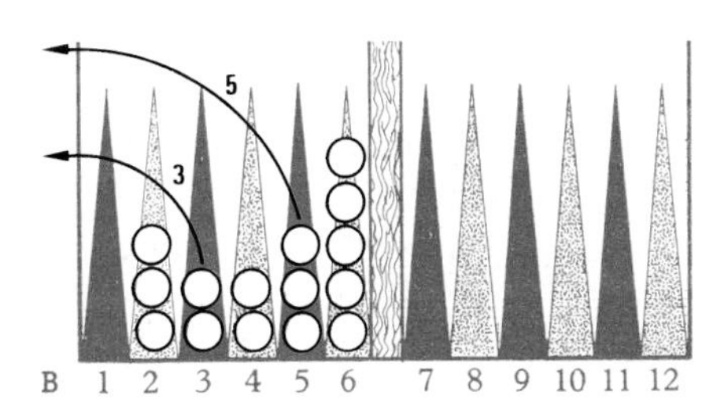

Diagramme 6

On peut aussi faire progresser des pions à l'intérieur de ce Jan pour les rapprocher de la sortie. Il n'est pas nécessaire, pour faire sortir un pion, d'obtenir aux dés un chiffre correspondant exactement au nombre de flèches restant à parcourir, un résultat supérieur étant également valable. Si on tire un double, on multiplie le résultat par deux (3-3 permet d'effectuer des mouvements sur 12 flèches).

Sur notre exemple, un pion en B2 peut utiliser le jet de 3 ou celui de 5 pour sortir du plateau, mais, dans cette position précise, ce serait du gâchis !

Les gains

L'un des joueurs a sorti tous ses pions :

– L'adversaire en a sorti quelques-uns, mais pas tous : **gain simple**. Le premier joueur gagne la partie et l'enjeu.

– L'adversaire n'a sorti aucun de ses pions : **gain double** ou **Gammon**. L'autre joueur gagne deux fois l'enjeu de la partie.

– L'adversaire n'a sorti non seulement aucun de ses pions, mais il en reste également dans le Jan intérieur de l'autre joueur ou à la Barre : **gain triple** ou **Backgammon**. Ce dernier gagne trois fois l'enjeu de départ.

LE VIDEAU

Le Videau n'est utilisé que lorsque les joueurs désirent parier de l'argent sur l'issue de la partie. Il peut être aussi utilisé « pour l'honneur » sans que le résultat soit concrétisé par une somme d'argent remise au vainqueur par le perdant.

Le Videau sert à doubler l'enjeu de la partie au cours de celle-ci. Chaque joueur « a le trait » du jeu du Videau à tour de rôle. C'est-à-dire que celui qui vient de le tourner pour doubler l'enjeu devra attendre que son adversaire ait lui aussi doublé l'enjeu précédent, en tournant le Videau, pour pouvoir de nouveau en faire usage...

Exemple : au début de la partie, les joueurs décident de l'enjeu initial, supposons 10 F. Le Videau est posé sur la Barre face 64 sur le dessus, entre les deux joueurs.

Dès le deuxième coup, l'un ou l'autre des joueurs peut avoir envie de doubler l'enjeu. Il le propose à son adversaire en disant « Je double », avant de jeter ses dés, et il tourne le Videau face « 2 » au-dessus.

– Si l'adversaire refuse, il perd. La partie s'arrête d'office et la mise de base va à son adversaire.

– Si l'adversaire accepte de doubler, il prend le Videau et le met sur la table de son côté face « 2 » au-dessus, en disant « J'accepte ». L'enjeu est alors de 10 F×2=20 F. A la fin de la partie, le gagnant recevra 20 F.

– S'il gagne la partie en faisant Gammon, soit gain double, il recevra l'enjeu doublé 20 F×2 (dû au Gammon) = 40 F.

– S'il gagne en faisant Backgammon, soit gain triple, il touchera de son perdant 10 F×2 (Videau)×3 (Backgammon) =60 F.

Quand un joueur a accepté le double de l'adversaire, il a « le trait », c'est-à-dire que lui et lui seul pourra de nouveau doubler l'enjeu quand bon lui semblera, etc.

Cas libres

Hors tournois et compétitions officielles, c'est-à-dire en parties libres, certains joueurs proposeront des **doubles automatiques** et des **beavers**.

– Doubles automatiques : en début de partie, si les deux joueurs, lorsqu'ils jettent un dé pour savoir qui commence, obtiennent le même résultat, le Videau sera mis dès le départ sur la Barre avec la face « 2 » sur le dessus, indiquant que l'enjeu est doublé dès le début de la partie.

– Beavers : un joueur qui se voit proposer un double peut non seulement accepter ce double, mais proposer tout de suite de redoubler l'enjeu. Si le double proposé a été, par exemple, 4, l'adversaire peut proposer directement le 8. Il gardera le « trait » et donc le contrôle du double suivant.

STRATÉGIE

Il est possible d'appliquer plusieurs types de stratégie, suivant les dés que l'on jette et la position respective des pions dans les deux camps :

– **La Course :** s'efforcer de ramener le plus rapidement possible ses pions dans son Jan intérieur, afin de pouvoir les sortir. On tâche généralement de laisser le moins de blots possible, chaque pion frappé devant repartir du Jan intérieur adverse, ce qui occasionne un lourd retard.

Il existe une façon de savoir si l'on est en avance ou en retard par rapport à son adversaire : il suffit de numéroter toutes les flèches du tablier de 1 à 24 (la case 1 étant la case la plus rapprochée de son Jan intérieur et la case 24 la case la plus éloignée du Jan intérieur adverse, dans le sens du jeu), d'additionner les chiffres correspondant à l'emplacement de ses pions sur le tablier, de faire de même pour le camp opposé et de comparer les résultats, comme dans l'exemple suivant :

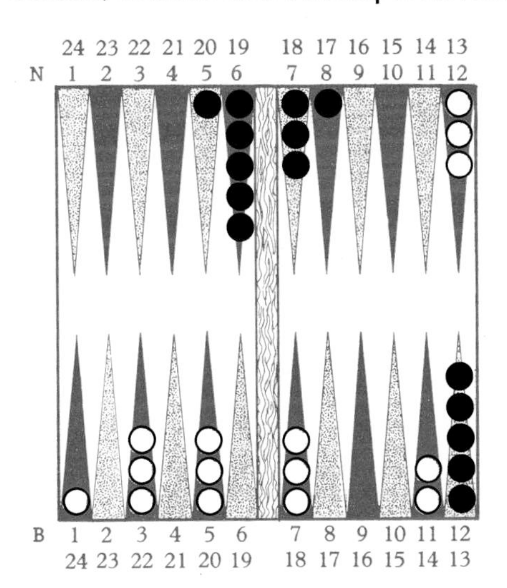

Le compte des Blancs est le suivant : $(1\times1) + (3\times3) + (3\times5) + (3\times7) + (2\times11) + (3\times13) = 107$. *En d'autres termes, les Blancs ont un pion sur leur point 1, trois pions sur leur point 3, trois sur leur point 5, trois sur leur point 7, deux sur leur point 11 et trois sur leur point 13.*

Le compte des Noirs, établi de la même façon mais à partir de leur propre camp, est le suivant : $(1\times5) + (5\times6) + (3\times7) + (1\times8) + (5\times13) = 129$.

Les Blancs ont une grosse avance à la course : ils doivent donc rentrer leurs pions dans leur Jan intérieur en évitant absolument de prendre le moindre risque.

– **Le Blocage :** consiste à entraver la libre circulation des pions ennemis par l'établissement d'une « prime », c'est-à-dire de plusieurs portes consécutives. La prime peut être « intérieure », « extérieure » ou « mixte », c'est-à-dire être établie dans son Jan intérieur, son Jan extérieur ou à cheval sur les deux. La prime intérieure est la plus puissante : elle gêne la rentrée de Barre des pions adverses frappés et n'a pas besoin d'être plus tard démantelée, le but du jeu étant de ramener ses pions dans son Jan intérieur. Les points de blocage les plus importants sont, dans l'ordre : son point 6 (que l'on possède en début de jeu), son point 5, son point 7 et son point 4, comme le montre le diagramme suivant :

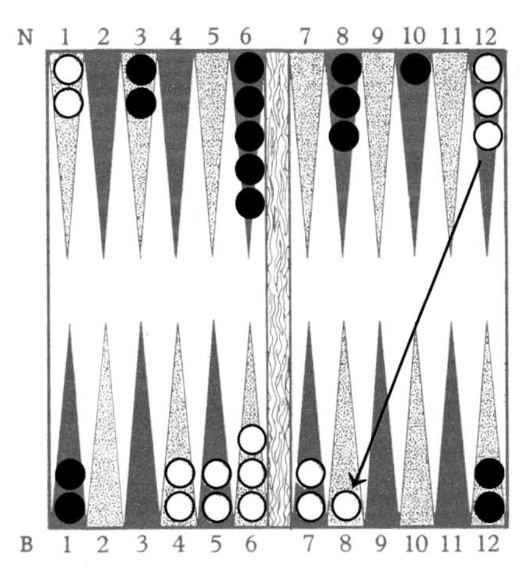

Les Blancs, qui ont construit leur point 4, leur point 5 et leur point 7, ont un avantage considérable et, de plus, menacent de bloquer presque complètement les Noirs en établissant une prime de cinq portes s'ils jettent un 5 (qu'ils joueront N12-B8).

Ce qui est bon pour l'un étant bon pour l'autre, il est également favorable de s'emparer des meilleurs points de blocage adverses : le diagramme suivant montre une position où les Blancs, qui possèdent les deux points 5, ont d'excellentes perspectives d'attaque (ils ont commencé à établir une prime intérieure) comme de défense (leurs éventuels pions frappés peuvent sortir de Barre sur le point 5 adverse et sont donc difficiles à bloquer).

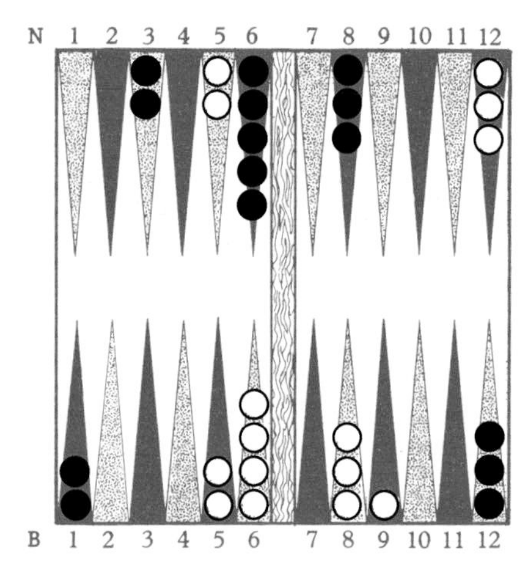

Tenant les deux points 5, les Blancs sont en bonne position d'attaque

– **Le Contact :** prendre des risques (c'est-à-dire laisser des pions à découvert, susceptibles d'être frappés par l'adversaire), d'une part pour construire rapidement des points de blocage dans son Jan intérieur, d'autre part pour multiplier ses chances de frapper un éventuel blot adverse. Cette stratégie s'emploie si l'on est en retard à la course : celle-ci n'étant pas attrayante, on s'efforce de capturer un pion ennemi et de le retenir, afin de rattraper son propre retard.

Un exemple de cette façon de jouer, typique de la manière moderne de traiter les débuts, est représenté sur le diagramme suivant : les Noirs viennent de jouer 6-5, B1-B12, mettant un pion en sûreté et prenant une option à la course. Les Blancs jettent 6-3. Ils le joueront N1-N7 et N12-B10.

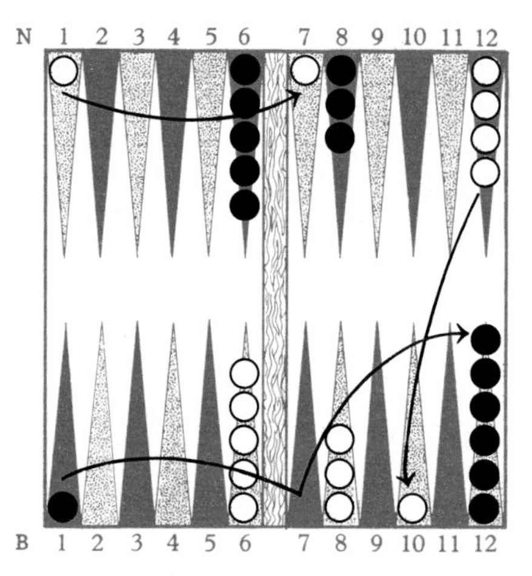

En jouant ainsi, les Blancs cherchent le contact

Le coup N1-N7 a pour but de multiplier les contacts possibles avec les Noirs pour tenter de capturer un nouveau pion à l'ennemi, tandis que le pion qui vient de N12 à B10 sert de « bâtisseur » pour construire un des points de blocage importants *(diagramme ci-dessus).*

– **Le Back Game :** consiste à se faire frapper un grand nombre de pions par l'ennemi, à s'ancrer dans le Jan intérieur de celui-ci, et à construire le plus de portes possible dans son propre Jan intérieur. Le but de cette manœuvre risquée est de frapper le ou les blots que l'adversaire laissera vraisemblablement lors de sa sortie de pions. Le problème du Back Game est que, lorsqu'on rate la frappe (ou lorsque l'adversaire ne laisse pas de blot), on a de fortes probabilités d'être Gammon ou même Backgammon (et donc de perdre la partie double ou triple).

Voici un exemple de « bon » Back Game : l'expérience a montré que l'une des meilleures façons d'établir un Back Game était de posséder les points 1 et 3 adverses ; dans la position illustrée sur le diagramme, les Blancs ont de belles portes dans leur Jan intérieur (s'ils parviennent à frapper un pion ennemi) et assez de « timing » (c'est-à-dire disposent de coups de réserve leur permettant de jouer sans démolir leur position en attendant le blot) :

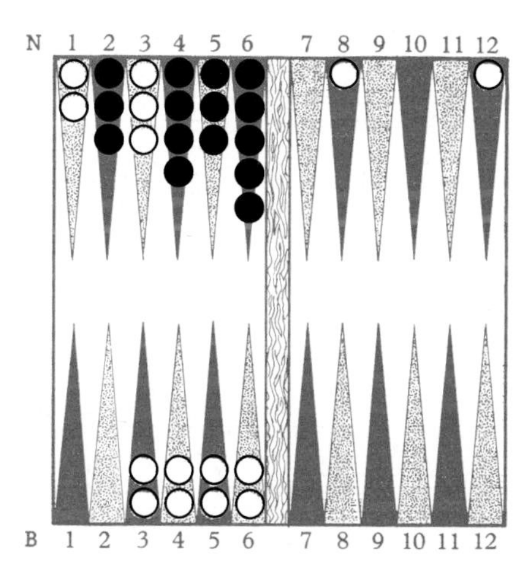

Le Back Game ne se joue jamais de gaieté de cœur, à cause des risques de perdre la partie double, mais provient habituellement d'une stratégie de contact qui a mal tourné : le joueur qui s'est fait frapper plusieurs pions se reconvertit de façon plus ou moins obligée en Back Game.

Un bon Back Game établi par les Blancs aux points 1 et 3 avec des chances de réussite

Le Jacquet

Ce jeu, bien connu en Europe dès le XVIIe siècle, est généralement considéré comme l'ancêtre du Backgammon moderne. Il se joue avec le même matériel et selon les mêmes principes généraux, mais avec quelques différences touchant à la position de départ des pions et au déroulement du jeu.

MATÉRIEL

Un tablier de 24 flèches, 15 pions noirs, 15 pions blancs et 2 dés.

BUT DU JEU

Faire parvenir ses pions dans le Jan intérieur adverse, puis les sortir du jeu.

RÈGLES

Déroulement de la partie

Les deux joueurs lancent un dé, celui qui obtient le plus fort total débute la partie et, pour ce faire, rejette les dés. Dans la position de départ, chaque joueur a empilé ses 15 pions sur sa case 1. Ces pions se déplacent dans le sens inverse des aiguilles d'une montre. Il n'est toutefois pas permis de les déplacer tant que l'un d'entre eux, le « Postillon », n'est pas parvenu dans le Jan intérieur adverse *(diagramme 1)*.

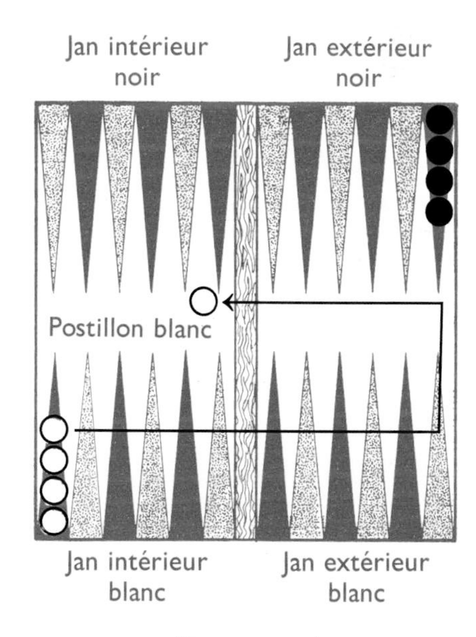

Diagramme 1

Les pions se déplacent selon les règles du Backgammon, avec cette différence qu'ils ne peuvent ni transiter ni se poser sur une case occupée par un pion adverse. Il n'est normalement possible de bloquer que cinq portes consécutives à l'adversaire. Pour pouvoir réaliser une « prime » de six portes consécutives, il faut faire parvenir un pion sur chacune des deux cases les plus éloignées du Jan extérieur adverse. Au *diagramme 2*, les Blancs ont gagné le droit d'établir la prime N11, N12, B1, B2, B3, B4 grâce à leurs pions N11 et N12.

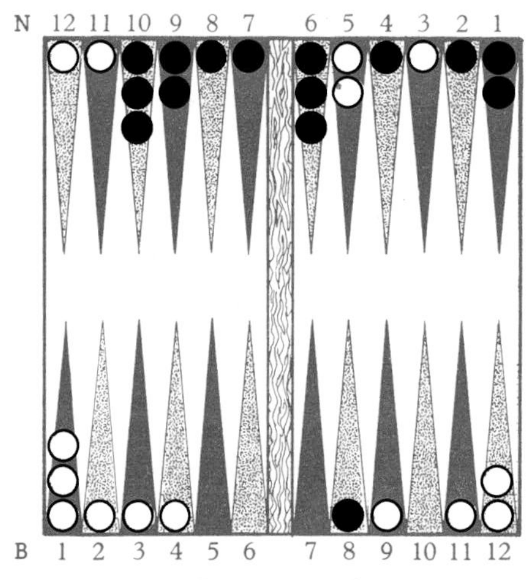

Diagramme 2

STRATÉGIE

Elle consiste bien évidemment à occuper le plus de cases, si possible à des endroits gênants pour l'adversaire : l'occupation précoce des cases du Jan intérieur adverse empêche celui-ci de sortir commodément ses pions et confère une bonne option sur la victoire finale.

Au *diagramme 3*, le Postillon blanc est parvenu en un seul coup à destination grâce à un double 5, alors que son homologue lambine en chemin. Les Blancs en profitent pour lancer leurs pions à la conquête des cases de sortie des pions ennemis : si possible les cases N7, N6 et N5, mais également les cases N4, N3 et N2.

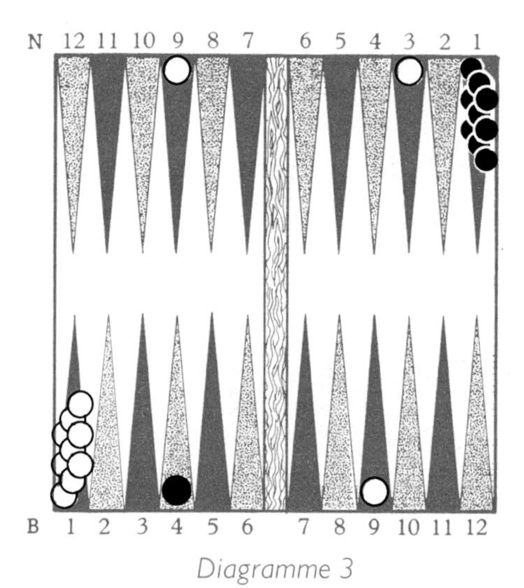

Diagramme 3

VARIANTES

Le Prisonnier

Cette forme de jeu, fort ancienne, est très répandue et appréciée en Grèce et au Proche-Orient. Elle y est connue sous le nom de « Plakato » et de « Mahboussé ». Elle se rapproche du Jacquet, avec cette différence qu'il est possible d'y faire des prisonniers.

But du jeu

Faire parvenir ses pions dans le Jan intérieur adverse, puis les sortir du jeu.

Déroulement de la partie

Comme au Jacquet, les deux joueurs lancent un dé et celui qui obtient le chiffre le plus élevé débute la partie en rejetant les deux dés. Dans la position de départ, chaque joueur empile ses 15 pions sur sa case 1. Les pions se déplacent en sens inverse selon qu'ils sont blancs ou noirs, leur destination étant le Jan intérieur adverse *(diagramme 4)*.

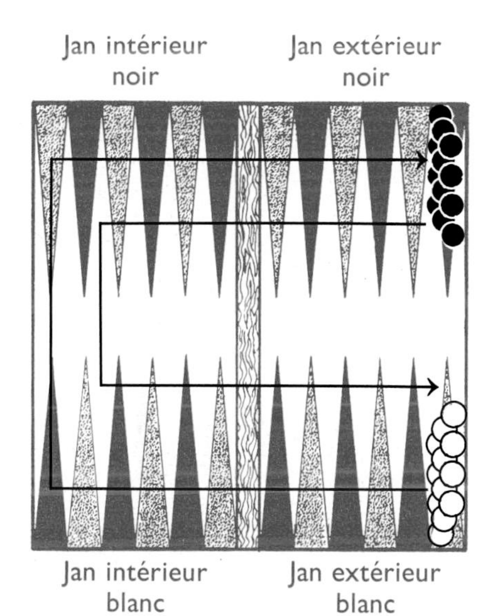

Diagramme 4

Les pions se déplacent selon les règles du Backgammon, et ne peuvent transiter ou se poser sur une porte adverse, c'est-à-dire sur une case occupée par au moins deux pions ennemis. Ils peuvent, en revanche, se poser sur une case occupée par un seul pion ennemi. Celui-ci, contrairement à ce qui se passe au Backgammon, n'est pas envoyé sur la Barre, mais fait prisonnier en plaçant au-dessus de ce pion l'un de ses propres pions, comme en B8, B10 et N8, 10 et 12 du *diagramme 5*. La case devient une porte pour le camp qui a fait le captif (elle est donc inaccessible aux pions amis du prisonnier), qui peut y poser d'autres pions. Le pion prisonnier ne pourra se déplacer à nouveau qu'une fois tous ses gardiens partis.

Comme au Backgammon, mais à l'encontre du Jacquet, il est possible de bloquer complètement l'adversaire sans conditions préalables, en établissant six portes consécutives. Au *diagramme 5*, les Blancs ont ainsi réussi à établir une « prime » infranchissable : celle-ci est composée à la fois de portes « authentiques » (paires de pions de même couleur) et de portes réalisées grâce à la capture d'un prisonnier.

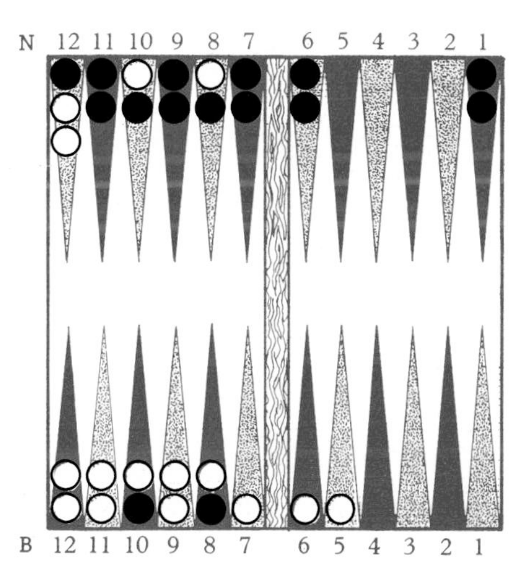

Diagramme 5

Fin de la partie

La partie s'achève lorsque l'un des deux joueurs a sorti tous ses pions du tablier.

Stratégie

Il y a deux façons de concevoir le début de la partie : on peut chercher à étaler ses pions sans risques, en faisant des portes dès que possible, ou bien envoyer des éclaireurs en avant dans le but de faire des prisonniers ennemis. Ces deux types de stratégie dépendent du style des joueurs et des dés jetés. Il faut toutefois savoir qu'il est très dangereux de se faire frapper un pion dans son Jan intérieur : le captif ne sera en effet libéré la plupart du temps que lorsque l'adversaire commencera à sortir ses propres pions. Le captif devant alors faire le tour du jeu avant que son camp puisse commencer lui aussi à sortir, la partie sera le plus souvent perdue : il faut donc surveiller, dès le début de jeu, la façon de placer ses pions pour qu'un double chanceux ne permette pas à l'adversaire de faire un tel prisonnier. Une bonne tactique, en cas de capture de ce type, est d'effectuer la rentrée de ses pions dans le Jan intérieur adverse en s'empilant tant que faire se peut sur le captif, afin de le libérer le plus tard possible, comme l'ont fait les Noirs au *diagramme 6*, en B5.

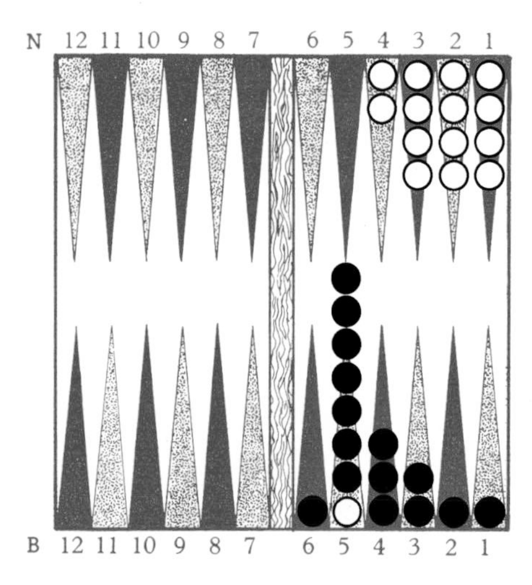

Diagramme 6

Le Matador

Cette variante amusante du Jacquet se joue selon les règles de ce jeu, sauf en ce qui concerne le tirage aux dés 4-3 et les doubles. La combinaison de dés 4-3, appelée Matador, permet :

– de jouer 4-3 ;

– de jouer ensuite un double de son choix, suivi du double opposé (c'est-à-dire du double affiché sur la face opposée des dés. Si le double choisi est 6-6, on jouera ensuite 1-1) ;

– de jouer enfin une fois encore (si à ce jet le joueur tire un autre Matador, il bénéficie des mêmes avantages que précédemment).

Les doubles autorisent, quant à eux, à jouer le double et son opposé.

Le Jacquet éclair

Cette forme de Jacquet conduit, comme son nom l'indique, à un jeu très vif et très rapide. Elle se joue selon les règles du Jacquet, sauf en ce qui concerne les doubles : tirer un double oblige en effet à jouer non seulement ce double, mais également tous les doubles inférieurs, dans l'ordre, jusqu'au double 1 inclus. En cas d'impossibilité de jouer un double, l'adversaire doit jouer les dés restants : ainsi, si l'on tire double 6, on est contraint de jouer d'abord double 6 puis double 5, double 4, double 3, double 2 et enfin double 1. Supposons que l'on soit bloqué après double 4, l'adversaire doit alors jouer le double 3, le double 2 et le double 1.

LE TRIC-TRAC

Actuellement, ce nom sert couramment d'appellation générique à l'ensemble des jeux de table, Backgammon, Jacquet, Prisonnier, mais constituait jadis une variante autonome.

Dans cette forme de jeu, les deux joueurs empilent leurs 15 pions sur leur case 1, face à face, comme au Prisonnier. Le but est toujours de faire parcourir l'intégralité du tablier à ses forces avant d'effectuer la sortie de jeu, mais des pénalités ou des récompenses spéciales viennent s'ajouter au score selon la disposition des pièces de chaque camp : l'occupation de certaines cases est par exemple rétribuée, tandis que l'impossibilité de jouer ses dés est sanctionnée.

Le Tric-Trac, sous cette forme, est tombé en désuétude à partir de la fin du XVIIIe siècle, remplacé par le Jacquet, dont les règles sont plus simples.

Les Jeux de Réseaux

Très certainement antérieurs aux jeux d'Échecs, de Dames ou à tout autre jeu de plateau, les jeux de réseaux restent aujourd'hui encore les plus répandus et les plus nombreux à travers le monde. Depuis le Go – déjà mentionné il y a 2 000 ans dans la littérature chinoise – jusqu'au Solitaire – créé par un aristocrate français emprisonné à la Bastille –, ces réseaux présentent l'énorme avantage de pouvoir être tracés sur n'importe quel support, des tableaux de marqueterie fine jusqu'au simple trait sur le sol ou sur une feuille de papier. Quant aux pions, ils peuvent être remplacés par des petits cailloux, des coquillages ou des pièces de monnaie.

Ces jeux d'une simplicité extrême dans leur présentation sont souvent des plus complexes. Ainsi le Go, jeu stratégique par excellence, les Dames chinoises ou le Hex, aux multiples possibilités. Cet intérêt stratégique de la plupart des jeux de Réseaux a d'ailleurs été remarqué dès l'Antiquité par les experts militaires qui en recommandaient l'exercice dans les écoles de guerre, et se retrouve en outre dans les noms mêmes de nombre de ces jeux : Guerriers de Pierre, Jeu militaire, etc.

Le Bagh-Bandi

Le Caturanga

Les Dames chinoises

Le Fanorona

Le Fer à Cheval

Le Go

Les Guerriers de Pierre

Le Halma

Le Hex

Le Jeu de l'Hyène

Le Jeu militaire

Le Kono

Les Marelles

Le Mughal Pathan

Le Pachisi

Le Pancha Keliya

La Pettie

Le Solitaire

Le Tablut

Le Bagh-Bandi

Le Bagh-Bandi est pratiqué dans l'ensemble de la péninsule indienne. Selon les régions, il est connu sous ce nom ou sous celui de Jeu du Tigre.

- *2 joueurs*
- *15 mn*

MATÉRIEL

Du papier, un crayon, 20 pions blancs appelés « Chèvres », et 2 pions noirs, les « Tigres ».

BUT DU JEU

Selon les rôles attribués, supprimer ou neutraliser les pions de l'adversaire.

RÈGLES

Disposition du jeu

Sur une feuille de papier ou de carton, on trace un diagramme carré divisé en quatre parties égales quadrillées par leurs médianes et leurs diagonales. Ce diagramme comporte donc 25 intersections. Par tirage au sort, l'un des joueurs prend les 2 pions noirs, les Tigres. L'autre aura la garde d'un troupeau de 20 pions blancs, les Chèvres. Les pions sont placés conventionnellement sur certaines intersections.

La position des joueurs par rapport au diagramme n'a aucune importance.

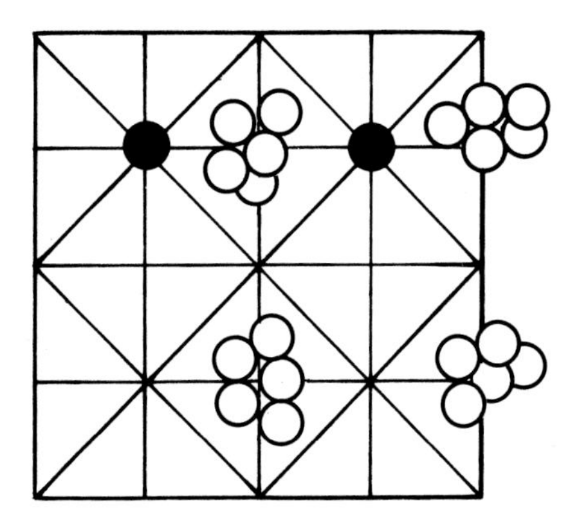

Diagramme 1 : Disposition initiale du jeu

Déplacement des pions

Les Chèvres jouent en premier. Chaque pion franchit un segment du diagramme à la fois, afin de gagner une intersection voisine obligatoirement vide.

Prise des Chèvres par les Tigres

Seuls les Tigres peuvent prendre les pions adverses. Ils doivent pour cela passer par-dessus, en ligne droite, et se poser sur l'intersection suivante. Les Chèvres capturées sont automatiquement dévorées et retirées du jeu. Lorsqu'un Tigre saute par-dessus un groupe de plusieurs Chèvres massées sur une même intersection, il ne peut dévorer qu'une seule proie à la fois. En revanche, si la configuration du jeu le lui permet, il peut enchaîner plusieurs captures.

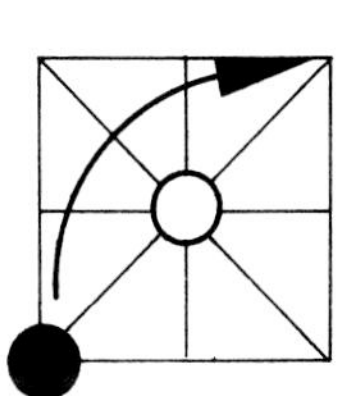

Prise d'un pion

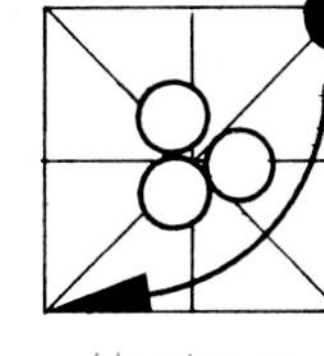

Un pion au choix est pris au passage

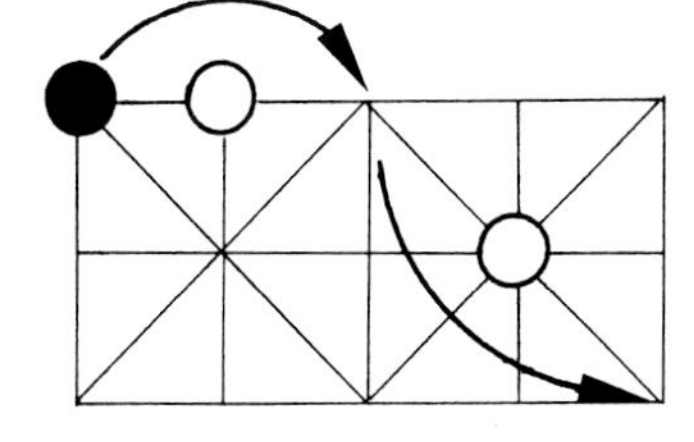

Enchaînement de deux prises

Diagramme 2 : Trois types de prises

Neutralisation d'un Tigre par les Chèvres

Les Chèvres ne peuvent capturer un Tigre. En revanche, elles peuvent le neutraliser en l'encerclant complètement.

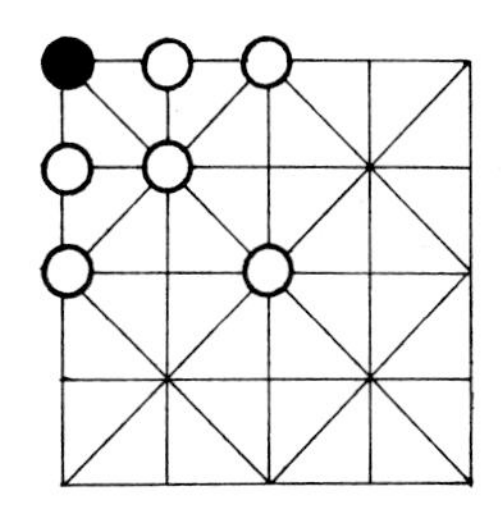

Diagramme 3 : Le Tigre ne peut dévorer aucune des Chèvres qui l'encerclent ; il est paralysé

VARIANTES

Le Diviyan Keliya

C'est une version méridionale du Bagh-Bandi pratiquée dans le sud de l'Inde. Le déplacement géographique entraîne une modification du terrain et des espèces animales en lutte.

Matériel

Du papier, un crayon, 2 pions noirs (les Léopards) et 24 pions blancs (les Vaches).

But du jeu

Les Léopards doivent dévorer toutes les Vaches, et les Vaches doivent encercler les Léopards.

Règles

Disposition du jeu. On trace le diagramme du Bagh-Bandi, enrichi de quatre triangles isocèles périphériques, greffés au milieu de chaque côté.

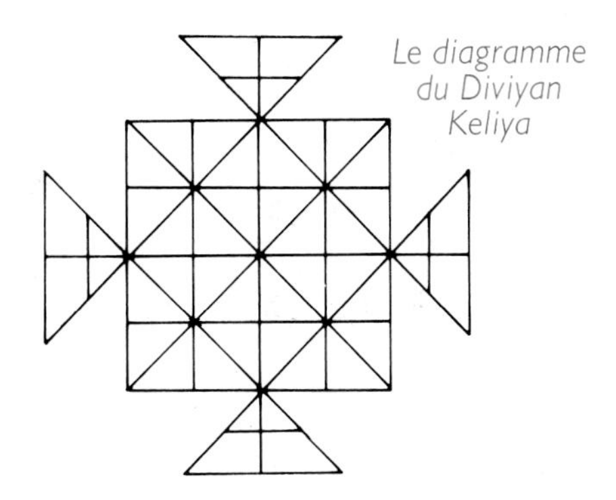

Le diagramme du Diviyan Keliya

Déroulement de la partie. Le joueur Léopard commence. Il place l'un de ses deux pions sur une intersection de son choix, en général le point central. Son adversaire place alors l'une de ses Vaches, puis c'est au tour du deuxième Léopard, puis de la deuxième Vache. Dès lors, le joueur Léopard peut commencer à déplacer ses pions sur le diagramme, et à dévorer les Vaches sans protection. La prise et le déplacement des pions obéissent aux mêmes règles qu'au Bagh-Bandi. L'autre joueur continue pendant ce temps de placer ses Vaches, une par une, en essayant d'encercler les deux pions adverses. Les Vaches ne pourront commencer à se déplacer que lorsqu'elles auront toutes été placées sur le diagramme.

Fin de la partie. La partie s'interrompt au bénéfice des Vaches lorsque celles-ci ont réussi à paralyser les Léopards, et au bénéfice des Léopards lorsque ceux-ci ont dévoré toutes les Vaches. Toutefois, on considérera que les Léopards ont gagné s'il reste moins de huit Vaches en jeu, effectif désormais insuffisant pour encercler les fauves.

Les Seize Soldats

La partie se déroule sur un diagramme identique à celui du Diviyan Keliya. Chaque joueur dispose de 16 pions, placés symétriquement sur le plateau.

Les pions sont les soldats de deux armées adverses, cherchant à s'exterminer mutuellement, et les règles de déplacement et de capture sont identiques à celles des jeux précédents. La partie s'interrompt dès qu'un joueur a pris tous les pions adverses.

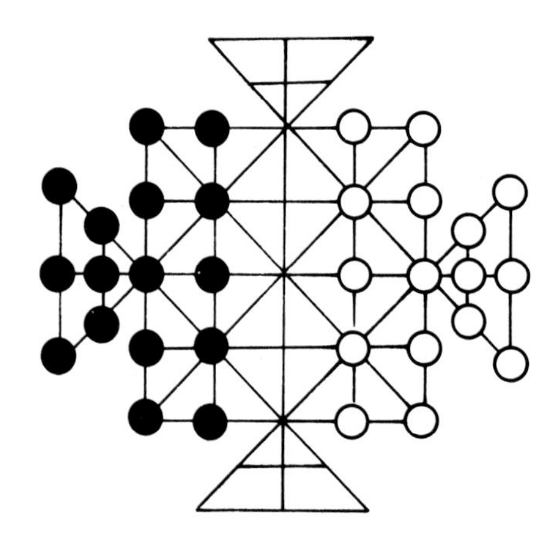

Diagramme des Seize Soldats en début de partie

Le Renard et les Poules

On retrouve, dans l'Europe scandinave, un jeu basé sur le même principe que les jeux indiens de la famille du Bagh-Bandi. C'est une autre mise en scène symbolique de l'éternelle lutte pour la survie, opposant les Poules à leur prédateur, le Renard.

Matériel

Du papier, un crayon, 13 pions blancs et 1 pion noir.

But du jeu

Les pions blancs, les Poules, doivent neutraliser le pion noir, ou Renard, qui cherche pour sa part à les dévorer.

Règles

Disposition du jeu. On trace sur le papier un diagramme cruciforme comportant 33 intersections reliées entre elles par des segments verticaux et horizontaux. Les joueurs tirent au sort l'attribution de leurs rôles respectifs, et disposent leurs pions ainsi :

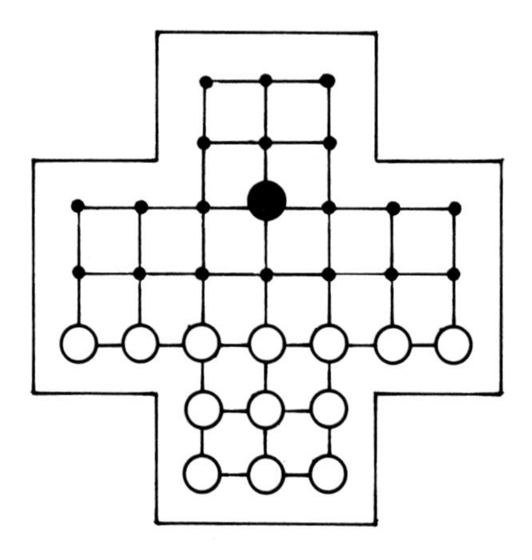

Le Renard et les Poules : Disposition initiale

Déplacement des pions. Les pions progressent d'un segment à la fois. Ils se rendent sur l'intersection voisine de leur choix, pourvu qu'elle soit libre.

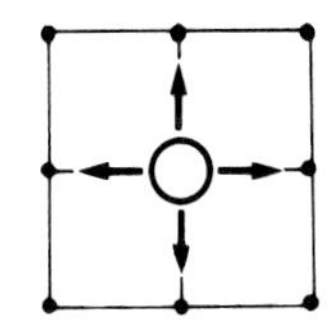

Déplacements possibles

Prise des Poules par le Renard. Le Renard peut prendre les Poules situées sur les intersections voisines de la sienne, en sautant par-dessus en ligne droite, et en se posant sur l'intersection placée immédiatement derrière la victime, obligatoirement libre. La Poule capturée est dévorée et retirée du jeu. Le Renard peut enchaîner plusieurs prises au cours d'un même tour, si la configuration du jeu s'y prête.

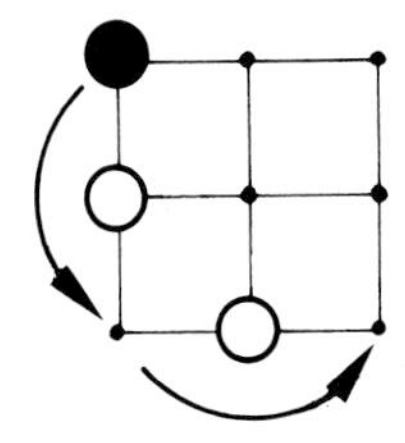

Prises successives de deux poules au cours d'un même tour

Déroulement de la partie. Les Poules jouent en premier. L'un après l'autre, les joueurs effectuent un unique déplacement. Pour les Poules, le seul moyen de se défendre et de gagner est de neutraliser le Renard en paralysant ses mouvements. Elles doivent pour cela l'encercler de telle façon qu'il ne puisse en dévorer aucune.

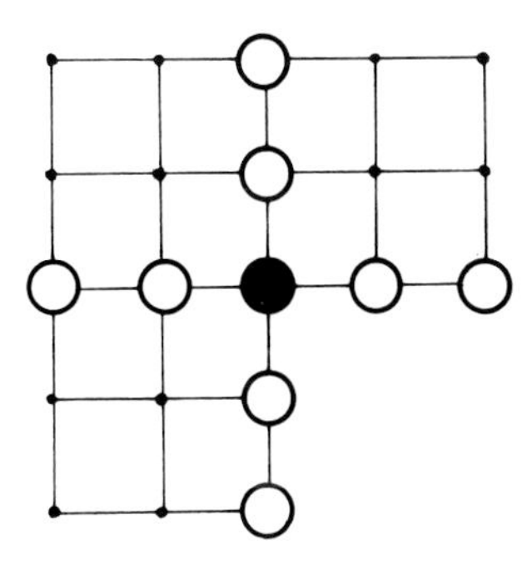

Le Renard encerclé par les Poules

Pour le Renard, la partie est gagnée lorsqu'il a dévoré suffisamment de Poules pour leur interdire l'encerclement.

VARIANTE AVEC 17 POULES

Le jeu obéit aux mêmes principes. Toutefois, le diagramme est compliqué par l'adjonction de lignes diagonales. La position initiale du Renard est différente, et les Poules n'ont pas le droit de reculer vers leur base de départ.

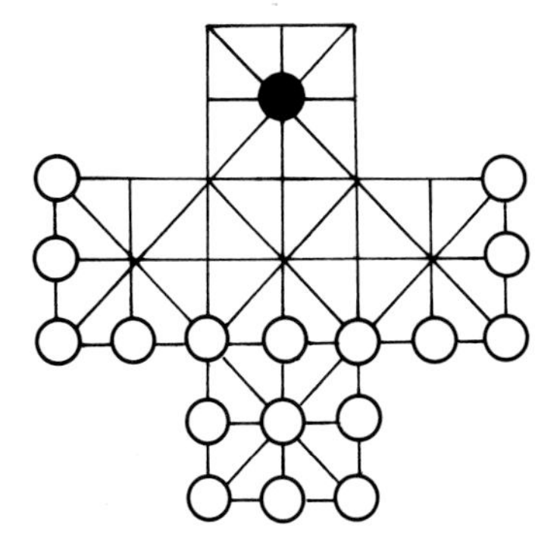

Position de départ

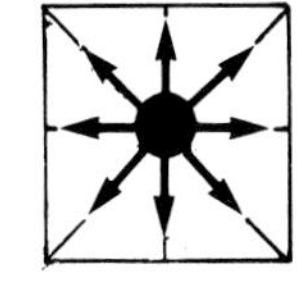

Poules

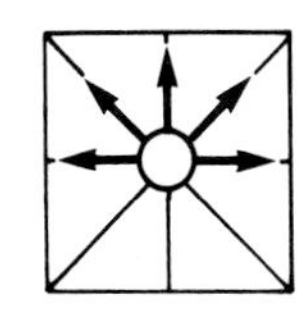

Déplacements des pièces

Le Caturanga

Le Caturanga est un très ancien jeu indien.

- ***2 joueurs***
- ***20 mn***

MATÉRIEL

Du papier, un crayon, 2 pions noirs et 2 pions blancs, deux dés allongés à quatre faces indiquant respectivement les chiffres 1, 3, 4 et 6. On peut, en l'absence de ce type de dés, utiliser des dés classiques à six faces.

BUT DU JEU

Amener le premier ses 2 pions sur la case centrale du plateau de jeu, tout en s'efforçant de retarder la progression de l'adversaire.

RÈGLES

Disposition du jeu

On trace sur une feuille de papier un « échiquier », figure quadrillée comportant 81 cases. Cinq cases sont marquées d'une croix : la case d'arrivée, ou « Tâchi », située au centre de l'échiquier, et quatre cases situées au milieu de chaque côté. Ce sont les « Katti », qui constituent les cases de départ de chaque pion. Chaque joueur dépose ses 2 pions sur deux Katti opposés *(diagramme 1)*.

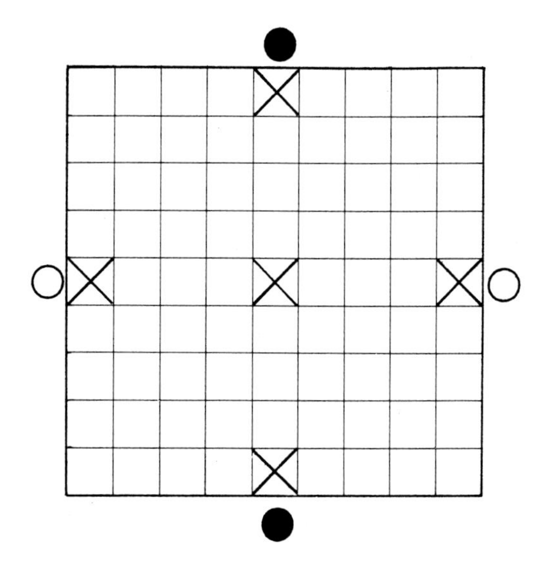

Diagramme 1 : Disposition initiale du jeu

Déplacement des pions

Bien que partant tous d'emplacements différents, les pions accomplissent le même trajet. Ils avancent tout d'abord dans le sens inverse des aiguilles d'une montre, sur le pourtour de l'échiquier. Lorsqu'ils rejoignent le côté d'où ils sont partis, ils pénètrent à l'intérieur de la figure, et accomplissent un trajet en spirale jusqu'à la case centrale, dans le sens des aiguilles d'une montre. Grâce à cette règle, les pions ne se croisent jamais au cours du jeu.

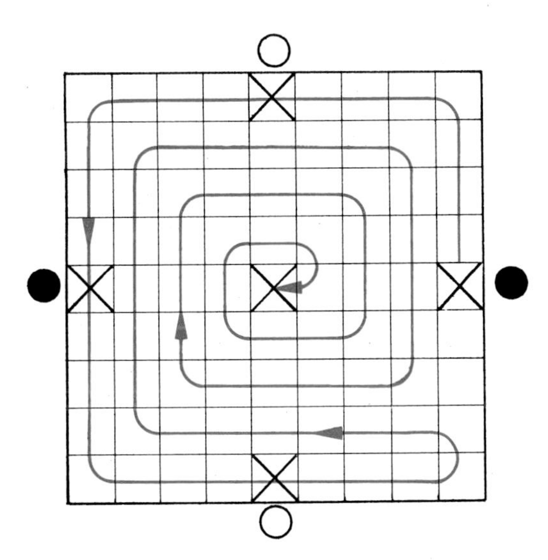

Diagramme 2 :
Exemple de trajet d'un pion

A chaque tour, les joueurs lancent les dés. Le nombre de points obtenu indique le nombre de cases à franchir. Tous les points doivent être utilisés. On peut faire avancer chaque pion du nombre de cases affiché par l'un des deux dés, ou faire avancer un seul pion du nombre total de points obtenu.

Prise des pions adverses

Lorsqu'un pion s'arrête sur la case d'un pion adverse, ou la dépasse, il capture ce pion. Le pion capturé est sorti du jeu. Il pourra y rentrer, en se plaçant sur son Katti de départ, lorsque son propriétaire tirera un double 1.

Un pion situé sur l'un des quatre Katti est imprenable. Le pion qui ne disposera pas du nombre suffisant de points pour dépasser un pion adverse stationné sur un Katti restera à sa place.

Déroulement de la partie

Le joueur qui commence est tiré au sort. L'un après l'autre, les joueurs lancent les dés et avancent leurs pions vers le Tâchi. Lorsqu'un joueur obtient un double, il ne peut utiliser ce lancer et doit rejouer. Deux pions ne peuvent stationner sur la même case. Lorsque le lancer des dés indique qu'un pion doit s'arrêter sur la case d'un pion ami, le pion déplacé stationne une case en retrait.

Fin de la partie

Tous les pions doivent s'arrêter quatre cases avant l'arrivée, et peuvent séjourner ensemble sur cet emplacement. Pour entrer dans le Tâchi, chaque pion devra obtenir un double 4. Si les deux pions d'un joueur stationnent ensemble sur la case d'attente, un double 4 leur fera atteindre en même temps l'arrivée. La partie s'interrompt dès qu'un joueur gagne en amenant ses deux pions sur le Tâchi.

VARIANTE

L'Ashta-Kashte

Cette variante du Caturanga est surtout pratiquée au Bengale. La progression des pions étant plus lente, la partie durera plus longtemps.

- ***2 joueurs***
- ***30 mn***

Matériel

Du papier, un crayon, 4 pions noirs et 4 pions blancs, 8 coquillages plats dont l'une des faces comporte une fente longitudinale : les « Cauris ». On peut remplacer les Cauris par des dés classiques à six faces. Lorsqu'on lancera les dés, on considérera qu'un chiffre impair apparent sera équivalent à un lancer de Cauris faisant apparaître la face fendue du coquillage.

But du jeu

Amener le premier ses 4 pions dans la case centrale.

Règles

Disposition du jeu. On trace un échiquier semblable à celui du Caturanga, mais de dimensions plus réduites, puisque chaque côté ne comporte que 7 cases. Les joueurs posent 2 pions sur chacun de leurs « Katti ».

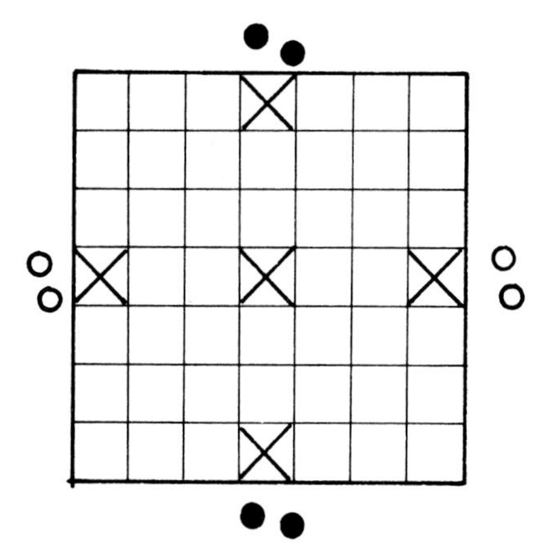

Diagramme 3 : Disposition du jeu en début de partie

Déplacement des pions. A chaque tour, on lance les Cauris. Chaque côté fendu visible donne 1 point. Si aucune fente n'est visible, le lancer rapporte 8 points.

> Si l'on utilise des dés à six faces, chaque chiffre impair donne 1 point, et un lancer de quatre chiffres pairs donne 8 points.

Le joueur répartit à son gré les points obtenus pour faire avancer un ou plusieurs pions. Le sens de déplacement est identique à celui du Caturanga.

Prise des pions adverses. Le principe est le même qu'au Caturanga. Un pion sorti du jeu ne pourra y rentrer que lorsque son propriétaire aura effectué un lancer donnant quatre fentes visibles.

Déroulement de la partie. La partie se déroule comme au Caturanga, à quelques détails près. Un lancer de 4 ou 8 points autorise son bénéficiaire à rejouer après avoir avancé ses pions. Lorsqu'un joueur fait rentrer l'un de ses pions capturés sur son Katti, l'ennemi qui, éventuellement, s'y trouve est capturé. Un joueur peut amener deux de ses pions sur la même case, et les faire dès lors avancer en même temps, en n'utilisant que les points nécessaires à un seul pion.

Fin de la partie. Il n'est pas nécessaire de faire stationner les pions sur une case d'attente avant de les faire entrer dans la case d'arrivée.

Les Dames chinoises

Les Dames chinoises ont été créées il y a environ 100 ans, à partir du jeu de Halma. Appelé également Jeu de l'Étoile, à cause de sa structure, ce jeu est très apprécié en Chine, ce qui lui a valu son nom.

- ***2 à 6 joueurs***
- ***15 à 30 mn***

MATÉRIEL

Un plateau en bois ou en carton, décoré d'une étoile à six pointes. Le centre de l'étoile est un hexagone régulier marqué de 61 points. Chaque pointe triangulaire, peinte d'une couleur différente, est marquée de 10 points. 10 ou 15 pions pour chaque pointe de l'étoile, chaque série d'une couleur différente *(diagramme 1).*

BUT DU JEU

Chaque joueur occupe une pointe avec ses pions de couleur et doit les amener le plus rapidement possible dans la pointe opposée. Sur le *diagramme 1,* ***le joueur A va en D, D en A, B en E, E en B, F en C et C en F.***

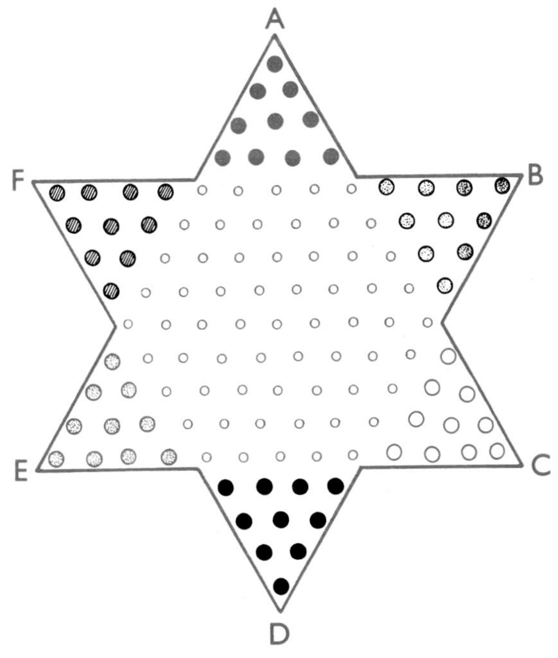

Diagramme 1 : Position initiale d'une partie à six joueurs

RÈGLES

Déplacement des pions

A partir de la position de départ indiquée sur le *diagramme 1*, les joueurs effectuent un déplacement à tour de rôle, dans le sens des aiguilles d'une montre.

La fiche peut se mouvoir de deux façons *(diagramme 2)* :

– en avançant vers la case la plus proche, dans tous les sens (le « pas ») ;
– en sautant en ligne droite par-dessus un autre pion – l'un des siens ou l'un de ceux de ses adversaires –, à condition que la case d'arrivée soit libre. On peut faire sauter un pion plusieurs fois d'affilée. Lors d'une série de sauts, on peut changer de direction, voire reculer.

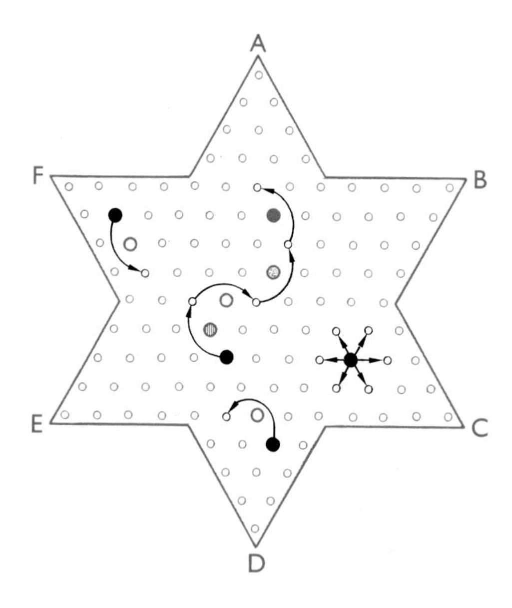

Diagramme 2 :
Les déplacements possibles d'une fiche

Remarques

Il n'y a pas de prise à ce jeu, toutes les fiches restant sur le plateau du début à la fin.

(Il existe une variante des Dames chinoises où la fiche n'est pas autorisée à reculer, ni au cours du pas simple ni au cours du saut simple. Au cours des sauts multiples, on peut reculer, mais la case d'arrivée doit toujours être en avant de la case de départ de la fiche.)

Un saut n'est jamais obligatoire.

En dehors de sa pointe d'arrivée et de sa pointe de départ, un joueur ne peut utiliser les autres zones colorées. Il peut faire passer ses fiches dans les pointes étrangères au cours d'un saut multiple, mais ne peut s'y arrêter.

Fin de la partie

Dès qu'un joueur a placé toutes ses fiches dans la pointe en face de lui, il est déclaré gagnant. Les autres joueurs peuvent continuer la partie pour se départager.

VARIANTES SELON LE NOMBRE DE JOUEURS

Avec 4, 5 ou 6 joueurs, on utilise un nombre équivalent de pointes. Celles qui ne servent pas ne doivent pas être garnies de pions. A 5 joueurs, le plus faible se placera en face de la pointe vide. A 3 joueurs, on peut utiliser une formule très intéressante avec 15 fiches et 3 pointes *(voir le diagramme 3)*, ou jouer avec 10 fiches et 6 pointes, chaque joueur prenant deux couleurs voisines. Le joueur 1 prend A et B, 2 prend C et D, 3 prend E et F.

A deux, on ne joue que sur 4 pointes, chaque joueur prenant deux couleurs voisines. Les pointes qui ne servent pas ne sont pas garnies de pions.

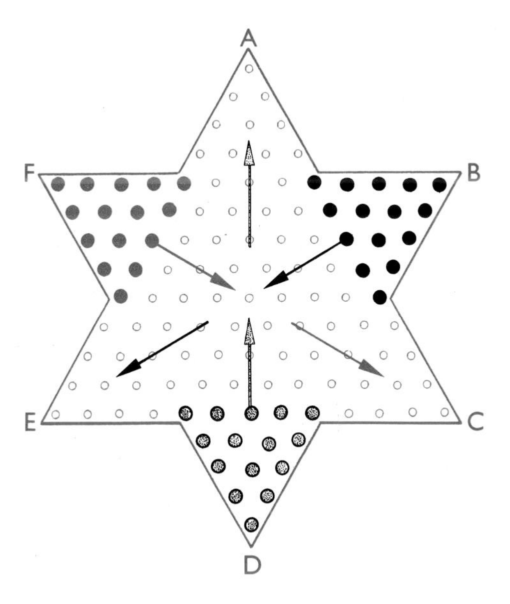

Diagramme 3

Il faut donc avoir soin de se créer des jalons avec ses propres pions dès le début du jeu, pour accélérer leur sortie et éviter des retardataires.

Plus une position est aérée, plus elle permet les sauts. En prévision du milieu de partie où tout le monde se retrouve au centre de l'hexagone, il faut organiser des développements sur les côtés, les pions du centre serviront de pivots.

On ne doit pas hésiter à reculer « pour mieux sauter », la voie la plus rapide jusqu'à la pointe opposée n'étant pas forcément la ligne droite.

STRATÉGIE

En jouant, on s'aperçoit très rapidement qu'un joueur a la faculté de bloquer son vis-à-vis en laissant des fiches en arrière dans sa pointe, mais aussi de l'aider en lui créant des jalons pour faire sauter des fiches. Ce n'est cependant pas en laissant des fiches dans une pointe pour bloquer son adversaire que l'on arrivera à gagner !

Une fiche qui avance d'un pas n'est pas rapide. En revanche, une fiche qui saute de façon multiple peut avancer très vite.

VARIANTE

Les Dames chinoises en solitaire

Jouer en solitaire avec un seul camp permet de s'exercer à trouver la méthode la plus efficace et la plus économique pour amener ses pions en face, ainsi que de mieux repérer les associations possibles de ses propres fiches.

On peut aussi jouer un camp et son vis-à-vis pour comprendre les relations complémentaires des pions.

Le Fanorona

Le Fanorona est un jeu traditionnel malgache.

- ***2 joueurs***
- ***10 mn***

MATÉRIEL

Du papier, un crayon, 22 pions noirs et 22 pions blancs.

BUT DU JEU

Capturer tous les pions de l'adversaire.

RÈGLES

Disposition du jeu

On trace sur une feuille de papier un diagramme rectangulaire strié de lignes horizontales, verticales et diagonales, comportant 45 intersections. Les deux séries de pions sont disposées symétriquement sur le diagramme.

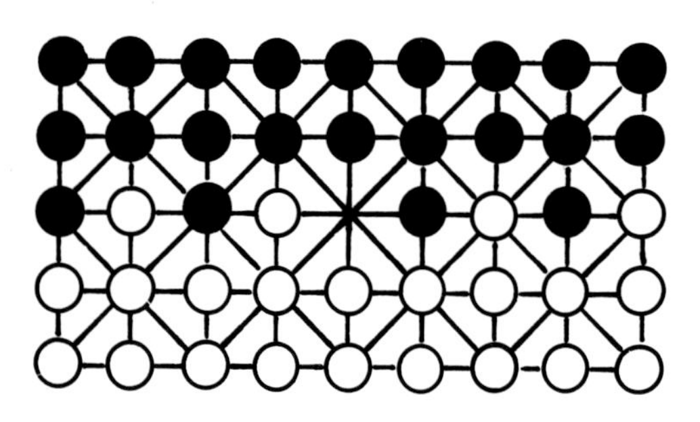

Diagramme 1 :
Disposition initiale du jeu

Déplacement des pions

A chaque tour, le joueur déplace l'un de ses pions vers l'une des intersections voisines inoccupées.

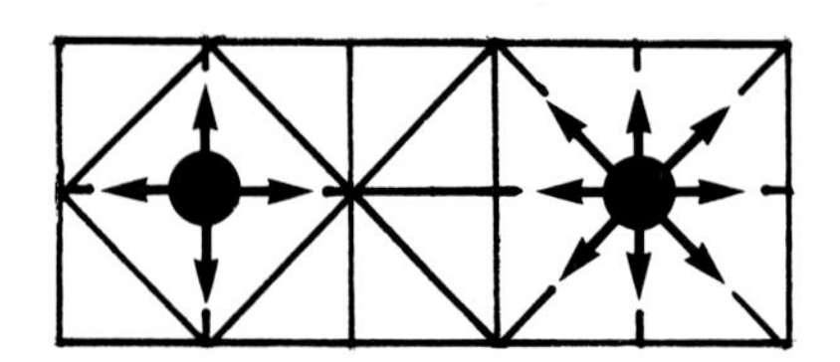

Diagramme 2 : Déplacements possibles d'un pion

Prise des pions adverses

Si l'on est juste à côté d'un pion adverse, sur la même ligne, on le capture en s'en éloignant d'un segment, en ligne droite. Si l'on est sur la même ligne que le pion convoité, mais séparé de lui par une intersection vide, il suffit d'occuper cette intersection.

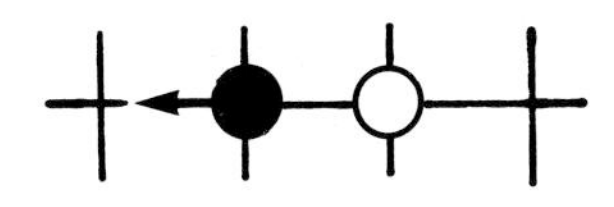

en s'éloignant

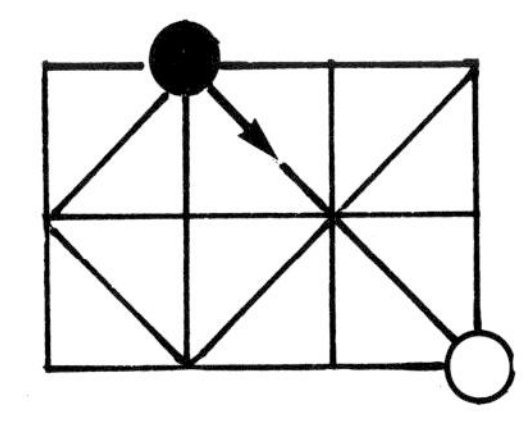

en s'approchant

Diagramme 3 : Les deux méthodes de capture

Les pions pris sont immédiatement sortis du jeu. Si un ou plusieurs pions adverses forment une ligne ininterrompue à partir du pion capturé, ils subissent tous le même sort.

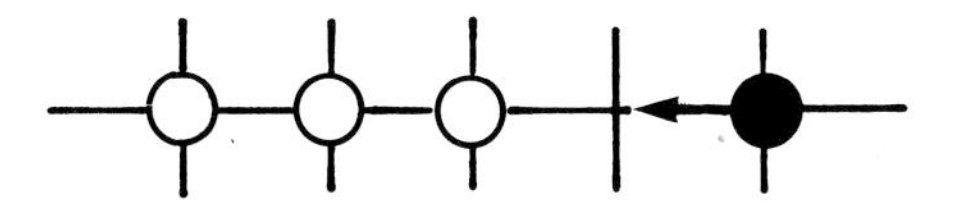

Diagramme 4 : Le pion noir capture trois pions blancs en même temps

Déroulement de la partie

Les Blancs jouent en premier. On tirera donc au sort le joueur auquel ils sont attribués.

A partir du deuxième tour, toute capture autorise le pion preneur à enchaîner immédiatement une ou plusieurs autres captures, à condition qu'il change à chaque fois de direction. Par exemple, s'il vient de prendre en horizontale, il ne lui sera plus permis de prendre que verticalement ou en diagonale. Lorsque, à la suite d'un même déplacement de pion, deux groupes de pions adverses peuvent être capturés, seul le groupe le plus nombreux est sorti du jeu. Si les deux groupes sont de nombre égal, c'est au joueur de choisir lequel il veut prendre. Toute prise possible est obligatoire. Lorsqu'un joueur s'aperçoit d'une omission de son adversaire, il retire le pion fautif du jeu.

Fin de la partie

La partie s'interrompt dès qu'un joueur a réussi à éliminer tous les pions adverses.

Le Fer à Cheval

- ***2 joueurs***
- ***5 mn***

MATÉRIEL

Du papier et un crayon, 2 pions noirs et 2 pions blancs.

BUT DU JEU

Manœuvrer ses pions de manière à bloquer l'adversaire.

RÈGLES

Disposition du jeu

On trace un diagramme formé d'une croix inscrite dans un cercle non fermé, comportant 5 intersections.

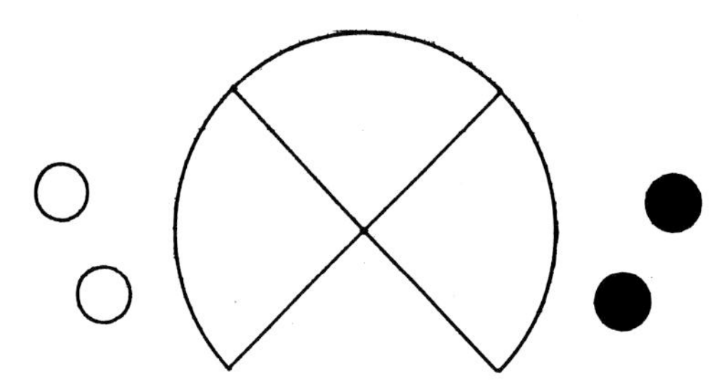

Diagramme 1 : Disposition du jeu du Fer à Cheval

Déplacement des pions

Les pions se déplacent d'un segment à la fois, qu'il soit droit ou courbe, pour se rendre sur une intersection voisine inoccupée.

Déroulement et fin de la partie

L'attribution des couleurs est tirée au sort. Les Blancs jouent en premier. Tour à tour, les joueurs placent leur premier puis leur deuxième pion sur une intersection libre du diagramme. A partir du troisième tour, tous les pions étant posés, la phase de mouvement peut commencer. Un joueur est victorieux dès qu'il a réussi à bloquer les pions de son adversaire.

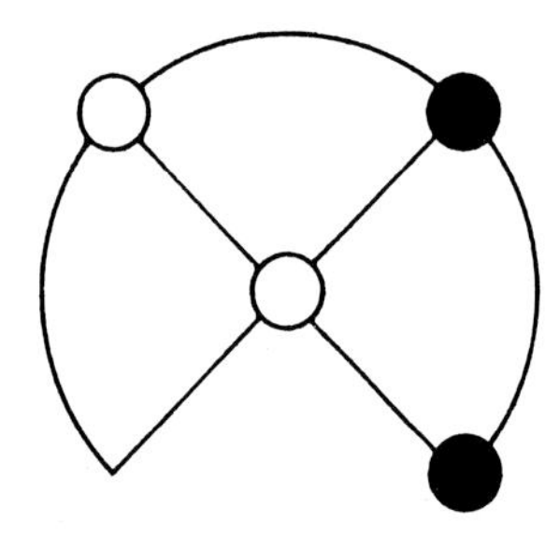

Diagramme 2 : Les Noirs sont bloqués par les Blancs

VARIANTE

La Madelinette

Ce jeu obéit aux mêmes règles que le Fer à Cheval. Le terrain est différent, et chaque joueur dispose de 3 pions.

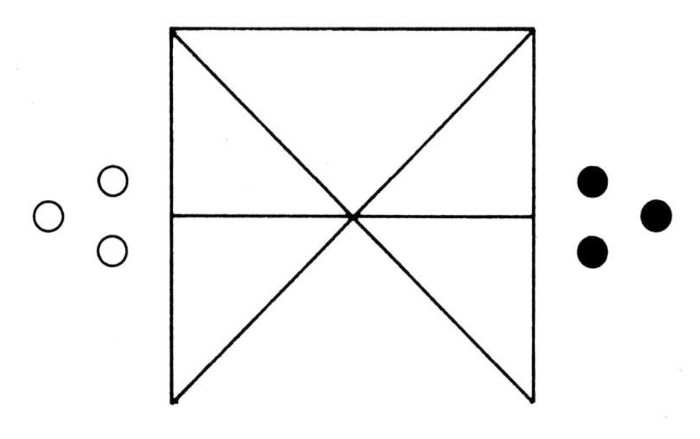

Diagramme 3 : Début d'une partie de Madelinette

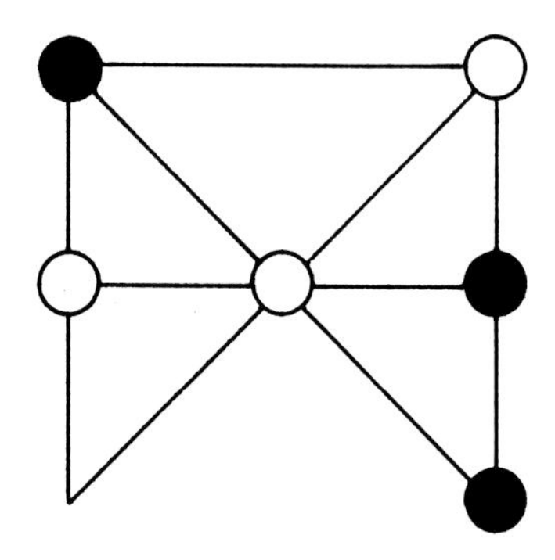

Diagramme 4 : Fin de partie (les Blancs ont gagné)

Le Go

Les origines du Go remontent à 3 000 ans, en Chine. Considéré comme un des plus intéressants jeux de stratégie, il s'est particulièrement développé au Japon, dès son introduction vers l'an 730, où il compte des millions d'adeptes ainsi qu'en Corée et à Taiwan.
Connu en Europe depuis la fin du siècle passé, il s'est pratiqué de façon plus structurée en France vers les années 70, grâce à la venue du joueur coréen Lim Yoo Jong, qui fut à l'origine de la création de nombreux clubs.

- *2 joueurs*
- *1 h et +*

MATÉRIEL

Un plateau de jeu avec une grille carrée de 361 intersections (19 lignes sur 19), appelé « Go-ban »** (diagramme 1). **181 pions noirs et 180 pions blancs appelés « pierres ». (9 points sont dessinés sur la grille pour indiquer la place des pierres lors de parties à handicap.)

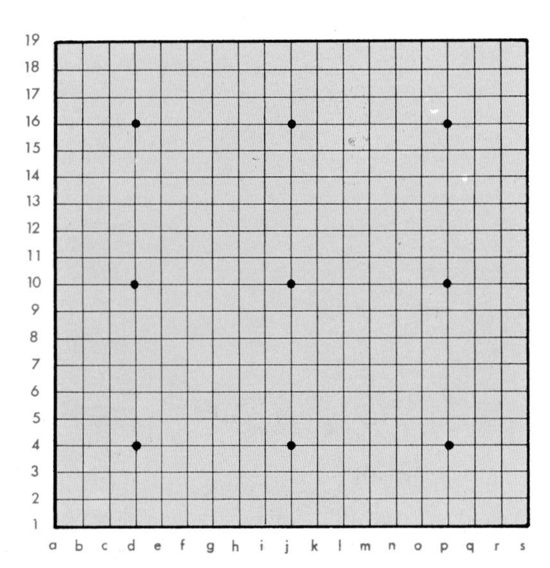

Diagramme 1 : Le Go-ban

BUT DU JEU

Construire et occuper un maximum de territoires (un territoire étant une ou plusieurs intersections vides), prendre des pierres à l'adversaire et conquérir ses territoires.

RÈGLES

Au départ, le Go-ban est vide. Chaque joueur joue une pierre à tour de rôle, et une seule, qui est posée sur n'importe quelle intersection inoccupée. On ne peut jamais avoir deux pierres sur la même intersection.

C'est en général Noir qui commence.

Une fois posée, la pierre ne bouge plus. Elle ne peut être retirée du jeu que si elle est conquise par l'adversaire.

Pour capturer une ou plusieurs pierres de l'adversaire, il faut la ou les encercler et supprimer leurs « libertés ».

Libertés

Pour qu'une pierre reste vivante, elle doit conserver des « libertés », c'est-à-dire des intersections vides (au moins une), voisines de celle où elle se trouve.

Une pierre a au maximum 4 libertés, si elle se situe au centre du Go-ban,

3 libertés, si elle est placée sur un bord du plateau,

2 si elle est à l'un des quatre coins du jeu *(diagramme 2)*.

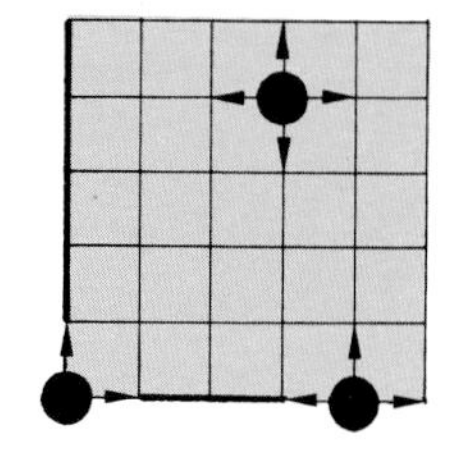

Diagramme 2 : Les libertés

Atari

L'Atari se produit quand l'adversaire menace de supprimer la seule liberté qui reste à une pierre ou à un groupe de pierres. Ainsi, au *diagramme 3*, la pierre blanche est vivante parce qu'elle possède encore une liberté, mais on dit qu'elle est en « Atari », car si Noir pose sa pierre comme sur le *diagramme 4*, la pierre blanche mourra, privée de liberté. Elle sera retirée du jeu et mise de côté par Noir qui gagne ainsi 1 point, comptabilisé en fin de partie.

Dans la position du *diagramme 3*, si le tour est à Blanc, il pourra se sauver de la mort en jouant comme sur le *diagramme 5*.

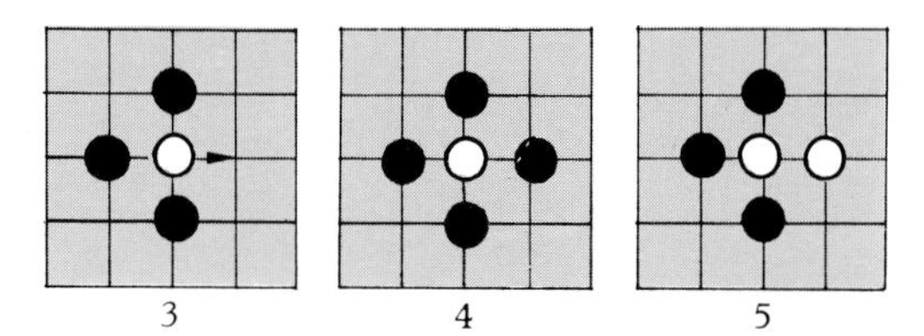

Diagrammes 3, 4, 5 : L'Atari

Les deux pierres blanches sont connectées et se renforcent mutuellement par agrandissement des libertés. Pour tuer cette association, Noir devra l'entourer. Une connexion de deux pierres possède 6 libertés au centre du Go-ban, 4 libertés sur un bord et 3 sur un angle *(diagramme 6)*.

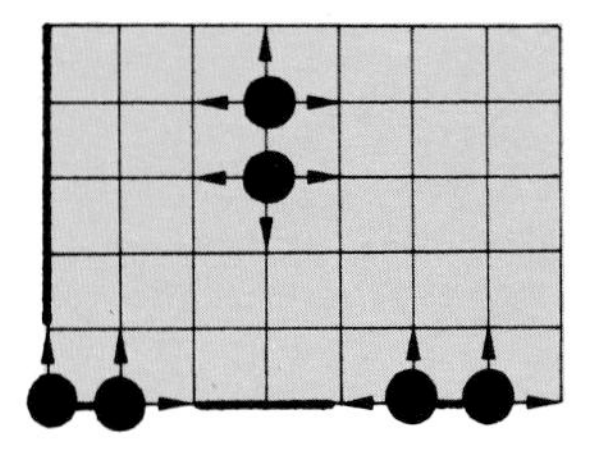

Diagramme 6 : Les libertés de deux pierres connectées

Deux pierres ne peuvent être connectées que verticalement ou horizontalement, et non en diagonale. Plus les pierres sont connectées entre elles et plus elles sont fortes.

On ne peut pas poser une pierre sur une intersection sans liberté, sauf exceptions suivantes.

Premier cas : on ne peut poser une pierre sur une intersection sans liberté, à moins que cette manœuvre ne permette instantanément de capturer une ou plusieurs pierres de l'adversaire. La capture prime. Exemple *(diagramme 7)* :

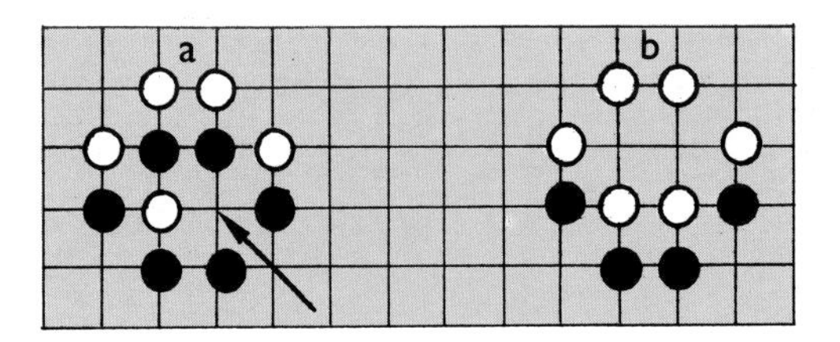

Diagramme 7 :
a : Blanc peut se poser sur l'intersection désignée par la flèche...
b : ...et tuer les deux pierres noires

Blanc pourra se poser sur cette intersection *(a)*. Grâce à ses pions à l'extérieur du groupe noir, il entoure et tue deux des pierres noires et la position devient, après nettoyage, celle de *b*.

Deuxième cas : cette exception s'applique également pour certaines situations défensives. Exemple *(diagramme 8)* :

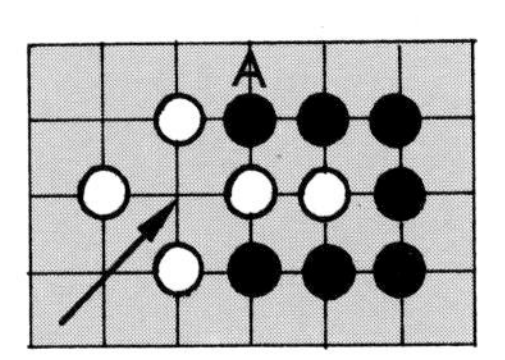

Diagramme 8 : Blanc peut jouer sur l'intersection sans liberté désignée par la flèche pour écarter la menace de Noir

Noir vient de jouer en A, plaçant ainsi deux pierres de Blanc en Atari, espérant jouer comme l'indique la flèche. Mais c'est à Blanc de jouer, il peut jouer comme l'indique la flèche pour connecter ses pions et supprimer la menace de Noir bien que la pierre blanche se pose sur une intersection sans liberté.

Autre cas *(diagramme 9)*

Si Blanc pose un pion au centre du groupe noir, il capture en totalité les 9 pions noirs et devient le possesseur d'un territoire de 10 unités.

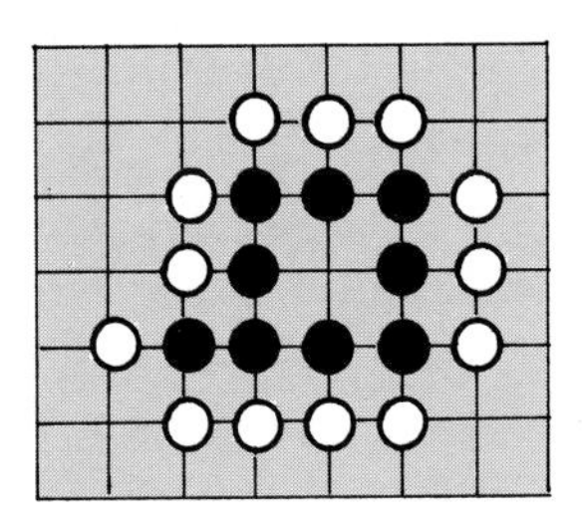

Diagramme 9 :
En jouant sur l'intersection située au centre du groupe noir, Blanc supprime la menace de Noir

Les yeux

La position *(diagramme 10)* ressemble à celle du *diagramme 9*, mais, pourtant, Blanc ne pourra se poser ni en A ni en B. Car l'exception ne s'applique que si le fait de poser une pierre à une intersection sans liberté entraîne instantanément la prise d'un ou des pions adverses. Dans cette position, ce n'est qu'à une deuxième intervention de Blanc que la prise est possible. Noir est imprenable ; il a deux yeux A et B, son territoire est définitivement acquis. S'il était « borgne », comme sur le *diagramme 9*, il serait prenable.

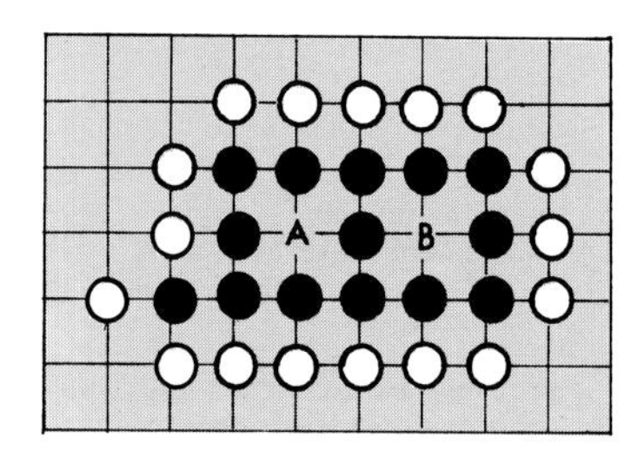

Diagramme 10 : Les yeux

L'éternité ou Ko

Il est interdit de procéder immédiatement à la reprise d'une intersection perdue, pour éviter la situation suivante *(diagramme 11)*. Noir a le trait (à gauche). Il joue comme la flèche l'indique. La pierre blanche A est prise. A présent, c'est Blanc qui a le trait (à droite). S'il jouait comme la flèche l'indique pour tuer Noir, nous nous retrouverions dans la position initiale, avec de nouveau le trait pour Noir, etc. Pour rompre cette éternité de prise, la règle du Ko indique que la réplique immédiate à une prise est interdite. Le joueur qui vient de se faire prendre une pierre devra jouer ailleurs sur le Go-ban. Pendant ce coup de répit, l'adversaire aura le droit de « boucher le trou » pour annuler l'Atari.

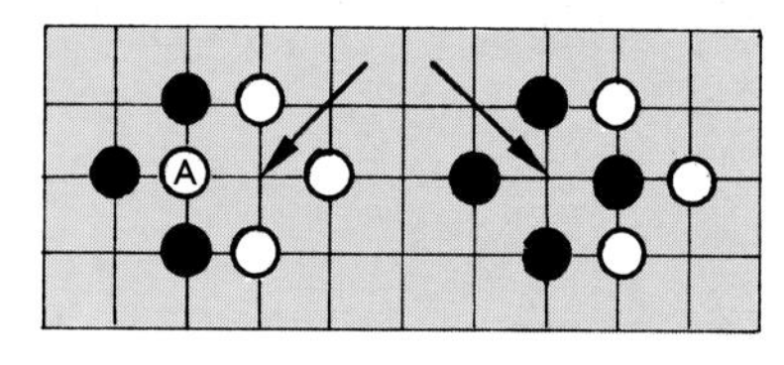

Diagramme 11 : L'éternité
Si Noir joue sur l'intersection désignée par la flèche à gauche, A est pris
Si ensuite Blanc joue selon la flèche, à droite, la position initiale serait reproduite, et ainsi de suite

Territoire et frontière

Un territoire est un espace vide entouré par des pierres de la même couleur, connectées entre elles. Un territoire vaut le nombre d'intersections libres qu'il entoure. Comme l'indique le *diagramme 12*, une même connexion de 8 pierres au milieu du Go-ban délimite un territoire de 4 intersections, sur un côté un territoire de 8, et dans un angle un territoire de 16. Dès le départ, les adversaires auront donc intérêt à se positionner sur les coins et les côtés.

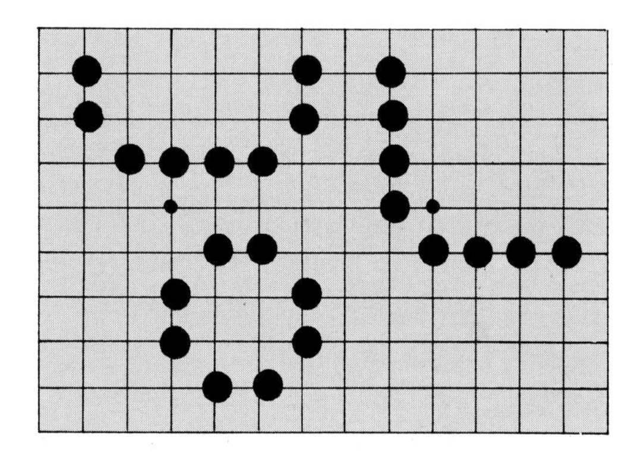

Diagramme 12 : Le territoire

Déroulement de la partie

La lutte fondamentale est celle de la création de territoires pour chaque joueur et de la reconquête des territoires adverses mal protégés.

L'aire de jeu du Go-ban est vaste, presque autant d'intersections que de jours dans l'année. L'affrontement des adversaires se fera simultanément sur plusieurs endroits du jeu, pour un but final. C'est ce qui fait la grande richesse et la difficulté du jeu de Go.

Il faut à la fois former ses territoires, attaquer les territoires et les pierres adverses, défendre ses propres pierres, tout en préparant sa stratégie plusieurs coups à l'avance.

Fin de la partie

La partie s'arrête quand aucun des deux joueurs ne peut plus construire ou récupérer de territoires. Un joueur peut passer son tour. Si l'autre passe aussi, la partie est terminée.

D'un commun accord, les joueurs abandonnent les pierres « en prise », c'est-à-dire qui seraient automatiquement prises par l'adversaire si la partie continuait. On les appelle « pierres mortes ».

Exemple :

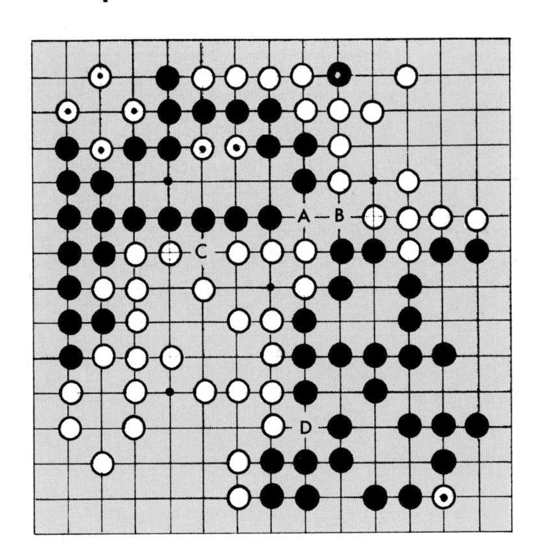

Diagramme 13

(Le Go-ban a été réduit à 13 lignes pour simplifier.)

Dans cette situation de fin de jeu, plus aucun coup ne permet de modifier les territoires réalisés. Certaines pierres (blanches avec un point noir et noires avec un point blanc sur le schéma) sont vouées à mourir irrémédiablement. Les adversaires l'admettent et s'évitent le travail d'effectuer les prises. Elles sont retirées du jeu et chacun des adversaires les ajoute à son tas de pierres prises en cours de partie.

Décompte des points

Chaque joueur s'occupe de compter le territoire et les points de l'adversaire, et non les siens.

Les intersections libres n'appartenant à personne – qui se trouvent entre des frontières ennemies – s'appellent des « Damés ». Les intersections A, B, C et D, sur le diagramme, seront bouchées par n'importe quelle couleur de pierre pour permettre un décompte visuel plus facile des espaces vides valables.

Les pierres mortes sont des prises pour chaque adversaire. Dans notre exemple, Noir récupère 7 pierres blanches, et Blanc récupère 1 pierre noire.

Les pierres qui forment les frontières des territoires ne sont pas comptabilisées, seules les intersections vides à l'intérieur des territoires le seront. Blanc a 36 points de territoire et Noir en a 33.

Les pierres capturées en cours de partie vont servir à boucher les territoires ennemis pour supprimer des intersections libres de l'adversaire et, par là même, lui retirer des points de son total territoire. Blanc s'est fait prendre 19 pierres en cours de jeu, et Noir 14.

Résultat : Blanc $36 - (19 + 7) = 10$
Noir $33 - (14 + 1) = 18$

Noir est le vainqueur.

Pour comptabiliser plus facilement, les prises sont posées sur le Go-ban de façon à transformer les espaces en rectangles, ce qui permet un décompte plus clair.

STRATÉGIE

Les joueurs doivent s'efforcer de faire des lignes avec leurs pierres pour définir très rapidement des territoires. En connectant pierre par pierre, l'entreprise est longue. Certaines formations permettent de remédier à ce problème.

Ikken-tobi : les pierres peuvent être posées toutes les deux cases. En cas d'attaque, elles pourront être reliées comme le montre le *diagramme 14*. Noir réplique comme l'indique la flèche, et les pierres noires sont reliées.

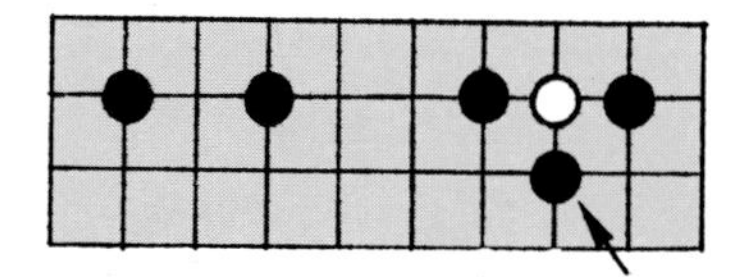

Diagramme 14

Keima : voici une autre formation solide pour deux pierres *(diagramme 15)*. Si Blanc joue comme cela est indiqué à droite, noir réplique comme le montre la flèche. Si Noir ne le fait pas, Blanc se placera à cette intersection, et les deux pierres noires ne pourront plus se connecter.

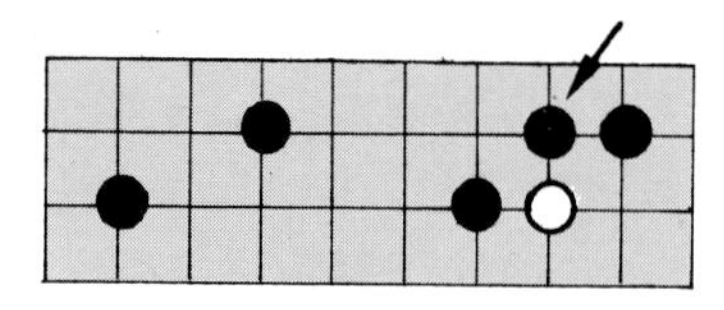

Diagramme 15

Pénétration des lignes : si l'Ikken-tobi et le Keima permettent d'amorcer très rapidement des lignes et des frontières, il faudra veiller à connecter les pierres pour former des territoires solidement enclos. Sur le *diagramme 16*, le premier qui joue en A gagne. Noir conforte sa frontière, Blanc coupe la frontière de Noir.

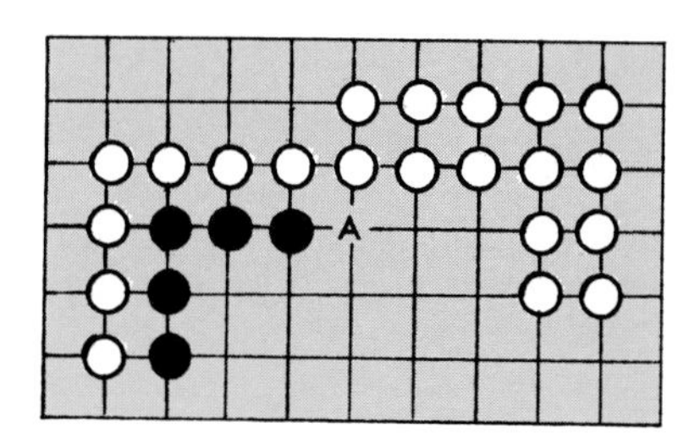

Diagramme 16

De l'élégance

Un vrai joueur de Go ne prend pas ses pierres n'importe comment et surtout pas entre le pouce et l'index. L'élégance impose de saisir la pierre entre l'index et le majeur – l'index en dessous, le majeur au-dessus –, la pierre en « sandwich » entre les deux doigts. Cette manière de jouer permet de poser une pierre délicatement et de façon précise entre plusieurs autres pierres déjà posées.

Les Guerriers de Pierre

Ce jeu était pratiqué par les Indiens d'Amérique du Nord, pour lesquels il symbolisait les luttes tribales. Les pièces sont figurées par de petites statuettes en terre cuite, les Guerriers de Pierre, qui s'affrontent sur un vaste diagramme.

- ***2 joueurs***
- ***20 mn***

MATÉRIEL

Du papier, un crayon, 6 statuettes noires et 6 statuettes blanches, éventuellement remplacées par des pions d'Échecs ou de Dames.

BUT DU JEU

Traverser le diagramme, tout en capturant le plus de pions adverses possible, afin d'aligner ses pions sur la ligne de départ de l'adversaire.

RÈGLES

Disposition du jeu

On trace sur une grande feuille de papier, ou à même le sol, un diagramme composé de lignes verticales, horizontales et diagonales, comportant 365 intersections. Les pions des deux adversaires sont placés symétriquement sur les côtés du diagramme (voir ci-contre).

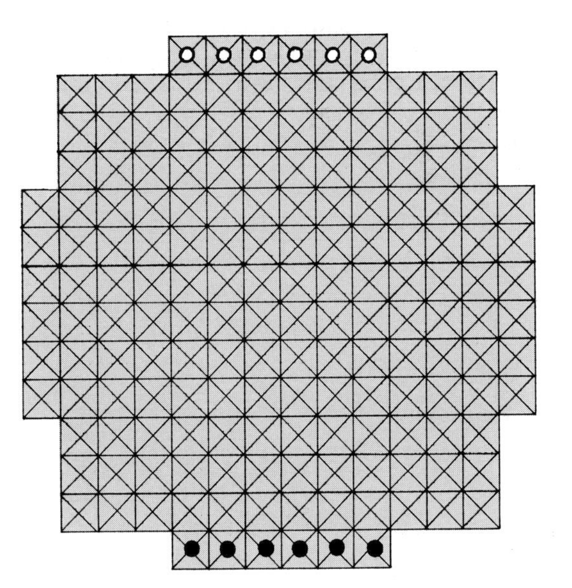

Disposition initiale des pions noirs et des pions blancs de part et d'autre du plateau de jeu

Déplacement des pions

Les pions évoluent sur les diagonales, d'une intersection à l'autre, en se dirigeant vers le camp adverse. Il leur est interdit de reculer.

Déplacement d'un pion

Prise des pions adverses

On capture un pion en l'encadrant, sur une même diagonale, entre deux de ses pièces. Le pion prisonnier est immédiatement retiré du diagramme.

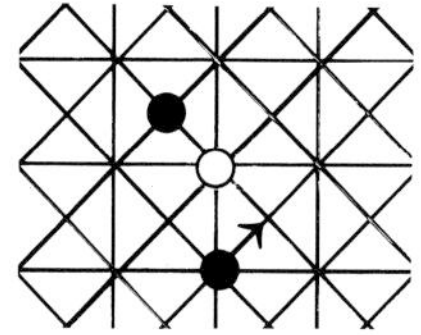
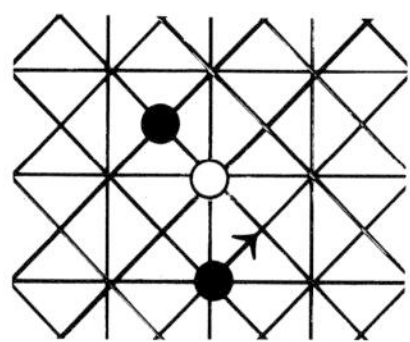

Prise d'un guerrier blanc par les Noirs

Déroulement de la partie

Les pions blancs jouent les premiers. Leur attribution sera donc tirée au sort. Lorsqu'un joueur perd son premier pion, il le remplace par une pièce spéciale appelée le « Sorcier de l'arc ». Pour matérialiser cette pièce, on pourra coller sur un pion une petite vignette colorée. Le Sorcier se comporte comme les autres pions, mais il peut se déplacer sur tous les segments du diagramme, en avant ou en arrière.

Déplacements du Sorcier

Fin de la partie

La partie s'interrompt lorsque l'un des joueurs a réussi à disposer ses pions restants sur les bases de départ des pions adverses.

Le Halma

Le Halma a été inventé en Angleterre, vers la fin du siècle dernier. Son nom vient d'un mot grec signifiant saut. Ce jeu, qui a inspiré les Dames chinoises, est aujourd'hui surtout pratiqué en Suède.

- ***2 à 4 joueurs***
- ***20 mn***

MATÉRIEL

Un plateau de 16 cases sur 16, soit 256 cases surlignées aux quatre coins pour indiquer les positions de départ des pions ; deux séries de 19 pions rouges et verts, deux séries de 13 pions jaunes et bleus.

BUT DU JEU

Être le premier à amener ses pions de son coin de départ jusqu'au coin opposé.

RÈGLES

Disposition des pions

Pour 2 joueurs, on utilise deux séries de 19 pions, placées selon le *diagramme 1*.

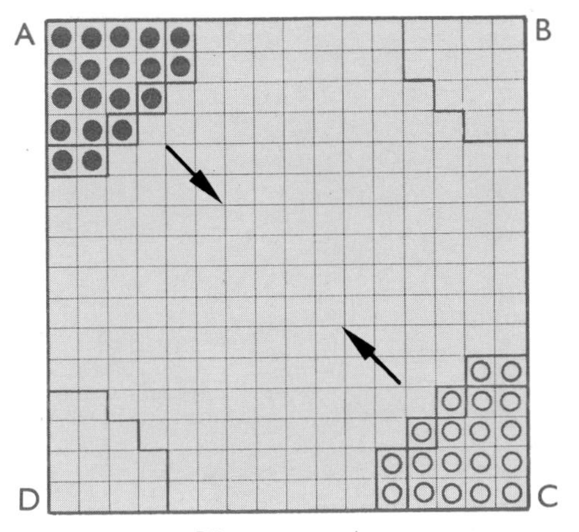

Diagramme 1 :
Halma à deux joueurs

Pour 3 ou 4 joueurs, on n'utilise plus que des séries de 13 pions, placées selon le *diagramme 2*.

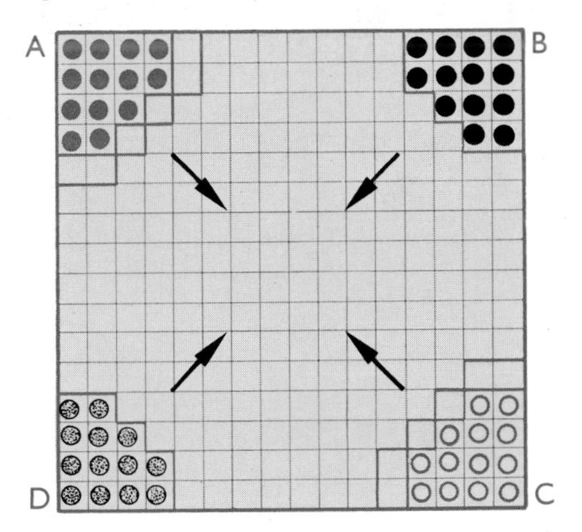

Diagramme 2 :
Halma à quatre joueurs

Déplacement des pions

Dans le Halma à 2 joueurs, le joueur A va en C et le C en A. A 3 joueurs, A va en C, D en B, B en D. Les pions C sont retirés du jeu et le joueur le plus faible se place en A, en face du coin vide. A 4 joueurs, A va en C, C en A, B en D et D en B.

Déroulement de la partie

Après avoir tiré au sort pour savoir qui commence, chaque joueur déplace un seul pion à la fois.

Le pion a le choix entre deux types de mouvements :

– Se mouvoir vers une case contiguë dans n'importe quel sens, en avant, en arrière, à gauche ou à droite (*diagramme 3*).
– Sauter par-dessus un autre pion en ligne droite, à condition que la case d'arrivée soit libre.

On peut sauter par-dessus un de ses propres pions, ou par-dessus un pion de l'adversaire. On peut, au cours du même tour de jeu, faire plusieurs sauts de suite comme cela est indiqué sur le *diagramme 3*, en changeant de direction après chaque saut.

Aucun pion n'est pris ni retiré du jeu.

Diagramme 3 :
Deux façons de déplacer un pion

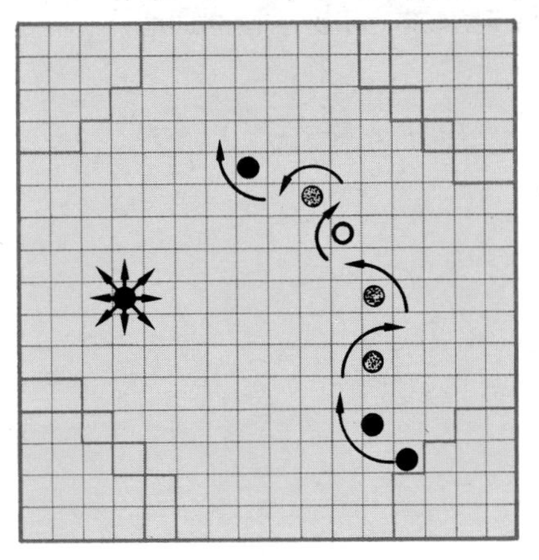

Fin de la partie

Est déclaré gagnant le joueur qui a le premier placé tous ses pions dans le coin adverse. Les autres joueurs peuvent éventuellement poursuivre la partie pour se départager.

Variante solitaire

Le joueur place 19 pions dans le coin A et doit réaliser la figure du *diagramme 4* en un nombre de coups le plus limité possible.

Diagramme 4 : Figure imposée ▶

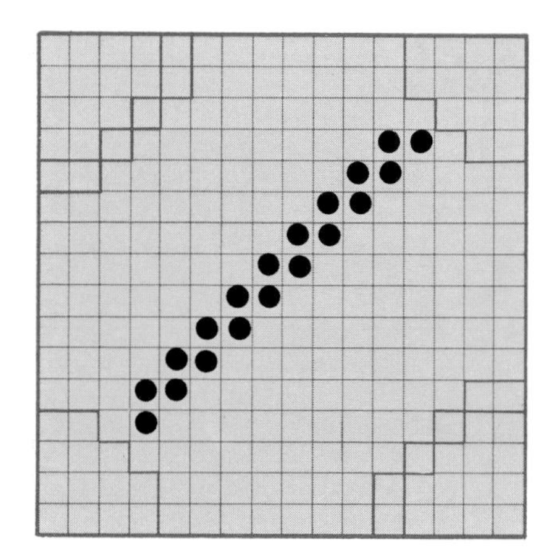

Le Hex

Le jeu de Hex est d'invention récente, comparé à certains jeux de stratégie comme les Échecs ou les Dames. Un chercheur danois, Piet Hein, le présenta pour la première fois en 1942 à ses étudiants de l'Institut de Physique théorique de Copenhague. Ce jeu, qu'il appela « Polygone », devint rapidement populaire au Danemark grâce à la revue *Politiken*, qui très vite en proposa régulièrement une rubrique à ses lecteurs.
En 1948, sans connaître l'existence du « Polygone » au Danemark, un étudiant américain, John Nash, proposa ce même jeu à ses camarades de l'université de Princeton. Sous le nom de « Nash », le jeu obtint très vite un vif succès aux États-Unis, et fut joué dans tout le pays. Dans les années 50, ce jeu finit par être généralement connu sous le nom de Hex, en raison des hexagones qui le composent.

- ***2 joueurs***
- ***10 mn/1 h***

MATÉRIEL

Un plateau de jeu, constitué d'un losange composé de 11 rangées de 11 hexagones. (Deux côtés opposés du plateau de jeu représentent le camp des pions noirs, les deux autres celui des pions blancs. Les 4 hexagones des coins du losange sont communs aux deux camps.) 61 pions blancs et 60 pions noirs.

BUT DU JEU

Être le premier à créer une chaîne de pions ininterrompue de sa couleur, allant d'un bord à l'autre du plateau de jeu.

RÈGLES

Déroulement de la partie

Les joueurs sont désignés par la couleur de leurs pions. Avant de commencer la partie, on tire au sort pour savoir qui est Blanc, à qui revient l'avantage de débuter.

A tour de rôle, les joueurs placent un de leurs pions sur n'importe laquelle des cases hexagonales du plateau de jeu, selon les règles suivantes :

- On ne peut pas poser un pion sur une case déjà occupée.
- Un pion posé ne peut être ni pris ni déplacé.
- La chaîne peut être sinueuse, les pions devant uniquement être en contact par un des côtés de l'hexagone où ils sont posés. Un pion a 6 liaisons possibles.

A noter qu'une partie ne peut se solder par un match nul, car un joueur ne peut gêner son adversaire qu'en réalisant sa propre chaîne.

STRATÉGIE

Occuper la case centrale F6 représente un avantage tel que certains joueurs l'interdisent au Blanc (qui possède en outre celui de jouer en premier). Sans être aussi déterminante, l'occupation des autres cases centrales représente un atout certain qu'il ne faut pas négliger. Afin de ne pas être rapidement contraint à un jeu purement défensif, il est préférable de ne pas chercher, lors des premiers coups, à réaliser tout de suite une chaîne ininterrompue.

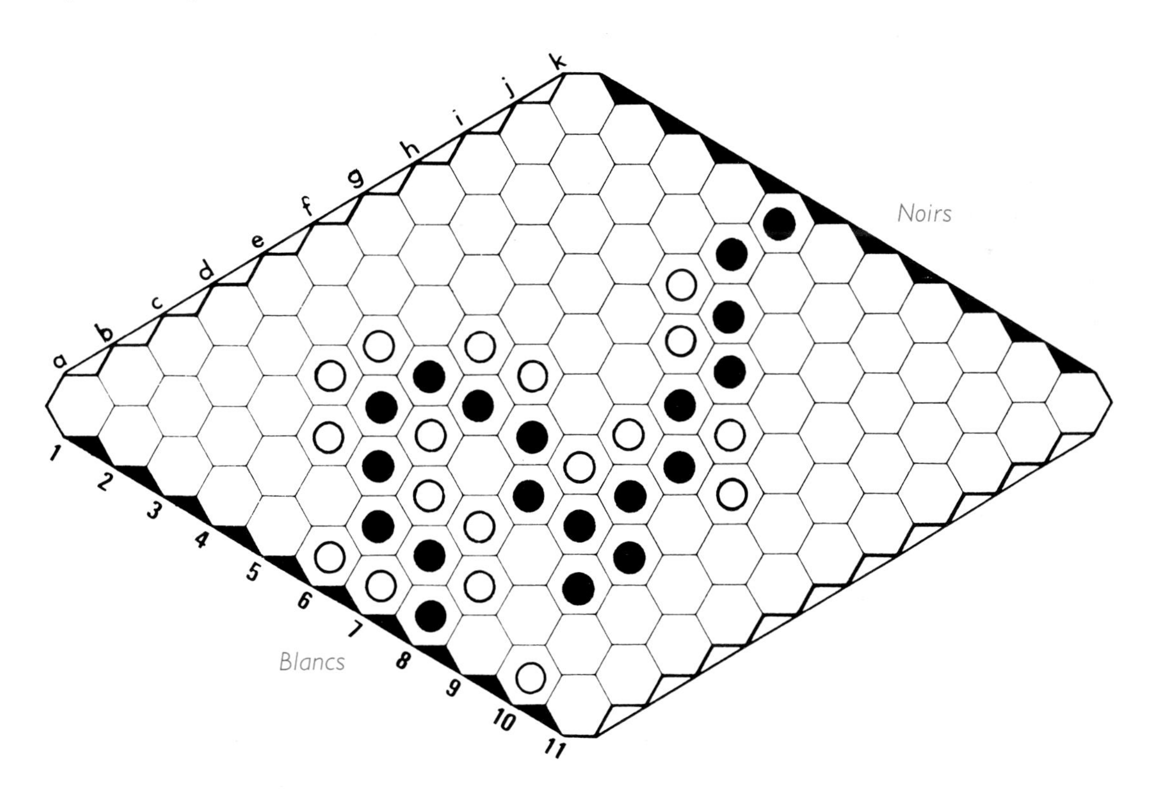

Les noirs ont établi une chaîne d'un bord à l'autre du plateau de jeu : ils ont gagné

Le Jeu de l'Hyène

Ce jeu appartient au patrimoine culturel des musulmans du Soudan. Il évoque les péripéties d'un conte local.

- ***4 joueurs***
- ***20 mn***

MATÉRIEL

Du papier, un crayon, 4 pions de couleurs différentes, représentant les mères des joueurs, et quatre dés.

BUT DU JEU

Être le premier de retour dans la case de départ, le village, après s'être rendu au puits, et contrarier le retour de ses adversaires en lançant une hyène furieuse à leurs trousses.

RÈGLES

Disposition du jeu

On trace sur une feuille de papier un diagramme figurant un trajet concentrique, la piste séparant le village du puits. Cette piste est divisée en 80 étapes symbolisées par des points. Les joueurs disposent d'un pion représentant leur mère. En début de partie, les quatre mères sont rassemblées dans le village.

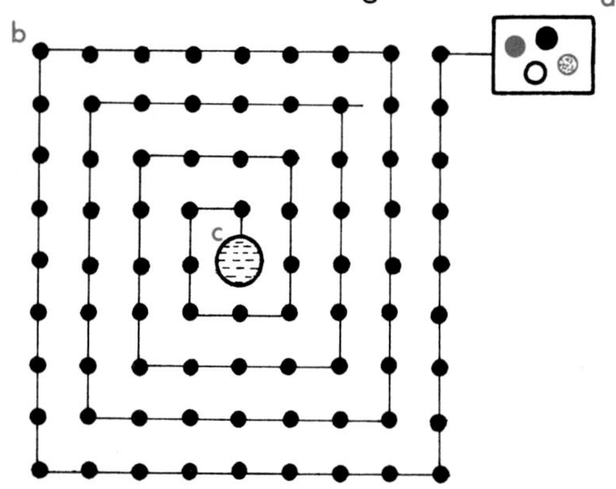

Diagramme 1 : Disposition du jeu au début de la partie
Sortant du village (a), les mères progressent d'étape en étape (b) jusqu'au puits (c) et rebroussent chemin

Déplacement des pions

A chaque tour, les joueurs lancent les quatre dés. Deux nombres impairs donnent droit à une progression de 2 étapes, trois nombres impairs à 3 étapes, et quatre nombres impairs à 6 étapes. Les joueurs avancent leurs pions du nombre de points correspondant au nombre d'étapes obtenu.

Acquisition des « tabas »

Lorsqu'un joueur obtient un seul chiffre impair, il acquiert un « taba ». Cette unité monétaire, qu'on pourra matérialiser par un jeton, sera utilisée en cours de partie.

Déroulement de la partie

Les joueurs déterminent leur ordre de départ en lançant un dé. Lorsque cet ordre est fixé, le voyage peut commencer. Chacun leur tour, les quatre fils lancent les quatre dés. Une mère ne peut quitter le village que lorsque son fils effectue un lancer ne comprenant qu'un seul chiffre impair. Il peut alors payer la taxe de 1 taba autorisant la sortie. Après leur départ, les mères progressent vers le puits par bonds de 2, 3 ou 6 étapes, selon le résultat des dés. Le tour d'un joueur ne cesse que lorsqu'il a obtenu deux chiffres impairs sur quatre. Il sera donc possible d'enchaîner plusieurs bonds au cours du même tour. Plusieurs mères peuvent stationner sur le même point.

Exemple de tour : nous sommes au début de la partie. Un joueur obtient 1 - 4 - 2 - 6. Il gagne 1 taba, ce qui lui permet de payer la taxe de sortie de sa mère. Par ailleurs, il a le droit de procéder à un deuxième lancer. Il obtient 2 - 5 - 3 - 1. Il peut avancer de 3 étapes et rejouer. Il obtient 3 - 4 - 5 - 2. Ayant obtenu deux chiffres impairs, il avance de 2 points et cède son tour au joueur suivant.

Lorsqu'une mère parvient au puits, elle ne peut en ressortir avant que son fils ait payé 4 tabas, somme permettant de laver ses vêtements et d'acheter de l'eau et des vivres pour le retour. La mère chemine ensuite en sens inverse jusqu'au village.

Fin de la partie

Le joueur dont la mère est la première de retour au village est le gagnant. La partie n'est cependant pas terminée. En effet, il a la possibilité de lâcher une hyène en furie contre les mères rivales. L'animal sera matérialisé par un pion ordinaire, ou par une petite figurine. Pour le joueur « hyène », l'effet de chaque lancer de dés est doublé : un seul chiffre impair rapporte 2 tabas, deux chiffres impairs rapportent 4 étapes, etc. Dès qu'il est en mesure de payer une taxe de 2 tabas, le joueur peut lâcher sa hyène. Arrivé au puits, le fauve doit se désaltérer avant de repartir. Il lui en coûtera 10 tabas. Sur le chemin du retour, il dévorera toutes les mères qu'il dépassera. La partie sera définitivement terminée lorsque l'hyène sera de retour au village.

Pour donner au jeu une touche de pittoresque, on peut se procurer les dés utilisés par les Arabes. Ce sont des morceaux de bois allongés de 17 cm de long, blancs et plats sur une face, noirs et arrondis sur l'autre. Noir équivaut à pair, Blanc à impair.

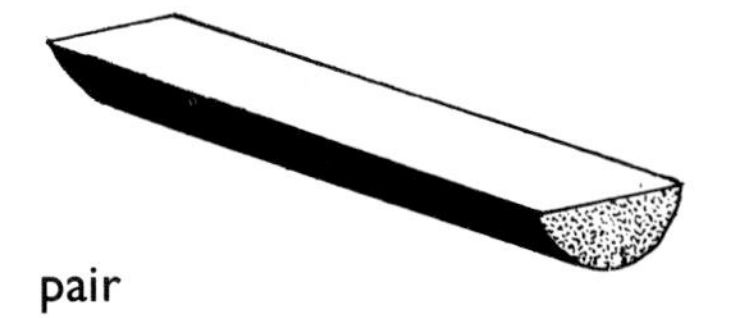

Diagramme 2 : Dés traditionnels

Le Jeu militaire

Ce jeu est né en France, au XIXe siècle.

- *2 joueurs*
- *5 mn*

MATÉRIEL

Du papier et un crayon, 1 pion noir appelé « Corps d'armée » et 3 pions blancs ou « Tours ».

BUT DU JEU

Le Corps d'armée essaie d'échapper aux Tours, qui cherchent à l'acculer dans l'angle supérieur du terrain.

RÈGLES

Disposition du jeu

On trace sur une feuille de papier un diagramme comportant 11 intersections, que l'on garnit, dans sa partie inférieure, des 4 pions.

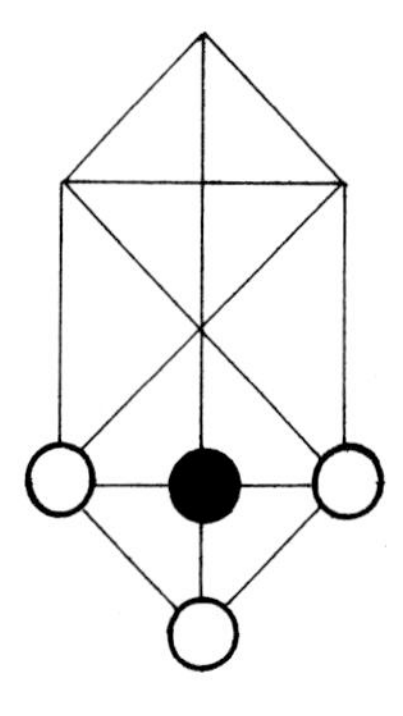

Diagramme 1 : Disposition initiale

Déplacement des pions

Les pions manœuvrent d'une intersection à une autre, cette dernière étant, bien sûr, inoccupée. Le pion noir peut avancer dans toutes les directions. Les pions blancs n'ont pas le droit de reculer vers le sommet inférieur, sauf lors de leur premier déplacement.

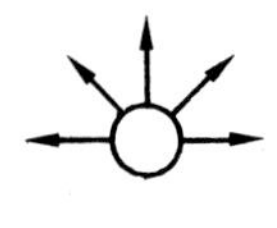

Diagramme 2 : Déplacement des pions

Déroulement et fin de la partie

L'attribution du Corps d'armée, qui joue en premier, est tirée au sort. Les joueurs effectuent un déplacement à la fois, chacun leur tour. Les Tours doivent progresser vers le sommet supérieur, afin d'y acculer le Corps d'armée. Ce dernier doit essayer de forcer le barrage, afin de s'établir sur le sommet inférieur du diagramme. La partie s'interrompt dès qu'un joueur gagne en atteignant son objectif.

Diagramme 3 : Fin de la partie ▶

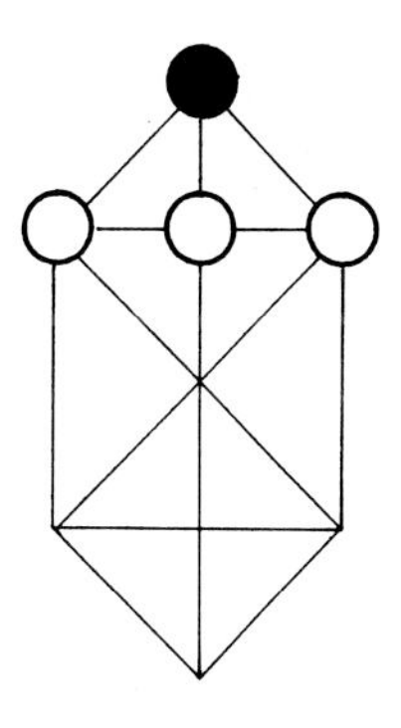

Le Corps d'armée échappe aux Tours et gagne

Les Tours gagnent

Le Kono

Jeu traditionnel coréen, le Kono est une forme rudimentaire du jeu de Dames.

MATÉRIEL

Une grille formée de quatre lignes horizontales et de quatre lignes verticales, 8 pions noirs et 8 pions blancs.

BUT DU JEU

Capturer tous les pions de l'ennemi, ou le bloquer en lui interdisant tout mouvement.

RÈGLES

Disposition du jeu

Les joueurs se placent de part et d'autre de la grille, et tirent au sort la couleur de leurs pions. Chacun place alors ses pièces sur les deux premières rangées d'intersections.

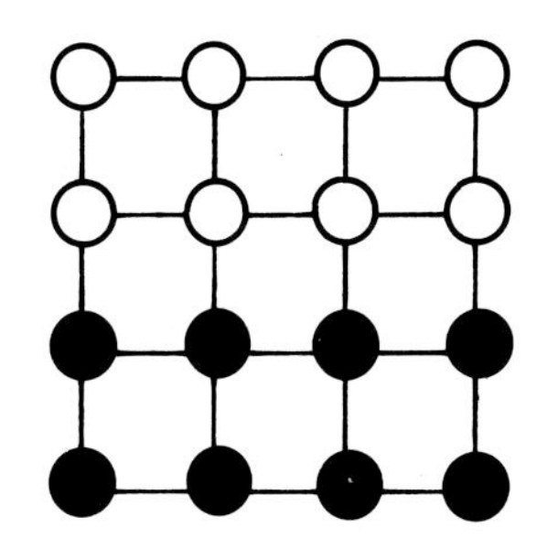

Diagramme 1 : Disposition du Kono en début de partie

Déplacement des pions

Un pion se déplace en franchissant le segment de la grille le séparant d'une intersection voisine libre, dans n'importe quelle direction.

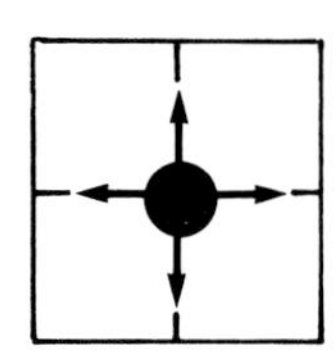

Diagramme 2 : Déplacement d'un pion

Prise des pions adverses

On peut prendre tout pion ennemi situé immédiatement derrière l'une de ses propres pièces, en « sautant » celle-ci et en se posant sur la pièce convoitée. Cette action permet d'avancer de deux segments, dans n'importe quelle direction.

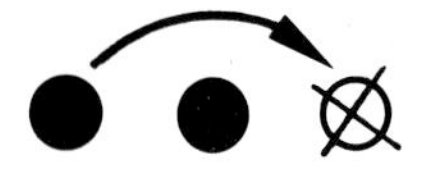

Diagramme 3 : Prise d'un pion blanc

Déroulement et fin de la partie

Les Blancs jouent en premier. Toutes les intersections étant occupées, le premier mouvement est nécessairement une capture. Un pion blanc sautera donc par-dessus une pièce amie, afin de prendre un pion adverse. Un seul déplacement est autorisé à chaque tour, même en cas de capture d'un pion adverse. La partie est terminée dès qu'un joueur a pris tous les pions de l'adversaire, ou qu'il a réussi à paralyser toute action de sa part en bloquant tous ses pions.

Les Marelles

Cette famille de jeux est très ancienne, puisqu'elle est déjà mentionnée par certains auteurs antiques, notamment en Grèce. Le terme actuel vient du radical pré-roman *marr*, « caillou », ayant donné, en ancien français, mérelles, puis marelles en français moderne.

MATÉRIEL

Une figure formée d'un carré, de ses deux diagonales et ses deux médianes, comportant donc 9 intersections, 3 pions blancs et 3 pions noirs.

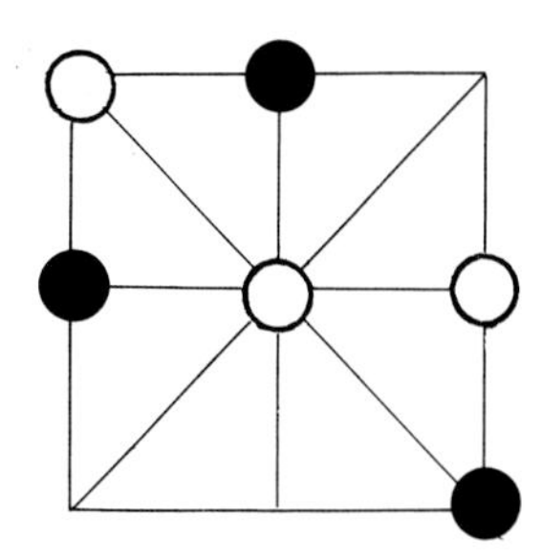

◄ Diagramme 1 : Les Blancs ont commencé et les deux joueurs ont placé leurs pions

BUT DU JEU

Aligner ses pions avant l'adversaire.

RÈGLES

Disposition du jeu

Les joueurs se disposent de part et d'autre de la figure, et tirent au sort la couleur de leurs pions. L'un après l'autre, en commençant par les Blancs, ils disposent leurs pions, un par un, sur les intersections de leur choix.

Déplacement des pions

Les pions ne peuvent franchir qu'un segment à la fois, pour se rendre sur une intersection voisine, à condition que celle-ci soit libre.

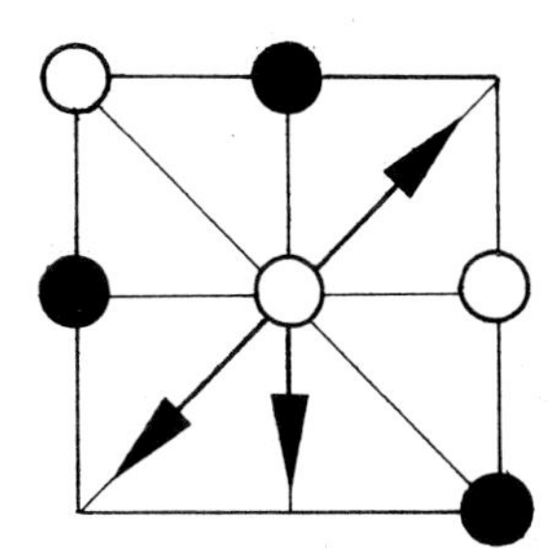

Diagramme 2 : Possibilités de déplacement des pions

Déroulement et fin de la partie

Les Blancs entament le premier tour. Les tours se succèdent jusqu'à ce que l'un des joueurs gagne la partie en réussissant l'alignement de ses 3 pions.

VARIANTES

Variante avec d'autres figures

Le même jeu peut se pratiquer sur l'une de ces trois figures :

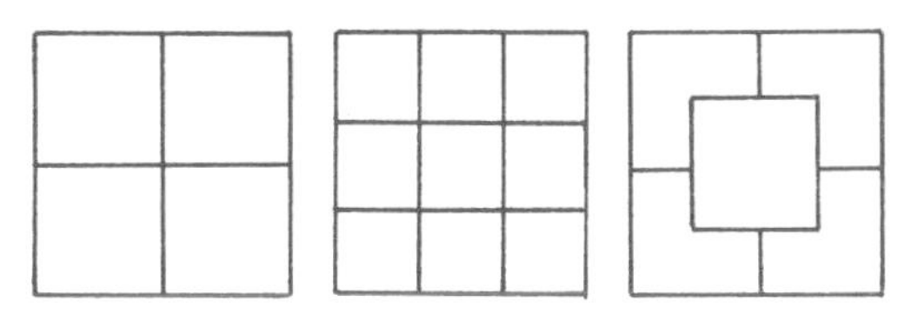

Diagramme 3

Variante à 5 pions

Les règles sont les mêmes, et la partie se déroule sur une figure formée de l'entrecroisement de cinq lignes horizontales et cinq lignes verticales. Le gagnant est le premier joueur ayant réussi à aligner ses 5 pions horizontalement, verticalement ou en diagonale.

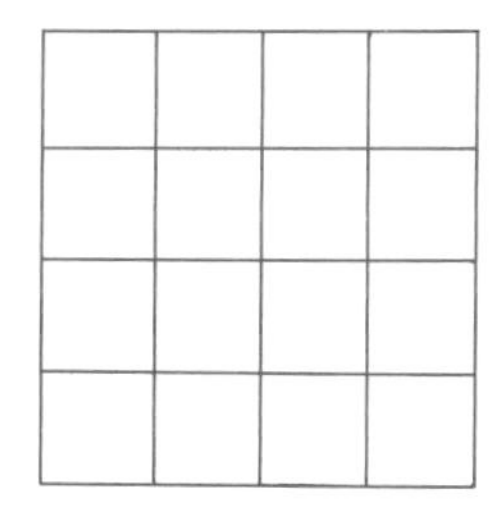

Diagramme 4

Variante à 9 pions

Cette version plus élaborée des Marelles est beaucoup plus captivante que les précédentes.

Matériel

Les joueurs choisissent l'une des deux figures de la page suivante *(diagramme 5)*.

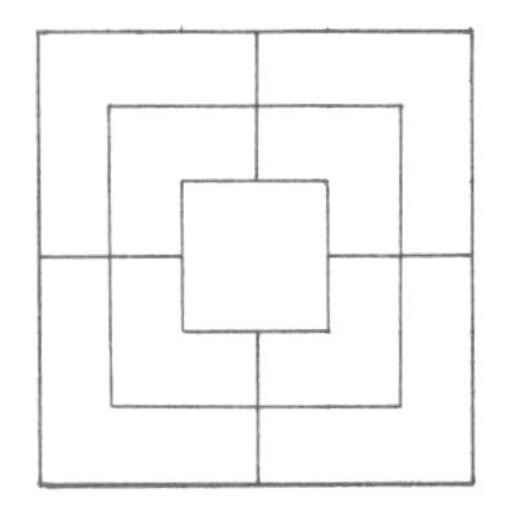
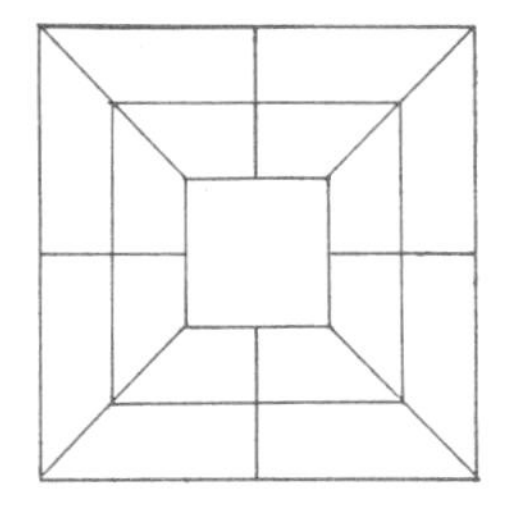

Diagramme 5 : Variante à 9 pions

La partie se joue avec 9 pions blancs et 9 pions noirs.

But du jeu

Prendre 7 pions à son adversaire.

Règles

Les règles sont identiques à celles des autres Marelles. Toutefois, la finalité des alignements est différente : dès qu'un joueur a réussi à aligner 3 pions, il a le droit de capturer sur-le-champ un pion ennemi de son choix. Dès qu'un joueur ne possède plus que 4 pions, ceux-ci peuvent franchir deux segments à la fois, en ligne droite, à condition que la voie soit complètement libre. Le premier joueur ayant capturé 7 pions ennemis gagne la partie.

Le Dara

Cette variante africaine des Marelles à 9 pions se joue sur une figure originale : les intersections sont remplacées par cinq rangées de six cases rondes, non reliées entre elles par des segments.

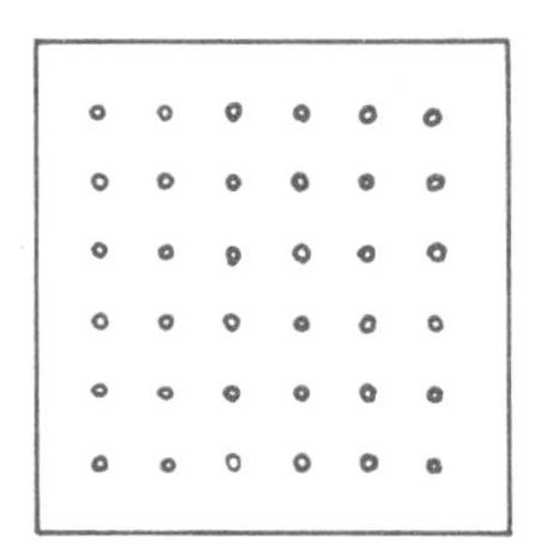

Diagramme 6 : Planche de Dara

Règles

Selon le principe des jeux de Marelles, les joueurs disposent leurs 9 pions les uns après les autres, avant de débuter la partie. Les pions ne se déplacent que verticalement ou horizontalement. Les règles sont identiques à celles des Marelles à 9 pions.

L'Alquerque

Cette forme des Marelles pratiquée au Moyen Age présente certaines affinités avec le Dâmma, encore présent en Afrique du Nord.

Matériel

Une figure composée de quatre diagrammes de Marelles classiques, à 3 pions ; 12 pions noirs et 12 pions blancs.

But du jeu

Prendre tous les pions adverses.

Règles

Le diagramme ci-dessous présente la disposition du jeu en début de partie.

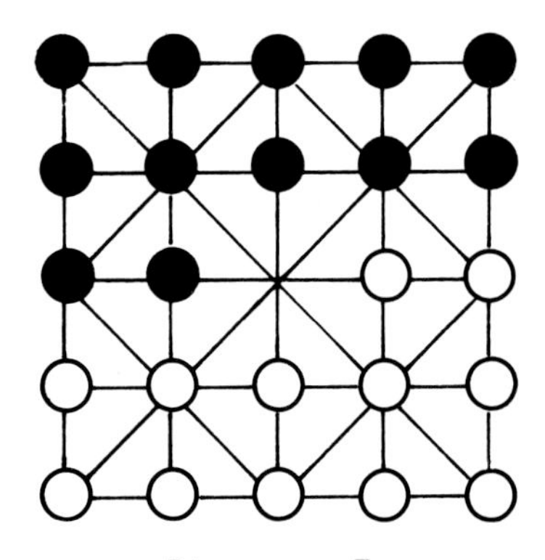

Diagramme 7 :
Disposition initiale de l'Alquerque

Déplacement des pions. Les pions se déplacent dans toutes les directions. Ils franchissent un segment à la fois, de manière à se rendre sur une intersection voisine et inoccupée du plateau de jeu.

Prise des pions adverses. Comme dans la plupart des jeux de Dames, les pions prennent leurs adversaires en les « sautant » en ligne droite. Un pion peut enchaîner plusieurs captures au cours d'un même tour.

Si un joueur omet de réaliser une capture, son adversaire peut, avant de jouer son tour, ôter du jeu le pion fautif. On dit qu'il le « souffle ». Cette règle n'est pas valable si la capture a été négligée au profit d'une autre prise.

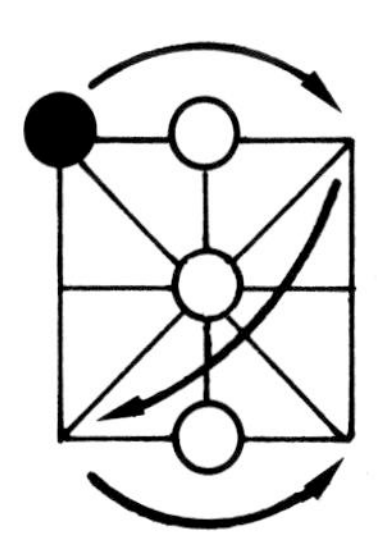

◀ *Diagramme 8 : Exemple d'enchaînement de capture*

Le Mughal Pathan

Ce jeu originaire de l'actuel Bengladesh est né au XVIe siècle.

- ***2 joueurs***
- ***15 mn***

MATÉRIEL

Du papier et un crayon, 16 pions noirs et 16 pions blancs.

BUT DU JEU

Capturer tous les pions de l'adversaire.

RÈGLES

Disposition du jeu

On trace sur le papier un diagramme formé d'un grand carré encadré par deux petits triangles isocèles. Les joueurs se placent de part et d'autre de ce diagramme. Chacun dispose alors ses pions sur les intersections du diagramme situées de son côté. Seule la ligne horizontale centrale reste vide.

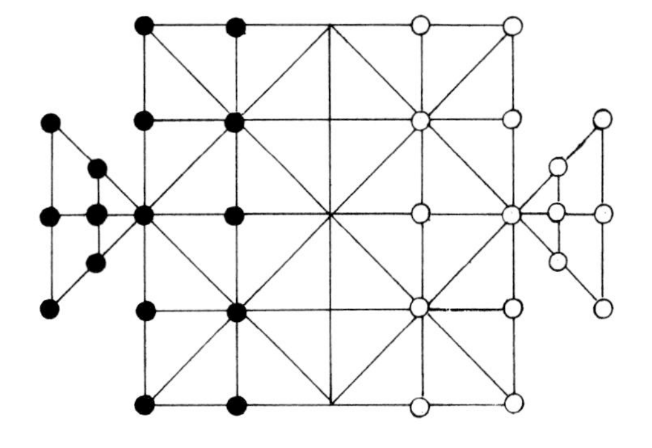

Diagramme 1 : Disposition initiale

Déplacement des pions

Les pions se déplacent d'un segment à la fois, horizontalement, verticalement ou en diagonale, afin de gagner une intersection voisine.

Prise des pions adverses

Comme au jeu de Dames, on prend un pion adverse en le sautant en ligne droite, et en posant son propre pion sur l'intersection suivante, bien entendu libre. Le pion capturé est retiré du jeu. Il est possible d'enchaîner plusieurs captures durant un même tour, en ligne droite ou en changeant à chaque fois de direction.

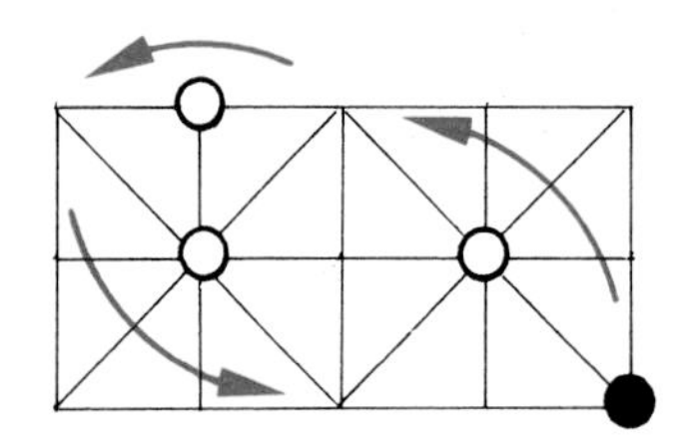

Diagramme 2 : Enchaînement de plusieurs captures au cours d'un même tour

Déroulement de la partie

On tire au sort le joueur qui commence. Tour à tour, les deux partenaires déplacent leurs pions en s'efforçant de prendre les pions adverses. Lorsqu'elle est possible, la capture est obligatoire. Lorsqu'un joueur s'aperçoit d'un oubli de son adversaire, il a le droit de souffler le pion fautif, en le retirant du jeu.

Fin de la partie

Un joueur interrompt et gagne la partie lorsque tous les pions adverses ont été capturés.

Le Ratti-Chitti-Bakri

Cette variante, où les chèvres blanches (les pions blancs) affrontent les chèvres noires (les pions noirs), est pratiquée dans le nord de l'Inde. Le diagramme comprend 81 intersections. Le nombre de pions est plus important : 40 par joueur. Ils matérialisent deux troupeaux de chèvres, s'entre-dévorant selon les règles du Mughal Pathan, jusqu'à disparition complète de l'un des deux troupeaux.

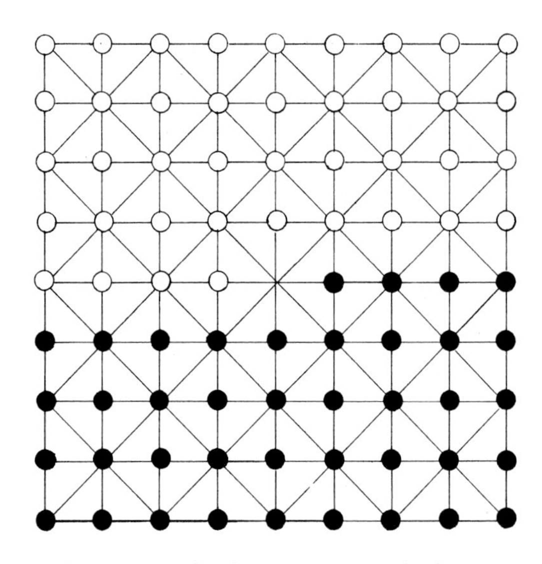

Diagramme 3 : Disposition initiale du jeu

Le Terhüchü

Pratiqué dans la province indienne de l'Assam, le Terhüchü se joue sur un diagramme dérivé de celui du Mughal Pathan. Huit petits triangles isocèles sont greffés par la pointe sur un grand carré central. Chaque joueur dispose de 9 pions, placés en début de partie sur certaines intersections *(diagramme 4)*.

La présence des petits triangles périphériques complique la partie, en dotant le diagramme de réduits où les pions sont difficilement prenables. A la différence du Mughal Pathan, il n'est pas obligatoire de capturer un pion lorsque la possibilité en est offerte.

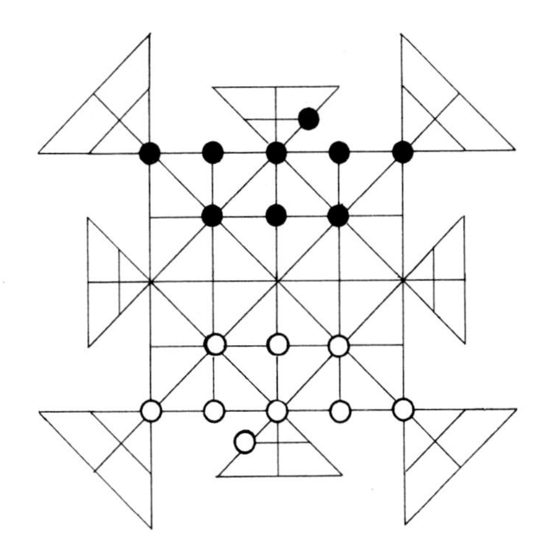

Diagramme 4 : Le Terhüchü, disposition initiale du jeu. Le plateau rappelle celui du Mughal Pathan, en plus complexe

Le Pachisi

Le Pachisi ou jeu des Vingt-Cinq est un jeu traditionnel en Inde depuis plusieurs siècles. On le trouve sous diverses variantes en Asie et en Amérique du Sud. Très souvent comparé au Backgammon, il a aussi de grandes ressemblances avec notre jeu européen des Petits Chevaux.
Le grand empereur moghol de l'Inde, Akbar, au XVIe siècle, avait fait construire, dans chacun de ses palais, des aires de jeu géantes sur lesquelles il pouvait jouer des parties de Pachisi avec ses courtisans. Les pions vivants de ces parties étaient de jeunes esclaves de son harem, habillés de vêtements aux couleurs appropriées.
On peut voir encore ces aires de jeu dans les palais d'Agra, d'Allahabad et de Futteypore.

- *2, 3 ou 4 joueurs*
- *15 mn à 1 h*

MATÉRIEL

Un plateau de jeu en forme de croix, avec un couloir circulaire et quatre branches rejoignant le centre, le Char-koni. (En Inde, le plateau de jeu est en tissu brodé.) 6 Cauris, petits coquillages présentant une face bombée et une face plate fendue, qui servent de dés. Les coquillages étant utilisés selon un système de pile ou face, on peut les remplacer par des pièces de monnaie. Quatre séries de 4 pions de couleurs ou de motifs différents.

BUT DU JEU

Être le premier des joueurs à amener ses pions de la case de départ à la case d'arrivée.

RÈGLES

Disposition du jeu

Les joueurs prennent place aux extrémités de la croix. La case de départ est celle qui se situe devant le joueur, à gauche (*diagramme 1*).

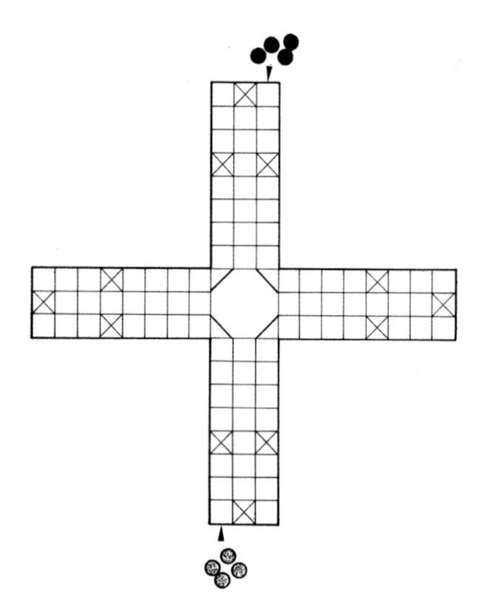

Diagramme 1 :
Position initiale du jeu à deux

Déplacement des pions

Chaque joueur, à son tour, lance ses Cauris, et avance un de ses pions du nombre de points indiqué par le jet.

Les pions progressent dans le sens des aiguilles d'une montre, et font tout le tour du plateau de jeu, selon le parcours indiqué par le *diagramme 2*.

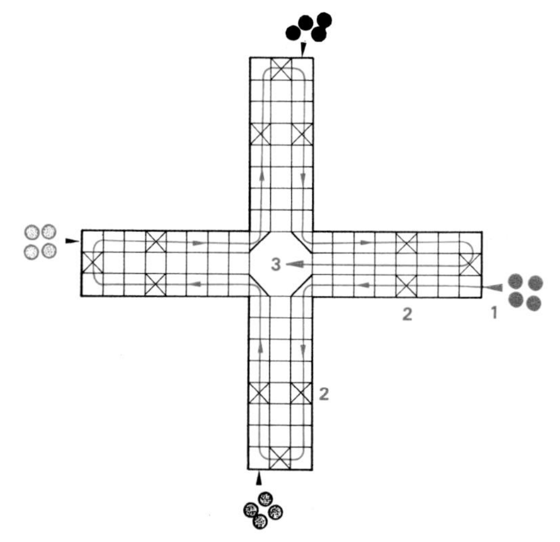

Diagramme 2 :
Progression des pions dans le sens des aiguilles d'une montre
1. Départ
2. Refuges
3. Arrivée : le Char-Koni

2 Cauris fente vers le haut donnent 2 points
3 Cauris fente vers le haut : 3 points
4 Cauris fente vers le haut : 4 points
5 Cauris fente vers le haut : 5 points
6 Cauris fente vers le haut : 6 points
1 Cauris fente vers le haut : 10 points et le droit de relancer les dés
0 Cauris fente vers le haut : 25 points et le droit de relancer les dés

Déroulement de la partie

Au début du jeu, le premier pion de chaque joueur entre sur le tapis avec n'importe quel tirage. Par la suite, pour mettre en jeu les autres pions, ou pour réintégrer un pion qui a été sorti, il faut obtenir 6, 10 ou 25 points.

Un joueur peut avoir 1, 2, 3 ou toutes ses pièces en jeu à n'importe quel moment de la partie.

Prise des pions adverses

Un pion ne peut être pris s'il se trouve sur l'une des 12 cases refuges. En dehors de ces refuges, un pion est pris si un pion adverse vient se poser sur sa case. Dans ce cas, le pion pris est sorti du jeu. Le joueur devra obtenir 6, 10, ou 25 points pour pouvoir faire rentrer ce pion de nouveau dans le jeu. Le joueur qui vient de prendre un pion adverse rejoue.

Une fois qu'un pion a rejoint sa colonne centrale, il ne peut plus être pris.

Doublement des pions

Si le pion d'un joueur vient se poser sur une case où se trouve déjà l'un de ses propres pions, celui-ci pourra s'il le désire constituer un « pion double ». Aux tours suivants, ces deux pions avanceront ensemble.

Un pion double ne peut être pris par un pion simple adverse, mais seulement par une pièce de force égale, c'est-à-dire un pion double adverse.

Fin de la partie

Le but du jeu étant de faire sortir les pions du plateau, il faut, pour cela, une fois qu'un pion a rejoint sa colonne centrale, obtenir un nombre de points correspondant exactement au nombre de cases qui le séparent du centre. Si le tirage est inférieur au nombre de cases restant à parcourir, le joueur peut rapprocher d'autant son pion du centre. S'il est supérieur, il ne peut avancer son pion.

Le gagnant est celui qui a le premier réussi à mener ses 4 pions jusqu'à la case finale. Le jeu peut continuer pour déterminer le classement des autres joueurs.

Le Caupur

Le Caupur est le jeu le plus populaire de la péninsule indienne, toutes ethnies et classes sociales confondues. Son origine est très ancienne.

- ***4 joueurs***
- ***30 mn***

Matériel

Du papier, un crayon, quatre séries de 4 pions de couleurs différentes et trois dés. On doit normalement utiliser les dés traditionnels, ou « pâsas », comportant quatre faces rectangulaires indiquant respectivement les chiffres 1, 2, 5 et 6. En l'absence de ce matériel, on utilisera des dés classiques à six faces.

But du jeu

Amener tous ses pions au centre du jeu après leur avoir fait suivre un trajet sur le pourtour du plateau de jeu, tout en retardant la progression des pions de l'équipe adverse.

Règles

Disposition du jeu. On trace, sur une feuille de papier ou de carton, une figure cruciforme dont chaque branche est divisée en trois rangées de 8 cases chacune.

Dans chaque branche, 3 cases sont marquées d'une croix. Chaque joueur s'assied devant une branche de la croix. Sur la rangée centrale, appelée « Ghar », il dispose 2 pions. Ses autres pions sont placés sur la branche de son voisin de droite.

Le carré central se nomme le « Char-koni ». C'est la destination finale de tous les pions.

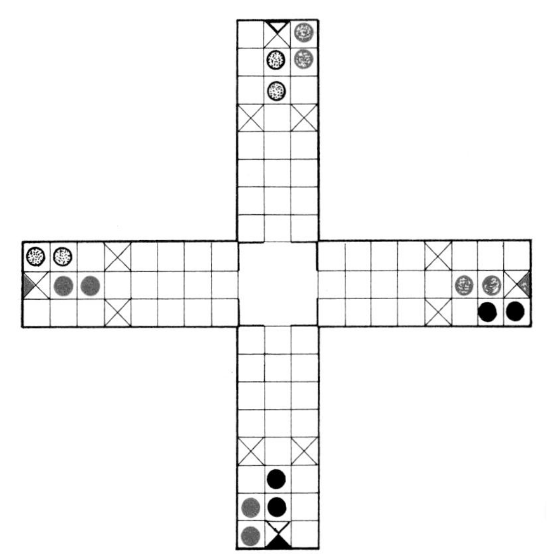

Diagramme 1 : Disposition initiale. La rangée centrale de chaque branche, ou Ghar, est la « maison » des pions du joueur correspondant

Déplacement des pions. Les pions se déplacent en empruntant les cases du pourtour de la croix, dans le sens des aiguilles d'une montre.

Lorsque vient son tour, le joueur lance les dés. Un point correspond à un déplacement d'une case. On peut additionner les points de deux ou trois dés pour faire avancer un seul pion, ou affecter chaque dé à la progression d'un pion.

Exemple : le lancer donne 2 - 5 - 6. Il est possible de faire avancer un seul pion de 2 + 5 + 6= 13 cases. On peut également faire avancer un pion de 2 + 5 = 7 cases, et un deuxième pion de 6 cases. Si l'on veut faire avancer trois pions, ils progresseront respectivement de 2, 5 et 6 cases.

Destruction des pions adverses. On « tue » un pion adverse en s'arrêtant sur la case où il se trouve. Le dépasser ne l'affecte aucunement. Le pion tué doit recommencer son parcours en partant du Char-koni. Il rejoindra le pourtour de la croix en descendant son Ghar.

Les cases marquées d'une croix sont des refuges. Les pions qui s'y trouvent sont invulnérables. Les pions ennemis devront rester derrière tant qu'ils ne disposeront pas du nombre de points suffisant pour les dépasser.

Déroulement de la partie. La partie se joue par équipes de deux, associant les joueurs se faisant face. Le premier joueur est tiré au sort. Chacun lance les dés à son tour, dans le sens des aiguilles d'une montre. Les pions commencent leur périple autour de la croix.

Les 2 pions basés dans le Ghar doivent s'en extraire et rejoindre le pourtour du terrain. Les 4 pions effectuent un tour complet, puis rentrent dans leur Ghar et se dirigent vers le Char-koni, où ils ne peuvent pénétrer qu'avec le nombre exact de points correspondant au nombre de cases restant à franchir.

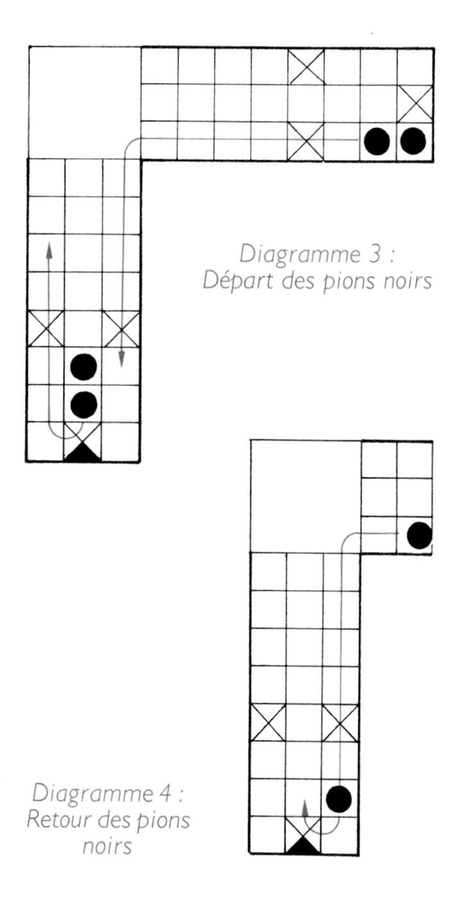

Diagramme 3 : Départ des pions noirs

Diagramme 4 : Retour des pions noirs

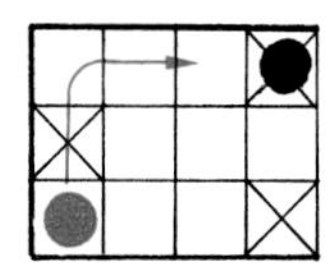

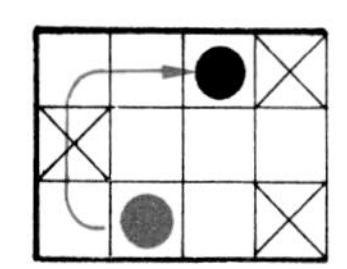

Diagramme 2 :

Le pion rouge dispose de 5 points. Il atterrit dans la case du pion noir, qu'il tue et renvoie dans le Char-Koni

Le pion rouge dispose de 15 points. Le noir étant invulnérable dans sa case refuge, le blanc est bloqué sur la case précédente

Un joueur peut grouper 2 ou 3 de ses pions sur une seule case. Ces pions peuvent alors avancer conjointement en utilisant le nombre de points normalement affecté à un seul pion.

Exemple : un joueur lance les dés et obtient 1 - 2 - 6. Deux de ses pions se trouvent sur la même case. Il peut les faire avancer ensemble de 1 + 2 + 6= 9 cases, sans toucher à ses autres pions. Il peut également avancer les 2 pions de 2 + 1 = 3 cases, et affecter 6 points à un autre pion.

Des pions groupés sur une même case sont invulnérables, sauf s'ils sont attaqués par un groupe de pions ennemis équivalent ou supérieur en nombre.

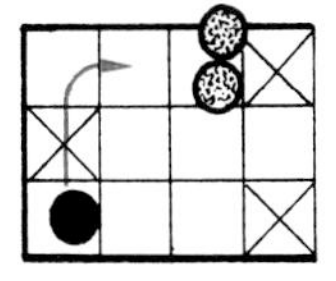

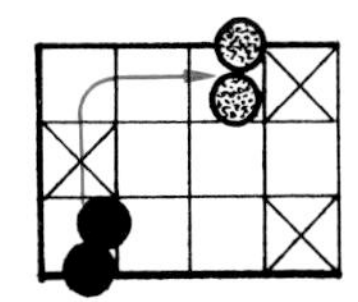

Diagramme 5 :

Les noirs disposent de 4 points : seul, le pion noir est obligé de s'arrêter derrière les gris

Les noirs disposent du même nombre de points : égaux en nombre, les noirs capturent leurs adversaires

Lorsque les pions achevant leur tour de terrain se trouvent dans leur Ghar, on les place légèrement à cheval sur le côté droit de leur case, afin de les différencier des pions tués ressortant du Char-koni, qui avancent en sens inverse.

Fin de la partie. Lorsqu'un joueur a mené tous ses pions au but avant son partenaire, il continue de lancer les dés à chaque tour afin d'accélérer la progression des pions amis. La première équipe dont tous les pions sont parvenus à destination est déclarée gagnante, et la partie s'interrompt.

Le Palada Keliya

Le Palada Keliya, ou jeu de la course, est très voisin du Caupur. Toutefois, la difficulté du parcours est augmentée par une contrainte supplémentaire.

Matériel

Un terrain de Caupur, un jeu de pions, deux dés à quatre faces indiquant respectivement 1, 3, 4 et 6 points. Le cas échéant, on les remplacera par des dés ordinaires à six faces.

But du jeu

Identique à celui du Caupur.

Règles

Ici, les 4 pions de chaque joueur sont regroupés, en début de jeu, sur la branche de la croix lui correspondant.

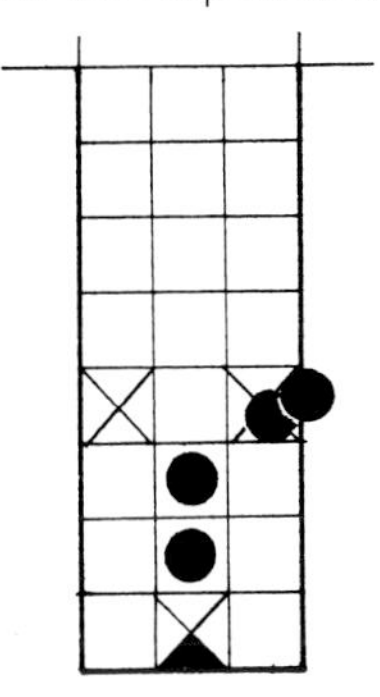

Diagramme 6, le Palada Keliya : le camp noir en position de départ

Les règles de déplacement et de mise à mort sont identiques à celles du Caupur. Toutefois, la fin du parcours des pions diffère notablement. L'un des joueurs de chaque équipe doit amener ses 4 pions sur la case précédant la case de son Ghar marquée d'une croix *(a)*. Là, il attend que son partenaire amène deux de ses pions à l'autre extrémité de cette rangée d'attente *(b)*.

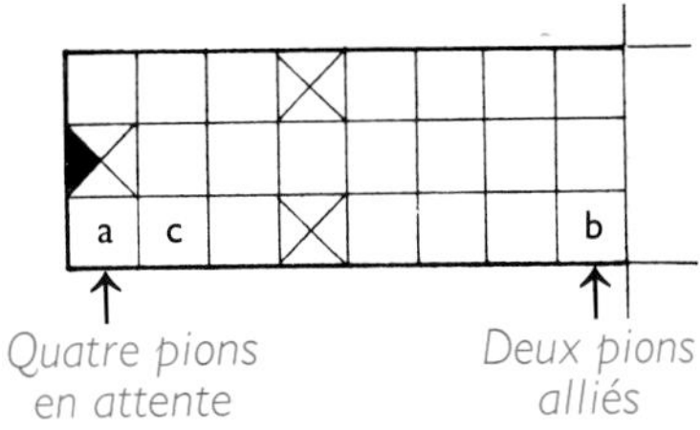

Quatre pions en attente — *Deux pions alliés*

Diagramme 7 : La fin du parcours

Ces pions avancent alors ensemble, d'une case à la fois, en tirant d'abord un double 1, puis un double 2, etc. Lorsque, après le double 6, ils s'arrêtent derrière les pions alliés *(c)*, ces derniers peuvent enfin entrer dans leur Ghar. Dès qu'ils ont tous atteint le Char-koni, l'équipe remporte la partie. Bien entendu, cette règle allonge considérablement la durée de la partie, d'autant plus que les adversaires vont tenter de tuer les pions alliés enfin de les empêcher d'aider leurs partenaires à entrer dans le Ghar.

Le Pancha Keliya

C'est un jeu originaire du sud de la péninsule indienne, appartenant à la famille du Caupur. Aujourd'hui, il est pratiqué au Sri Lanka. Pancha Keliya signifie « le jeu des cinq ». Le jeu doit ce nom aux cinq cases du parcours marquées d'une croix, qui servent de refuge aux pions.

- *2 joueurs*
- *15 mn*

MATÉRIEL

Du papier, un crayon, 3 pions blancs et 3 pions noirs, 6 coquillages, les Cauris, fendus dans le sens longitudinal sur l'une de leurs faces.

BUT DU JEU

Amener avant l'adversaire ses 3 pions au bout du parcours.

RÈGLES

Disposition du jeu

On trace sur le papier un diagramme sinueux formant un parcours de 25 cases (24 + la case d'arrivée), auquel les pions de chaque camp accèdent par une piste de 4 cases qui leur est propre.

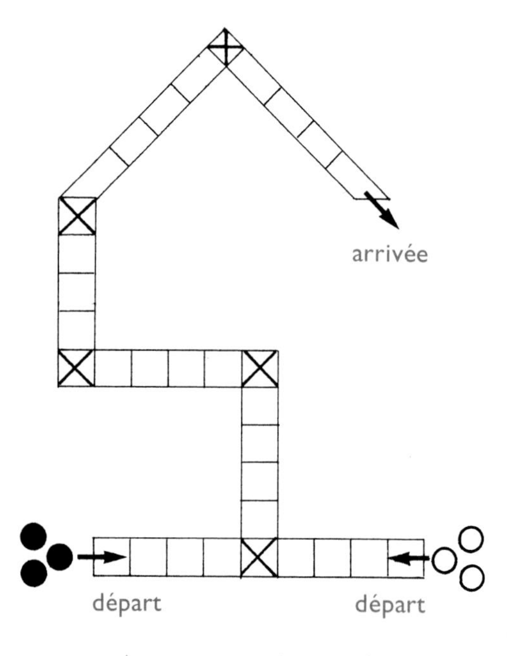

Le parcours et le sens de déplacement des pions

Déplacement des pions

Le joueur, lorsque vient son tour, lance les Cauris. Chaque coquillage dont la face fendue est visible lui donne 1 point. Ce point permet d'avancer d'une case vers l'arrivée. Les points obtenus sont affectés, à chaque tour, à la progression d'un seul pion.

Prise des pions adverses

Lorsqu'un pion s'arrête sur une case déjà occupée par un pion ennemi, il « coupe » ce dernier, c'est-à-dire qu'il le sort du jeu.

Le pion coupé devra revenir à son point de départ, et ne pourra rentrer en jeu qu'avec un lancer de 1, 5, ou 6 points. Lorsqu'un pion est situé sur une case marquée d'une croix, il est imprenable. Les pions adverses resteront bloqués derrière lui tant qu'ils n'obtiendront pas le nombre de points suffisant pour le dépasser.

Déroulement de la partie

Les joueurs tirent au sort celui qui commence. Tour à tour, ils font progresser l'un de leurs pions en essayant de « couper » les pions adverses. Plusieurs pions de la même couleur peuvent se regrouper sur une case refuge. Un pion ne peut atteindre l'arrivée qu'avec le nombre exact de points correspondant au nombre de cases restant à franchir. Lorsque le nombre de points est trop élevé, le pion reste sur place.

Fin de la partie

Lorsqu'un joueur a réussi à rassembler ses 3 pions sur la case d'arrivée, il gagne et interrompt la partie.

La Pettie

Ce jeu était très populaire dans la Rome antique.

- ***2 joueurs***
- ***10 mn***

MATÉRIEL

Du papier et un crayon, 5 pions noirs et 5 pions blancs.

BUT DU JEU

Manœuvrer ses pions sur un diagramme de forme carrée, afin de capturer les pions adverses.

RÈGLES

Disposition du jeu

On trace sur une feuille de papier un échiquier carré de 4 cases de côté, dont les cases centrales sont laissées en blanc. Les deux séries de pions sont alignées symétriquement sur les intersections de deux côtés opposés du carré.

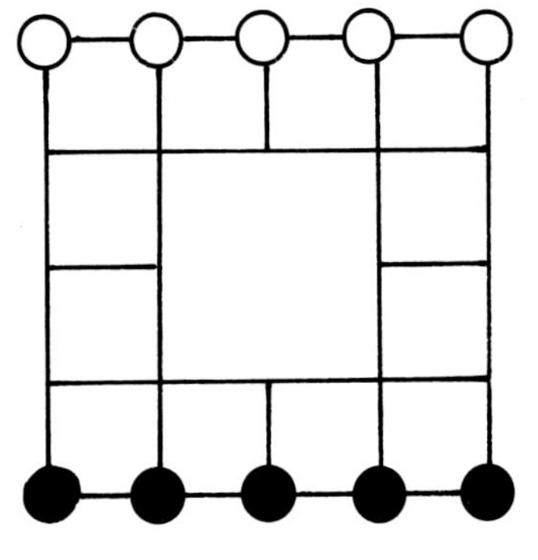

Diagramme 1 : Disposition du jeu

Déplacement des pions

Les pions franchissent un segment à la fois, et ne peuvent se poser que sur une intersection voisine libre. Il leur est interdit de reculer vers leur ligne de départ, sauf pour échapper à une prise de l'adversaire.

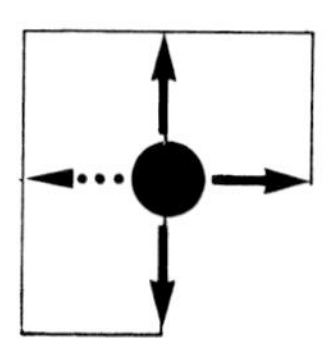

Diagramme 2 : Déplacements possibles d'un pion

Prise des pions adverses

Un pion est pris lorsque les intersections voisines de celle qu'il occupe sont toutes bloquées par des pions adverses. Selon la position du pion capturé dans le diagramme, 2, 3 ou 4 pions sont nécessaires.

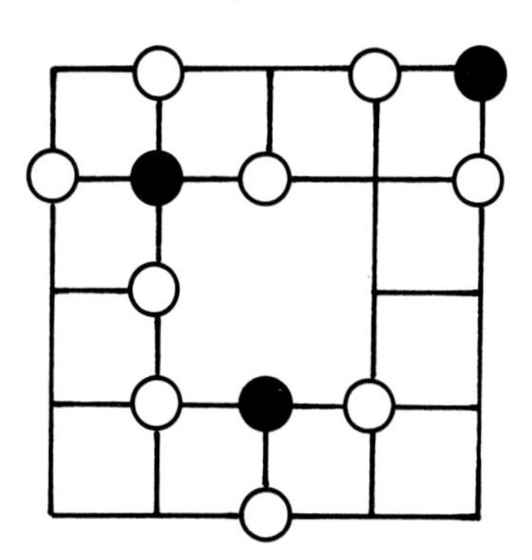

◄ Diagramme 3 : Trois exemples de prise d'un pion noir par les pions blancs

Un pion capturé est automatiquement retiré du jeu.

Déroulement de la partie

Les Blancs commencent. Leur attribution sera donc tirée au sort. Tour à tour, les joueurs manœuvrent leurs pions de manière à capturer le plus de pions adverses possible. Lorsqu'un joueur parvient à prendre plusieurs pions adverses en déplaçant un seul pion, il a le droit de rejouer.

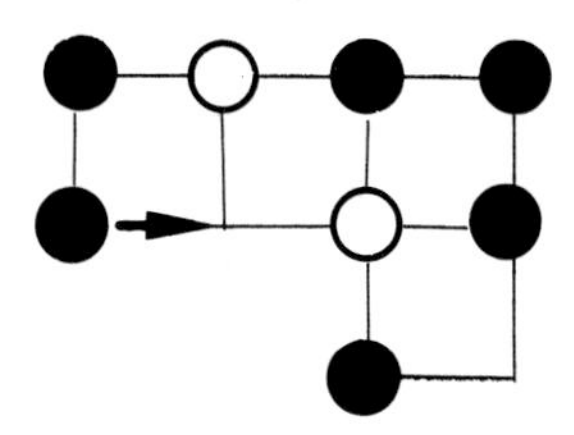

Diagramme 4 : Prise simultanée de deux pions blancs

Fin de la partie

La partie s'interrompt dès qu'un joueur gagne en capturant le dernier pion adverse en jeu.

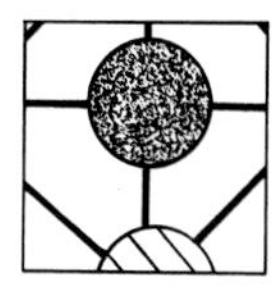

Le Solitaire

Le Solitaire est aux Dames ce que les réussites sont aux cartes, chaque partie visant à résoudre un problème particulier. La popularité du jeu actuel, dont les caractéristiques furent définies à la Renaissance, n'a cessé de fluctuer, atteignant son apogée au XVIIIe siècle.

- *1 joueur*
- *durée variable*

MATÉRIEL

Un jeu de Solitaire, plateau de forme octogonale percé de 37 trous, et 36 boules destinées à garnir ces trous.

BUT DU JEU

Éliminer une par une les boules du plateau, jusqu'à ce qu'il n'en reste plus qu'une.

RÈGLES

Disposition du jeu

Au commencement de la partie, tous les trous du plateau sont garnis, sauf un. En général, ce trou vide est situé sur le pourtour du plateau.

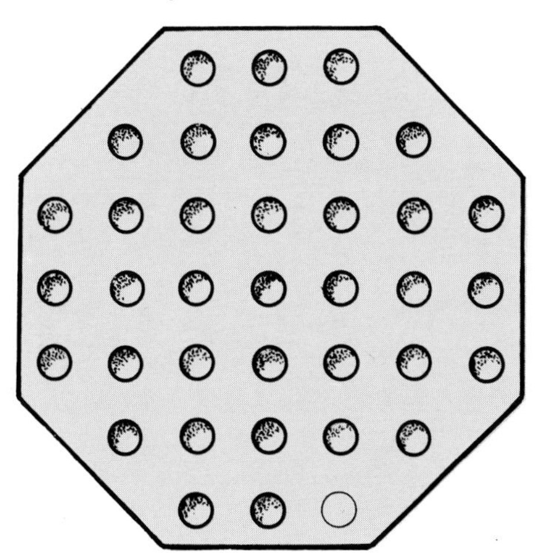

Diagramme 1 : Le jeu en début de partie

Déplacement et prise des boules

Une boule se déplace en sautant horizontalement ou verticalement la boule qui la sépare d'un trou vide. La boule sautée est retirée du plateau, libérant ainsi un nouveau trou.

Diagramme 2 : Prise d'une boule

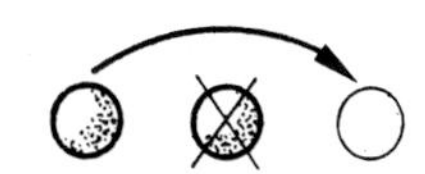

Déroulement de la partie

Le joueur déplace ses boules une à une, en prenant garde à éliminer les boules méthodiquement, secteur par secteur, afin de n'en laisser aucune isolée. En effet, celles-ci seraient alors impossibles à éliminer, et la partie serait perdue.

Fin de la partie

Dès qu'il ne reste plus qu'une boule en jeu, la partie est gagnée.

VARIANTES

● Variantes basées sur une particularité de la disposition initiale du plateau :

La Croix

Le plateau est garni de 9 boules formant une croix. En fin de partie, il ne devra rester que la bille centrale.

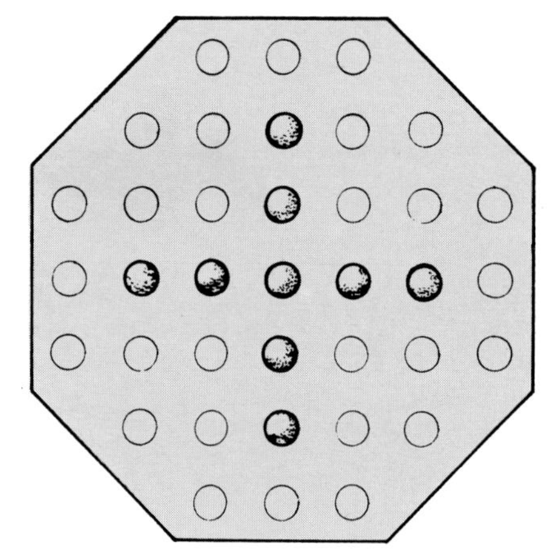

La Croix : Disposition initiale

L'Octogone

En début de partie, les 8 trous situés aux angles du plateau sont vides. En fin de partie, seul le trou central doit être occupé.

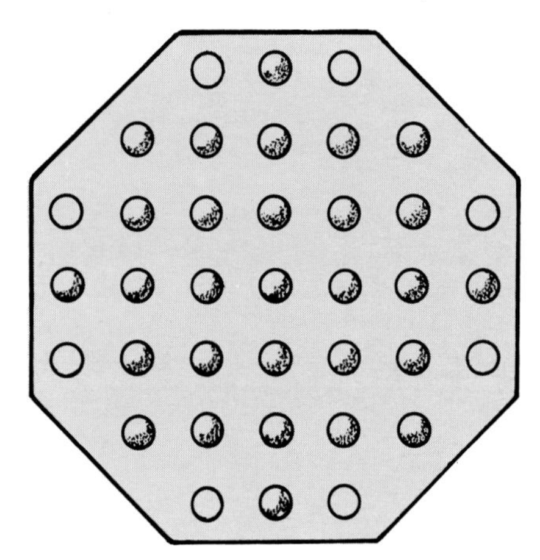

L'Octogone : Disposition initiale

● Variantes demandant au joueur de ne laisser sur le plateau que des boules dessinant une figure déterminée.

Le Triolet

En début de partie, seul le trou central est vide. Pour gagner, le joueur doit laisser sur le plateau les boules dessinant une croix de Malte.

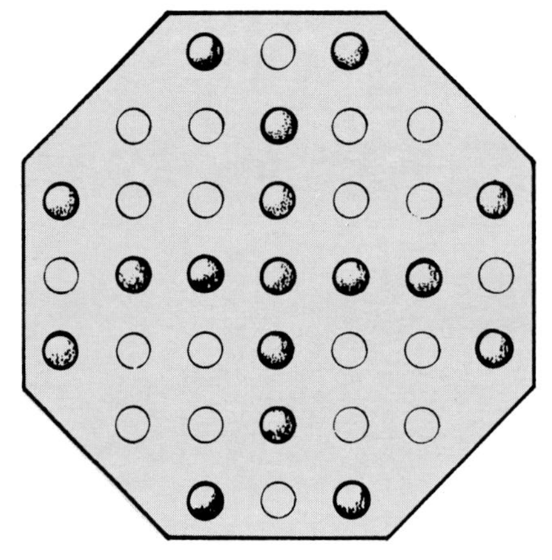

Le Triolet : Une partie gagnée

Le Lecteur et ses auditeurs

En début de partie, seul le trou central est vide. Pour gagner, il faut que les boules restantes occupent le pourtour et le centre du plateau.

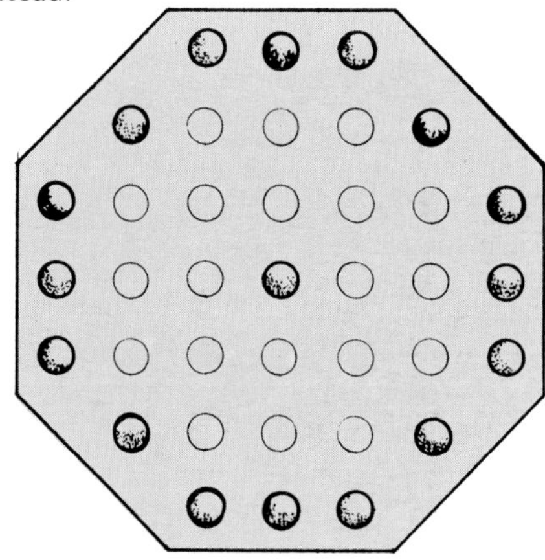

Le Lecteur et ses Auditeurs : Une partie gagnée

Le Corsaire

Pour gagner la partie, il faut éliminer toutes les boules sauf une, et cette dernière doit être située sur un trou diamétralement opposé au trou vide en début de partie.

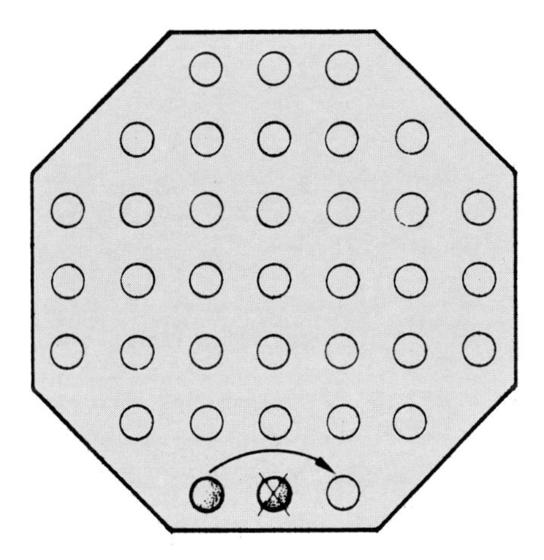

Fin d'une partie de Corsaire

Le Solitaire anglais

Le jeu est identique, mais le plateau comporte 4 trous de moins, ce qui simplifie l'action.

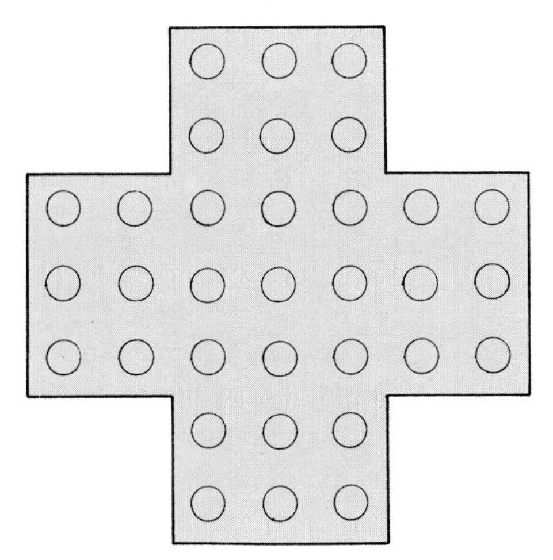

Plateau de Solitaire anglais

Le Lam-turki

Le Lam-turki est un jeu indien, originaire du Bengale, dont le principe est identique à celui du Solitaire. Neuf pions sont répartis sur un diagramme en forme d'étoile à cinq branches, comportant 10 intersections. Au début de la partie, le sommet de l'une des branches est vide. La partie est gagnée lorsqu'il ne reste plus qu'un pion en jeu. Pour éliminer les pions, il faut les sauter en ligne droite, en posant le pion preneur sur la case suivante, obligatoirement vide *(diagramme 1)*. Les pions sont éliminés les uns après les autres. S'il reste plusieurs pions en jeu, mais qu'aucune capture ne soit plus possible, la partie est perdue *(diagramme 2)*.

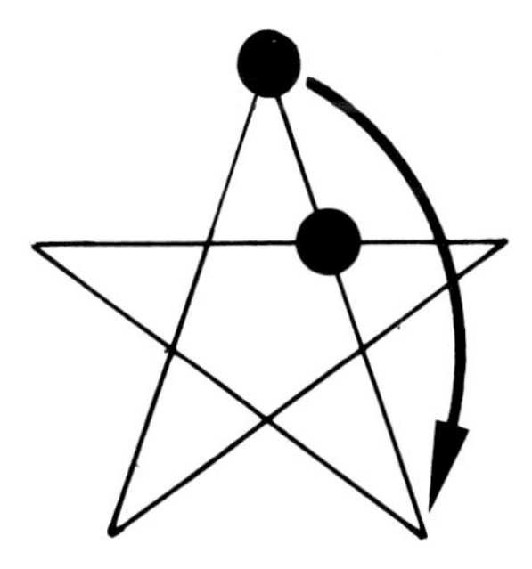

Diagramme 1 : Le joueur saute l'avant-dernier pion et gagne la partie

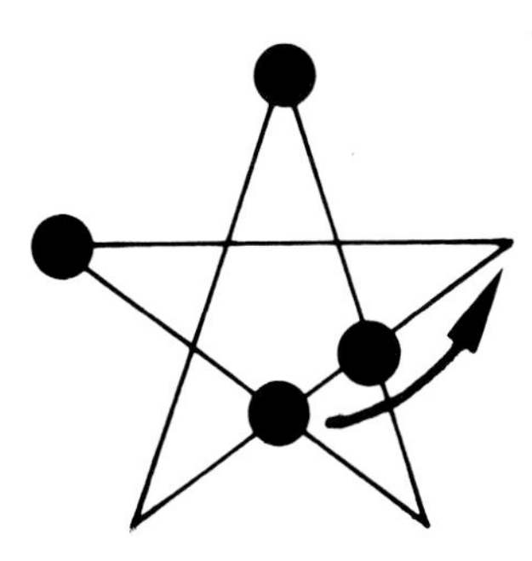

Diagramme 2 : Après avoir sauté ce pion, le joueur se retrouve bloqué, et perd la partie

Le Tablut

Ce vieux jeu scandinave a survécu jusqu'à nos jours en Laponie. Il met symboliquement en scène Russes et Suédois, évoquant les guerres qui opposèrent ces deux puissances au XVIIIe siècle, pour la suprématie sur la Baltique.

MATÉRIEL

Un échiquier, ou un carton quadrillé de 9 cases de côté, dont la case centrale (le « Konakis ») est encadrée d'un trait plus épais. 8 pions blancs – les guerriers suédois –, un Roi blanc emprunté à un jeu d'Échecs – le roi de Suède – et 16 pions noirs – les guerriers moscovites.

BUT DU JEU

Pour les Moscovites, s'emparer de la personne du Roi. Pour les Suédois, aider le Roi, en le protégeant, à atteindre une case de la périphérie du diagramme.

RÈGLES

Disposition du jeu

Les rôles respectifs sont tirés au sort. Les joueurs disposent alors leurs pièces sur le plateau. Les Suédois sont encerclés par les Moscovites.

Déplacement des pièces

Les joueurs déplacent leurs pièces horizontalement ou verticalement, d'un nombre de cases de leur choix. Les distances de déplacement ne sont limitées que par les cases occupées, infranchissables. La case centrale est franchissable, mais seul le Roi a le droit de s'y arrêter.

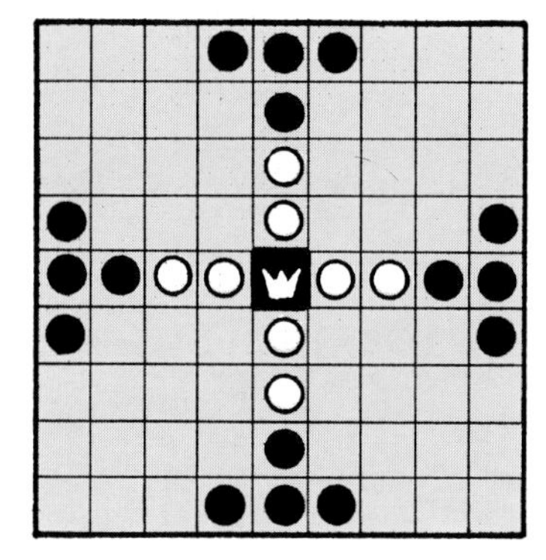

Disposition initiale

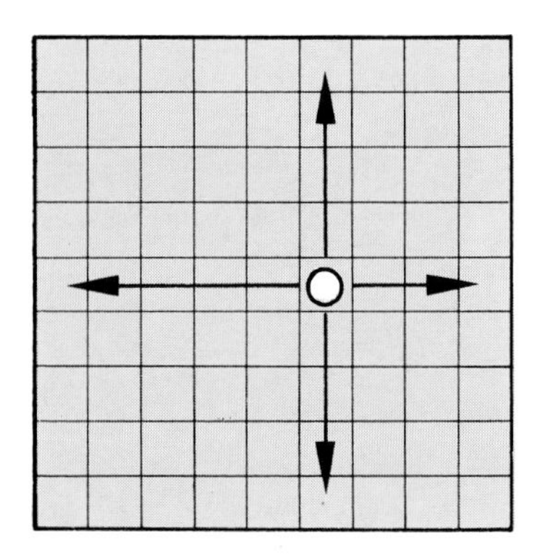

Déplacement d'un pion

Prise des pions adverses

Un pion est pris lorsque deux pions adverses parviennent à l'encadrer, sur une même ligne. La pièce prise est automatiquement sortie du jeu. En revanche, un pion peut se glisser entre deux pièces ennemies sans courir le moindre danger.

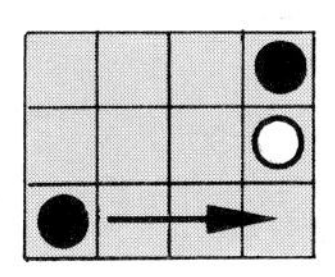

Prise d'un pion blanc

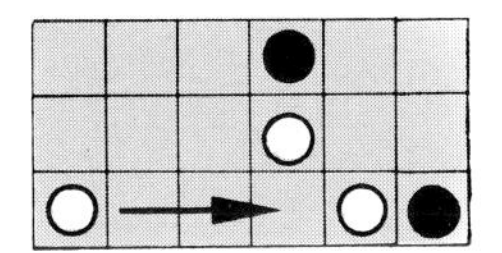

Il est possible de prendre plusieurs pions adverses à la suite

Prise du Roi

Pour être pris, le Roi doit être encadré par quatre pions ennemis, ou être acculé au Konakis par trois pions ennemis.

Déroulement de la partie

Les Suédois jouent les premiers. Les joueurs déplacent une pièce à la fois, chacun à leur tour. Les pions « moscovites » essaient d'interdire au Roi tout accès au périmètre de l'échiquier, de le capturer, et de capturer les pions adverses. Les pions « suédois » protègent leur Roi, et essaient de capturer les pions ennemis afin de lui ménager un accès vers la périphérie. Lorsque c'est chose faite, le joueur annonce « Raichi », afin de prévenir son adversaire du danger. Le Roi peut participer à la prise d'un pion ennemi.

Fin de la partie

La partie s'interrompt au bénéfice des Suédois lorsqu'ils ont réussi à libérer pour leur Roi deux voies possibles vers le bord du terrain, situation imparable par l'adversaire. Les Moscovites l'emportent dès qu'ils ont réussi à capturer le Roi.

VARIANTE

Le Hnefatafl

Quoique d'origine médiévale, le Hnefatafl a adopté la terminologie du Tablut. On y retrouve l'armée moscovite aux prises avec le roi de Suède et ses troupes. Les pions sont plus nombreux : 1 roi blanc et ses 24 soldats suédois, et 48 pions moscovites de couleur noire. Le terrain est un grand carré quadrillé. On remarquera que les pièces sont placées sur les intersections au lieu d'occuper les cases délimitées par le quadrillage. Cela ne change en rien les règles de déplacement et de capture. Les objectifs respectifs sont identiques.

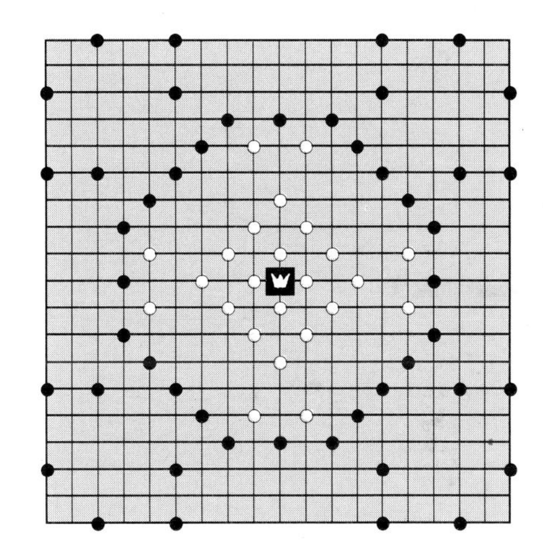

Le terrain en début de partie

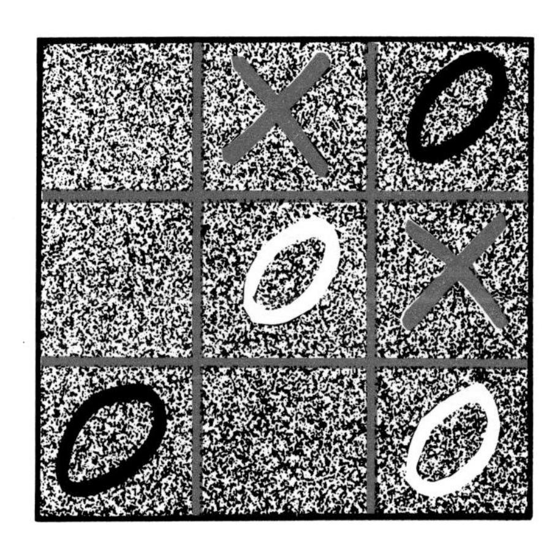

Jeux sur Papier, jeux d'Allumettes

Depuis les grands classiques, Bataille navale et Morpion, jusqu'aux Cadavres exquis des surréalistes, les jeux sur Papier peuvent séduire un public des plus vastes. Leur simplicité n'est souvent qu'apparente, et la richesse inventive des ludologues a donné naissance à des trouvailles qui vous surprendront. La Bataille navale ou les Morpions sont devenus des classiques des salles de classe, mais sont ici présentés avec des variantes qui en font des jeux plus complets et plus complexes.

Avec un matériel extrêmement réduit, les jeux d'Allumettes offrent eux aussi de nombreuses possibilités ludiques. Popularisé par le film L'Année dernière à Marienbad, *le jeu de Nim est un jeu de logique, alors que celui des Jonchets – également connu sous le nom de Mikado – est un jeu d'adresse.*

La Bataille navale

Le Cadavre exquis

Le Jeu du Dictionnaire

La Lettre d'amour

Le Morpion

Les Mots condensés

Le Nim

Le Pendu

Le Petit Bac

Les Jonchets

Le Tangram

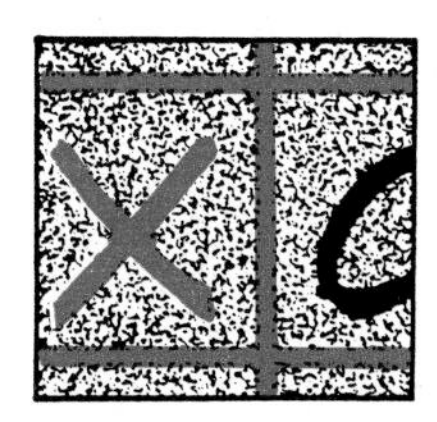

La Bataille navale

Le grand classique des jeux sur papier quadrillé, qui a agrémenté les heures d'étude de générations entières de potaches...

- *2 joueurs*
- *20 à 30 mn*

MATÉRIEL

Deux feuilles de papier quadrillé et deux crayons.

BUT DU JEU

Repérer, bombarder et anéantir la flotte de l'adversaire jusqu'à son dernier vaisseau.

RÈGLES

Préparation de la partie

Chaque joueur dessine sur sa feuille deux grilles identiques formant un carré de 10 cases de côté, identifiables à l'horizontale par des lettres, à la verticale par des chiffres *(diagramme 1)*.

La première grille est destinée à la mise en place de sa propre flotte, la seconde sert à noter les bombardements que l'on fait subir aux bâtiments ennemis.

Le joueur doit toujours tenir sa feuille hors de vue de son adversaire.

Une flotte se compose de 10 vaisseaux :
– 1 porte-avions représenté par 4 cases ;
– 2 cuirassés représentés chacun par 4 cases ;
– 3 croiseurs représentés chacun par 2 cases ;
– 4 sous-marins représentés chacun par 1 case.

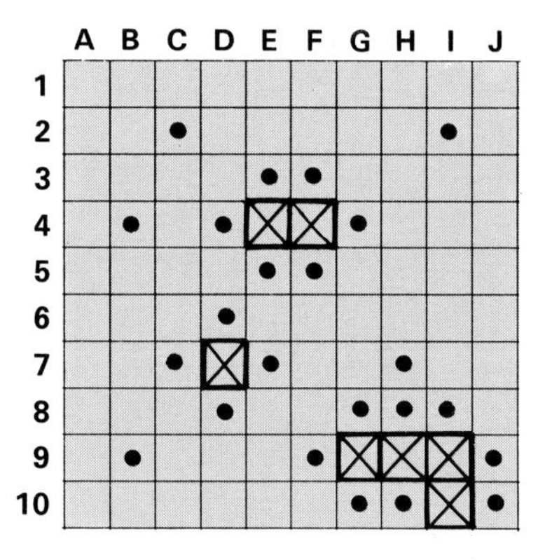

Diagramme 1

Chaque joueur dispose sa flotte sur sa grille, en laissant au moins une case libre entre ses vaisseaux. Les vaisseaux ne peuvent toucher les bords du carré que sur une surface d'une case. Les quatre coins sont donc interdits. Les vaisseaux ne peuvent être courbés et doivent être placés en ligne droite, horizontalement ou verticalement.

Une fois choisi, l'emplacement des vaisseaux est définitif.

Déroulement de la partie

Le combat commence. Le premier joueur tire une salve de trois coups et annonce les références des cases qu'il a décidé de bombarder, par exemple « C4 - D6 - H9 ».

Son adversaire répond :

– « Manqué » si les cases sont vides ;
– « En vue » si une de ces cases est mitoyenne d'un de ses vaisseaux ;
– « Touché » si le tir a atteint un de ses navires ;
– « Coulé » s'il a atteint un sous-marin ou, par la suite, si le tir touche la dernière case d'un de ses vaisseaux touché par un tir précédent.

Le joueur qui vient de bombarder note aussitôt le résultat de son attaque en cochant les cases annoncées sur sa deuxième grille *(diagramme 2)*.

C'est ensuite à l'adversaire d'annoncer les cases qu'il vise.

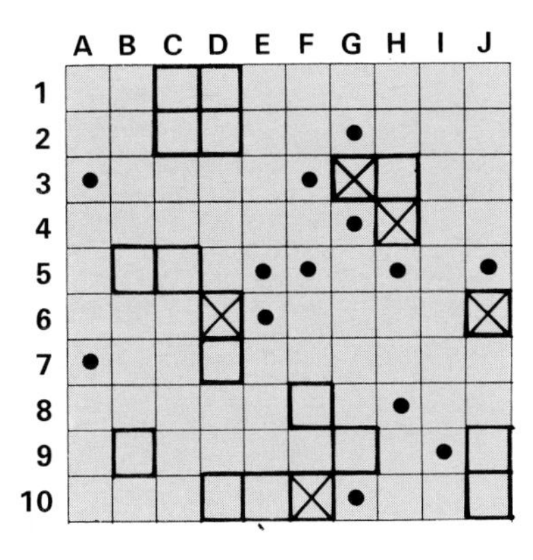

Diagramme 2

Fin de la partie

La victoire appartient à celui qui, le premier, aura réussi à couler tous les vaisseaux de la flotte ennemie.

STRATÉGIE

Deux vaisseaux ne pouvant se toucher, les cases qui entourent un bâtiment que l'on vient de localiser et de détruire sont nécessairement vides. En les cochant, on voit progressivement apparaître les zones où se situent les vaisseaux ennemis, et on évitera surtout de gâcher un tir en annonçant une case inutilisable.

VARIANTE

La Bataille navale en mouvement

Cette variante se joue également à deux et repose sur les mêmes principes que la Bataille navale classique. Avec, cependant, une différence de taille : les vaisseaux peuvent se déplacer.

Règles

Préparation de la partie. Chaque joueur dessine un seul carré de 10 cases de côté, identique à ceux utilisés pour la Bataille navale classique. D'autre part, il prépare un tableau comprenant trois colonnes, où seront notés les mouvements et les tirs de ses vaisseaux, et qu'il intitule : Cuirassé - Croiseur - Sous-marin, puis un tableau équivalent où il notera les mouvements et les tirs de l'adversaire.

La flotte ne se compose plus que de 3 vaisseaux :

– 1 cuirassé représenté par 1 case CUI ;
– 1 croiseur représenté par 1 case CR ;
– 1 sous-marin représenté par 1 case SM.

Chaque joueur dispose sa flotte sur sa grille. Les vaisseaux peuvent se toucher, toucher les bords ou même occuper les coins.

Déplacement des vaisseaux. Les vaisseaux se déplacent horizontalement et verticalement, en ligne droite ou en effectuant un virage à 90°.

– le cuirassé avance de 1 case par tour ;
– le croiseur avance de 2 cases par tour ;
– le sous-marin avance de 3 cases par tour.

Les déplacements de la flotte doivent être annoncés à haute voix, en utilisant les points cardinaux *(diagramme 3)*, par exemple : « Croiseur Sud-Sud » ou « Cuirassé Nord-Ouest-Nord ».

Le tir. Les vaisseaux ne peuvent tirer n'importe où, comme à la Bataille navale classique. Le tir doit partir d'un vaisseau précis, et sa portée varie selon la classe du vaisseau :

– le cuirassé a une portée de 3 cases ;
– le croiseur a une portée de 2 cases ;
– le sous-marin a une portée de 1 case.

Les tirs peuvent être dirigés vers la verticale ou l'horizontale, mais non en diagonale *(diagramme 4)*. On ne peut tirer qu'une fois par tour, en annonçant, comme dans le jeu classique, les références en lettres et en chiffres de la case visée (par exemple A5).

– Un cuirassé doit être touché 3 fois pour couler ;
– un croiseur doit être touché 2 fois pour couler ;
– un sous-marin coule dès qu'il est touché.

Un vaisseau touché peut encore tirer, mais ne peut plus se déplacer.

Déroulement de la partie. Tour à tour, les joueurs effectuent trois opérations :

– ils déplacent l'un de leurs vaisseaux en annonçant son mouvement ;
– ils effectuent un tir à partir de ce vaisseau en donnant la référence de la case visée ;
– ils notent sur leur tableau ce mouvement et ce tir.

Le joueur adverse annonce le résultat du tir en identifiant éventuellement le vaisseau touché (par exemple : « Cuirassé touché » ou « Sous-marin coulé ») ou en signalant « Un coup dans l'eau » si le tir n'a rien atteint. Il ne reste plus qu'à terminer le tour de jeu en notant ces indications de l'adversaire sur son second tableau.

Fin de la partie. Le jeu se termine quand l'une des deux flottes est anéantie.

Stratégie

Il est essentiel de conserver un relevé précis des mouvements de l'adversaire et de ses tirs. Le joueur adverse annonce en effet quel bâtiment se déplace et tire, ce qui permet de délimiter, en fonction de sa classe et donc de sa portée, le nombre de cases depuis lesquelles le bâtiment a pu tirer. Au prochain déplacement de ce vaisseau, on pourra tenter d'échafauder des hypothèses qui se confirmeront peu à peu, tout au long de la partie *(diagramme 5)*.

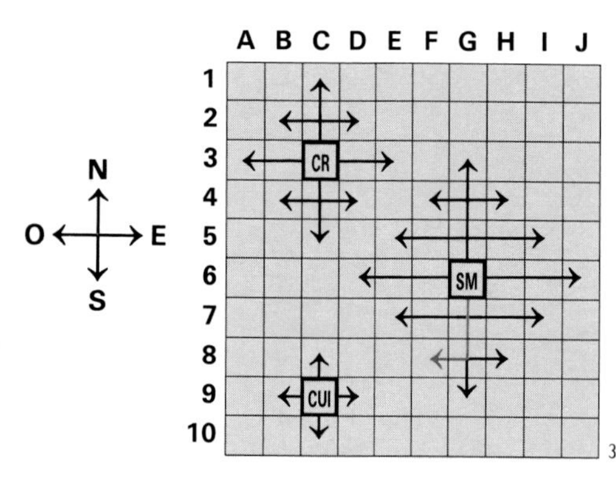

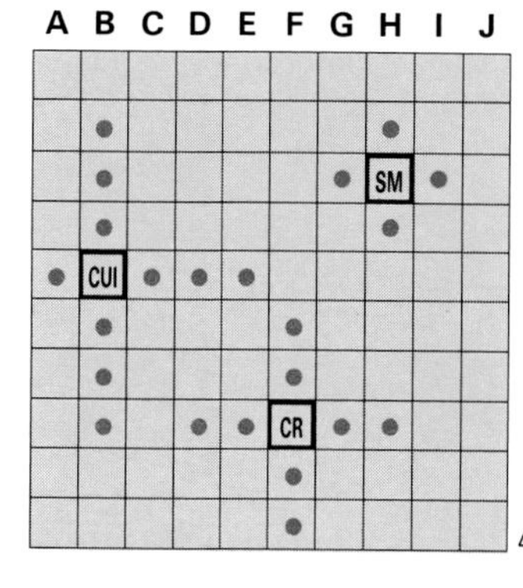

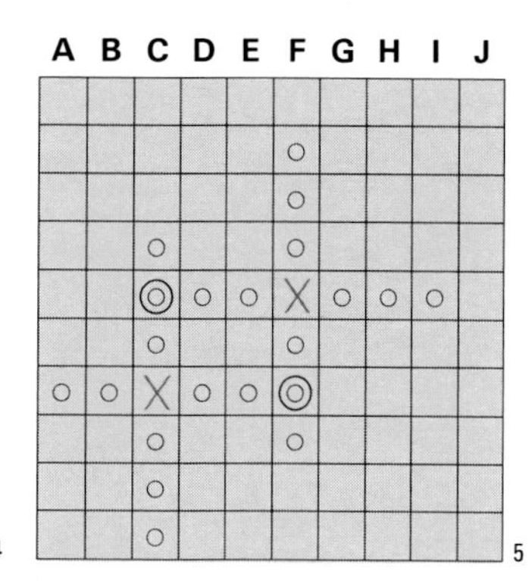

3. Déplacements des vaisseaux (ex. : Sous-Marin Sud-Sud-Ouest)
4. Portée des tirs
5. Recherche d'un Cuirassé ennemi : 1er déplacement adverse : Cuirassé Sud ; 1er tir adverse : C7 ; 2e déplacement adverse : Cuirassé Est ; 2e tir adverse : F5.
Emplacements possibles : ○
Emplacements probables après le 2e tir : ◎

Le Cadavre exquis

Les surréalistes qui rejetaient l'écriture traditionnelle, qualifiée par eux de bourgeoise et rétrograde, inventèrent ce jeu à l'époque où ils se livraient à des recherches sur l'inconscient au moyen de l'écriture automatique.
Le nom de « cadavre exquis » vient de la première phrase qu'ils trouvèrent en s'amusant à ce petit jeu : « Le cadavre exquis boira le vin nouveau. »

- ***5 joueurs***
- ***1 mn par tour***

MATÉRIEL

Papier et crayons.

BUT DU JEU

Composer une phrase à plusieurs.

RÈGLES

Chaque joueur écrit un substantif sur sa feuille, qu'il replie et passe à son voisin de droite. Sur la deuxième feuille qu'il reçoit, il note un adjectif, sur la troisième un verbe transitif, sur la quatrième un complément direct et sur la cinquième un adjectif.

Les feuilles de papier sont déroulées et les phrases lues à haute voix, en rétablissant si nécessaire les accords grammaticaux.

De nombreux petits jeux de société ont été créés à partir du principe des Cadavres exquis :

Les Petits Papiers

Les joueurs écrivent tour à tour sur les papiers qui circulent une histoire qui se décompose de la façon suivante :
– *Le* ... (adjectif qualificatif masculin),
– ... (nom propre masculin au choix),
– *et la* ... (adjectif qualificatif féminin),
– ... (nom propre féminin au choix),
– *se sont rencontrés à* ... (lieu),
– *ils se sont* ... (indiquer une action entre ces deux personnages),
– *il lui a dit* ... (donner une courte phrase),
– *elle lui a répondu* ... (donner une courte phrase),
– *moralité* ... (citer une maxime ou un proverbe).

Questions et Réponses

Plus rapide, ce jeu se limite à deux joueurs. Chacun écrit une question sur son papier, le passe à son partenaire et rédige la réponse à sa question. Maurice Nadeau a cité, dans son *Histoire du surréalisme*, quelques phrases ainsi obtenues, dont celle-ci : « Qu'est-ce que le suicide ? Plusieurs sonneries assourdissantes. »

On peut jouer de la même façon avec des questions commençant par *si* (réponse au conditionnel) ou *quand* (réponse au futur).

L'Histoire

Chaque joueur commence à rédiger une histoire de quelques lignes et plie son papier en ne laissant apparaître que la dernière ligne, puis le passe à son voisin et poursuit sa propre histoire sur le papier qu'on lui a passé.

Les Bonshommes

De la même façon, chaque joueur dessine successivement la tête, le torse, le ventre, les jambes et les pieds d'un personnage ou d'un animal. A chaque étape, on plie le papier de façon à ne présenter à son voisin que les derniers traits de la portion dessinée. Avant de déplier les papiers et de découvrir les œuvres sans aucun doute surprenantes qu'ils recèlent, on effectue un dernier tour pour baptiser les bonshommes ainsi créés.

Le Jeu du Dictionnaire

- ***2 joueurs et plus***
- ***5 mn par tour***

MATÉRIEL

Une feuille de papier par joueur, des crayons, un dictionnaire.

BUT DU JEU

Découvrir, parmi d'autres, la vraie définition d'un mot du dictionnaire. Donner la définition la plus proche de ce mot.

RÈGLES

Déroulement de la partie

Le meneur de jeu choisit un mot difficile ou, au contraire, très courant dans le dictionnaire et l'annonce aux joueurs.

Chacun d'eux note sur une feuille, où il aura inscrit son nom, la définition du mot telle qu'il la conçoit.

Le meneur de jeu ramasse les feuilles, les numérote et les mélange en y ajoutant sa propre feuille qui porte la bonne définition. Il lit ensuite à haute voix toutes les définitions en précisant leur numéro. Les joueurs donnent alors le numéro de la définition qu'ils estiment exacte.

Décompte des points

A chaque tour, le meneur de jeu attribue 1 point à ceux qui ont trouvé la bonne définition. Si personne ne l'a découverte, il marque lui-même 1 point. Il attribue enfin 1 point aux joueurs dont la définition a été choisie par d'autres.

Fin de la partie

Au bout d'un nombre de tours équivalant à celui des joueurs, celui qui a totalisé le plus grand nombre de points a gagné.

La Lettre d'amour

Cet amusant jeu de réflexion et de logique est basé sur le principe du Master Mind.

MATÉRIEL

Papier et crayons.

BUT DU JEU

Découvrir un mot caché, lettre par lettre, et par déductions successives.

RÈGLES

Déroulement de la partie

Chacun des joueurs choisit un mot d'un même nombre de lettres. Ce mot doit être un nom au singulier, un verbe à l'infinitif ou un adjectif non accordé. La difficulté augmente naturellement avec la longueur des mots.

Le jeu consiste à déchiffrer le mot de l'adversaire en lui proposant un mot d'égale longueur, au hasard. Celui-ci doit indiquer combien de lettres sont identiques et placées au même endroit (à gauche), et combien sont bonnes mais pas forcément à la bonne place (à droite).

On inscrit les renseignements donnés par l'adversaire à côté du mot que l'on a proposé, ainsi que les tentatives de l'adversaire pour trouver son propre mot. Par déduction et éliminations successives, on parvient à découvrir le mot.

Fin de la partie

Le premier qui découvre le mot de l'adversaire est, bien sûr, le gagnant, mais la partie peut se poursuivre jusqu'à ce que le perdant trouve lui aussi son mot.

Exemple : Feuille du joueur A pour un mot de 5 letttres. Mot choisi par le joueur A : SAPIN. Mot choisi par le joueur B : LIANE.

	JOUEUR A			JOUEUR B	
	S A P I N			. . . . .	
1	t a b l e	1	1	t a b l e	3
2	r a d i s	3	0	r a d i s	2
3	m a r i n	3	1	m ê l é e	2
4	s a t i n	4	1	s a l i e	4
4	s a l i n	4	2	l i é é s	3
	s a p i n		2	l i l a s	3

On peut jouer à la Lettre d'amour à plusieurs : un meneur de jeu choisit le mot et répond aux propositions des joueurs, qui peuvent jouer en groupe ou isolément. Dans ce dernier cas, celui qui trouve le mot le premier devient meneur de jeu.

Le Morpion

Également appelé Jeu des 5 croix et des 5 ronds, ce jeu rapide et amusant est, lui aussi, un grand classique des salles de classe.

- ***2 joueurs***
- ***5 à 10 mn***

MATÉRIEL

Papier quadrillé et deux crayons.

BUT DU JEU

Réaliser un alignement de 5 cercles ou de 5 croix, malgré les obstacles posés par l'adversaire.

RÈGLES

Préparation de la partie

Délimiter une surface carrée sur une feuille quadrillée. Chaque joueur choisit un symbole : cercle ou croix.

Déroulement de la partie

Les joueurs dessinent tour à tour leur symbole sur une intersection libre de la feuille, dans le but de réaliser un alignement, ou d'empêcher l'adversaire d'y parvenir.

Quand un joueur a réussi à aligner 5 symboles, à la verticale, à l'horizontale ou en diagonale, il les joint d'un trait continu *(diagramme 1)*. Il a alors gagné un tour, ce qui lui donne le droit de jouer à nouveau.

Deux alignements d'un même joueur ne peuvent avoir plus d'un symbole en commun.

Fin de la partie

La partie peut se terminer de deux façons : soit lorsque la feuille est entièrement recouverte de symboles, soit que l'on ait décidé de la jouer dans un temps limité.

Le vainqueur est celui qui aura réalisé le plus grand nombre d'alignements.

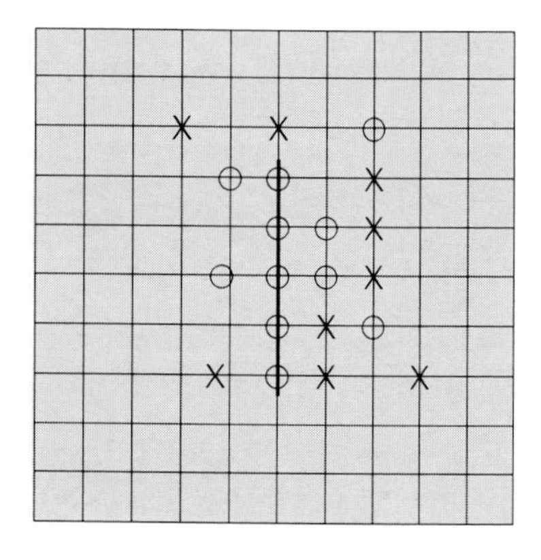

Diagramme 1

VARIANTE

Le Morpion solitaire

Cette variante consiste, elle aussi, à réaliser le plus grand nombre possible d'alignements de 5 croix.

On dessine, sur une feuille de papier quadrillé, une croix grecque composée de 35 croix *(diagramme 2)*. En traçant une seule croix, on doit pouvoir réaliser un alignement de 5 croix. L'alignement doit être barré, mais les croix qui le composent peuvent être utilisées pour un nouvel alignement.

La partie s'arrête lorsque le joueur ne peut plus réaliser d'alignement en ne traçant qu'une croix.

Signalons que le record à battre est de 170 alignements successifs, réalisés en 1975 par M. Bruneau.

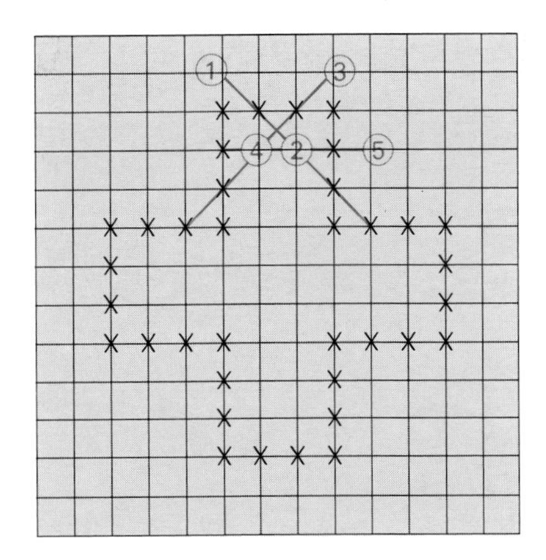

Diagramme 2 :
Les cinq premiers coups d'une partie en solitaire

Les Mots condensés

- ***2 joueurs***
- ***5 à 10 mn***

MATÉRIEL

Papier et crayons.

BUT DU JEU

Obtenir un maximum de mots différents en retranchant successivement une lettre à un mot de base.

RÈGLES

Déroulement de la partie

Les joueurs conviennent à l'avance de la durée de la partie. Le joueur A choisit un mot de base dont il faudra supprimer une lettre pour obtenir un mot nouveau. De ce mot nouveau, les joueurs retrancheront une lettre de façon à former un autre mot, et ainsi de suite. Quand ils auront épuisé toutes les possibilités, le joueur B choisit à son tour un mot de base.

L'ordre des lettres du mot de base doit toujours être respecté : il n'est pas possible de former de mots nouveaux en ordonnant différemment les lettres restantes. C'est un excellent exercice de réflexion, pour lequel il n'est pas interdit de s'entraîner à l'aide d'un dictionnaire.

Chaque mot nouveau composé à partir d'un mot de base compte 1 point. Le vainqueur est celui qui comptabilise le plus grand nombre de points.

Exemple :
- *Charme* : carme, arme, âme, me .... 4 points
- *Braises* : braies, raies, rais, ras, as, a .... 6 points
- *Traire* : taire, aire, ire, ré .... 4 points

Le Nim

- *2 joueurs*
- *1 à 2 mn*

MATÉRIEL

16 allumettes.

BUT DU JEU

Éviter de prendre la dernière allumette.

RÈGLES

Déroulement de la partie

Disposer les allumettes en quatre rangées formant une pyramide de 7, 5, 3, 1 allumettes *(voir diagramme).*

A tour de rôle, les joueurs enlèvent autant d'allumettes qu'ils le désirent, à condition qu'elles se trouvent dans la même rangée.

Fin de la partie

Le joueur qui doit prendre la dernière allumette a perdu. C'est lui qui commencera la partie suivante.

STRATÉGIE

Malgré son apparente simplicité, le Nim est un jeu de logique mathématique qui permet de développer quelques tactiques infaillibles. L'une d'elles consiste à laisser sur la table trois rangées comptant respectivement 1, 2 et 3 allumettes. On constatera aisément que, dans ce cas, l'adversaire perd obligatoirement.

Disposition initiale ▸

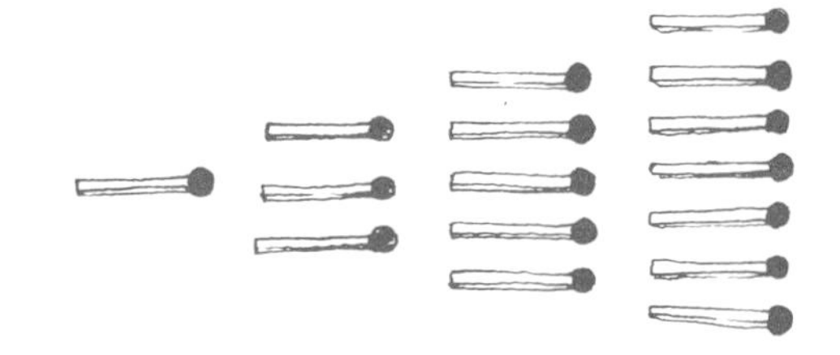

Le Pendu

- *2 joueurs*
- *1 à 2 mn*

MATÉRIEL

Deux feuilles de papier et deux crayons.

BUT DU JEU

Reconstituer un mot ou une phrase courte dont on ne connaît, au départ, que la première et la dernière lettre.

RÈGLES

Déroulement de la partie

Le meneur de jeu (tiré au sort) pense à un mot ou à une phrase courte dont il inscrit la première et la dernière lettre, toutes les autres étant remplacées par des points. S'il s'agit d'une phrase, la coupure entre les mots est marquée par un tiret.

Le chercheur propose une lettre au meneur. S'il tombe juste, celui-ci l'inscrit à sa place autant de fois qu'elle figure dans le mot. Si elle n'y est pas, il dessine le premier trait de la potence.

Cette potence étant représentée par 10 traits, le chercheur dispose de neuf tentatives avant d'être pendu.

Fin de la partie

Le chercheur a gagné s'il trouve le mot avant que le meneur de jeu ait terminé son dessin. Il marque alors 1 point et devient meneur de jeu. S'il est « pendu », il devra à nouveau chercher un mot proposé par l'adversaire.

STRATÉGIE

Certaines lettres (e, a, i, n, r, s, t, u) revenant plus fréquemment que d'autres dans la langue française, le chercheur a intérêt à les proposer en premier.

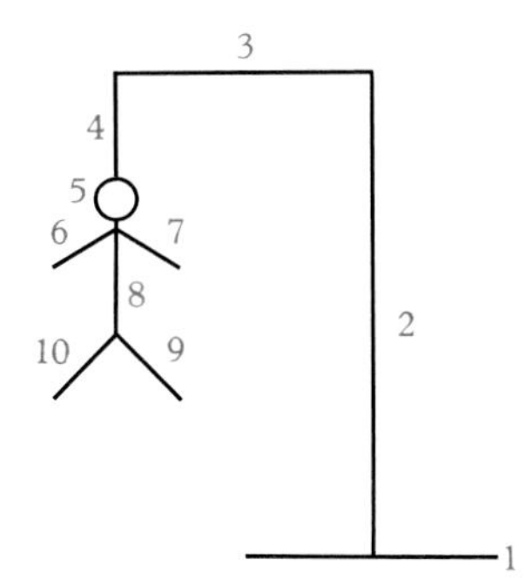

Exemple : T . . – . . . – . . . . – . . . – . . . . – . . . . . . E
Tel est pris qui croyait prendre

Placement des « E » :

T E . – E . . – . . . . – . . . – . . . . – . . E . . . E

Le Petit Bac

- ***4 joueurs et plus***
- ***2 à 5 mn***

MATÉRIEL

Une feuille de papier par joueur, des crayons.

BUT DU JEU

Trouver en cinq minutes le maximum de mots entrant dans cinq catégories distinctes et commençant par une lettre précise.

RÈGLES

Préparation de la partie

Chaque joueur prépare sur sa feuille un tableau comportant 5 colonnes verticales. En tête de chaque colonne, il inscrit les catégories choisies pour la partie : Personnages célèbres - Villes - Pays - Animaux - Végétaux - Sportifs - Prénoms, etc.

Déroulement de la partie

Une lettre est choisie au hasard par l'un des joueurs puis, dans un espace de temps défini à l'avance, chacun essaie d'inscrire sur sa feuille le maximum de mots commençant par cette lettre et se rapportant aux rubriques choisies en tête de chaque colonne.

Fin de la partie

Le jeu s'arrête au bout du temps imparti (pas plus de cinq minutes). Chaque joueur lit à voix haute les mots qu'il a inscrits sous chaque rubrique. Celui qui en a trouvé le plus commence. A l'énoncé d'un mot figurant sur leur propre liste, les autres joueurs le rayent, tout mot trouvé par plusieurs joueurs étant annulé.

Décompte des points

Chaque mot trouvé par un seul joueur lui donne 1 point. Tout mot erroné fait perdre 2 points.

Le joueur qui a accumulé le plus grand nombre de points a gagné.

VARIANTES

- La lettre choisie doit apparaître en deuxième position dans les mots.
- Le jeu s'arrête dès qu'un joueur a trouvé 5 mots dans chaque colonne.
- Petit Bac « éclair » : le jeu cesse dès qu'un joueur a trouvé un mot par rubrique.

Les Jonchets

Ce jeu, mentionné par Rabelais et Montaigne, qui l'orthographiaient « jonchées » ou « jonchez », est pratiqué en France depuis le Moyen Age. Il a récemment été remis au goût du jour sous le nom de Mikado.

- ***2 joueurs et plus***
- ***10 à 20 mn***

MATÉRIEL

40 allumettes, six feutres de couleurs différentes.

BUT DU JEU

Retirer le maximum d'allumettes, une à une, sans faire bouger les autres.

RÈGLES

Préparation de la partie

Marquer au feutre 10 allumettes pour identifier :

– le Roi : 5 larges rayures rouges. Valeur : 20 points ;
– la Reine : 3 larges rayures rouges. Valeur : 15 points ;
– les Cavaliers (deux) : plusieurs fines rayures noires. Valeur : 8 points ;
– les Valets (quatre) : 2 rayures bleues en biais. Valeur : 3 points ;
– le Fou : 3 rayures jaunes. Valeur : 2 points ;
– le Drapeau : mélange de couleurs. Valeur : 5 points.

Les 30 autres allumettes non marquées représentent les Soldats, qui valent chacun 1 point.

Valeur de l'ensemble des jonchets : 100 points.

Déroulement de la partie

Un joueur mélange les 40 jonchets et les jette pêle-mêle sur la table.

Chaque joueur, tour à tour, va essayer de retirer un à un le plus possible de jonchets sans déranger les autres. Il cède sa place dès qu'il a fait bouger, même légèrement, un jonchet.

Inutile de dire que c'est un jeu qui fait autant appel au sens de l'observation, qu'à l'adresse et à la patience !

Fin de la partie

Quand il ne reste plus aucun jonchet sur la table, les joueurs additionnent les points de ceux qu'ils ont ramassés. Celui qui totalise le plus grand nombre de points a gagné.

Le Tangram

Connu en Chine dès le XIXe siècle, le Tangram ne tarda pas à se répandre dans les pays occidentaux. Sam Loyd, Américain inventeur de jeux mathématiques et de casse-tête, s'amusa à lui inventer des origines vieilles de 4 000 ans... Une version mystificatrice qui circule encore dans les préfaces de nombreux ouvrages !

- *1 joueur*
- *Durée du jeu : variable*

MATÉRIEL

7 petits morceaux de carton ou de bois découpés selon les formes précises de notre illustration.

BUT DU JEU

A l'aide de ces 7 pièces, il faut :
– former la figure de base : le carré,
– reproduire une figure dont on a seulement le contour, en utilisant les 7 pièces de base. Il existe plus de 1 500 figures recensées...,
– inventer suivant son imagination d'autres figures possibles.

Ce jeu, qui se rapproche du casse-tête, n'a pas de fin !

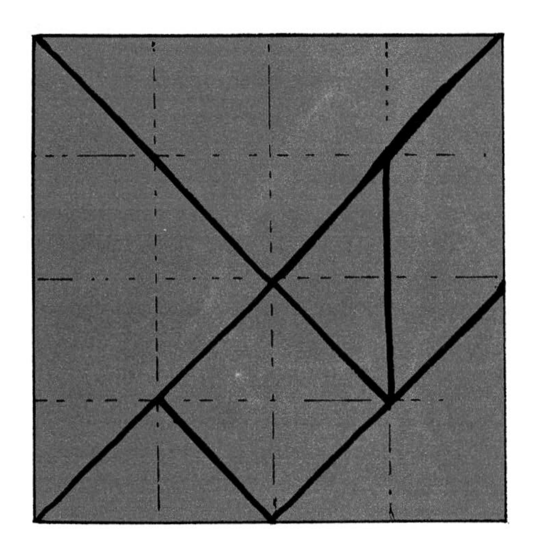

Réalisation du carré (ci-dessus) et formation de quelques figures... parmi les 1 500 répertoriées

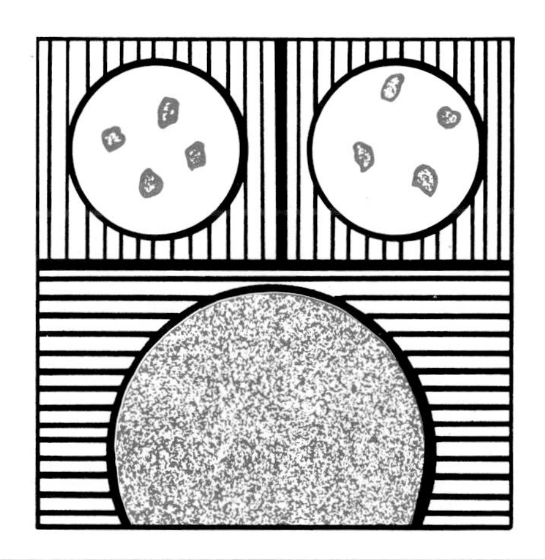

Les Awélés

L'Égypte des pharaons et l'Inde du IVe siècle avant notre ère avaient en commun un jeu, dont l'apparente simplicité recelait de réelles richesses, qui l'ont fait parvenir jusqu'à nous sous diverses formes. L'ensemble du continent africain joue depuis des centaines d'années aux Awélés, nommés « Mancala » en Afrique du Nord, « Wari » ou « Ayo » dans diverses régions d'Afrique noire.

Le principe en est toujours le même : deux rangées de sept trous, creusés dans le sable avec le poing ou sculptés dans les bois les plus précieux, dans lesquels on sème des graines ou des pierres pour une course-poursuite stratégique.

Transmis aux Antilles et aux Amériques par des esclaves noirs sous le nom d'« Adji », les Awélés restent cependant des jeux typiquement africains. Un nombre presque infini de variantes se sont développées d'une région à l'autre, parfois même d'un village à l'autre, mais nous n'avons retenu dans cet ouvrage que les plus originales d'entre elles.

Le Pallankuli, d'origine tamoule, est lui aussi un Awélé, présentant cependant de nombreuses différences avec les jeux africains.

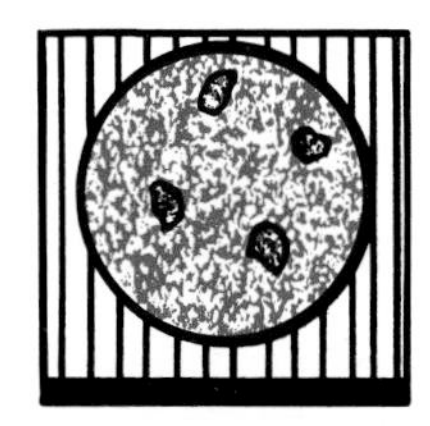

L'Awélé

Appartenant à la même famille que le Pallankuli tamoul, l'Awélé est le jeu africain par excellence. Son rayonnement a largement dépassé le cadre de l'Afrique noire, puisqu'on le pratique aujourd'hui au Moyen-Orient, aux Caraïbes et en divers points de l'océan Indien.

MATÉRIEL

Un plateau de bois, simple ou décoré, garni de deux rangées parallèles de six trous, et de deux trous plus importants aux extrémités, 48 petites graines. En l'absence du matériel traditionnel, on peut tracer deux rangées de cercles sur une feuille de papier, et se servir de jetons.

BUT DU JEU

Prendre à l'adversaire le plus de graines possible, grâce à un système de « semis » des graines prélevées dans les cases de son propre camp.

RÈGLES

Disposition du jeu

Les partenaires se placent de part et d'autre du plateau, chacun faisant face à une rangée de trous, et déposent 4 graines dans chaque trou de leur rangée.

Déplacement des graines

Tour à tour, chaque joueur s'empare des graines contenues dans l'une de ses cases et les sème une par une et de gauche à droite dans les trous suivants. Lorsque le joueur parvient ainsi à la dernière case de sa rangée, il continue de droite à gauche dans le camp de son adversaire. Il y a donc,

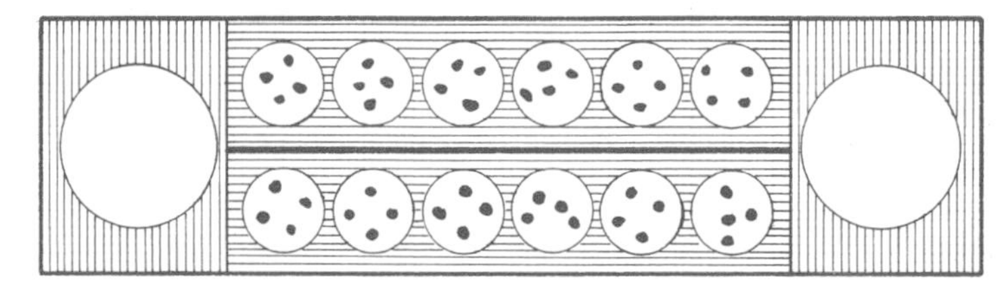

Diagramme 1 : Disposition de départ

entre le point de départ et le point d'arrivée, autant de cases que le trou de départ contenait de graines.

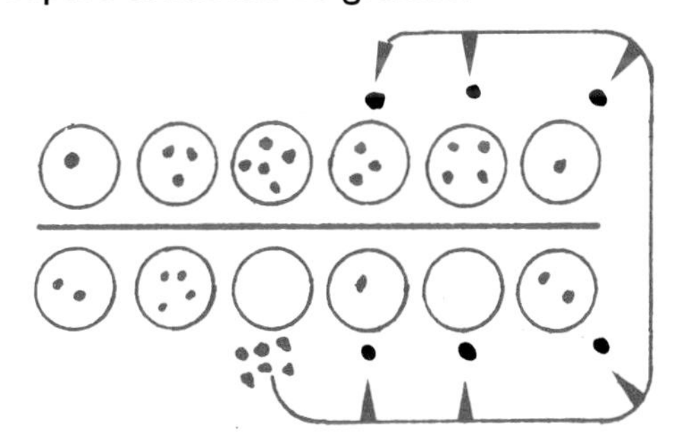

Diagramme 2 : Déplacement des graines

Prise des graines adverses

Lorsqu'un joueur pose sa dernière graine dans un trou de la rangée adverse et que cette case d'arrivée se trouve dès lors garnie de 2 ou 3 graines, il s'empare de son contenu, qu'il verse dans sa propre réserve (le grand trou creusé à sa gauche, à l'extrémité du plateau). Il peut également vider l'une après l'autre les cases contiguës, avant ou après la case d'arrivée, si elles contiennent 2 ou 3 graines. Les prises se succèdent de case en case, dans les deux sens, tant que le joueur rencontre des cases « prenables ». Il n'est pas question de déplacement, mais de prise du contenu des cases voisines garnies de 2 ou 3 graines, des deux côtés de la case d'arrivée.

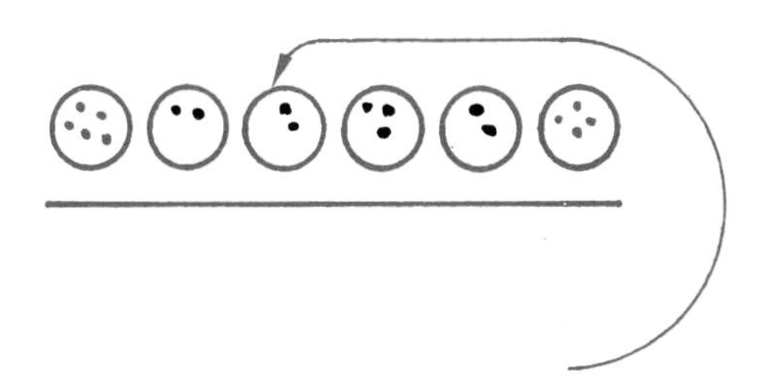

Diagramme 3 : Capture des graines de plusieurs cases consécutives

Déroulement de la partie

Le premier joueur est tiré au sort. Il effectue son « semis » comme nous l'avons indiqué et, le cas échéant, procède aux prises possibles, avant de laisser jouer son adversaire. Lorsqu'il procède à des prises, un joueur doit toujours s'arrêter avant de vider le dernier trou garni adverse. Cette règle assure à l'adversaire la possibilité de continuer la partie. Si un joueur, pour effectuer un semis, a vidé le dernier trou garni de sa propre rangée (ce qui se produit lorsque ce dernier trou est situé au bout de la rangée), il lui est normalement impossible de rejouer au tour suivant. Afin d'éviter cela, son adversaire doit faire en sorte que l'un de ses semis, s'achève dans la rangée de son partenaire, qui se trouvera ainsi réalimentée. Si c'est impossible, la partie est terminée.

Si un joueur effectue un semis de 12 graines ou plus, il n'a pas le droit de repasser par son trou de départ. Il devra donc le sauter, comme s'il n'existait pas.

Fin de la partie

La partie s'interrompt dès que l'un des joueurs est bloqué, sa rangée étant complètement dégarnie et son adversaire étant dans l'impossibilité de l'alimenter. La partie s'achève également si la configuration du jeu ne permet plus aucune prise. Chacun procède alors au décompte des graines en sa possession (sur sa rangée et dans sa réserve). Le vainqueur est celui dont le total est le plus élevé.

Si les joueurs s'affrontent en plusieurs manches, chacun commence la manche suivante avec le nombre de graines en sa possession à l'issue de la précédente. Celui qui vient de gagner garnit de 4 graines chaque trou de sa rangée, puis il occupe de la même manière, de droite à gauche, autant de trous adverses qu'il le peut. S'il lui reste, à l'issue de cette répartition, moins de 4 graines, il les cède à son partenaire. Celui-ci remplit à son tour ses trous, avec les graines en sa possession. Cette nouvelle disposition constitue pour lui un handicap sérieux, mais non irréversible.

Le Kakua

La configuration initiale du jeu est identique à celle de l'Awélé. Les joueurs effectuent des semis à partir d'un trou de leur choix, situé sur leur rangée, mais ils gardent en main la dernière graine, qu'ils mettent de côté. Si le trou suivant la fin du semis est vide, le joueur cède son tour à l'adversaire. Dans le cas contraire, il s'empare du contenu de ce trou et procède à un nouveau semis, selon les mêmes règles.

Dès que la configuration du jeu ne permet plus aucune prise, la partie s'interrompt. Les joueurs comptent le nombre de graines qu'ils ont mises de côté. Le total le plus élevé désigne le vainqueur.

Le Chisolo

Le Chisolo est un jeu pratiqué en Afrique centrale. Il est très proche du Mweso, lui-même dérivé de l'Awélé.

- *2 joueurs*
- *10 mn*

MATÉRIEL

Un plateau rectangulaire comportant quatre rangées parallèles de sept petits trous et un trou latéral plus important, la réserve. (Ces trous peuvent être creusés à même le sol, ou matérialisés par des godets.) 66 cailloux ou pions.

BUT DU JEU

Vider le camp adverse de tous les cailloux qu'il contient.

RÈGLES

Disposition du jeu

Les joueurs se placent de part et d'autre du plateau, en face des deux rangées de trous séparées par une ligne et qui constituent leurs camps respectifs. Chacun dispose de 33 cailloux, qu'il répartit dans ses trous de la manière indiquée sur le *diagramme 1*.

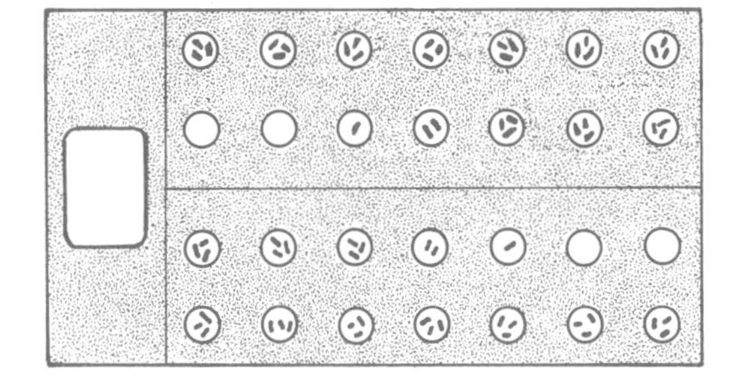

Diagramme 1 : Disposition initiale du plateau

Déplacement des cailloux

Lorsque vient son tour, le joueur prélève les cailloux de l'un de ses trous, qu'il sème un à un dans les cases suivantes, dans le sens de rotation qu'il aura choisi une fois pour toutes au premier tour. Ainsi, les deux joueurs ne feront pas forcément tourner leurs pions dans le même sens.

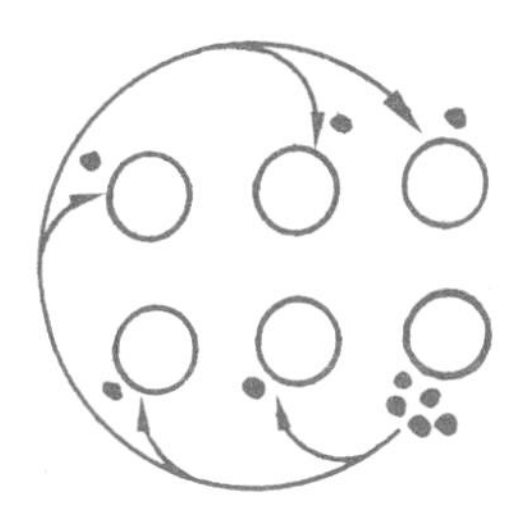

Diagramme 2 : Exemple de déplacement. Le joueur a choisi de faire tourner ses pions dans le sens des aiguilles d'une montre

Prise des cailloux adverses

Lorsqu'un joueur achève un semis dans un trou vide, situé sur la rangée interne de son camp, c'est-à-dire la rangée la plus proche du camp adverse, il ramasse tous les cailloux des deux trous adverses situés en face du trou vide.

Les cailloux capturés sont mis en commun dans la réserve.

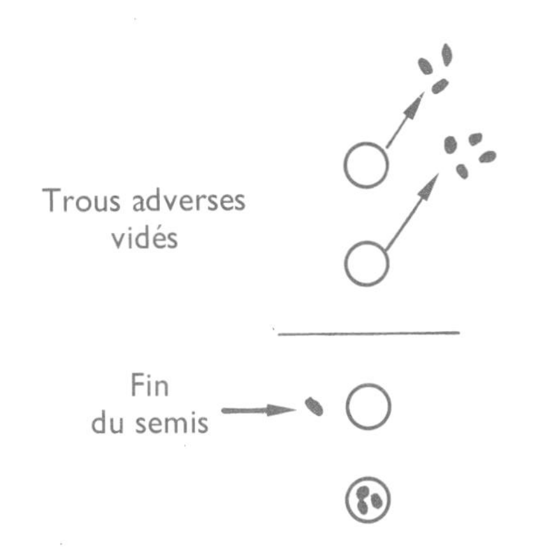

Diagramme 3 : Prise des cailloux adverses

Déroulement de la partie

Le premier joueur est tiré au sort. Lorsqu'un joueur dépose le dernier caillou d'un semis dans un trou déjà garni, il s'empare de tous les cailloux de ce trou, avec lesquels il procède à un nouveau semis. Le tour d'un joueur ne s'interrompt que lorsque le dernier caillou d'un semis tombe dans un trou vide. Lorsque ce trou vide est situé sur la rangée interne de son camp, le joueur procède à la capture des trous garnis opposés. Ces cailloux sont déposés dans la réserve. Il a alors le droit, avant de laisser jouer son adversaire, de vider un troisième trou adverse de son choix, dont le contenu rejoindra également la réserve. Ce droit n'est pas exercé si les deux premiers trous adverses étaient vides.

Fin de la partie

Lorsqu'un joueur a réussi à vider le camp de son adversaire, il gagne et interrompt la partie.

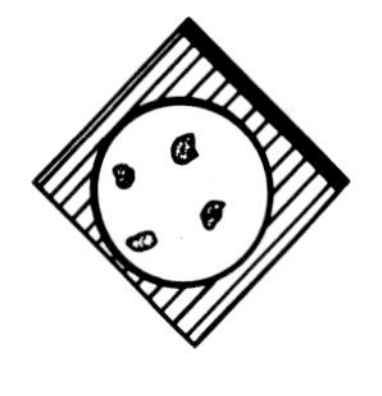

Le Mweso

Le Mweso, dérivé de l'Awélé, se joue sur un plateau plus étendu, ce qui lui confère une relative complexité.

- *2 joueurs*
- *20 mn*

MATÉRIEL

Un plateau sur lequel sont creusées quatre rangées de huit trous, 64 graines ou cailloux.

BUT DU JEU

Faire passer les graines de son adversaire dans son propre camp, lorsque la configuration du jeu le permet, dans le but de dégarnir le plus possible le camp adverse.

RÈGLES

Disposition du jeu

Chaque joueur dispose de deux rangées de huit cases, qui constituent son camp. La rangée la plus proche du camp de l'adversaire rassemble les cases « intérieures ». L'autre rangée regroupe les cases « extérieures ». Les quatre cases de gauche, douées de propriétés particulières, sont appelées « alokas ». Chaque joueur se munit de 32 graines, qu'il répartit à son gré dans les seize cases de son camp.

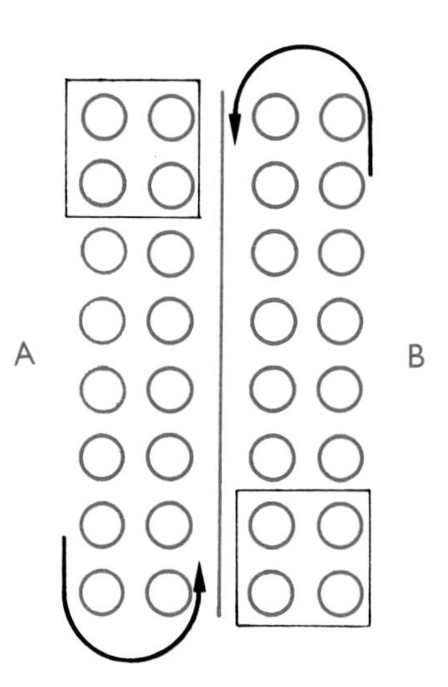

Diagramme 1 : Sens de déplacement des graines, réparties par chaque joueur dans les seize cases de son camp

Déplacement des graines

Lorsque vient son tour, le joueur prélève toutes les graines de l'une de ses cases, qu'il sème une à une, dans le sens inverse des aiguilles d'une montre, dans les cases suivantes de son camp.

Prise des graines adverses

Lorsque, dans un camp, deux trous situés à la même hauteur sont garnis de graines, et que dans le camp adverse, au même niveau, seul le trou interne est garni, on dit que ces deux trous sont « en prise ».

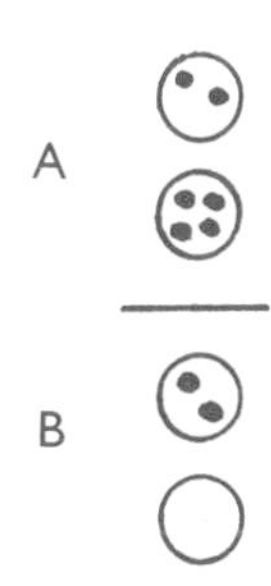

Diagramme 2 : Les trous A sont en prise

Lorsqu'un joueur termine son semis dans une case interne de son camp et que les trous adverses correspondants sont en prise, les graines de ces trous changent de camp et sont transférées dans la case d'arrivée du semis. Dans l'exemple précédent, les six graines des cases 1 et 2 vont enrichir la case 3, lorsque son possesseur termine son semis dans cette case.

Déroulement de la partie

Le premier joueur est tiré au sort. A son tour de jouer, chacun prélève le contenu d'une case de son camp et procède à un semis. Lorsque la case d'arrivée est garnie de graines, il en prélève le contenu et effectue un nouveau semis. Quand, à l'issue d'un semis, un joueur a la possibilité de transférer les graines du camp adverse, il réalise un autre semis avec le nouveau contenu de sa case d'arrivée. La série de semis s'interrompt dès qu'un parcours s'achève dans une case vide. Le joueur cède alors son tour à l'adversaire.

Fin de la partie

Dès qu'un joueur n'a plus de graines, ou se trouve dans l'impossibilité d'en dérober à l'adversaire, ce dernier triomphe, et la partie s'interrompt.

LES CASES ALOKAS

Lorsqu'un semis s'achève dans une case aloka garnie de graines, le semis suivant peut être réalisé dans le sens des aiguilles d'une montre, mais uniquement s'il permet une prise en fin de parcours. Les semis suivants pourront être réalisés dans le même sens, à la même condition. Sinon, le sens de semis restera ou redeviendra le sens habituel.

L'Owaré

L'Owaré est une variante très proche de l'Awélé classique. Son originalité est de permettre la participation d'un plus grand nombre de joueurs.

- ***2, 3, 4, 6 joueurs***
- ***10 mn***

MATÉRIEL

Un plateau d'Awélé à douze trous, ou cases, 48 graines ou cailloux.

BUT DU JEU

Terminer un semis de graines dans une case contenant exactement 3 graines, afin de s'en emparer.

RÈGLES

Disposition du jeu

Le plateau de jeu est divisé en autant de parties qu'il y a de joueurs (les flèches indiquent le sens de déplacement des graines).

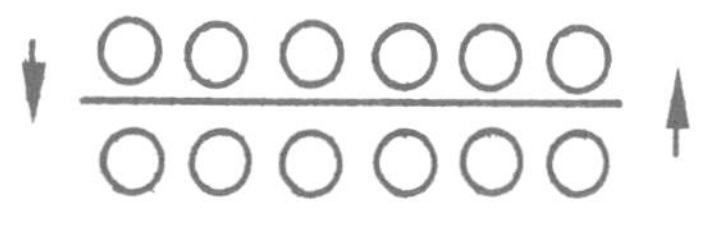

Plateau à 2 joueurs

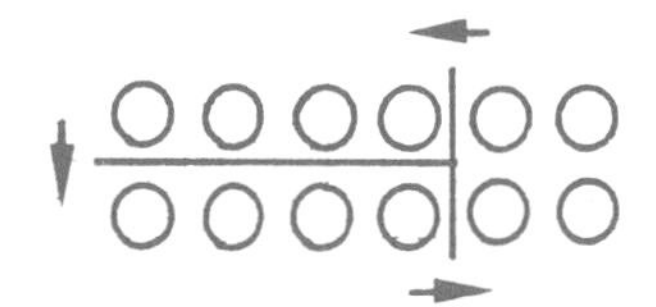

Plateau à 3 joueurs

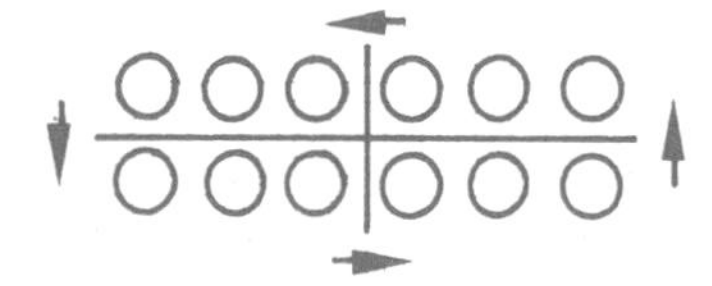

Plateau à 4 joueurs

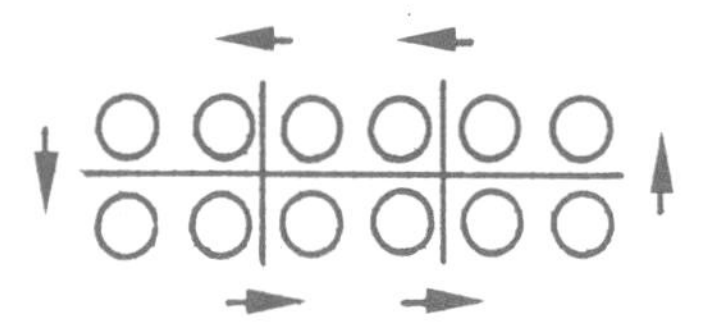

Plateau à 6 joueurs

Chaque joueur se place devant la partie du plateau qui lui est assignée, son camp, et dépose 4 graines dans chaque trou.

Déplacement des graines

Comme à l'Awélé, le joueur prélève les graines de l'un de ses trous, qu'il sème une par une dans les trous suivants, dans le sens inverse des aiguilles d'une montre.

Prise des graines adverses

Lorsqu'un joueur dépose sa dernière graine dans un trou qui en contenait exactement 3 avant son arrivée, il ramasse les 4 graines qu'il met de côté.

Déroulement de la partie

Le premier joueur est tiré au sort. Tour à tour, chaque joueur effectue un déplacement comme nous l'avons indiqué. Lorsque la dernière graine est déposée dans un trou vide, le joueur cède son tour au partenaire suivant. Le joueur cédera également son tour lorsqu'il aura achevé un semis en capturant les graines du dernier trou. Dans tous les autres cas, le joueur prend en main le contenu du trou d'arrivée, et procède à un nouveau semis.

Fin de la partie

Dès qu'il ne reste plus, à l'issue d'une prise, que 4 graines ou moins en jeu, la partie s'interrompt. S'il reste juste 4 graines, celles-ci sont attribuées à l'auteur de la dernière prise. Le vainqueur est celui dont le butin est le plus important.

Un joueur peut s'emparer du contenu d'un trou se trouvant dans son camp, même si ce n'est pas son tour de jouer. Il suffit pour cela qu'un adversaire passant par son camp au cours d'un semis porte le nombre de graines de l'un de ses trous à quatre. Le propriétaire du trou s'empresse alors de mettre de côté les quatre graines.

Le Pallankuli

Ce jeu est originaire du sud de l'Inde et du Sri Lanka, deux bastions de la communauté tamoule. Il est très ancien, puisqu'on a retrouvé dans cette partie du monde des plateaux de Pallankuli en pierre vieux de vingt-quatre siècles.

- ***2 joueurs***
- ***10 mn***

MATÉRIEL

Un plateau comportant deux rangées de sept cases, constituant les camps respectifs des deux joueurs. Sur le côté du plateau, chacun dispose d'une réserve, matérialisée par une case plus vaste. 84 graines, cailloux ou jetons.

BUT DU JEU

Gagner les graines de son adversaire.

RÈGLES

Disposition du jeu

Les joueurs prennent place devant leurs camps respectifs, de part et d'autre du plateau, et déposent 6 graines dans chacun de leurs trous.

Déplacement des graines

Lorsque vient son tour, le joueur prélève les graines d'un trou de sa rangée, qu'il sème une par une, dans le sens des aiguilles d'une montre, dans les cases suivantes.

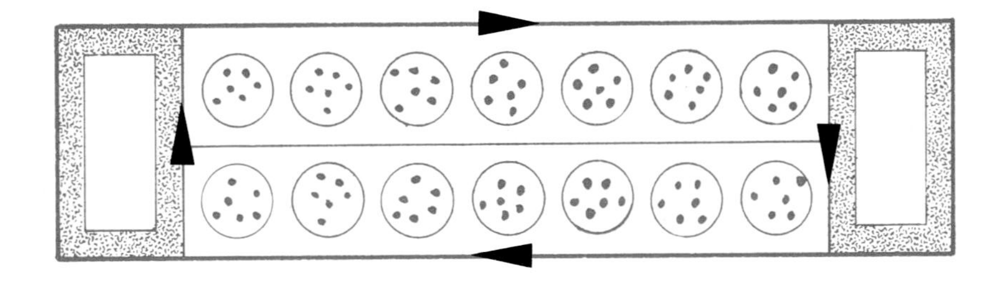

Diagramme 1 : Le plateau en début de partie et le sens des semis de graines

Si la case suivant celle où a été déposée la dernière graine est garnie, le joueur entreprend un autre semis en prélevant les graines de cette case. Plusieurs semis peuvent se succéder pendant un même tour. Ce tour ne prend fin que lorsque la case suivant la case d'arrivée est vide.

Prise des graines adverses

Lorsqu'un joueur achève un semis devant une case vide de son camp il s'empare des graines de la case opposée à celle-ci, dans le camp adverse. Les graines prises, retirées du circuit, sont placées dans la réserve du bénéficiaire.

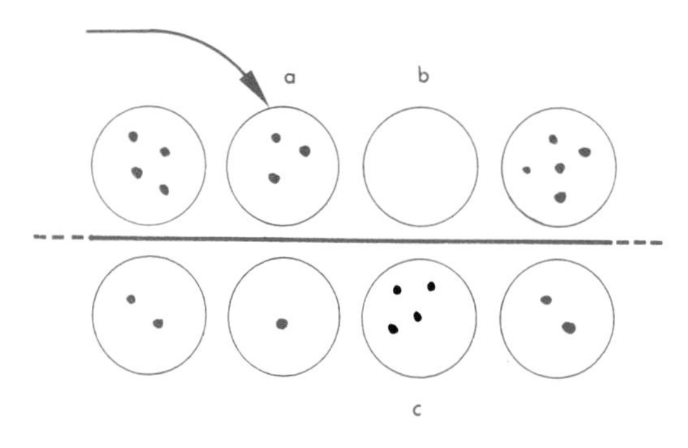

Diagramme 2 : Une prise
a) Dernière case du semis
b) La case suivante est vide
c) Le joueur s'empare des graines de la case adverse opposée à la case vide

Déroulement de la partie

La partie comporte plusieurs manches. Lors de la première manche, le premier joueur est tiré au sort. Ce rôle change à chacune des manches suivantes. Les joueurs effectuent alors leurs enchaînements de semis, ne cédant leur tour que lorsqu'ils s'arrêtent devant une case vide.

A tout moment de la partie, toute case contenant exactement 4 graines prend le nom de « vache », et son contenu est immédiatement versé dans la réserve de son propriétaire. Lorsque toutes les cases d'un joueur sont vides, il passe son tour. Il pourra rejouer lorsque l'adversaire aura semé de nouvelles graines dans son camp.

Une manche se termine lorsque toute prise devient impossible.

Au début de chacune des manches suivantes, les joueurs garnissent à nouveau leurs cases de 6 graines, en puisant dans leurs réserves. Le gagnant de la manche précédente garde dans sa réserve les graines excédentaires. Le perdant remplit autant de trous qu'il le peut. Si le nombre de ses graines n'est pas multiple de 6, l'un des trous garnis sera incomplet. Si un ou plusieurs trous restent vides, ils sont déclarés « aveugles ». Ils ne seront pas utilisés au cours de la manche, et seront marqués par un bâtonnet. Cette situation n'est pas irréversible. S'il parvient à regagner des graines perdues, le joueur pourra réutiliser un ou plusieurs trous aveugles lors des manches suivantes.

Fin de la partie

Lorsque, à l'issue d'une manche, un joueur possède moins de 6 graines dans sa réserve, la partie est terminée. Ce joueur a perdu, car il lui sera impossible de garnir un seul trou lors d'une manche ultérieure.

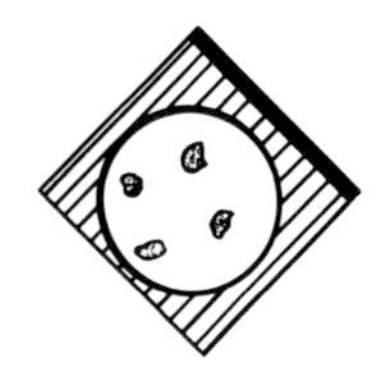

Le Tamtam-Apachi

C'est une autre variante de l'Awélé.

- *2 joueurs*
- *10 mn*

MATÉRIEL

Le plateau traditionnel de l'Awélé à douze trous, et 48 graines.

BUT DU JEU

Terminer un semis de graines dans un trou vide de sa rangée, afin de s'emparer des graines contenues dans le trou correspondant, sur la rangée adverse.

RÈGLES

Disposition du jeu

Elle est en tout point identique à celle de l'Awélé classique. Chaque trou contient au départ 4 graines.

Déplacement des graines

Les graines sont semées une à une, à partir d'une case de départ choisie par le joueur dans son propre camp, et dans le sens inverse des aiguilles d'une montre.

Prise des graines adverses

Lorsqu'un joueur termine un semis sur sa propre rangée, et dans un trou vide, il prend possession des graines contenues dans le trou situé à la même hauteur, dans la rangée adverse. Les graines prises sont mises de côté jusqu'à la fin de la partie.

Déroulement de la partie

Le premier joueur est tiré au sort. Il prélève les graines d'un trou de sa rangée, qu'il sème dans les cases suivantes. Lorsque le semis se termine sur une case vide, le joueur cède son tour à l'adversaire. Si cette case vide se trouve sur son propre terrain, il récolte au passage les graines de la case opposée du camp adverse. Lorsque la case d'arrivée n'est pas vide, le joueur en prend le contenu et procède à un nouveau semis. Il répète cette opération jusqu'à ce qu'il termine un semis dans une case vide (voir exemple page suivante).

Fin de la partie

Dès qu'aucune prise n'est plus possible, la partie s'interrompt. Les joueurs font le décompte des graines gagnées. Le total le plus fort désigne le vainqueur.

EXEMPLE DE JEU

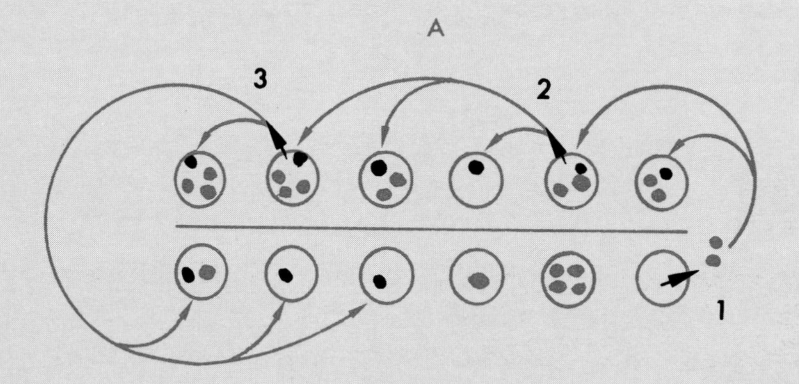

Le joueur B joue. Il enchaîne trois semis et termine le dernier dans une case vide de son camp. Il capture les graines contenues dans le trou opposé de la rangée adverse, et cède son tour.

Les Jeux de Dominos

Les dominos sont apparus pour la première fois en Europe au XIVe siècle, introduits, selon la légende, en Italie par Marco Polo, au retour de l'un de ses voyages en Orient.

Le nom « domino » pourrait quant à lui venir d'une expression utilisée dans les couvents, où le jeu était très en vogue. Les moines souhaitant gagner une partie s'exclamaient en effet : « Domino Gratias ! » (Je rends grâce à Dieu).

Fort semblables aux cartes, par les points qui les marquent et les combinaisons qu'ils permettent de réaliser, les dominos ont souvent remplacé ces dernières dans les pays qui en interdisaient l'utilisation pour des raisons de moralité. Cette ressemblance est encore plus sensible avec les dominos chinois utilisés au Mah-Jong, dont les multiples figures en font un jeu de stratégie des plus intéressants.

Le Double-Six

Il s'agit du jeu de dominos le plus répandu et le plus populaire.

- ***2 à 4 joueurs***

MATÉRIEL

Jeu de dominos composé de 28 pièces rectangulaires plates, dont le dos est noir et la face blanche, cette dernière étant divisée en deux parties égales marquées, comme aux dés, de points noirs. On distingue sept doubles, qui vont du 0-0 (double-zéro) au 6-6 (double-six), et 21 dominos de 0-1 à 5-6.

BUT DU JEU

Se débarrasser de tous ses dominos avant les autres joueurs, en réalisant un alignement où les parties des pièces qui se touchent sont de même valeur.

RÈGLES

Préparation de la partie

Toutes les pièces du jeu sont mélangées et placées faces contre la table. Chaque joueur prend au hasard un domino. Celui qui a tiré le domino le plus fort joue le premier.

Après avoir été mélangés à nouveau, les dominos sont répartis à parts égales entre les joueurs.

Partie à 2 joueurs : 7 dominos
Partie à 3 joueurs : 7 dominos
Partie à 4 joueurs : 6 dominos

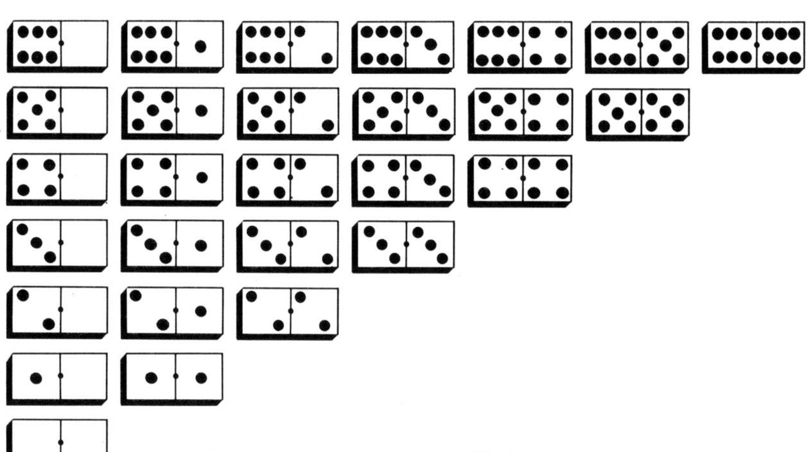

Les 28 dominos

Les dominos restants constituent le talon dans lequel les joueurs pourront « piocher ».

Les joueurs disposent leurs dominos devant eux sans les montrer à leurs partenaires.

Déroulement de la partie

Le premier joueur pose à l'endroit un domino (de préférence le plus élevé). Le suivant commence la chaîne en observant la règle selon laquelle ne peuvent se toucher que des moitiés de domino de même valeur.

Exemple : si le premier joueur a posé le domino 3-6, le suivant doit poser un domino portant soit le numéro 3, soit le numéro 6.

Quand un joueur se trouve dans l'impossibilité de jouer parce qu'il ne possède ni l'un ni l'autre des numéros figurant aux extrémités de la chaîne, il peut « bouder », c'est-à-dire passer son tour, ou bien piocher dans le talon.

L'alignement n'est pas obligatoirement rectiligne puisque les doubles se placent généralement en travers.

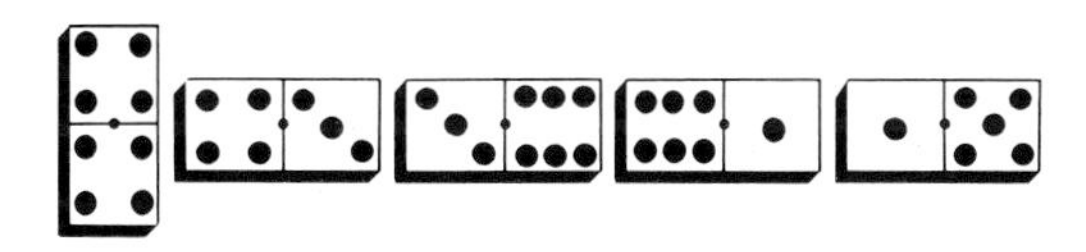

Fin de la partie

La partie peut se jouer de deux façons :

– **Au nombre de coups gagnés**
Le joueur qui « fait domino » est celui qui s'est débarrassé de toutes ses pièces.

Si la partie est arrêtée parce que aucun joueur ne peut poser de domino, chacun compte les points qui lui restent en main, le vainqueur étant celui qui en totalise le plus petit nombre.

– **Aux points**
Après chaque coup, le joueur qui a « fait domino » ou, si la chaîne a été bloquée, qui conserve le plus petit nombre de points marque à son compte l'ensemble des points de ses adversaires, dont il soustrait son propre résultat.

Le vainqueur est celui qui atteint le premier le nombre de points fixé à l'avance (en général : 50 points).

VARIANTES

Dominos « en piochant »

Dans cette variante, un joueur en difficulté a le droit de piocher dans le talon jusqu'à ce qu'il trouve un domino lui permettant de poursuivre la chaîne.

La répartition des dominos entre les joueurs se fait ainsi :

Partie à 2 joueurs : 7 dominos
Partie à 3 joueurs : 6 dominos
Partie à 4 joueurs : 5 dominos

Le Sébastopol

Se joue à 3 ou 4 joueurs.

3 joueurs : avant de commencer la partie, le Double-Six est posé sur la table. Les joueurs tirent ensuite chacun neuf dominos.

4 joueurs : chaque joueur tire sept dominos. Celui qui possède le Double-Six joue en premier.

Les quatre premiers dominos joués doivent obligatoirement comporter un 6 sur l'une de leurs moitiés. Le joueur qui en est démuni passe son tour.

Dès que ces quatre dominos sont posés, la partie se poursuit selon la règle classique mais les alignements se font dans quatre directions : Nord, Sud, Est et Ouest.

Le Double-Neuf

- ***4 à 10 joueurs***

MATÉRIEL

Un jeu de dominos de Double-Neuf, soit 55 pièces au lieu de 28 dans le jeu classique.

BUT DU JEU

Se débarrasser de toutes ses pièces.

RÈGLES

Préparation de la partie

Mélanger les 55 pièces et les placer faces contre table. Chaque joueur tire ensuite les dominos qui lui sont attribués.

Partie à 4 joueurs	: 13 dominos
Partie à 5 joueurs	: 11 dominos
Partie à 6 joueurs	: 9 dominos
Partie à 7 joueurs	: 7 dominos
Partie à 8 ou 9 joueurs	: 6 dominos
Partie à 10 joueurs	: 5 dominos

Les dominos restants sont mis de côté.

Déroulement de la partie

Le joueur en possession du Double-Neuf le pose sur la table.

Si aucun joueur ne le détient, le coup est annulé et les dominos sont mélangés et redistribués.

Une fois le Double-Neuf posé, les joueurs doivent y greffer chacun à leur tour la demi-face d'un domino comportant un 9, en disposant les pièces de façon à former une étoile à huit branches ou en poursuivant la chaîne de l'une des branches.

Quand un joueur se trouve dans l'impossibilité de poser un domino, il « boude » et passe son tour.

Fin de la partie

Dès qu'un participant s'est débarrassé de sa dernière pièce, il dit « Domino » et le jeu s'arrête. Le gagnant marque à son compte tous les points que ses adversaires ont encore en main.

Si le jeu est bloqué, chacun compte les points qui lui restent. Le vainqueur est alors celui qui totalise le nombre de points le moins élevé. Il marque tous les points des autres joueurs. Dans le cas où deux participants se trouveraient à égalité de points, la partie est annulée.

VARIANTE

Il est possible de suivre la même règle avec un jeu de Double-Six. Dans ce cas, la partie se joue à 3, 4 ou 5 joueurs et la figure constituée est une étoile à cinq branches.

Les dominos sont répartis ainsi :

Partie à 3 joueurs : 8 dominos
Partie à 4 joueurs : 6 dominos
Partie à 5 joueurs : 5 dominos

Le Cinq-Partout

Dans les pays anglo-saxons, le Cinq-Partout porte le nom de « Muggins ».

- ***2 à 4 joueurs***

MATÉRIEL

Un jeu de dominos de 28 pièces.

BUT DU JEU

Former, avec les dominos des deux extrémités de la chaîne, un total de 5, 10, 15 ou 20 points à chaque coup.

RÈGLES

Préparation de la partie

Identique à celle du jeu de Double-Six.

Déroulement de la partie

Les joueurs suivent la règle du Double-Six, mais ils doivent, en additionnant les points du domino qu'ils posent à une extrémité de la chaîne et ceux de l'autre extrémité, obtenir un total de 5, 10, 15 ou 20 points, ce qui leur permet de marquer 1, 2, 3 ou 4 points à leur actif.

Valeur des points :
Un total de 5 donne 1 point
Un total de 10 donne 2 points
Un total de 15 donne 3 points
Un total de 20 donne 4 points

Exemple : si la chaîne se termine à droite par 3, le joueur ne marque 1 point que s'il pose à gauche de la chaîne un 2 (3 + 2 = 5).

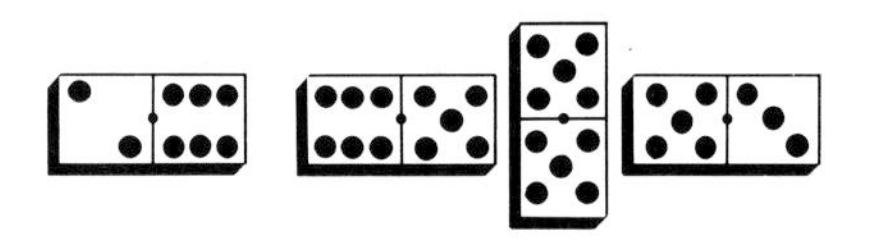

Si, dans le même cas, il pose un Double-Six (les doublets ayant double valeur), il marquera 3 points (3 + 12 = 15).

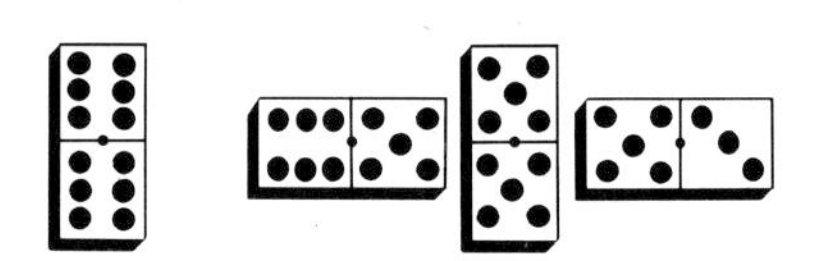

Le joueur qui, en posant son domino, a obtenu un 5 ou un multiple de 5 doit l'annoncer à haute voix. S'il oublie de le faire, tout autre joueur qui s'en aperçoit peut marquer ses points à sa place en criant « Muggins ! ».

Fin de la partie

La partie se joue en 61 points, qui peuvent être obtenus après plusieurs coups.

Le gagnant est celui qui atteint le premier ce score.

VARIANTE

Le quadruple

Dans cette variante, les chaînes peuvent se développer dans quatre directions à partir du premier double posé.

Au lieu de faire le total de deux extrémités, comme dans le Cinq-Partout, à chaque domino posé le joueur additionne les points des quatre extrémités.

Exemple :

Le joueur qui a posé le 6-4 totalise 4 + 1 + 6 + 4 = 15 et marque 3 points.

Le Matador

- *2 à 4 joueurs*

MATÉRIEL

Un jeu de dominos de 28 pièces.

BUT DU JEU

Se débarrasser de toutes ses pièces en constituant une chaîne dont les moitiés de dominos se touchant bout à bout font un total de 7 points.

RÈGLES

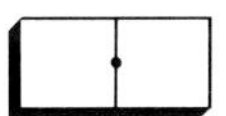
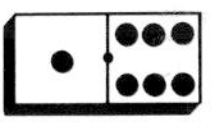
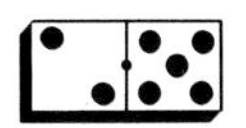
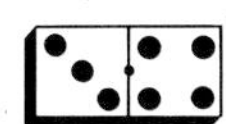

Les quatre Matadors

Préparation de la partie

Les pièces étant mélangées et diposées faces contre table, chaque joueur tire les dominos qui lui reviennent.

Partie à 2 joueurs : 7 dominos
Partie à 3 joueurs : 7 dominos
Partie à 4 joueurs : 6 dominos

Déroulement de la partie

Le joueur en possession du doublet le plus fort joue le premier. Si personne n'en détient, l'honneur de commencer revient à celui qui possède le domino simple le plus fort, par exemple le 6-5.

Chaque joueur pose à son tour un domino de façon à former une chaîne où les moitiés de dominos qui se touchent donnent un total de 7.

Lorsque la chaîne se termine par un blanc et qu'il est donc impossible d'obtenir un 7, il est convenu de poser perpendiculairement un des quatre « Matadors » qui seront obligatoirement suivis par un blanc.

Un joueur qui ne possède aucun domino pouvant former un 7 avec la demi-face précédente mais qui détient un Matador n'est pas forcé de le jouer. Il peut piocher jusqu'à ce qu'il reste deux dominos dans le talon. S'il n'a alors toujours pas tiré de domino lui permettant de jouer, il doit obligatoirement utiliser son Matador.

Un joueur qui se trouve dans l'impossibilité de former un 7 après avoir pioché et qui ne détient pas de Matador passe son tour.

Autres utilisations des Matadors :

– Les Matadors peuvent être posés à la place de n'importe quelle pièce.
– Les Matadors peuvent être utilisés comme des dominos ordinaires. Ils sont, dans ce cas, posés à l'horizontale *(voir diagramme page suivante)*.

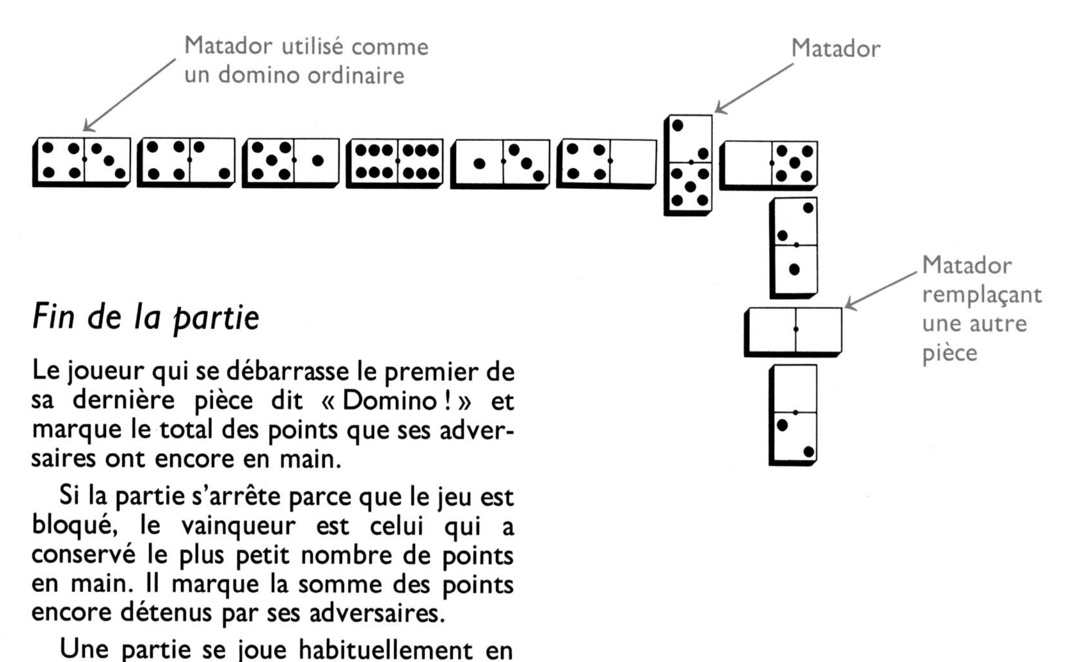

Fin de la partie

Le joueur qui se débarrasse le premier de sa dernière pièce dit « Domino ! » et marque le total des points que ses adversaires ont encore en main.

Si la partie s'arrête parce que le jeu est bloqué, le vainqueur est celui qui a conservé le plus petit nombre de points en main. Il marque la somme des points encore détenus par ses adversaires.

Une partie se joue habituellement en 150 points.

Le Bergen Game

- ***2 à 4 joueurs***

MATÉRIEL

Un jeu de dominos de 28 pièces.

BUT DU JEU

Parvenir à réaliser un maximum de coups de deux sortes :

- **Le double cap :** ***obtenir deux chiffres semblables aux deux bouts de la chaîne (valeur : 2 points).***

- **Le triple cap :** ***procéder de la même manière, mais en posant à une extrémité le domino-doublet du chiffre qui se trouve à l'autre extrémité, ou bien, s'il s'agit déjà d'un doublet, poser un domino dont le dernier chiffre sera identique à celui du doublet (valeur : 3 points).***

RÈGLES

Préparation de la partie

Toutes les pièces mélangées sont posées faces contre la table. Chaque joueur tire ensuite les pièces qui lui reviennent.

Partie à 2 joueurs : 6 dominos
Partie à 3 joueurs : 6 dominos
Partie à 4 joueurs : 5 dominos

Les dominos restants constituent le talon dans lequel les joueurs pourront piocher, jusqu'à ce qu'il ne reste que deux dominos.

Le joueur possédant le double le plus faible marque 2 points et joue en premier.

Si personne ne détient de double, c'est le joueur en possession du domino simple le plus faible qui commence et marque les 2 points.

Le premier joueur pose un domino à sa convenance. Le suivant y accole une pièce dont une moitié est de même valeur, selon les règles habituelles du jeu de dominos.

La chaîne se poursuit ainsi, les joueurs s'efforçant de réaliser, quand ils le peuvent, un **double cap** (valeur 2 points) ou un **triple cap** (valeur 3 points).

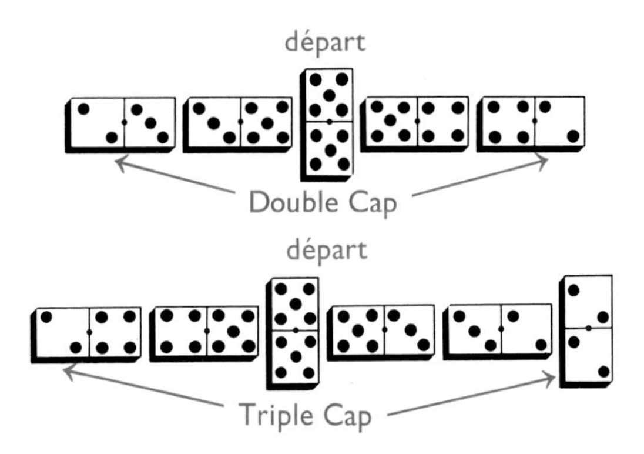

Fin de la partie

Le vainqueur peut être, selon les cas :

– Le joueur qui le premier réussit à se débarrasser de tous ses dominos. En posant sa dernière pièce, il dit « Domino » et marque 2 points supplémentaires.
– Si le jeu est bloqué, le joueur qui ne possède pas de doublet en main. Il marque également 2 points supplémentaires.
– Si aucun joueur ne possède de doublet, celui dont la somme des dominos restants est la moins élevée.
– Si les joueurs ont chacun plusieurs doublets, celui qui en a le moins, quelle que soit la valeur des dominos.
– Si plusieurs joueurs possèdent le même nombre de doublets, celui dont la somme des autres dominos est la moins élevée.

Une partie à 2 joueurs se joue en 15 points.
Une partie à 3 ou 4 joueurs, en 10 points.

En réussissant l'exploit de faire tomber successivement 755 836 dominos en quarante-cinq minutes, quarante étudiants hollandais ont, en 1986, pulvérisé le précédent record détenu par les Japonais, avec seulement 518 000 dominos !

Le Mah-Jong

Ce jeu de dominos, qui rappelle par ses règles le Rami, est fort prisé en Extrême-Orient. Il apparut vers 1860, en Chine, vraisemblablement introduit par Houng-Sieu-Ts'iuen, qui lança la révolte des Taï-Pings. Le Mah-Jong dérive d'un jeu beaucoup plus ancien, celui des Sapèques, né vers l'an mille sous la dynastie Song. Son nom provient du mot chinois *Ma-Tseuk*, « moineau », par lequel on le désignait au siècle dernier en Chine centrale. Originellement réservé à l'élite intellectuelle et aux nobles de la cour impériale, le Mah-Jong s'est démocratisé en 1911, à la suite de la révolution chinoise. Il s'est rapidement répandu aux États-Unis où il fit fureur, et gagna l'Europe après la Première Guerre mondiale. Son heure de gloire, bientôt suivie d'un profond déclin, se situe durant les années folles, mais le jeu semble actuellement revenir à la mode.

MATÉRIEL

144 dominos, dénommés « tuiles », 92 bâtonnets plats servant de monnaie de compte, quatre réglettes à rainure servant à poser les tuiles, deux dés à six faces, numérotés de 1 à 6.

BUT DU JEU

Faire « Mah-Jong », c'est-à-dire être le premier à se débarrasser de toutes ses tuiles en formant quatre combinaisons plus une paire.

RÈGLES

Les tuiles

Les 144 tuiles se répartissent en quatre catégories.

Les trois premières, qui comportent 136 pièces, représentent les tuiles de jeu, tandis que la dernière, qui compte 8 pièces, rassemble les tuiles de bonification.

Les tuiles ordinaires se composent de 108 pièces :
– 4 séries identiques de neuf Cercles, numérotés de 1 à 9 = 36 tuiles ;
– 4 séries identiques de neuf Caractères, numérotés de 1 à 9 = 36 tuiles ;
– 4 séries identiques de neuf Bambous, numérotés de 1 à 9 = 36 tuiles.

Les Honneurs simples se composent de 16 pièces :

– 4 séries identiques de quatre Vents : Est, Sud, Ouest et Nord = 16 tuiles.

Les Honneurs supérieurs se composent de 12 pièces :

– 4 séries identiques de trois Dragons, rouges, verts et blancs = 12 tuiles.

Les Honneurs suprêmes se composent de 8 pièces :

– 4 Fleurs, numérotées de 1 à 4 = 4 tuiles ;

– 4 Saisons, numérotées de 1 à 4 = 4 tuiles.

On notera que le 1 Bambou est souvent illustré par un moineau, l'Oiseau de Riz, et que les Fleurs se distinguent mal des Saisons, ces deux types de tuiles étant habituellement très stylisés.

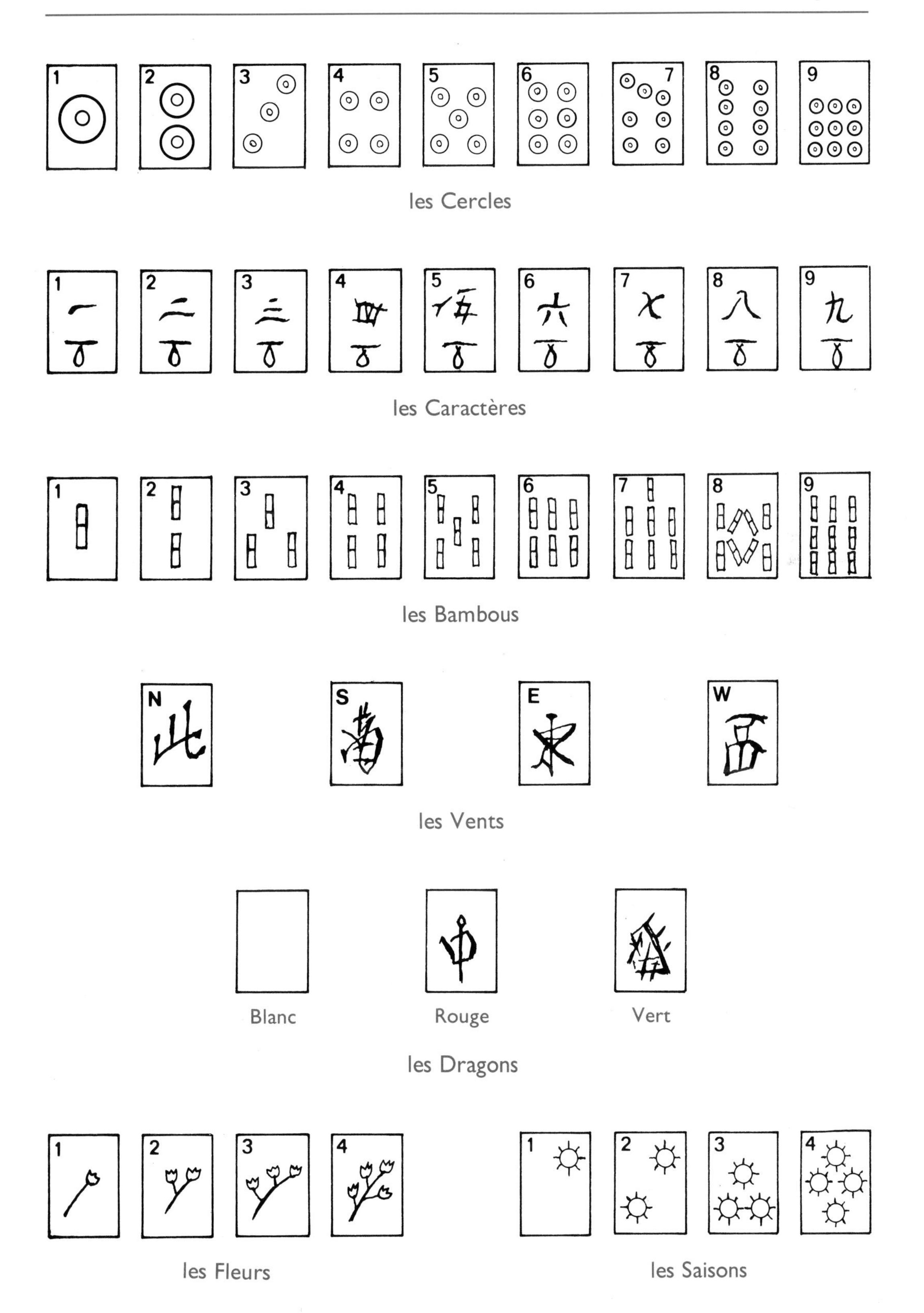
les Cercles
les Caractères
les Bambous
N
S
E
W
les Vents
Blanc
Rouge
Vert
les Dragons
les Fleurs
les Saisons

Combinaisons possibles

Il existe quatre types de combinaisons :

– **La Paire**, formée de deux tuiles identiques, appartenant à une même série, par exemple deux 3 Bambous *(diagramme 1)*.

– **La Séquence**, formée de trois tuiles qui se suivent dans une même série, par exemple les 2 Cercles, 3 cercles et 4 Cercles *(diagramme 2)*. Il est également possible de composer des séquences d'Honneurs : il faut alors réunir les quatre Vents ou les trois Dragons.

– **Le Brelan**, formé de trois tuiles identiques, appartenant à une même série, par exemple trois 2 Caractères *(diagramme 3)*.

– **Le Carré**, formé de quatre tuiles identiques, appartenant à une même série, par exemple quatre Dragons rouges *(diagramme 4)*.

Place des joueurs

Le Mah-Jong est un jeu individuel, qui traditionnellement se joue à 4 participants. Au début de la partie, chaque joueur lance un dé, et celui qui a le plus fort total est désigné par le terme de « Vent d'Est ». Celui qui a obtenu le second score se place à sa droite : c'est le « Vent du Sud ». Le joueur suivant se place en face : c'est le « Vent d'Ouest ». Enfin, le dernier joueur s'installe à sa gauche : c'est le « Vent du Nord ». On notera qu'Est et Ouest sont inversés par rapport à la rose des vents normale.

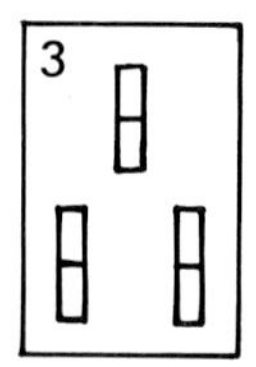

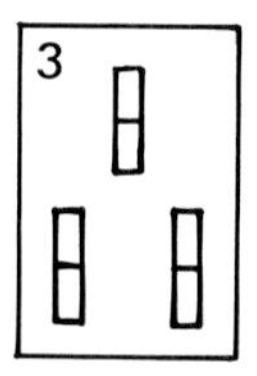

Diagramme 1 : Paire de 3 Bambous

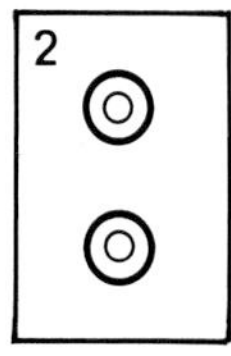

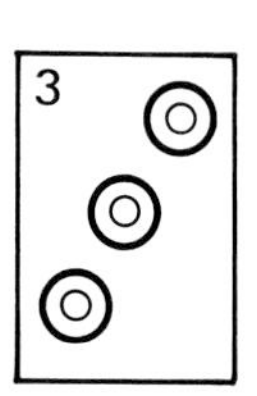

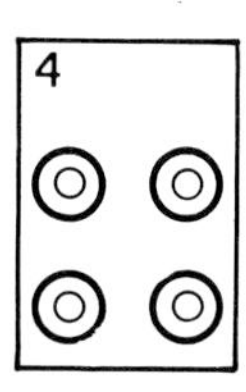

Diagramme 2 : Séquence de Cercles

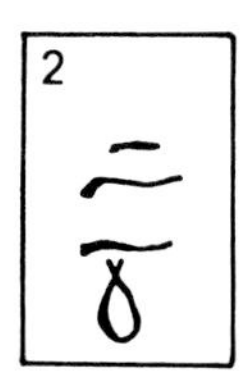

Diagramme 3 : Brelan de 2 Caractères

Diagramme 4 : Carré de Dragons rouges

Construction de la « Grande Muraille de Chine »

Toutes les tuiles sont mélangées, face cachée sur la table. Chaque joueur prend alors trente-six tuiles et construit devant lui un mur composé de dix-huit tuiles de longueur sur deux tuiles de hauteur. Les quatre murs ainsi formés sont joints en carré, et l'espace central est dénommé « Empire céleste ».

Distribution des tuiles

C'est Est qui va opérer cette distribution, mais après des opérations préliminaires extrêmement codifiées : ce rituel très formaliste a pour but d'écarter toute possibilité de triche. La distribution ne pourra débuter qu'après l'ouverture d'une brèche dans un endroit précis de la muraille.

L'endroit où la brèche va être effectuée est déterminé en deux temps : Vent d'Est jette tout d'abord les deux dés pour déterminer le mur dans lequel la brèche va être opérée ; il compte le total jeté dans le sens inverse des aiguilles d'une montre, en commençant par son propre mur (s'il jette, par exemple, 5-3, il se comptera pour 1, Sud pour 2, Ouest pour 3, etc., jusqu'à parvenir à 8, qui est Sud).

Le joueur sur lequel il s'arrête est appelé « Vent dominant ». La brèche sera effectuée dans son mur.

Vent dominant jette à son tour les deux dés et ajoute son total à celui de Vent d'Est. Il compte alors à partir de l'extrémité droite de son mur le nombre de piles déterminé par le total cumulé des dés pour fixer l'endroit exact de la brèche (s'il jette, par exemple, 4-2, nous aurons 5-3 + 4-2 = 14. La brèche sera donc effectuée sur la quatorzième pile à droite du mur du Sud *(diagramme 5)*.

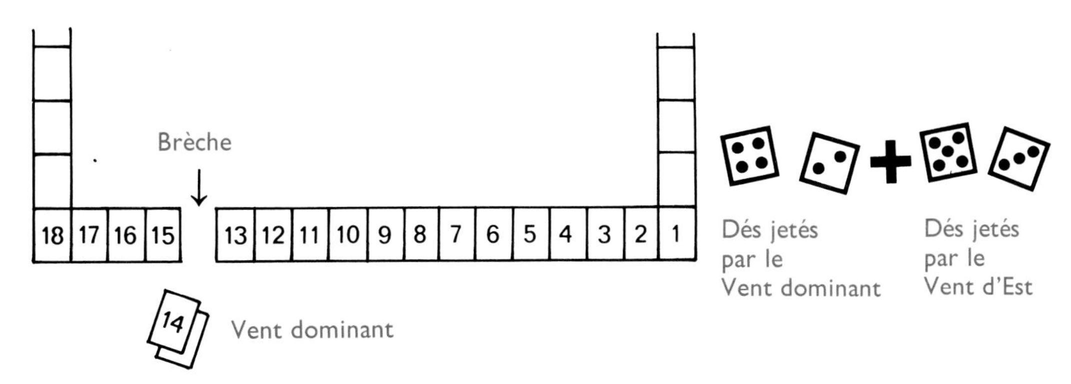

Diagramme 5 : Détermination de la brèche

Est prend alors les deux tuiles de la brèche et les pose sur le mur, à droite de la brèche, à une tuile d'écart l'une de l'autre *(diagramme 6)*. Il sépare également les six piles situées à droite de la brèche du reste de la muraille : les quatorze tuiles (les deux tuiles 14, plus les douze tuiles 8 à 13) qui composent la « colline » ainsi formée ne pourront plus être utilisées dans le cours du jeu.

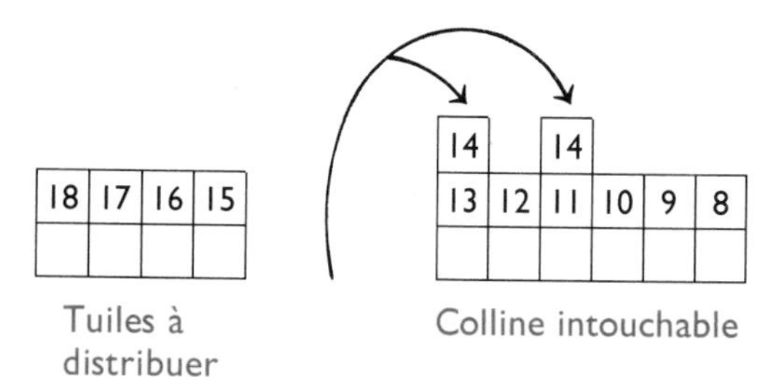

7 6 5 4 3 2 1

Pioche après l'exposition d'une Fleur, d'une Saison ou d'un Carré

Diagramme 6 : Mur du Vent dominant après la brèche

La distribution peut maintenant commencer : Est prend les deux premières piles situées à gauche de la brèche (15 et 16), donne les deux suivantes à Sud, et continue ainsi jusqu'à ce que tous les joueurs aient douze tuiles. Il effectue alors une dernière distribution d'une tuile par joueur, en commençant et en finissant par lui : Est a donc quatorze tuiles, et les autres joueurs treize tuiles.

Déroulement de la partie

La distribution terminée, les joueurs posent leurs tuiles sur leurs réglettes, et les rangent par affinités. Est appelle tout d'abord les Honneurs suprêmes : les joueurs possédant des Fleurs ou des Saisons posent les tuiles correspondantes devant eux, face visible, et complètent leur jeu, dans l'ordre, en piochant un nombre de tuiles égal dans la partie du mur situé **à droite de la colline**. Nous verrons plus loin que c'est également là que se servent les joueurs ayant exposé un Carré.

Les joueurs ont maintenant uniquement des tuiles de jeu dans leur main. Est, qui a quatorze tuiles, rejette face visible l'une d'entre elles dans l'Empire céleste (centre de la muraille) et annonce sa nature à voix haute : par exemple, « Deux Bambous ». Les autres joueurs, tour à tour, en commençant par Sud, piocheront une tuile sur la partie du mur située à gauche de la colline et rejetteront, en l'annonçant, la tuile de leur choix au centre de la table.

Il existe, pour les joueurs, quatre possibilités de s'emparer de la dernière tuile qui vient d'être écartée (les tuiles non réclamées immédiatement deviennent « mortes » et inutilisables) :

- Le **Chow**, lorsque la tuile permet de compléter une Séquence ;
- Le **Pung**, lorsque la tuile permet de compléter un Brelan ;
- Le **Kong**, lorsque la tuile permet de compléter un Carré ;
- Le **Mah-Jong**, lorsque la tuile permet de conclure la partie.

– **Le Chow** n'est permis qu'au joueur situé immédiatement à droite de celui qui vient de rejeter la tuile : à son tour de jeu, il annonce « Chow », prend la tuile, expose sa Séquence devant lui, face visible, et rejette une tuile sans piocher.

– **Le Pung** est permis à tous les joueurs : celui qui peut compléter un Brelan grâce à l'écart annonce « Pung », même si ce n'est pas à lui de jouer, s'empare de la tuile, expose le Brelan devant lui, face visible, et rejette une tuile sans piocher. Les joueurs situés entre lui et le joueur qui vient d'écarter perdent leur tour.

– **Le Kong** est lui aussi ouvert à tous les joueurs : celui qui peut compléter un Brelan caché (et non un Brelan exposé sur la table, qui ne peut être transformé en Carré qu'à l'aide d'une tuile tirée du mur) annonce « Kong », même si ce n'est pas à lui de jouer, s'empare de l'écart et expose le Carré ainsi formé devant lui, face visible. Il pioche maintenant une tuile à droite de la colline (à l'endroit réservé aux Honneurs suprêmes) et rejette un écart. Les joueurs situés entre lui et le joueur qui vient d'écarter perdent leur tour.

– Le Pung et le Kong ont préséance sur le Chow. Mais si deux joueurs ont demandé Pung et Kong, c'est celui qui joue le premier qui s'empare de l'écart.

– Enfin, si un joueur peut faire **Mah-Jong** avec la tuile écartée, il a préséance sur le Chow, sur le Pung et sur le Kong : il annonce « Mah-Jong », même si ce n'est pas à lui de jouer, s'empare de l'écart, mais les joueurs placés entre lui et le joueur qui vient d'écarter ne perdent pas leur tour et jouent encore une fois.

Combinaisons cachées et exposées

D'une façon générale, les combinaisons formées demeurent sur la réglette, cachées à la vue des autres joueurs. On n'est obligé d'exposer que celles formées à partir d'un écart. Il existe une double raison à cela : nous verrons plus loin que les combinaisons cachées rapportent plus de points que les combinaisons exposées ; d'autre part, montrer son jeu renseigne les adversaires sur ses intentions. Une exception toutefois : lorsque l'on compose un Carré, on n'a plus assez de tuiles pour faire trois autres formations et une Paire. Or, nous avons déjà dit que le Mah-Jong doit obligatoirement comporter quatre formations et une Paire : il faut donc tirer une tuile supplémentaire. Pour ce faire, on étale son Carré, mais avec deux tuiles visibles et deux tuiles cachées, pour indiquer qu'il s'agit d'un Carré caché et non d'un Carré exposé.

Fin de la partie

Le jeu s'arrête lorsqu'un joueur a fait Mah-Jong, c'est-à-dire a une main de quatorze tuiles formant quatre combinaisons de trois pièces (le Carré est considéré comme une formation de trois tuiles) et une Paire. (On peut également faire Mah-Jong en composant un des multiples « Grands Jeux » existant, combinaisons excessivement difficiles à réaliser, mais d'un rapport considérable. Ces Grands Jeux ne sont pas codifiés, et il est possible à chacun d'inventer de nouvelles formations. On se contente généralement des combinaisons classiques décrites ici.) Les autres joueurs étalent leurs combinaisons formées et chacun compte ses points. Si personne n'a fait Mah-Jong quand la pioche arrive à la colline intouchable, la partie est nulle et l'on procède à une nouvelle distribution.

Est reste Vent du tour (donneur) tant qu'il fait Mah-Jong ; sinon, ce rôle passe à Sud, puis à Ouest et enfin à Nord. Notons que les gains et les pertes du Vent du tour sont doublés.

COMPTE DES POINTS

Cette opération, assez complexe, réclame une grande habitude et une attention soutenue. Chaque joueur évalue tout d'abord sa main selon le tableau suivant :

Combinaison possédée		Points	
		exposée	cachée
PAIRE	Dragon	0	2
	Vent du joueur	2	2
	Vent dominant	2	2
	Vent du tour	0	2
BRELAN	Tuiles ordinaires 2 à 8	2	4
	Tuiles ordinaires 1 à 9	4	8
	Vents ou Dragons	4	8
CARRÉ	Tuiles ordinaires 2 à 8	8	16
	Tuiles ordinaires 1 à 9	16	32
	Vents ou Dragons	16	32
FLEUR ou SAISON		4	–
SÉQUENCES	Toutes tuiles	0	0

On notera que les Séquences ne rapportent rien, et que les tuiles terminales de chaque série (1 à 9) sont comptabilisées plus cher que les tuiles intermédiaires (2 à 8), qui peuvent plus facilement être incorporées dans une Séquence, si nécessaire.

Cette première évaluation effectuée, les joueurs doublent un certain nombre de fois leur score s'ils possèdent certaines combinaisons, décrites au tableau suivant :

Combinaison possédée	Score multiplié par
Sa Fleur ou sa Saison (Est est 1, Sud 2, Ouest 3 et Nord 4)	2
Brelan ou Carré de Dragons Brelan ou Carré de son propre Vent Brelan ou Carré du Vent dominant	2
Sa Fleur et sa Saison	4
Les 4 Fleurs ou les 4 Saisons	8

A cela, le joueur qui a fait Mah-Jong rajoute un certain nombre de points et peut encore doubler son total, comme l'indique ce dernier tableau :

Faire Mah-Jong	20 points
Faire Mah-Jong avec seulement des Séquences et une Paire	10 points
Faire Mah-Jong avec une tuile tirée du mur	5 points

Doubles effectués grâce au Mah-Jong	
Si le joueur qui a fait Mah-Jong...	Son score est multiplié par
... n'a pas de Séquences	2
... réalise son Mah-Jong avec la dernière tuile du jeu	2
... n'a que des Brelans ou des Carrés de 1 ou de 9	2
... a toutes ses tuiles de la même famille (à part les Vents et les Dragons)	8

Règlement des comptes entre les joueurs

Le joueur qui a fait Mah-Jong touche des trois autres joueurs la valeur en points de sa main. Les trois joueurs restants se règlent ensuite entre eux la différence entre leurs scores respectifs. Il ne faut pas oublier, ce faisant, que le score d'Est est toujours doublé, qu'il gagne ou qu'il perde. Le règlement s'effectue au moyen de bâtonnets plats percés de trous. Le bâtonnet percé d'un trou vaut 100 points, celui percé de cinq trous vaut 500 points, celui percé de deux trous vaut 2 points et celui percé de dix trous vaut 10 points. Au début de la partie, on distribue pour 1 000 points de jetons à chacun, qui se décomposent ainsi :

1 × 500 =	500 points
4 × 100 =	400 points
8 × 10 =	80 points
10 × 2 =	20 points
	1 000 points

Fin de la partie

La partie se termine quand les quatre joueurs ont été Vent d'Est, en gardant à l'esprit qu'un même joueur reste Vent d'Est tant qu'il fait Mah-Jong, et qu'ensuite ce sont à tour de rôle Sud, Ouest et Nord qui deviennent Vent d'Est.

STRATÉGIE

Bien jouer au Mah-Jong exige beaucoup de finesse de jugement et d'esprit de décision, car il faut souvent opter entre des choix contradictoires : ne pas favoriser un joueur en jetant l'écart qu'il attend, ou bien, au contraire, le lui fournir pour gagner un tour de jeu, construire sa main en fonction des combinaisons les plus probables, ou bien patienter et l'orienter vers les combinaisons les plus profitables...

Pour ces raisons, il est difficile de fournir des conseils plus précis, et souvent les décisions sont prises davantage en fonction d'une « impression de table » que sur la base des probabilités mathématiques les plus pures. En ce domaine, l'expérience reste finalement la meilleure conseillère...

Les Jeux de Dés

Jeux de hasard par excellence, les jeux de dés sont connus depuis la plus haute antiquité. Dans l'Illyade, Achille et Ajax trompent le temps en se livrant à des parties de dés devant les murailles de Troie. Dans l'Ancien Testament, Jonas est désigné par le sort comme responsable de la tempête qui s'abat sur ses compagnons. Et c'est aux dés que des soldats romains se jouent la tunique du Christ, au pied de la Croix...

Aujourd'hui utilisés dans d'innombrables jeux de hasard ou de stratégie, les dés ont également inspiré de nombreux jeux de combinaisons, aux richesses souvent insoupçonnées.

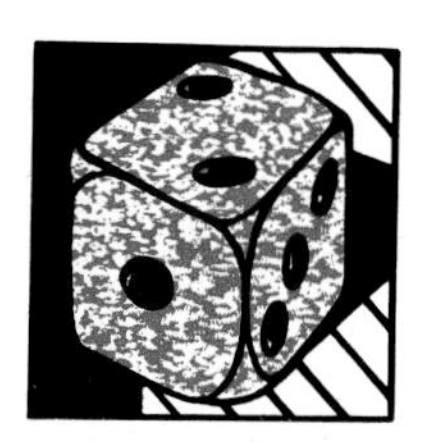

La Belote aux dés

Ce jeu se nomme ainsi car le décompte des points ressemble beaucoup à celui de la Belote, les dés étant les « carrés » de la Belote et les séquences les « tierces ».

- *3 joueurs et plus*
- *10 mn*

MATÉRIEL

Trois dés, du papier et un crayon.

BUT DU JEU

Conserver la main pour réaliser le plus grand nombre de points possible.

RÈGLES

Déroulement de la partie

Les joueurs gardent les dés tant qu'ils marquent des points.

– Un 6 vaut 20 points.
– Une Paire de 6 vaut 40 points.
– Un Brelan de 6 vaut 200 points.
– Un Brelan de 5 vaut 150 points.
– Tous les autres Brelans (As - 2 - 3 - 4) valent chacun 100 points.
– Les Séquences 3 - 2 - 1 ; 4 - 3 - 2 ; 5 - 4 - 3 ; 4 - 5 - 6 valent chacune 20 points.
– La Séquence 4 - 5 - 6 vaut 20 points auxquels se rajoutent les 20 points du premier cas (un 6 vaut 20 points), c'est-à-dire 40 points.

Fin de la partie

Le premier joueur qui obtient 1 000 points a gagné.

La Bezette

Ce jeu traditionnel français se joue en principe à l'aide d'une « bezette », tige de bois sur laquelle on enfile des anneaux au fur et à mesure que l'on s'en débarrasse. Cet accessoire n'est cependant pas indispensable au jeu.

- *2 joueurs et plus*
- *5 mn*

MATÉRIEL

Trois dés, une bezette et des anneaux ou, à défaut, des jetons.

BUT DU JEU

Sortir des As afin de se débarrasser de ses jetons.

RÈGLES

Préparation de la partie

Chaque joueur reçoit un nombre égal d'anneaux ou de jetons.

Déroulement de la partie

Tour à tour, les joueurs jettent les trois dés. Chaque fois que l'on tire un As, on se débarrasse d'un jeton ou d'un anneau. Deux As permettent de se débarrasser de deux jetons, etc.

– Si l'on tire un ⚅, on donne un jeton à son voisin de droite.

– En revanche, si l'on réussit la combinaison appelée « 69 » ⚅ ⚄ ⚃, on se débarrasse de tous ses jetons sauf un.

Fin de la partie

Le premier joueur n'étant plus en possession d'aucun jeton ou anneau aura gagné.

La Bezette se joue traditionnellement à l'aide d'une bezette, de trois dés et d'anneaux

Le Bidou

- *2 joueurs*
- *15 mn*

MATÉRIEL

Trois dés et un cornet par joueur, 9 jetons.

BUT DU JEU

Réaliser des combinaisons et bluffer pour faire reculer ses adversaires.

RÈGLES

Valeur des combinaisons

Il existe huit combinaisons, qui sont, par ordre de valeur décroissant :

– Le Bidou : 2-1-1.
– Le Bidet : 2-2-1.
– Le 421 : 4-2-1.
– Les Brelans : 6-6-6, 5-5-5, etc.
– Les Échelles : deux 3 accompagnés d'un autre chiffre (1, 2, 4, 5 ou 6).
– Les Séquences : 3-2-1, 4-3-2, 5-4-3, 6-5-4.
– Les Fourchettes : deux As accompagnés des chiffres 2, 3, 4, 5 ou 6.
– Les autres combinaisons sont classées selon leur valeur, depuis la plus forte (6-6-5) jusqu'à la plus faible (3-2-2).

Pour éviter qu'un joueur puisse être sûr de gagner en réalisant le Bidou (2-1-1), on admet généralement que cette combinaison soit battue par le Brelan d'As.

Déroulement de la partie

Chaque joueur jette les dés et en prend secrètement connaissance en soulevant légèrement son cornet.

Les joueurs peuvent en rejouer tout ou partie jusqu'à trois fois. C'est là qu'intervient la « stratégie du bluff ».

Comme au 421, il faut réussir à se débarrasser de ses jetons. Le premier joueur (au vu de ses dés) propose un enjeu en nombre de jetons à son adversaire, qui dispose de trois possibilités.

- Dire : « Je passe », et se retirer du jeu ; il reçoit la moitié de l'enjeu comme pénalité.
- Dire : « Tenu » : les cornets des deux adversaires sont soulevés, et le point le plus bas reçoit la totalité de l'enjeu.
- Dire : « Tapis » en rajoutant des jetons à l'enjeu.

Le premier joueur reprend la parole et peut :

- Se retirer : il reçoit une amende égale à son enjeu ;
- Accepter : les jeux sont comparés, et le joueur ayant le point le plus bas reçoit l'enjeu de l'adversaire ;
- Relancer : annoncer un nombre supérieur au nouvel enjeu.

Fin de la partie

La partie se joue généralement en deux manches et une belle, chaque manche s'achevant lorsque les neuf jetons ont été joués. Comme ceux-ci représentent des pénalités, le joueur qui possède le moins de jetons à l'issue de la manche a gagné.

Le Golf aux dés

- *2 joueurs et plus*
- *5 mn*

MATÉRIEL

Cinq dés de Poker, du papier et un crayon.

BUT DU JEU

Accomplir un « parcours » en bouchant tour à tour les six trous du golf.

RÈGLES

Préparation de la partie

On dessine sur une feuille de papier les six trous du parcours, que l'on baptise, dans l'ordre, As, Roi, Dame, Valet, 10 et 9.

On divise alors ces trous en autant de cases qu'il y a de joueurs *(voir diagramme ci-dessous)*.

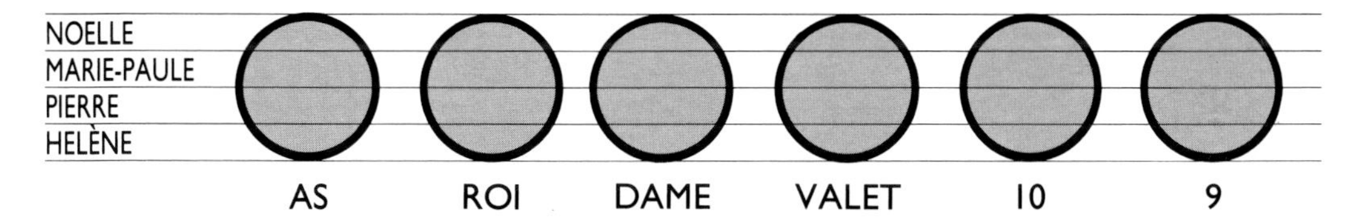

Valeur des six trous

Chaque trou du parcours a une valeur spécifique. Par ordre décroissant :
As : 10 pts ; Roi : 9 pts ; Dame : 8 pts ; Valet : 7 pts ; 10 : 2 pts ; 9 : 1 pt.

Déroulement de la partie

Le premier joueur tire les dés. Selon le résultat obtenu, par exemple :

[As] [R] [R]

il décide de jouer un « trou » en particulier, ici les Rois. Le joueur dispose alors de deux autres lancers pour tenter d'obtenir le plus grand nombre de Rois, en écartant, bien sûr, à chaque lancer les Rois qu'il obtient. Si le joueur, pour suivre notre exemple, a tiré finalement quatre Rois, il inscrira dans sa case, au trou « Roi », son résultat : quatre Rois × 9 points = 36 points.

Au tour suivant, il ne pourra plus jouer les Rois, mais devra chercher à remplir un autre trou.

Fin de la partie

Le joueur qui totalise le score le plus élevé est le gagnant.

Les Neuf Cases

Ce jeu est connu en Angleterre et commercialisé sous le nom de « Shut the Box ».

- *2 joueurs et plus*
- *5 mn*

MATÉRIEL

Une boîte de Shut the Box ou, à défaut, une simple feuille de papier, deux dés, 9 jetons.

BUT DU JEU

En additionnant la somme des dés, occuper des cases numérotées de 1 à 9.

RÈGLES

Préparation de la partie

Si on ne possède pas la boîte de jeu, il suffit de tracer un tableau de neuf cases, numérotées de 1 à 9.

Déroulement de la partie

Chaque joueur jette les deux dés. Avec la somme obtenue, il occupe les cases de son choix, en y déposant un jeton.

Exemple : on obtient 6 et 3. Avec ce total de 9, on peut occuper la case 9, les cases 8 et 1, 7 et 2, 6, 2 et 1, etc.

Le joueur jette les dés jusqu'à ce que la situation soit bloquée. Il inscrit alors la somme des cases qu'il n'a pu occuper, l'idéal étant, bien sûr, d'occuper les neuf cases et de parvenir ainsi à un score de zéro !

Lorsque les cases 7, 8 et 9 sont occupées, le joueur a le droit, s'il le désire, de ne plus utiliser qu'un dé.

Fin de la partie

Chaque joueur lance ainsi les dés à tour de rôle. Le nombre de tours doit être fixé à l'avance, et dépend du nombre de joueurs qui s'affrontent. Une partie est habituellement fixée à dix tours. Le gagnant est celui qui a totalisé le score le plus bas.

Le Jeu du Cochon

Ce jeu fort simple est à réserver aux plus jeunes...

- *2 joueurs et plus*
- *5 mn*

MATÉRIEL

Deux dés, du papier et des ciseaux.

BUT DU JEU

Ce jeu consiste à réussir à construire le plus rapidement possible un cochon, dans un ordre déterminé.

RÈGLES

Préparation de la partie

On commence par découper dans du papier les éléments complets d'un cochon articulé, pour chacun des joueurs.

Déroulement de la partie

Pour pouvoir commencer à construire son cochon, il faut tirer un 8, dé correspondant au corps. Si tel est le cas, le joueur fera rouler les dés une seconde fois. Il devra ensuite sortir le groin, c'est-à-dire le 9. S'il n'a pas réussi à suivre l'ordre fixé, il devra passer les dés au joueur suivant. Chaque partie du corps doit être sortie dans cet ordre :

1. Corps : 8 points
2. Groin : 9 points
3. Oreille : 7 points
4. Pattes : As ; chaque As permet de rajouter une patte ; deux As autorisent donc deux pattes
5. Queue : 6 points.

Fin de la partie

Le premier joueur à avoir réussi à construire son cochon aura gagné.

Quand tous les éléments du cochon ont été découpés, la partie peut commencer. Elle s'achèvera lorsque l'un des joueurs sera parvenu à rassembler toutes les pièces du puzzle, dans l'ordre réglementaire

La Passe anglaise

- *3 joueurs ou plus*
- *15 mn*

MATÉRIEL

Deux dés, jetons.

BUT DU JEU

Parier sur la réussite ou l'échec d'un « Banquier » qui doit obtenir certains scores.

RÈGLES

Déroulement de la partie

Un joueur désigné au hasard prend la fonction de Banquier. Il mise une somme à sa convenance, et ses adversaires décident de suivre, en annonçant « Banco ! », ou de passer.

Si plusieurs joueurs font banco sur le même lancer, les gains ou les pertes seront partagés.

Le Banquier jette alors les dés.

– Si le point est 2, 3 ou 12, il paie toutes les mises à égalité ; il a fait « baraque ». Il peut continuer à tenir la banque ou bien la passer au suivant.

– Si le point est 7 ou 11, il y a « abattage ». Il ramasse tous les enjeux. Là encore, il peut conserver la banque ou non.

– S'il ne fait aucun de ces points, il n'y a ni baraque ni abattage, mais « suspens ». Il doit relancer les dés et essayer de retrouver le point qui l'a conduit au suspens (4, par exemple).

- S'il fait le même point (exemple, 4), il encaisse tous les enjeux.
- S'il fait 7, il paie toutes les mises à égalité.
- S'il ne fait ni le point du suspens ni 7, il lance les dés jusqu'à ce qu'il fasse baraque ou abattage.

Fin de la partie

Le jeu se termine à la convenance des joueurs, ou lorsqu'un joueur a remporté toutes les mises.

Le Poker d'As

Le nom de ce jeu est une déformation de l'appellation anglo-saxonne qui désigne les dés spéciaux avec lesquels on y joue, « Poker Dice ».

- *4/5 joueurs*
- *10 mn*

MATÉRIEL

Cinq dés spéciaux portant les figures suivantes : As, Roi, Dame, Valet, 10 et 9 ; jetons.

Full aux Dames par les 9

BUT DU JEU

Comme au Poker, réaliser les meilleures combinaisons possible.

RÈGLES

Valeur des combinaisons

Il existe sept combinaisons, classées par ordre décroissant :
– **Le Poker** (également appelé Quinte ou Pointu) = cinq figures semblables.
– **Le Carré** = quatre figures semblables.
– **Le Full** ou Plein = un Brelan et une Paire.
– **Le Brelan** = trois figures semblables et deux différentes.
– **La Séquence** = cinq dés différents.
– **Deux Paires** = deux fois deux figures identiques.
– **Une Paire** = deux figures identiques.

Déroulement de la partie

Après avoir misé, le premier joueur jette les dés autant de fois qu'il le désire, jusqu'à obtention d'une combinaison satisfaisante. Pour le battre, son ou ses adversaires doivent réaliser une meilleure combinaison, en moins de lancers.

L'évaluation des points se fait conformément aux combinaisons. En cas d'égalité, la valeur des figures entre en jeu, l'As étant la plus haute et le 9 la plus basse.

Exemples :
– Un Brelan d'As est supérieur à un Brelan de Rois.
– La Séquence As-Roi-Valet-10 l'emporte sur la Séquence Roi-Dame-Valet-10-9.
– Deux Paires de Dame-Valet sont supérieures à deux Paires 10-9.

Si deux Paires sont identiques (d'un joueur à l'autre), elles sont départagées par le cinquième dé.

Fin de la partie

Le joueur réalisant la meilleure combinaison gagne la partie et encaisse, de la part des autres joueurs, un nombre donné de jetons. En cas d'égalité, les ex aequo rejouent un coup sec.

Le Poker-Joker

Cette variante fait parfois partie des règles du Poker d'As lui-même. Elle est néanmoins facultative. A toutes les combinaisons précédentes on rajoutera l'As, qui tient lieu de Joker.

– Un Poker peut être obtenu avec trois Dames et deux As, par exemple : il équivaudra à cinq Dames.
– Dans un Carré, une des quatre figures peut être remplacée par un As.

Cela dit, il ne peut exister de Paire d'As car, combinée avec un des trois dés les plus élevés, elle permet de faire un Brelan.

Le Poker d'As menteur

Pour ce jeu qui suit les règles du traditionnel Poker menteur, on utilise un cornet ou quelque chose d'équivalent.

Il s'agit, en cherchant à réaliser les mêmes combinaisons que celles du Poker d'As, auxquelles on ajoute celles du Poker-Joker, de cacher aux autres joueurs le résultat de son jet, en soulevant légèrement le cornet, par exemple. On annonce la combinaison, vraie ou fausse. Libre au voisin de gauche de l'accepter ou de la refuser.

– S'il la refuse, il dira : « Bluff ! »
La combinaison sera découverte. S'il est dans le vrai, le « menteur » lui paie un jeton ; s'il s'est trompé, il doit verser un jeton au pot.

– S'il l'accepte, au bout de quelques secondes, il sera le seul, en prenant les dés pour lui-même, à voir si l'annonce était vraie ou fausse. Maintenant, il lui faudra faire une meilleure combinaison que le premier joueur. Et ainsi de suite.

Vraie ou fausse, une combinaison est validée à partir du moment où elle n'est pas remise en question par le voisin de gauche du joueur. Chacun recevant le même nombre de jetons (10, par exemple), celui qui n'en possède plus est éliminé. A chaque tour, la meilleure combinaison emporte le pot.

Le 421

Dérivé du Zanzi, ce jeu est sans doute le plus populaire « jeu de comptoir » de notre pays. Il se joue habituellement sur une piste ronde... le plus souvent à l'apéritif !

- *2 joueurs et plus*
- *10 mn*

MATÉRIEL

Trois dés, jetons.

BUT DU JEU

Obtenir la combinaison 4-2-1 en trois lancers.

RÈGLES

Valeur des combinaisons

Il existe cinq combinaisons, qui sont, par ordre de valeur décroissant :
– Le 421 : 4-2-1.
– Les cinq Paires d'As, plus un dé différent.
– Les six Brelans (trois dés identiques).
– Les quatre Séquences : 3-2-1, 4-3-2, 5-4-3, 3-2-1.
– Les quarante autres combinaisons, de la plus forte (6-6-5) à la plus faible (2-2-1, la « Nénette »).

Déroulement de la partie

Le même nombre de jetons est octroyé à chaque joueur. 11 jetons constituent le pot. Le jeu commence par la « Charge » et se poursuit par la « Décharge ».

● La Charge : le premier joueur lance les trois dés. S'il n'est pas satisfait du résultat, il peut relancer tout ou partie de ses dés plusieurs fois. Les autres joueurs auront droit au même nombre de jets que lui, à concurrence de trois lancers. Le joueur réalisant le plus mauvais point (aucune combinaison, par exemple) reçoit :
– tous les jetons du pot (moins un) ;
– le nombre de jetons égal au point du troisième dé, de la part de ceux ayant fait une Paire d'As.
– 2 jetons du joueur qui a réalisé une des quatre Séquences.
– 1 jeton du joueur ayant obtenu la meilleure combinaison (par exemple, 665 est supérieur à 554...).

● La Décharge : elle commence lorsque le pot est épuisé. Il s'agit maintenant de se débarrasser au maximum de ses jetons.

– Le joueur qui fait 421 remet **tous** ses jetons à celui qui a réalisé le plus mauvais score (au cours de la Décharge). Il a gagné la partie car aucun point ne peut lui être supérieur.

Fin de la partie

Le joueur qui a réussi à se débarrasser de tous ses jetons est le gagnant.

Le Yams

Ce jeu est également parfois appelé Cameroun.

- *2 joueurs et plus*
- *30 mn*

MATÉRIEL

Cinq dés, du papier et un crayon.

BUT DU JEU

Remplir un tableau de 10 cases en réalisant les meilleures combinaisons possible.

RÈGLES

Déroulement de la partie

Chaque joueur jette ses cinq dés dix fois de suite, puis note les résultats obtenus sur un tableau de 11 colonnes.

	1	2	3	4	5	6	P	G	F	Q	TOTAUX
JOUEUR A											
JOUEUR B											
JOUEUR C											
TOTAL	6	12	18	24	30	36	15	20	28	30	219

Les six premières correspondent aux points des dés. Ainsi, sur cinq dés, si un joueur A obtient 3 ⚁ et 2 ⚃, il inscrit 6 (3×2) dans la deuxième colonne et 8 (2×4) dans la quatrième colonne.

– Les points inscrits ne peuvent plus être effacés. Par conséquent, s'ils se répètent, ils ne seront pas pris en compte.
– D'autre part, une colonne est dite « fermée » lorsque le total (bas du tableau) réalisé par les autres joueurs est atteint. Ce total est égal à six fois le point (exemple : point 4 = 24) : pour parer à cet avantage, l'ordre des joueurs sera désigné par les dés.
– Les quatre dernières colonnes sont respectivement les suivantes :

P : Petite Séquence
1 - 2 - 3 - 4 - 5 (15 points).
G : Grande Séquence
2 - 3 - 4 - 5 - 6 (20 points).
F : Full : 2 points identiques + 3 points identiques.
Q : Quinte : 5 points identiques (30 points).

Les points du Full sont variables selon les combinaisons car ils sont obtenus en faisant le total des cinq dés. Celui-ci varie de 7 (trois As + deux 2) à 28, le maximum (trois 6 + deux 5). Le joueur peut :
– jeter les cinq dés une seule fois ;
– si cela ne lui convient pas, jeter une seconde fois tout ou partie de ses dés ;
– rejouer une troisième fois à condition d'annoncer d'avance quelle colonne (4, 5, 6... P, G...) il choisit.

● S'il réussit ce qu'il annonce, il le rajoutera au total précédent.

● S'il ne réussit pas, il ne tiendra pas compte de son dernier essai s'il avait choisi une colonne numérotée (1, 2, 3, 4, 5, 6) et conservera le total précédent. En revanche, s'il avait choisi une colonne P, G, F, Q, il perdra et « fermera » d'une croix cette colonne, non seulement pour lui, mais aussi pour les autres joueurs.

Exemple de coup : un joueur tire les dés suivants :

⚁ ⚂ ⚁ ⚄ ⚅

Il peut conserver ses deux ⚁ et rejouer les trois autres dés. Il obtient ⚀ ⚁ ⚃; il peut rejouer le ⚀ et le ⚃ en annonçant : « Full ! »

S'il réalise une paire de n'importe quel point, il aura gagné son pari ; supposons : ⚀ ⚀, il pourra inscrire dans sa colonne F :

3×2=6+2 (2×1)=8.

Mais, s'il avait perdu, il aurait tout perdu et aurait condamné aux autres la colonne des Full.

A partir des mêmes cinq dés de départ, un autre joueur aurait pu faire un autre jeu :

⚁ ⚂ ⚁ ⚄ ⚅

En conservant les ⚁ ⚂ ⚄ ⚅ il aurait pu essayer une Grande Séquence (G), 2 - 3 - 4 - 5 - 6.

Pour cela, il aurait rejoué un ⚁. Si, au second jet, il avait encore obtenu un ⚂, cela ne lui aurait servi à rien. Au troisième coup, il aurait annoncé : « Grande ! » Si la chance avait été avec lui, il aurait pu obtenir le ⚃ qui lui manquait et réaliser 20 points (le total des dés).

Fin de la partie

Le jeu se termine quand toutes les colonnes sont fermées. Chaque joueur établit alors son total, et celui qui possède le score le plus élevé l'emporte.

VARIANTE

Le Cameroun contré

Matériel

Quatre dés, du papier et un crayon.

Ce jeu est dérivé du Yams. Les combinaisons sont moins complexes, mais pas plus faciles à réaliser pour autant. Chaque joueur ne jette ses quatre dés qu'une seule fois par tour. Son but est de les grouper par deux, de la manière qui lui convient, et d'inscrire les deux totaux ainsi obtenus en regard de la ligne « Totaux ». S'il tire :

⚄ ⚀ ⚁ ⚅

il peut faire 6 (5+1) et 8 (2+6) ou 11 (5+6) et 3 (1+2) ou encore 7 (5+2) et 7 (1+6). S'il choisit la première solution, il fera une croix sur la ligne 6 et une sur la ligne 8 (première colonne verticale). A la différence du Yams, la ligne ne sera pas fermée. Quand il aura fait 4 croix sur une ligne, il inscrira le total prévu (dernière colonne à droite). S'il a fait 4 croix dans la ligne du 6, par exemple, il inscrira 3 points. En revanche, le premier joueur qui inscrit 4 croix sur une ligne la « ferme » pour son adversaire, il le « contre ».

TOTAUX	JOUEUR 1				POINTS	JOUEUR 2				TOTAL
2										11
3										9
4										7
5										5
6										3
7										1
8										3
9										5
10										7
11										9
12										11

Le Zanzi

Diminutif de Zanzibar, le Zanzi est un jeu ancien, généralement considéré comme étant l'ancêtre du 421.

- ***2 joueurs et plus***
- ***10 mn***

MATÉRIEL

Trois dés, du papier et un crayon.

BUT DU JEU

Réaliser des Brelans (trois dés semblables), baptisés ici « Zanzis ».

RÈGLES

Déroulement de la partie

Le premier joueur jette les dés dans le but de réaliser le meilleur Zanzi possible. Il dispose de trois lancers, au cours desquels il peut jeter tout ou partie des dés. S'il réalise une combinaison satisfaisante, par exemple en deux lancers, il annonce « En deux ». Ses adversaires devront le battre sans dépasser ce nombre de jets.

La marque

Seul le gagnant du coup marque des points, selon le barème suivant :

– Zanzi d'As : 100 points.
– Zanzi de 6 : 60 points.
– Zanzi de 5 : 5 points.
– Zanzi de 4 : 4 points.
– Zanzi de 3 : 3 points.
– Zanzi de 2 : 2 points.

Fin de la partie

La partie s'achève lorsque l'un des joueurs a franchi le seuil de points convenu au départ : 200, 500 ou 1 000.

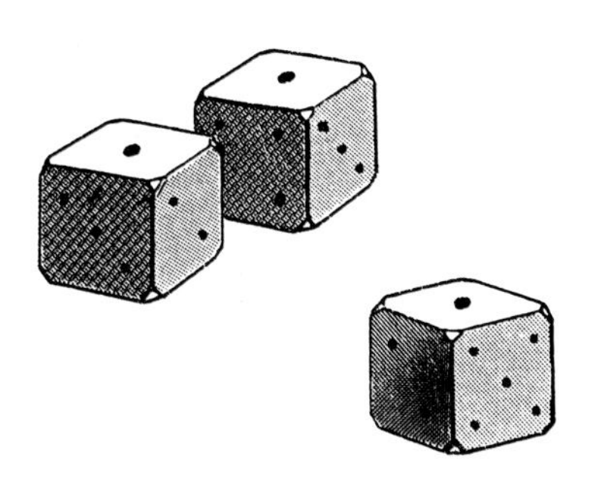

Le Zanzi d'As : la plus forte combinaison

Les Jeux de Cartes

L'origine des cartes est mal connue, mais semble être postérieure à l'apparition des dés ou des dominos, dont elles n'auraient été, dans un premier temps, que la reproduction sur papier. Qu'elles soient originaires du Proche ou de l'Extrême-Orient, les cartes furent sans doute introduites en Occident au XIIIe siècle, sous une forme primitive sans figures, mais qui déchaînait déjà les passions, si on en croit une ordonnance de Saint Louis, datant de 1254 et interdisant à ses sujets de jouer aux dés ou aux cartes...

Chaque pays, voire même chaque région, a produit d'innombrables variétés de jeux de cartes, témoignant de la richesse de ces simples cartons imprimés et de la créativité ludique qu'ils n'ont cessé de susciter.

Les jeux de cartes peuvent cependant se regrouper en grandes familles, malgré leur diversité.

Les jeux de levées ou de points sont sans doute les plus nombreux : Bridge, Belote ou Tarot sont les têtes de file d'une famille presque innombrable dont tous les membres obéissent au même principe : remporter un minimum de plis ou de points, en fonction d'un contrat annoncé en début de partie.

Les jeux de combinaisons forment une famille non moins riche. La Canasta, les Ramis ou le Poker sont quelques-uns de ces jeux qui consistent à associer les cartes par paires, brelans, carrés ou séquences.

Ces deux grandes familles sont sans nul doute les plus riches, en regard des jeux de rapidité, de mémoire ou de pur hasard (lesquels ne présentent un intérêt qu'en devenant des jeux d'argent).

Vous trouverez, au fil des pages suivantes, les jeux les plus souvent pratiqués dans notre pays, mais aussi quelques jeux originaux, parfois un peu délaissés, comme l'Aluette, l'Écarté ou le Piquet. A vous de jouer...

L'Aluette

Ce jeu d'origine espagnole dérive du Tarot, dont on retrouve ici l'appellation des couleurs. Il fut introduit en France dès la fin du Moyen Age, mais il n'est plus pratiqué aujourd'hui que dans l'ouest du pays. Son nom viendrait du mot celte *Aluët*, qui signifie « trompé ». C'est dire l'esprit du jeu !

MATÉRIEL

On peut utiliser le jeu à 48 cartes d'Aluette, dont les couleurs se nomment, comme au Tarot, Baston, Denier, Coupe et Épée (correspondant dans cet ordre à Trèfle, Carreau, Cœur et Pique), ou un jeu de 52 cartes dont on retire les 10.

BUT DU JEU

Faire connaître, par des mimiques, le contenu de son jeu à son partenaire – si possible à l'insu des adversaires – et faire le plus de levées possible.

RÈGLES (4 joueurs)

Valeur des cartes

L'ordre des cartes est très particulier. Il est indispensable de s'y familiariser avant d'entreprendre la partie. Certaines cartes portent un nom particulier. Par ordre d'importance décroissante :

Les cartes d'Aluette :

- le 3 ♦ (de Denier) « le Monsieur »
- le 3 ♥ (de Coupe) « la Madame »
- le 2 ♦ (de Denier) « le Borgne »
- le 2 ♥ (de Coupe) « la Vache »

Les cartes de double :

- le 9 ♥ (de Coupe) « le Grand 9 »
- le 9 ♦ (de Denier) « le Petit 9 »
- le 2 ♣ (de Baston) « le Chêne »
- le 2 ♠ (d'Épée) « l'Écrit »

Les cartes moyennes :

- les quatre As
- les quatre Rois
- les quatre Dames
- les quatre Valets

Les cartes basses :

- les deux 9 restants
- les quatre 8
- les quatre 7
- les quatre 6
- les quatre 5
- les quatre 4
- les deux 3 restants

Distribution des cartes

La partie se joue à quatre, par équipe de deux. Le donneur, qui change à chaque tour, distribue trois par trois neuf cartes à chacun. Il reste donc douze cartes au talon.

Déroulement de la partie

Les quatre joueurs, l'un après l'autre, annoncent s'ils acceptent que les douze cartes du talon soient distribuées. En cas d'unanimité, le donneur distribue six cartes à son voisin de gauche, et six cartes à son partenaire. Cette opération s'appelle le « Chant ». Les deux bénéficiaires, ou « Chanteurs », incorporent ces six cartes à leur jeu, et en rejettent six de leur choix, afin de se trouver en possession de neuf cartes.

Les joueurs abattent leurs cartes les uns après les autres, en commençant par le voisin de gauche du donneur. La plus forte carte, selon la hiérarchie donnée plus haut, permet d'emporter la levée, et le gagnant entame le pli suivant. S'il y a égalité entre plusieurs joueurs ayant abattu la plus forte carte, la levée ne profite à personne. On dit que le jeu est « pourri ». Les quatre cartes du pli annulé sont rejetées au talon, et le premier joueur ayant abattu l'une des cartes à égalité entame le pli suivant.

Fin de la partie

Le camp dont l'un des partenaires a totalisé le plus grand nombre de levées gagne le tour et marque 1 point. La valeur des cartes au sein de chaque levée ne compte pas. La partie se joue en 5 points.

LES MIMIQUES

Dès la distribution, les joueurs ont la possibilité de renseigner leur partenaire sur le contenu de leur jeu. Ils utilisent pour cela un certain nombre de mimiques.

CARTES POSSÉDÉES	MIMIQUES
le Monsieur	lever les yeux au ciel
la Madame	pencher la tête sur le côté
le Borgne	fermer un œil
la Vache	faire la moue
le Grand 9	lever le pouce
le Petit 9	lever le petit doigt
le Chêne	lever l'index
l'Écrit	joindre le pouce et l'index
Un ou plusieurs As	ouvrir la bouche autant de fois que l'on possède d'As
Mauvais jeu	hausser les épaules

Il va de soi que ces mimiques doivent être faites de manière à n'être aperçues que de son partenaire.

L'Ascenseur

L'Ascenseur est un jeu de levées d'une grande simplicité, rendu attrayant par les enchères. On peut d'ailleurs y jouer de l'argent.

MATÉRIEL

Un jeu de 52 cartes.

BUT DU JEU

Atteindre le nombre exact de levées que l'on s'est engagé à réaliser.

RÈGLES (4 joueurs)

Valeur des cartes

L'ordre habituel, l'As étant la plus forte carte.

Distribution des cartes

Les joueurs donnent à tour de rôle et le jeu entier est mêlé après chaque coup. Le donneur distribue les cartes dans le sens inverse à celui des aiguilles d'une montre, une par une, en commençant par son voisin de droite. Le nombre de cartes distribuées augmente d'une unité à chaque tour :

– au premier tour, une carte par joueur ;
– au deuxième tour, deux cartes par joueur ;
– au treizième tour, treize cartes par joueur.

A l'issue de chaque donne, on retourne la carte supérieure du talon restant, qui détermine la couleur d'Atout. Au treizième tour, on joue Sans-Atout, puisque l'intégralité du jeu est distribuée. A la quatorzième donne, on ne distribue que douze cartes, et l'on recommence à déterminer un Atout. Une carte de moins est distribuée à chaque donne suivante, jusqu'au dernier tour où chacun reçoit une seule carte.

Déroulement de la partie

Lorsque tous les participants ont pris connaissance de leur jeu et de la couleur d'Atout, ils annoncent l'un après l'autre leur enchère, c'est-à-dire le nombre de levées qu'ils s'engagent à réaliser. Le donneur se prononce en dernier, et il est astreint à une contrainte particulière : la somme de son enchère et de celle de ses partenaires ne doit pas être égale au nombre de levées du tour.

Exemple : Nous sommes au dixième tour.

Le premier joueur annonce « 3 ».
Le deuxième joueur annonce « 0 ».
Le troisième joueur annonce « 5 ».
Le donneur voudrait annoncer « 2 », mais cela lui est impossible, car cela porterait le total des enchères à 3+5+2=10, soit le nombre de levées du tour. Il devra donc annoncer « 1 », ou « 3 ».

Pourquoi cette contrainte ? Si le total des enchères était strictement égal au nombre des levées, tous les joueurs pourraient réaliser leur contrat. Grâce à cette règle, il y aura au moins un perdant...

Les enchères étant faites, le voisin de droite du donneur entame la première levée. Les autres joueurs doivent fournir une carte de la couleur demandée, si possible plus forte. Ceux qui en sont incapables doivent couper ou surcouper avec un Atout. Le joueur qui ne possède pas d'Atout doit se défausser d'une carte quelconque. La plus forte carte de la couleur demandée, ou de l'Atout, emporte la levée.

Fin du tour et marque

Les joueurs comptent le nombre de levées réalisées. Si ce nombre correspond exactement à leur enchère, ils marquent 10 points, plus 2 points par levée. S'ils ont réalisé un nombre de levées supérieur ou inférieur à leur enchère, ils perdent 5 points par levée manquante ou excédentaire.

Fin de la partie

Après la dernière levée, chacun fait le total de ses points. Celui dont le total est le plus fort est déclaré vainqueur.

Exemple :

	enchères	**levées réalisées**	**score**
joueur A	3	5(+2)	−10 points
joueur B	0	1(+1)	− 5 points
joueur C	5	3(−2)	−10 points
joueur D	3	3 −	+16 points

Seul le donneur a réalisé exactement son contrat.
Il gagne : 10 points + (2 points × 3 levées) = 16 points.

Le Barbu

Le Barbu est un jeu sur l'origine duquel on sait très peu de chose. C'est un jeu de création et de diffusion récentes, sans doute apparu pour la première fois au début du siècle. Ses règles, très variables d'une région à l'autre, ont été codifiées par les joueurs de Bridge, qui se sont intéressés à ce jeu. L'apprentissage aisé des règles, joint à la très grande difficulté du jeu, promet le Barbu à un grand avenir.

MATÉRIEL

Un jeu de 52 cartes.

BUT DU JEU

Répondre aux exigences de sept contrats, qui ont tous un objectif différent.

RÈGLES (4 joueurs)

Ordre des cartes

C'est l'ordre habituel du jeu, de l'As au 2.

Distribution des cartes

Le donneur, qui demeure le même durant les sept coups constituant une manche, distribue une à une treize cartes à chaque joueur dans le sens des aiguilles d'une montre.

Déroulement de la partie

Une partie de Barbu se joue en quatre manches, chaque joueur étant successivement donneur sur une manche. Chaque manche est composée de sept coups différents, obéissant à des règles et des objectifs propres. L'ordre dans lequel ces coups, ou « choix », se jouent dépend de la volonté du donneur, ou « Déclarant », qui prend ses décisions au vu de sa propre main.

Le Barbu fait partie de ces jeux « d'évite » où l'objectif est de ne pas prendre de cartes pénalisantes. Il y a en fait cinq choix « négatifs » de ce type (donnant lieu à l'attribution de points négatifs), où il faut éviter de ramasser certaines cartes, et deux choix « positifs » (donnant lieu à l'attribution de points positifs), où l'on tend vers un but plus constructif. Certaines règles de jeu de la carte s'appliquent néanmoins quel que soit le choix.

– Sur chaque choix, c'est le Déclarant qui entame, c'est-à-dire qui joue la première carte de la donne.
– Les joueurs sont tenus de fournir la couleur demandée par le joueur qui attaque la levée.
– Le joueur qui joue la plus forte carte de la couleur demandée remporte la levée et attaque la levée suivante.
– Le joueur qui n'a pas de carte de la couleur demandée en main peut se défausser, c'est-à-dire se débarrasser d'une carte de la couleur de son choix.

Le Déclarant annonce sur chaque donne son choix, et entame. Le coup se déroule alors selon les règles que nous venons de décrire, en tenant toutefois compte d'éventuelles contraintes supplémentaires, différentes selon le choix effectué.

Les cinq choix négatifs

- **Le Barbu,** qui donne son nom au jeu. C'est le R ♥. Il faut éviter de le ramasser lorsqu'on remporte une levée, sous peine d'une **pénalité de 20 points**. Il est interdit de jouer Cœur tant que l'on possède encore des cartes d'une autre couleur. Il est en revanche permis de se défausser du Cœur si quelqu'un joue une couleur où on n'a pas de carte, et bien sûr obligatoire de fournir du Cœur si quelqu'un d'autre joue de cette couleur.

- **Les Cœurs :** il faut éviter de prendre des Cœurs dans ses levées, sous peine d'une **pénalité de 2 points par Cœur et de 6 points pour l'As ♥**. Il est là encore interdit de jouer Cœur tant que l'on possède des cartes d'une autre couleur.

- **Les Dames :** il faut éviter de ramasser des Dames dans ses levées, sous peine d'une **pénalité de 6 points par Dame**.

- **Les Levées :** il faut éviter de faire des levées, sous peine d'une **pénalité de 2 points par levée**.

- **Les Deux der :** il ne faut réaliser **ni l'avant-dernière levée, pénalisée de 10 points, ni la dernière levée, pénalisée de 20 points.**

Les choix positifs

- **L'Atout :** il faut réaliser le plus de levées possible, le coup se jouant avec une couleur choisie comme Atout par le Déclarant. L'Atout a préséance sur les autres couleurs : en cas de coupe, c'est le joueur qui a coupé ou celui qui a fourni le plus fort Atout, s'il y a eu surcoupe, qui remporte la levée. Lorsqu'un joueur n'a pas de carte dans la couleur demandée par le joueur qui attaque la levée, il est tenu de couper, et de surcouper si l'on a coupé devant lui. **Chaque levée réalisée rapporte 5 points.**

● **La Réussite :** il faut se débarrasser de ses cartes le plus rapidement possible, en reconstituant dans l'ordre les quatre couleurs du jeu. A partir d'une carte d'une certaine hauteur (un 9, par exemple), les joueurs doivent compléter chaque famille par la carte immédiatement supérieure ou inférieure (en posant par exemple sur le 9 ♣, le 10 ♣, puis le V ♣ ou bien le 8 ♣, puis le 7 ♣, et ainsi de suite) ou poser une carte de même hauteur (dans notre exemple, un 9 ♦ ou ♠).

La hauteur de la réussite, c'est-à-dire la carte initiale à partir de laquelle il est possible de compléter le jeu, est fixée par le Déclarant (toujours dans notre exemple, cette hauteur est le 9. On dit que « la réussite est au 9 »).

Il est interdit de passer si l'on peut poser une carte, et l'on ne peut poser qu'une carte à la fois. Dans le cas où l'on peut poser plusieurs cartes, on pose celle de son choix.

Le joueur qui se débarrasse le premier de toutes ses cartes marque 45 points, le deuxième 20 points, le troisième 10 points et le dernier se voit infliger une pénalité de 10 points.

Fin du coup

Le coup se termine lorsque les joueurs n'ont plus de cartes en main. Chaque joueur compte alors ses points, selon la nature du combat choisi par le déclarant.

La marque

La compensation entre les contres et les surcontres intervient après le compte des points.

En pratique, on opère de la façon suivante : supposons qu'aux levées (contrat choisi par A, le Déclarant, et qui consiste, rappelons-le, à effectuer le moins de levées possible), B passe, C contre le Déclarant et D contre A, B et C. A réalise 5 levées, B 4 levées, C 3 levées et D 1 levée. Le calcul s'effectue ainsi :

LES CONTRES

Les joueurs peuvent se contrer entre eux. Par le contre, un joueur s'engage à faire aussi bien ou mieux que le joueur qu'il a contré. Chaque fois que le Déclarant effectue l'un de ses choix, la parole passe à tour de rôle à tous les joueurs, dans le sens des aiguilles d'une montre. Chaque joueur a le choix entre passer ou contrer le ou les joueurs de son choix. Quand un contre a été effectué, un second tour d'enchères a lieu. Tout joueur contré peut surcontrer quand la parole lui revient.

Lorsque deux joueurs sont « en contre » sur un choix, celui qui fait le meilleur total encaisse la différence de points entre leurs deux scores sur ce choix. Cette différence est elle-même doublée en cas de surcontre.

Exemple : A contre B sur le Barbu, et B prend finalement le Barbu – pénalité de 20 points. Sans le contre, A marquerait 0 et B –20. Après le contre, A marque +20 et B –40. Le total A+B reste égal à –20 points.

Le jeu se complique dans la mesure où chaque joueur doit obligatoirement contrer deux fois le Déclarant, sur l'ensemble de la manche. On peut bien entendu le contrer plus souvent si le jeu s'y prête. Il n'est possible de contrer que le Déclarant sur les choix positifs (Atout et Réussite).

- A perd ses 5 levées, plus 2 levées sur C (5−3), plus 4 levées sur D (5−1) = 11 levées, soit −22 points.
- B perd ses 4 levées, plus 3 levées sur D = 7 levées, soit −14 points.
- C perd ses 3 levées, gagne 2 levées sur A et perd 2 levées sur D = 3 levées, soit −6 points.
- D perd sa levée, mais gagne 4 levées sur A, 3 levées sur B et 2 levées sur C = 8 levées, soit +16 points.

Le total des joueurs doit être égal au total théorique du contrat (pour les levées −2 points de pénalité × 13 levées = −26 points). Vérifions :
A + B + C + D = (−22) + (−14) + (−6) + (+16) = −26 points.

Il n'y a pas eu d'erreur de marque.

La marque s'effectue sur un tableau à double entrée où figurent en ordonnée les différents choix possibles et en abscisse les noms des joueurs. Il faut un tableau par manche. Chaque joueur tient sa propre marque où il inscrit les points et note les contres, pour ne pas les oublier, par une croix dans la case correspondante.

S'il n'y avait qu'une marque, les joueurs seraient sans cesse obligés de déranger le marqueur pour lui demander s'ils ont bien effectué leurs contres obligatoires, quels choix le Déclarant doit encore faire, etc. L'exemple que nous venons de décrire se noterait de la façon suivante, à la ligne « Levées » :

	A	B	C	D	Total
Levées	−22	−14	−6ˣ	+16ˣ	(−26)

Voici comment se présente une feuille de marque complète après tous les choix. On notera que les totaux des joueurs, sur chaque donne, doivent être égaux au total théorique du contrat, par exemple −20 pour le Barbu, (−6) × 4 = −24 pour les Dames, etc. Nous avons marqué ce total théorique entre parenthèses sur le tableau. On note également que les coups positifs et les coups négatifs s'annulent sur l'ensemble des sept choix.

	A	B	C	D	Total
Barbu	0	0	−20	0	(−20)
Cœurs	−12	+30ˣ	−28	−20	(−30)
Dames	−12	− 6	+ 6ˣ	−12	(−24)
Levées	−22	−14	− 6ˣ	+16ˣ	(−26)
Deux der	+10	−20	−20ˣ	0ˣ	(−30)
Atout	+25	+20	+ 5	+15	(+65)
Réussite	+10	−10	+20	+45	(+65)
Total	− 1	0	−43	+44	(0)

La feuille de marque

Fin de la partie

La partie se termine lorsque chaque joueur a effectué ses sept choix, c'est-à-dire après quatre manches. Les joueurs font alors leur total général, calculent leurs gains ou leurs pertes en fonction des différences de leurs scores.

STRATÉGIE

Le Barbu est un jeu excessivement difficile, chaque type de contrat relevant d'une stratégie différente et tout coup pouvant être considéré comme un cas particulier, en fonction des cartes précédemment jouées et des situations de contre et de surcontre (un joueur qui est contré au Barbu, par exemple, fera tout pour que le joueur qui l'a contré ramasse le R ♥, parce qu'il gagnerait alors 20 points. Sa façon de jouer serait complètement différente si personne ne l'avait contré).

On peut cependant remarquer que l'ordre dans lequel ces contrats sont choisis n'est pas indifférent : il existe en effet des choix, comme le Barbu ou les Deux der, plus « chers » que d'autres et dont il vaut mieux se débarrasser en priorité avant de se trouver obligé de les choisir avec des mains peu favorables. Avec une mauvaise main, il est en effet probable de ramasser le Barbu ou les Deux der, et de se voir contré avec délices par les trois autres joueurs ! Il est en revanche peu fréquent de ramasser l'intégralité des treize levées, quelle que soit sa main.

L'ordre conseillé pour les choix est le suivant, dans la mesure du possible : le Barbu, les Deux der, les Cœurs, les Dames, les Levées, l'Atout et la Réussite. Il vaut mieux conserver ses choix positifs pour la fin, car le fait de pouvoir choisir la couleur d'Atout et la hauteur de la réussite constitue un avantage tel que l'on est le plus souvent à l'abri du contre, même avec une main médiocre.

Il faut également signaler que la place que l'on occupe par rapport au Déclarant n'est pas non plus indifférente. Le premier à parler ne peut contrer les autres joueurs qu'avec une très belle main, car il ne dispose d'aucune information lui permettant de savoir qui a un bon jeu. En revanche, le dernier à parler peut facilement tirer profit des enchères précédentes, comme l'indiquent ces deux exemples :

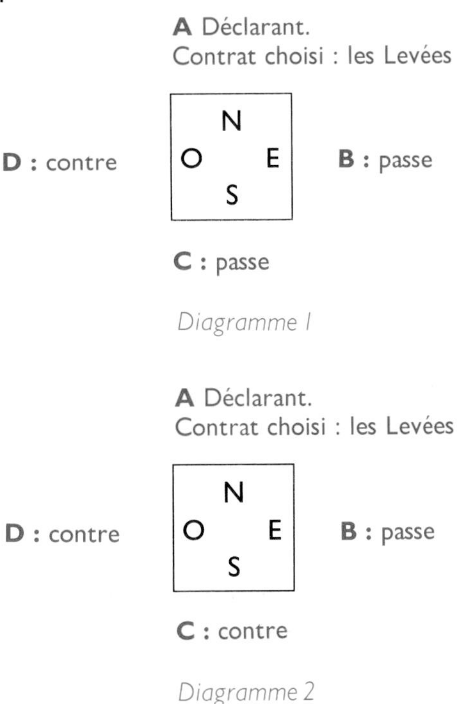

Diagramme 1

Diagramme 2

Il est très facile d'expliquer les enchères des diagrammes ci-dessus sans même connaître les mains des joueurs. A effectuant librement son choix, on suppose qu'il a une belle main. Dans le diagramme 1, B passe : il a sans doute une main moyenne ou mauvaise. C, sachant cela, ne contre pas B : c'est sans doute qu'il a lui-même une mauvaise main. D le contre donc les yeux fermés dès qu'il possède une main honorable.

Dans le diagramme 2, B passe à nouveau et C le contre. Si D a une main correcte et que A et C ont, d'après les enchères, une belle main, c'est que la main de B est horrible. D peut donc le contrer en toute sécurité.

MAINS TYPES POUR EFFECTUER LES DIFFÉRENTS CHOIX

BARBU

L'idéal est de posséder le R ♥, assez long, et d'avoir une couleur courte. On entame sa couleur courte et on se débarrasse du Barbu quand cette couleur est rejouée.

Exemple de main : entame 7

♠ 7
♥ **R**, 10, 6, 4, 2
♦ A, R, 8, 2
♣ R, 5, 3

DEUX DER

Il faut posséder des petites cartes (idéalement des 2), et des As-Rois pour reprendre la main et se débarrasser de ses « dangers » (c'est-à-dire de ses cartes susceptibles de réaliser des levées inopportunes).

Exemple de main : entame D ♥, et quand on reprend la main, 8 ♥

♠ R, 5, 3, 2
♥ D, 8, 2
♦ R, D, 3, 2
♣ 5, 3

On notera que les grosses cartes, As et Rois, sont utiles pour reprendre la main et purger la ou les couleurs dangereuses : avec par exemple 10, 9, 7 dans une couleur, il faut avoir trois fois la main pour se débarrasser de ces cartes, ce qui nécessite des reprises de main (As et Rois) dans les autres couleurs.

CŒURS

Il faut avoir le plus de Cœurs possible, avec l'As de préférence. On entame sa couleur la plus courte, et quand on n'aura plus de cette couleur, on défaussera ses Cœurs ou ses dangers.

Exemple de main : entame 10 ♦, et à la première occasion défausse des gros Trèfles.

♠ A, 3, 2
♥ **A, 10, 6, 4, 2**
♦ 10, 9
♣ A, R, 5

DAMES

Il faut si possible des petites cartes. On entame sa courte, et on se défausse par la suite de ses dangers (ou de ses Dames éventuelles) lorsque les adversaires rejouent de cette couleur.

Exemple de main : entame 9 ♦ et défausse rapide du Valet et du 10 ♥ (dangers potentiels)

♠ R, **D**, 6, 3, 2
♥ V, 10, 3
♦ 9, 7
♣ 10, 4, 3

LEVÉES

Il faut des petites cartes et, si l'on a une couleur longue dans sa main, faire attention quand cette couleur devient maîtresse de ne pas reprendre l'initiative du jeu : on ferait alors toutes les levées restantes.

Exemple de main : entame 3 ♥

♠ A, R, 10, 8, 4, 2
♥ 10, 6, 3
♦ 5
♣ 7, 6, 5

Remarquons qu'il ne serait pas bon d'entamer, par exemple, le 5 ♦ parce qu'il est fort possible de faire la levée avec cette carte si les adversaires jouent le 4, le 3 et le 2 ♦. Rappelons que le but du jeu, dans ce contrat, est de ne pas faire de levées.

ATOUT

Il faut une main lourde en grosses cartes (As, Roi, etc.) disposant si possible d'une couleur longue que l'on choisira comme Atout.

Exemple de main : Atout Pique et entame As ♣

♠ **A, V, 6, 4, 2**
♥ R, D, 6
♦ 8, 2
♣ A, R, 6

RÉUSSITE

Il faut une main assez régulièrement répartie, dont toutes les couleurs sont centrées autour d'une carte clé que l'on choisira comme hauteur. On entame dans les couleurs que l'on désire voir progresser. Il est permis de choisir comme hauteur une carte que l'on ne possède pas. On doit alors passer d'entrée.

Exemple de main : hauteur au 9, entame 9 ♠

♠ D, V, **9**, 7, 5, 3
♥ 10, 9, 7
♦ 8, 7
♣ 10, 8

La Belote

Le nom même de Belote est d'origine inconnue. Il proviendrait, selon certains, d'un nommé Belot, qui en aurait établi les premières règles, mais dériverait, selon d'autres, du terme « bel atout ».
Apparue en France au début du siècle, la Belote a connu une expansion fulgurante, jusqu'à devenir le jeu de cartes actuellement le plus pratiqué. Aujourd'hui, sous divers noms ou variantes, la Belote compte dans le monde entier des millions d'adeptes.

MATÉRIEL

Un jeu de 32 cartes.

BUT DU JEU

Réaliser sur chaque donne plus de points que l'adversaire, en remportant des levées.

RÈGLES (2, 3 ou 4 joueurs par équipes de 2)

Valeur et ordre de force des cartes

A chaque donne, l'une des quatre couleurs est désignée comme Atout. Les cartes de cette couleur prépondérante se différencient alors nettement des autres.

Distribution des cartes

Le donneur fait couper à sa gauche puis distribue, dans le sens des aiguilles d'une montre, six cartes à chacun (trois par trois) s'il s'agit d'une partie à 2 ou 3 joueurs ; cinq cartes (trois + deux, ou

Atout		**Autres Couleurs**	
Ordre	*Valeur*	*Ordre*	*Valeur*
Valet	20 points	As	11 points
9	14 –	10	10 –
As	11 –	Roi	4 –
10	10 –	Dame	3 –
Roi	4 –	Valet	2 –
Dame	3 –	9	0 –
8	0 –	8	0 –
7	0 –	7	0 –
Total à l'Atout	62 points	Total par couleur	30 points

deux + trois) s'il s'agit d'une partie à 4 joueurs.

Dans les parties à 3 et 4 joueurs, chacun donne à son tour, tandis que dans la partie à 2 joueurs, c'est le gagnant du coup qui redonne.

La donne effectuée, le donneur retourne la première carte du talon. La couleur de cette « retourne » servira d'Atout.

Détermination de l'Atout

Le joueur placé à la droite du donneur débute les enchères en déclarant « Couleur » s'il accepte d'être demandeur dans la couleur d'Atout (c'est-à-dire s'il désire s'engager à faire plus de points que chacun de ses adversaires) ou bien, s'il préfère s'abstenir, en déclarant « passe ».

Dans ce dernier cas, la parole revient à son adversaire de droite, et ainsi de suite. Si tous les joueurs passent, on procède à un deuxième tour d'enchères où il est possible de choisir l'une des trois autres couleurs comme Atout. En cas de deuxième passe générale, le joueur suivant distribue une nouvelle donne.

Seconde donne

Une fois l'Atout déterminé, le donneur effectue une distribution complémentaire.

– Parties à 2 ou 3 joueurs : le donneur distribue trois cartes à son ou ses adversaires, puis trois à lui-même. Il retourne alors, uniquement pour information, la dernière carte du talon, la « bergère ».

Si l'Atout a été choisi au premier tour d'enchères, celui des joueurs possédant le 7 d'Atout a la possibilité, cependant facultative, de l'échanger contre la retourne, avant que soit jouée la première carte.

– Parties à 4 joueurs : le donneur distribue le restant des cartes aux autres joueurs, trois par trois. Le demandeur ne reçoit que deux cartes mais prend la retourne, qui ne peut donc plus être échangée contre le 7 d'Atout.

Déroulement de la partie

Le joueur placé à la droite du donneur entame et déclare ses éventuelles annonces (voir encadré) en jetant sa carte sur le tapis. Les autres joueurs font également leurs annonces en jouant leur première carte. Il est possible de fournir toute carte qui paraît utile, sous la réserve de trois contraintes :

– Obligation de fournir dans la couleur demandée par le joueur qui a attaqué la levée.

– Obligation de couper, voire de surcouper, si l'on ne possède pas de carte de la couleur demandée (dans la partie à 4, on n'est pas obligé de couper si le partenaire est maître. Notons également que le joueur incapable de surcouper n'est pas tenu de sous-couper. Il est toutefois conseillé de préciser ce dernier point avant de jouer).

– Obligation de « forcer » à l'Atout, c'est-à-dire de monter sur la plus forte des cartes précédemment fournies.

Si un joueur ne peut ni fournir ni couper, il défausse n'importe quelle carte, à sa convenance. Le joueur qui remporte la levée ramasse le pli, le place devant lui et rejoue la première carte de la levée suivante.

ANNONCES ET BONIFICATIONS

La Belote est avant tout un jeu de levées, mais les combinaisons réalisées avec les cartes distribuées permettent d'obtenir des points supplémentaires, dits points d'annonce.

LES ANNONCES

Au moment de jouer sa première carte, chaque joueur peut, à tour de rôle, faire une annonce en fonction des cartes dont il dispose.

Il existe cinq types d'annonces, qui sont par ordre de rétribution et de force :

1. Les Carrés, dont la valeur est fonction de la hauteur :

le Carré de			
Valets	vaut	200	points
9	–	150	–
As	–	100	–
10	–	100	–
Rois	–	100	–
Dames	–	100	–

les autres Carrés ne valent rien.

2. Le Cent, ou Quinte à la couleur, qui, comme son nom l'indique, rapporte 100 points.

Un Cent est formé de cinq cartes qui se suivent dans la même couleur. Ici, un Cent à Carreau.

3. Le Cinquante, ou Quarte à la couleur, qui rapporte 50 points.

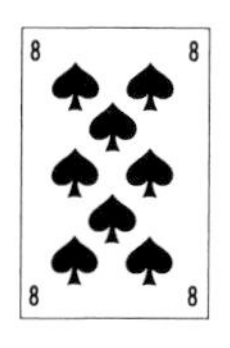

4. La Tierce, qui vaut 20 points.

5. La Belote, qui vaut 20 points.

C'est une combinaison du Roi et de la Dame d'Atout, qui s'annonce en cours de jeu en disant « Belote » lorsque l'on joue l'une de ces deux cartes, et « Rebelote » lorsque l'on joue l'autre carte.

La Belote est composée du « mariage » d'Atout, c'est-à-dire de la réunion du Roi et de la Dame d'Atout dans la même main.

La Belote peut faire partie d'une autre combinaison, et devient ainsi une « annonce dans l'annonce ». Par exemple, si l'Atout est Cœur :

forment une Tierce belotée. Elle s'annonce en trois temps. Au moment de jouer la première carte de son jeu en déclarant « Tierce », et lorsque le Roi et la Dame sont joués en disant « Belote » puis « Rebelote ».

Ces points d'annonce sont marqués automatiquement par le joueur qui possède la plus forte combinaison, sous réserve de :

- Faire l'annonce au premier tour de la partie.
- Montrer aux autres joueurs, après la première levée, la combinaison annoncée.

Seule la plus forte des combinaisons est retenue. On ne peut donc faire une annonce inférieure à celle d'un adversaire qui a déjà parlé.

Le Carré est plus fort que le Cent, qui est plus fort que le Cinquante, etc.

Dans le cas de combinaison de force égale, la plus haute l'emporte (entre deux Quintes, la Quinte majeure As, Roi, Dame, Valet, 10 l'emporte sur une Quinte composée de Roi, Dame, Valet, 10, 9, et ainsi de suite). En cas de hauteur égale, la combinaison à l'Atout l'emporte sur l'autre. A défaut d'Atout, la première combinaison annoncée l'emporte.

Dans les parties à 4 joueurs, le partenaire de celui dont l'annonce a été acceptée peut montrer le cas échéant ses propres combinaisons, dont les points s'ajoutent automatiquement à ceux de l'annonce retenue.

Si un même joueur possède plusieurs combinaisons, leurs points sont additionnables, à condition toutefois que la plus importante de ces combinaisons ne soit pas battue par une annonce adverse.

La Belote est un cas particulier. A la différence des autres combinaisons, elle n'est pas annoncée en début de partie mais au cours du jeu, lorsque son possesseur joue le Roi d'Atout. Il doit alors annoncer « Belote », puis « Rebelote » lorsqu'il jouera la Dame d'Atout. S'il oublie de faire ces annonces, il ne peut bénéficier des points de Belote.

LES BONIFICATIONS

Elles sont de deux types, l'une habituelle, l'autre exceptionnelle :

– le Dix de der récompense par une prime de 10 points le joueur qui réalise la dernière levée ;

– le Capot : lorsqu'un joueur n'a fait aucune levée, il est dit « capot » et ses adversaires se partagent 100 points (50 points pour chaque joueur dans une partie à 3). Il faut noter que le Capot supprime le Dix de der.

Compte des points et fin du coup

Le coup est terminé quand les joueurs n'ont plus de cartes en main. Ils additionnent alors leurs points de levées, leurs points de bonifications et leurs points d'annonces (dans les parties à 4, on additionne les levées gagnées par les deux partenaires de chaque équipe). Le pari du demandeur était de marquer plus de points que la défense. Trois cas peuvent se produire.

– Le demandeur « passe » : il a fait plus de points que chacun de ses adversaires. Chaque joueur marque alors ses points. Si la défense est capot, elle ne marque que ses annonces.

– Le demandeur est « dedans » : il a fait moins de points que l'un de ses deux adversaires. Ce dernier encaisse alors les points du demandeur. Si les deux adversaires l'ont mis dedans, ses points vont à celui qui a le plus fort total. En cas d'égalité, il y a litige et les points iront à celui des adversaires qui réalisera le plus de points lors de la donne suivante.

– Il y a « litige », lorsque les deux camps ont un nombre de points identique. La défense marque alors ses propres points, le litige n'affectant bien entendu que le demandeur. Les points de celui-ci sont gelés jusqu'à la donne suivante et attribués au vainqueur de celle-ci.

Fin de la partie

Pour gagner la partie, il faut atteindre un nombre de points déterminé à l'avance par les joueurs. L'objectif fixé est traditionnellement de **1 000 points**. Le premier joueur (ou camp) ayant atteint le total convenu remporte la partie. Le perdant de la partie peut être doublement pénalisé si les joueurs sont convenus d'adopter la clause du « Rubicon », qui stipule qu'un joueur perd deux parties au lieu d'une s'il n'a pas atteint la moitié des points fixés pour le gain d'une partie. Il existe deux types de Rubicon :

– **Le Rubicon simple :** un joueur est déclaré Rubicon s'il n'a pas atteint la moitié des points fixés pour le gain d'une partie.

– **Le Rubicon flottant :** est Rubicon le joueur qui n'a pas atteint la moitié des points marqués par le gagnant.

STRATÉGIE

Pour gagner son pari, le demandeur doit réaliser plus de 81 points dans une partie de Belote à 4, si l'on ne tient pas compte des annonces, toujours imprévisibles. Le total du jeu s'élève en effet à 62 points pour la couleur d'Atout, plus 3 × 30 points pour les autres couleurs, plus le Dix de der, soit 162 points (et 252 points en cas de Capot, ce dernier supprimant le Dix de der).

Pour ce faire, seules les cartes puissantes sont réellement utiles : le « 45 » (Valet, 9, As d'Atout) permettra de capturer facilement la totalité des 62 points d'Atout, et les autres cartes maîtresses (As, ainsi que 10) seront rarement coupées et permettront de réaliser des levées lourdes en points. En revanche, prendre avec un jeu long à l'Atout mais faible en Honneurs serait tomber dans un piège fatal et onéreux : un tel type de jeu est surtout bon en défense.

La stratégie doit varier selon que la main est intéressante en défense (on joue alors pour faire chuter) ou bien très faible (on joue alors pour éviter le Capot), selon que la partie en est à son début (il est alors permis de prendre des risques) ou bien s'achemine vers sa fin (chaque point rapproche de la sortie, et tout écart devient difficile à combler).

VARIANTES

La Belote moderne

Cette variante, qui se joue à 4, diffère de la Belote ordinaire du fait que l'on peut y jouer à Sans-Atout ou à Tout-Atout. De plus, le demandeur peut être contré, et lui-même surcontrer. Le jeu est celui de la Belote ordinaire, en notant toutefois les particularités suivantes :

Sans-Atout

Le jeu se déroule sans qu'un atout spécifique soit fixé. Dans chaque Couleur, la hiérarchie et la valeur des cartes sont celles de la Belote ordinaire : As (11 points), suivi du 10 (10 points), du Roi (4 points), de la Dame (3 points), du Valet (2 points), du 9, du 8 et du 7 (0 point), soit 30 points par couleur et donc un total de 130 points dans le jeu avec le Dix de der.

Tout-Atout

En pratique, le jeu se déroule également sans Atout spécifique, mais en conférant aux cartes la hiérarchie et la valeur d'une couleur d'Atout, à savoir le Valet (20 points), suivi du 9 (14 points), de l'As (11 points), du 10 (10 points), du Roi (4 points), de la Dame (3 points), du 8 et du 7 (0 point), soit 62 points par couleur et donc un total de 258 points dans le jeu avec le Dix de der.

Il n'y a *litige* ni à Sans-Atout ni à Tout-Atout, le demandeur devant marquer dans chaque cas la moitié des points plus un :

$\frac{130}{2} + 1 = 66$ points à Sans-Atout.

$\frac{258}{2} + 1 = 130$ points à Sans-Atout.

Valeur des enchères

En cas de conflit entre joueurs dont l'un veut prendre à la couleur, l'autre à Sans-Atout ou à Tout-Atout, la règle veut qu'une enchère à Sans-Atout prime une enchère à la couleur, et qu'une enchère à Tout-Atout prime une enchère à Sans-Atout.

Valeur des annonces

Les Belotes et Rebelotes sont comptabilisées dans les quatre couleurs à Tout-Atout. Les Belotes et Rebelotes n'existent plus à Sans-Atout. En revanche, la valeur des Carrés est modifiée :

- Le Carré d'As vaut 200 points
- Le Carré de 10 vaut 150 points
- Les Carrés de Rois, Dames et Valets valent 100 points
- Les autres Carrés valent 0 point

Marque, contre et surcontre

Les donnes à Sans-Atout sont comptées doubles, tandis que celles à Tout-Atout sont comptées triples.

Le contreur s'engage à réaliser davantage de points que le demandeur. En cas d'égalité, ce dernier l'emporte (il n'y a plus de litiges dans la Belote moderne). Si le demandeur surcontre, il s'engage à faire plus de points que le contreur (en cas d'égalité, il est dedans). Le camp qui gagne ajoute les points de l'adversaire à ses propres points, et le tout est doublé en cas de contre, quadruplé en cas de surcontre. La partie se joue habituellement en 3 000 points.

La Belote bridgée

Cette variante, introduite en France vers 1945, a connu un succès limité, la Belote moderne comblant parfaitement les aspirations des amateurs. Dans cette forme de jeu, les couleurs adoptent la hiérarchie du Bridge (par force croissante Trèfle, Carreau, Cœur, Pique, Sans-Atout, Tout-Atout). C'est-à-dire qu'en cas de conflit entre un joueur voulant prendre à Trèfle et un joueur désirant prendre à Carreau, c'est ce dernier qui l'emporte, sa couleur étant plus chère. De même, un joueur voulant jouer Sans-Atout doit céder le pas à un joueur désirant jouer Tout-Atout.

Les points gagnés sont multipliés par un coefficient allant de 1 à 6 selon le contrat choisi : 1 pour Trèfle, 2 pour Carreau, 3 pour Cœur, 4 pour Pique, 5 pour Sans-Atout et 6 pour Tout-Atout. Le contre et le surcontre sont admis. La partie se joue habituellement en 5 000 ou 10 000 points, les coups à Trèfle et Carreau n'étant pas joués parce que dotés d'un coefficient trop faible.

Une variante permet à un joueur désirant prendre dans une couleur inférieure à celle choisie par un autre joueur de tenter d'imposer sa volonté en faisant une déclaration au palier de deux : A prend à Trèfle, mais B prend après lui à Cœur, couleur plus chère. A peut insister en déclarant « deux Trèfles », annonce qui ne peut être battue que par une autre enchère au palier de deux : deux Carreaux, deux Cœurs, deux Piques, deux Sans-Atout ou deux Tout-Atout. Cette enchère comporte toutefois un inconvénient notable : pour gagner il faut non plus réaliser plus de la moitié des points mais au moins les deux tiers des points.

La Belote coinchée

Cette forme de Belote est surtout pratiquée dans le midi de la France. Elle oppose deux équipes de 2 joueurs. Elle se distingue de la Belote ordinaire par deux différences essentielles : tout d'abord, les trente-deux cartes sont distribuées en une seule fois, sans en retourner aucune, ce qui permet aux joueurs d'enchérir en pleine connaissance de leur main finale. Les joueurs disposent d'autre part de différents paliers d'enchères : ils peuvent s'engager à devoir dépasser les 82 points minimum nécessaires, de 10 en 10, jusqu'à un maximum de 162 points. Dans la pratique, et pour simplifier, on demande 80, 90, 100, etc. (mais sous réserve de réaliser 82, 92, 102 points, etc.).

La marque est celle de la Belote ordinaire à laquelle on rajoute la mise (80, 90, 100, etc.). Ce score vient grossir le total du demandeur s'il passe son contrat, et celui du camp adverse s'il est dedans.

La Belote de comptoir

Ce jeu, qui peut se jouer à 2, 3, 4 joueurs, fait une large part au bluff, et n'a que peu de rapport avec la Belote classique. Le donneur distribue à chacun de une à cinq cartes, à son propre gré. Il n'y aura pas de donne complémentaire, de retourne ou de « bergère » (qui est, rappelons-le, la dernière carte du paquet, retournée pour information).

Les joueurs annoncent à tour de rôle le nombre de points qu'ils espèrent pouvoir réaliser, en surenchérissant obligatoirement sur la déclaration précédente, la hiérarchie et la valeur des cartes étant celles de la Belote ordinaire. Le joueur qui a enlevé les enchères joue en premier et sa première carte impose la couleur de l'Atout. Si le demandeur réalise son contrat, il marque 1 point, sinon les adversaires marquent chacun 1 point. La partie se gagne en 6 points. Les points sont habituellement matérialisés par des jetons.

CONFLIT ENTRE PLUSIEURS ANNONCES

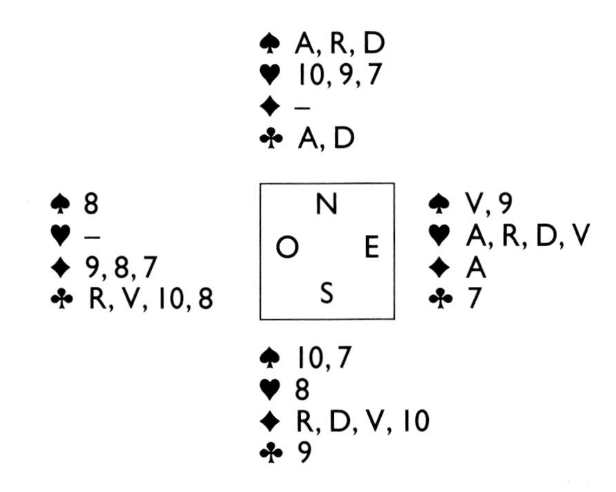

Nord entame après qu'Est a pris à Pique : il annonce « Tierce », Ouest joue et annonce « Tierce après », Sud joue et déclare « Cinquante », enfin Est joue et déclare « Cinquante après ». « Hauteur ? » s'enquiert Sud. « A l'As », répond Est. « C'est bon », dit Sud, dont le Cinquante est inférieur. Est et Ouest montrent alors leurs annonces. Le camp Est-Ouest marquera ainsi non seulement le Cinquante d'Est, mais aussi la Tierce d'Ouest.

En revanche, comme la Belote constitue une annonce indépendante, qui n'est jamais annulée par une annonce adverse, la Belote de Nord est valable. Il l'annoncera en cours de jeu en disant « Belote », puis « Rebelote ».

Le Bésigue

Le Bésigue (ou Bési) est un jeu français d'origine limousine, qui fit fureur sous la Restauration. Il dérive de jeux plusieurs fois centenaires comme le Mariage et le Cinq-Cents et a lui-même engendré le populaire Pinocle, très joué aux États-Unis. L'origine de son nom n'est pas établie avec certitude : il pourrait provenir de l'altération du mot « brisque », qui désigne dans ce jeu l'As et le 10, ou du mot latin *bejugum*, qui signifie « paire » et ferait allusion à la combinaison du jeu appelée Bésigue, réunion de la D ♠ et du V ♦.

MATÉRIEL

Deux jeux de 32 cartes (c'est-à-dire de l'As au 7 inclus).

BUT DU JEU

Réaliser le maximum de points par des levées et des combinaisons.

RÈGLES (2 joueurs)

Ordre et valeur des cartes

Par force décroissante : l'As, le 10, le Roi, la Dame, le Valet, le 9, le 8 et le 7.

Deux cartes du jeu seulement ont une valeur : l'As et le 10, appelés « Brisques », qui valent chacun 10 points.

Combinaisons possibles

– **Les Mariages :** ordinaires, réunion du Roi et de la Dame d'une même couleur, ou d'Atout, réunion du Roi et de la Dame d'Atout.

– **Les Carrés :** ils sont formés par quatre cartes de hauteur identique, mais de couleur indifférente. Seuls sont valables les Carrés de Valets, de Dames, de Rois et d'As, qui ont chacun une valeur propre. Les carrés de 10, de 9, de 8 et de 7 n'ont aucune valeur.

– **Le Bésigue :** simple, réunion de la D ♠ et du V ♦ : double, réunion des deux D ♠ et des deux V ♦.

– **La Quinte majeure à l'Atout :** réunion des cinq plus fortes cartes d'Atout, l'As, le 10, le Roi, la Dame et le Valet.

LES DIFFÉRENTES COMBINAISONS

Mariage : *20 points*

Mariage d'Atout : *40 points*

Bésigue : *40 points*

Carré de Valets : *40 points*

Carré de Dames : *60 points*

ET LEUR VALEUR *(ATOUT PIQUE)*

Carré de Rois : *80 points*

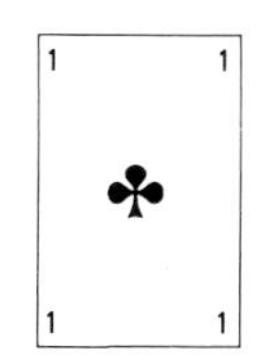

Carré d'As : *100 points*

Quinte majeure à l'Atout : *250 points*

Double Bésigue : *500 points*

Distribution des cartes

Le donneur distribue neuf cartes à chaque joueur, trois par trois, en commençant par son adversaire. Il place le reste du paquet, appelé talon, au centre de la table et en retourne la première carte. Cette « retourne » détermine la couleur de l'Atout.

Déroulement de la partie

Les joueurs classent leur main et forment leurs combinaisons. Celles-ci ne peuvent toutefois être étalées et comptées que lorsqu'on remporte une levée. Notons que le détenteur du 7 d'Atout peut échanger celui-ci contre la retourne.

Les deux joueurs posent une carte tour à tour, et celui qui a fourni la carte la plus forte remporte la levée (la première carte du jeu est jouée par l'adversaire du donneur). Si les cartes sont de force égale, la première posée remporte la levée. Le gagnant du pli pose l'une de ses combinaisons et attaque la levée suivante.

Les deux joueurs remplacent dans leur main les cartes qu'ils viennent de jouer en tirant une nouvelle carte du talon. Le jeu se déroule en deux phases :

– **Tant qu'il reste des cartes au talon,** les joueurs jouent la carte de leur choix : ils ne sont tenus ni de fournir de la couleur jouée par l'adversaire, ni de prendre, ni de couper. La levée est remportée par la carte la plus forte dans l'absolu, sans tenir compte des couleurs, ou par l'Atout si un joueur a coupé. Gagner une levée donne droit à étaler une de ses combinaisons.

– **Quand il ne reste plus de cartes au talon,** le joueur dont c'est le tour de prendre une carte s'empare de la retourne et les joueurs replacent dans leur jeu les combinaisons qu'ils avaient étalées. A partir de ce moment, les joueurs sont tenus à la fois de fournir de la couleur demandée par l'adversaire et de « forcer » dans cette couleur, c'est-à-dire de jouer une carte plus forte que la carte adverse. A défaut de carte dans la couleur demandée, les joueurs sont tenus de couper.

Réaliser la dernière levée rapporte 10 points.

Les combinaisons

Nous avons dit que les joueurs pouvaient annoncer leurs combinaisons dans la première phase du jeu. Chaque joueur qui vient de remporter une levée peut en effet étaler devant lui, faces visibles, une des combinaisons que nous avons décrites avant de tirer une nouvelle carte du talon. Il n'est toutefois possible d'étaler qu'une seule combinaison par levée gagnée. Les cartes ainsi posées font toujours partie de la main du joueur : on peut donc poser un Carré de Dames, marquer 60 points, tirer une carte du talon et jouer une des Dames que l'on vient de poser sur le tapis.

Les cartes étalées peuvent également faire partie d'une nouvelle combinaison, à condition que celle-ci soit d'un type différent : en partant du Mariage d'Atout, il est par exemple possible de former une Quinte majeure à l'Atout en rajoutant As, 10, Valet d'Atout, puis de se servir du Roi pour faire un Carré de Rois ou d'associer la Dame (si elle est de Pique) à un V♦ pour former un Bésigue.

Fin du coup

Le coup se termine quand les joueurs n'ont plus de cartes en main. Chaque joueur totalise alors ses points de combinaisons et ses points annexes, qui proviennent de trois sources :

– Le joueur qui ramasse la dernière levée marque 10 points.

– Chaque joueur marque 10 points par Brisque (As ou 10) contenue dans ses levées.

– Le donneur marque 10 points si la retourne est un 7.

Fin de la partie

La partie se joue habituellement en 1 500 points. Le premier joueur à atteindre ce nombre gagne la partie. Si les deux joueurs ont dépassé ce nombre, celui qui a le plus fort total gagne la partie ou, en cas d'égalité, celui qui a réalisé la dernière levée.

STRATÉGIE

La chance entre pour une très large part dans le gain d'une partie de Bésigue et laisse peu de place à la technique. Voici cependant quelques conseils pouvant servir de guide.

Dans la première phase du jeu : il ne faut pas chercher à réaliser des levées, mais plutôt à se débarrasser de ses cartes inutiles, c'est-à-dire avant tout des cartes de faible valeur ne pouvant former de combinaisons (9, 8, 7), ainsi que des cartes dépareillées.

Il faut n'utiliser qu'à bon escient, pour ne pas risquer de les perdre, les Brisques qui valent 10 points pièce. Les Brisques, comme les Atouts, peuvent servir à réaliser des levées importantes. On doit, si on le peut, conserver les cartes qui peuvent servir à former des combinaisons intéressantes en cas de tirage favorable (les Rois, les Dames et le V ♦, par exemple).

Il faut également se souvenir des levées ramassées (que l'on n'a plus le droit de consulter) et surveiller les combinaisons étalées par l'adversaire, afin de ne pas chercher à réaliser des combinaisons impossibles (si les cartes que l'on attend sont déjà passées ou ont été utilisées).

Comme il ne sera plus possible d'étaler de combinaisons dans la deuxième phase du jeu, il vaut mieux se montrer prudent dès que le talon se restreint à quelques cartes, et poser rapidement ses formations les plus rémunératrices. Ainsi, avec une Quinte majeure à l'Atout en main, il ne faut pas se risquer à poser d'abord le Mariage d'Atout pour former la Quinte plus tard : si l'on ne parvient plus par la suite à faire de levées, 250 points peuvent être ainsi perdus pour avoir voulu marquer 40 points supplémentaires.

Dans la deuxième phase du jeu : il faut tâcher de conserver son plus fort Atout pour la fin, afin d'essayer de réaliser la dernière levée et marquer les Dix de der qu'elle rapporte.

Le Bridge

Le terme de Bridge peut faire référence à quatre variétés distinctes de jeu : le Bridge simple, qui séduisit les amateurs de Whist dès 1865, ou ses améliorations successives, le Bridge aux enchères, le Bridge plafond et le Bridge contrat, inventé en 1925 par le milliardaire américain Harold Vanderbilt et aujourd'hui universellement joué. Ce nom provient-il de l'anglais *bridge*, « pont », parce que les partenaires, placés face à face, peuvent se donner la parole ? Vient-il du russe puisqu'on le trouve mentionné pour la première fois dans un opuscule publié en 1886 sous le titre : *Biritch, ou Whist russe* ? Son origine véritable n'est en tout cas toujours pas établie avec certitude.

MATÉRIEL

Un jeu de 52 cartes. Un carnet de marque.

BUT DU JEU

Réaliser un nombre déterminé de levées, en fonction des annonces.

RÈGLES (4 joueurs)

Valeur des cartes et des couleurs

L'ordre des cartes décroissant habituel, l'As étant la carte la plus forte. Il existe également une hiérarchie des couleurs, qui intervient dans les enchères et pour la marque. De la plus chère à la moins chère (le Sans-Atout étant considéré comme une cinquième couleur) : Sans-Atout (S-A), Pique, Cœur, Carreau et Trèfle. Pique et Cœur sont appelés couleurs majeures (ou « les majeures »), Carreau et Trèfle couleurs mineures (ou « les mineures »).

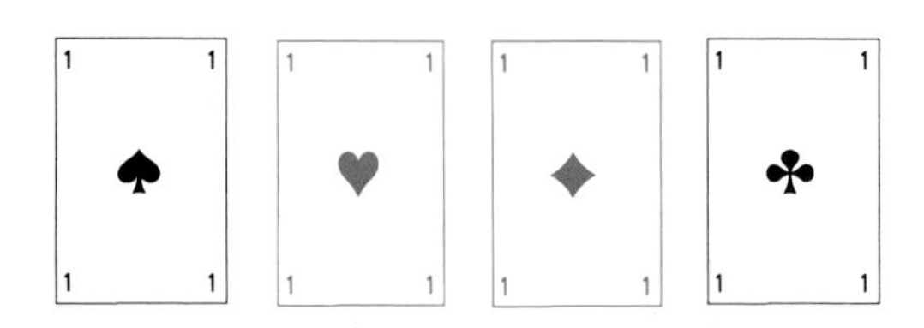

La hiérarchie des couleurs

Distribution des cartes

Chaque joueur est donneur à tour de rôle. Le donneur distribue carte par carte la totalité du paquet aux autres joueurs, dans le sens des aiguilles d'une montre.

Déroulement de la partie

Les joueurs sont associés deux par deux, les partenaires d'un même camp s'asseyant face à face. Chaque joueur classe sa main par couleur, et dans chaque couleur par valeur. Le jeu se divise en deux phases distinctes, les **Enchères** et le **Jeu de la carte**.

– **Les Enchères** déterminent la couleur de l'Atout et la hauteur du contrat, c'est-à-dire le nombre de levées que le camp attaquant s'engage à réaliser. Elles vont dépendre de la force en Honneurs (As,

Rois, Dames, Valets) et de la complémentarité des quatre mains en présence.

Chaque joueur parle à son tour, en commençant par le donneur, toute annonce engageant le camp de celui qui la fait. Les deux camps luttent pour imposer leur couleur forte comme Atout (ou pour fixer le jeu à Sans-Atout), ainsi que le nombre minimum de levées à réaliser. Plus ce dernier chiffre est élevé, plus la récompense sera grande en cas de gain, mais plus les pénalités seront importantes en cas de chute, surtout si l'adversaire a contré la déclaration finale. A son tour de parole, un joueur a le choix entre plusieurs options :

- Passer.
- S'engager à réaliser un certain nombre de plis dans une couleur (en annonçant un nombre compris entre un et sept, et une couleur, par exemple « Trois Cœurs »). La première enchère se nomme « l'ouverture » et son auteur est appelé « l'ouvreur ».
- Surenchérir sur la dernière annonce en nommant une couleur plus chère au même palier (selon notre exemple, « Trois Piques ») ou une couleur moins chère à un palier plus élevé (« Quatre Carreaux »).
- Contrer la dernière annonce adverse, en annonçant « Je contre ».
- Surcontrer si une annonce de son camp vient d'être contrée par l'adversaire.

Si aucun des joueurs n'ouvre, il y a passe générale et le donneur suivant opère une nouvelle distribution. En cas d'ouverture, une enchère est considérée comme définitive après trois « passe » consécutifs. Elle fixe alors le contrat final.

Le camp qui « ouvre les hostilités » s'engage logiquement à réaliser plus de levées que son adversaire. Le plus petit contrat possible sera donc de 7 levées (contre 6 pour l'adversaire). Pour connaître le nombre de levées qu'un camp s'engage à effectuer, il suffit d'ajouter 6 au chiffre qu'il annonce : ainsi le contrat de quatre Cœurs exige 4+6=10 levées. C'est pour simplifier que les six premières levées sont omises à l'annonce. Le but des annonces est de remporter la manche, en totalisant 100 points dans la partie inférieure de la feuille de marque (correspondant aux contrats demandés et réalisés). La valeur attribuée à chaque contrat est différente selon la couleur dans laquelle il se joue :

- Sans-Atout : le premier S-A annoncé vaut 40 points, les suivants 30 points.
- Couleurs majeures (Pique et Cœur) : 30 points par levée.
- Couleurs mineures (Carreau et Trèfle) : 20 points par levée.

Ainsi, pour réaliser une manche (100 points) en une seule fois, il faudra demander trois S-A, soit 9 plis sur 13, ou quatre en majeure (♠ ou ♥), soit 10 plis, ou enfin cinq en mineure (♦ ou ♣), soit 11 plis.

Comme il est bien entendu plus facile de réaliser 9 ou 10 levées plutôt que 11, il est préférable d'orienter le jeu vers Sans-Atout ou des contrats en majeure, si possible. (Trois S-A=40+30+30 points, soit 100 points ; quatre ♠ ou quatre ♥ =4×30 points, soit 120 points ; cinq ♦ ou cinq ♣ =5×20 points, soit 100 points.)

– Les Enchères, une fois terminées, cèdent la place au **Jeu de la carte**, dont le but est de tenter d'honorer le contrat que l'on vient de passer. Le joueur du camp attaquant qui a le premier nommé la couleur du contrat final devient « le Déclarant » et son partenaire « le Mort ». Le joueur placé à la gauche du Déclarant entame, c'est-à-dire joue la première carte du coup, et le Mort étale, faces visibles, ses treize cartes rangées par couleur et par force, la couleur d'Atout étant placée conventionnellement à gauche. Chaque joueur joue alors une carte jusqu'à ce que la levée soit complète.

Le Déclarant joue pour le Mort. Il conduit seul son coup, le Mort restant passif jusqu'à la fin de la donne. Chacun contribue à la levée de la façon qui lui semble la plus utile, la seule obligation étant de fournir de la couleur demandée. A défaut, il est possible de couper en fournissant un Atout quelconque, ou de défausser, c'est-à-dire se débarrasser de la carte de son choix (à Sans-Atout, il n'est possible que de défausser).

Le joueur qui a fourni la plus forte carte de la couleur demandée remporte la levée, à moins qu'il n'ait été coupé. (La levée va alors au joueur qui a coupé, ou à celui qui a fourni le plus fort Atout en cas de coupes multiples.) La levée appartient au camp qui l'a gagnée. La levée suivante est attaquée par le joueur qui vient de ramasser le pli, et sa première carte indique la nouvelle couleur demandée. Si le dernier pli a été fait par une carte du Mort, le Déclarant joue en premier une carte du Mort à la levée suivante.

Fin du tour

Le jeu se déroule ainsi jusqu'à épuisement des cartes. Les adversaires se partagent alors 13 levées. Chaque camp marque les points qui lui reviennent, déterminés par le résultat en levées, comparé aux exigences découlant des enchères.

LA MARQUE

La marque s'effectue sur une feuille, divisée en deux colonnes (une pour chaque camp) coupées par une barre horizontale. Les points correspondant aux primes et pénalités sont comptabilisés au-dessus de cette barre et n'interviennent que pour le compte final de la partie, tandis que les points correspondant au contrat demandé et réussi s'inscrivent en dessous.

Une équipe ayant déjà gagné une manche, c'est-à-dire marqué 100 points dans la partie inférieure de la feuille de marque, est dite « vulnérable ». Un trait horizontal est alors tiré sur la feuille de marque, et les scores antérieurs ne pourront plus servir à atteindre la manche. La vulnérabilité, comme les contres et les surcontres, augmente les bonifications et pénalités prévues. On a déjà indiqué la valeur attribuée aux différents contrats. Voici maintenant le montant des primes et des pénalités.

PRIMES

Gain de la partie : gagnée en deux manches : .... 700 points
gagnée en trois manches : .... 500 points

Possession d'Honneurs :
4 Honneurs d'Atout dans la même main : .... 100 points
5 Honneurs d'Atout dans la même main (A, R, D, V, 10) : .... 150 points

Chelems annoncés et réalisés :
Petit Chelem (12 levées) non vulnérable : .... 500 points
vulnérable : .... 750 points
Grand Chelem (13 levées) non vulnérable : .... 1 000 points
vulnérable : .... 1 500 points

Réussite d'un contrat contré ou surcontré :
« Cinquante de bien joué » : .... 50 points

Levées supplémentaires :
Non contrée vulnérable ou non ♣ ou ♦ : .... 20 points
♠, ♥ ou S-A : .... 30 points
Contrée non vulnérable : .... 100 points
vulnérable : .... 200 points
Surcontrée non vulnérable : .... 200 points
vulnérable : .... 400 points

Fin de la partie

Rappelons que le premier camp à atteindre 100 points (sous la barre – voir ci-dessous), soit en une seule fois, soit par l'addition de scores partiels, gagne une manche. Le premier camp à gagner deux manches gagne la partie.

Quand la partie est terminée, les points situés au-dessus et au-dessous de la barre sont totalisés et la comparaison des scores indique qui est le vainqueur final : il est possible de gagner une partie et d'avoir cependant moins de points que l'adversaire, si celui-ci a par exemple infligé de lourdes pénalités en cours de jeu. Il est d'usage, lors d'une réunion de Bridge, de livrer quatre parties complètes, chaque joueur s'associant tour à tour aux trois autres joueurs.

EXEMPLE DE MARQUE

Nous	Eux		
500 (7) 750 (7) 30 (4)	800 (6)		.... Primes et Pénalités
40 (1)	100 (2)	(3)	.... 1re manche
120 (4)		(5)	.... 2e manche
120 (7)			.... 3e manche
1 560 (8)	900 (8)	(8)	.... Totaux

(1) Un Sans-Atout, demandé et fait=40 points.

(2) Trois Sans-Atout demandés et réussis par l'adversaire : 40+30+30=100 points.

(3) Un trait horizontal est tracé sur la feuille.

(4) Quatre Cœurs demandés, cinq de faits : 120 points en bas et 30 en haut.

(5) Un nouveau trait horizontal est tracé sur la feuille.

(6) L'adversaire nous contre, pour trois levées de chute vulnérable, et encaisse 200+300+300=800 points.

(7) Petit Chelem demandé et réussi à Carreau : 6×20=120 points en bas, 750 points de Chelem vulnérable en haut et 500 points pour avoir gagné la partie en trois manches.

(8) Le total fait apparaître un solde de 660 points en notre faveur, arrondis à 7 fiches (de 100 points).

PÉNALITÉS

En cas de chute, l'équipe est pénalisée d'un certain nombre de points par levée manquante, variant en fonction de la vulnérabilité et d'éventuels contres et surcontres :

Pénalités	**non vulnérable**	**vulnérable**
Par levée de chute non contrée	50	100
Pour la première levée de chute contrée	100	200
Pour chaque levée suivante (contrée)	200	300
Pour la première levée surcontrée	200	400
Pour chaque levée suivante (surcontrée)	400	600

STRATÉGIE

Le Bridge est un jeu « savant », où la technique, même si elle ne prime pas la chance (tous les joueurs malheureux vous parleront de la veine insolente de leurs adversaires), joue un rôle primordial. Pour nommer des contrats raisonnables et les jouer correctement, il est nécessaire de savoir évaluer une main, de connaître les principes de base des enchères, d'être familiarisé avec les principaux mécanismes du jeu de la carte et d'avoir une notion des principes généraux du jeu, tant en défense que comme Déclarant.

Évaluation d'une main

On évalue les mains selon trois critères combinés :

– **Points d'Honneur**

On utilise un barème universellement admis pour évaluer les mains :

- l'As vaut 4 points ;
- le Roi vaut 3 points ;
- la Dame vaut 2 points ;
- le Valet vaut 1 point.

Il y a ainsi 10 points d'Honneur (points « H ») par couleur, et 40 points dans tout le jeu. On exige habituellement un minimum de 13 points d'Honneur pour ouvrir une main, c'est-à-dire pour être le premier à s'engager à réaliser un contrat.

– **Points de distribution**

Pour compléter la description de la force d'une main, on fait intervenir les points de distribution (points « D »), qui favorisent les mains comportant des couleurs très courtes ou très longues :

- *la chicane,* absence de cartes dans une couleur, vaut 3 points ;
- *le singleton,* présence d'une seule carte dans une couleur, vaut 2 points ;
- *le doubleton,* présence de deux cartes dans une couleur, vaut 1 point ;
- toute carte au-dessus de la cinquième dans une couleur vaut 1 point.

– **Points de soutien**

Lorsque le partenaire de l'ouvreur dispose d'un soutien de quatre cartes dans la couleur d'Atout, il réévalue sa main en ajoutant à ses points d'Honneur des points de soutien, selon le barème suivant :

- avec une *chicane* : 5 points ;
- avec un *singleton* : 3 points ;
- avec un *doubleton* : 1 point.

EXEMPLE D'ÉVALUATION D'UNE MAIN

Points d'Honneur : As ♠, D ♠ : 4+2=6 points ; R ♦ : 3 points.
Total de 9 points d'Honneur.
Points de distribution : 10 ♥ singleton : 2 points ; 6 ♣/3 ♣ doubleton : 1 point ; 2 ♠, sixième carte de la couleur : 1 point.
Total de 4 points de distribution.
Valeur de la main : 13 points d'Honneur+distribution.

Principes de base des enchères

L'ouverture sous-entend un minimum de 13 points d'Honneur, ou de 14 points distribution+Honneur. Toute couleur nommée est naturelle, c'est-à-dire comporte au moins quatre cartes (quelquefois trois, mais pas moins).

Les différentes enchères faites par l'ouvreur et son partenaire servent à échanger des informations sur les couleurs longues et la force de leurs mains respectives. Le but de ces échanges est de fixer la couleur d'Atout et la hauteur du contrat.

On n'envisage évidemment de choisir comme Atout qu'une couleur où l'on est majoritaire : sept cartes constituant cependant un minimum insuffisant, on exige généralement huit cartes entre la main de l'ouvreur et celle de son partenaire pour faire une bonne couleur d'Atout.

Le partenaire ne peut répondre qu'avec un minimum de 5 points d'Honneur, et nomme sa couleur la plus longue. Les partenaires soutiennent toute couleur nommée quand ils le peuvent : quand un joueur est sûr, au vu de sa main, que son camp possède au moins huit cartes dans une couleur, il indique à son partenaire que la couleur d'Atout a été trouvée en nommant la même couleur à la hauteur convenable. Par exemple, sur un Pique d'ouverture, il est possible, quand on complète cette couleur, de déclarer deux Piques, voire trois Piques ou même la manche à quatre Piques. Quand les partenaires ne peuvent se soutenir, ils poursuivent la description de leur main en nommant à tour de rôle leurs autres couleurs longues jusqu'à ce qu'une couleur d'Atout soit trouvée, ou, si ce n'est pas possible, jusqu'à ce que l'un des deux joueurs dirige le contrat vers Sans-Atout.

En ce qui concerne la hauteur du contrat, il faut statistiquement environ :

– 25 points d'Honneur pour gagner la manche à Sans-Atout (trois S-A) ;

– 27 points distribution-Honneur pour gagner la manche en majeure (quatre Cœurs ou quatre Piques) ;

– 30 points distribution-Honneur pour gagner la manche en mineure (cinq Trèfles ou cinq Carreaux).

Par ailleurs, une simple division montre qu'il faut un peu moins de 3 points pour réaliser une levée. Ainsi, quand le partenaire ouvre, on sait rapidement au vu de sa main si l'on est ou pas en zone de manche, et, dans l'hypothèse négative, quel est le palier de sécurité à ne pas dépasser.

L'expérience ayant montré que les contrats en majeure étaient plus faciles à jouer que les contrats à Sans-Atout, on tentera d'abord de s'orienter vers quatre Cœurs ou quatre Piques, puis vers trois S-A. On ne jouera cinq Trèfles et cinq Carreaux (qui nécessitent 11 levées) qu'exceptionnellement.

LES ENCHÈRES CONVENTIONNELLES

Il existe au Bridge des enchères « artificielles », c'est-à-dire n'ayant aucun rapport avec la couleur annoncée. Les principales enchères conventionnelles, que tout joueur un tant soit peu averti doit connaître, sont :

Le Sans-Atout d'ouverture :

– au palier de un (c'est-à-dire l'ouverture d'un Sans-Atout) : indique une main régulière (c'est-à-dire ne comportant ni couleur de plus de cinq cartes ni singleton ou chicane) de 16 à 18 points d'Honneur ;

– au palier de deux (c'est-à-dire l'ouverture de deux Sans-Atout) : indique une main comparable à celle qui vient d'être décrite, mais dans une zone de force supérieure, 21 à 22 points d'Honneur. En principe, l'ouverture d'un ou de deux Sans-Atout ne doit pas comporter de majeure cinquième (c'est-à-dire cinq cartes à Cœur ou à Pique : ces mains s'ouvrent en effet à la couleur).

Le Deux Trèfles Albarran :
cette enchère est utilisée avec une main extrêmement forte. Le partenaire n'a pas le droit de passer avant que la manche soit atteinte et doit dans un premier temps répondre la couleur de son As :

– Deux Carreaux : pas d'As, moins de 8 points d'Honneur, pas de Rois ;
– Deux Cœurs : l'As ♥ ;
– Deux Piques : l'As ♠ ;
– Deux Sans-Atout : pas d'As, mais plus de 8 points d'Honneur ou deux Rois ;
– Trois Trèfles : l'As ♣ ;
– Trois Carreaux : l'As ♦ (attention, l'enchère de deux Carreaux signifie « Je n'ai pas d'As ») ;
– Trois Sans-Atout : « J'ai deux As ».

Le Deux Trèfles Stayman :
s'utilise sur l'ouverture d'un Sans-Atout, pour savoir si le partenaire possède quatre cartes dans une majeure quelconque (souvenons-nous qu'il est souvent préférable de jouer quatre Cœurs ou quatre Piques que trois Sans-Atout). L'ouvreur d'un Sans-Atout répond :
– Deux Carreaux : « Pas de majeures, et j'ai ouvert minimum (16 points) » ;
– Deux Cœurs : « J'ai quatre cartes à Cœur » ;
– Deux Piques : « J'ai quatre cartes à Pique » ;
– Deux Sans-Atout : « Je n'ai ni quatre Cœurs ni quatre Piques, mais j'ai ouvert maximum (avec 17 ou 18 points) » ;
– Trois Trèfles : « J'ai quatre Cœurs et quatre Piques ».

Le Blackwood :
cette enchère s'utilise pour connaître le nombre d'As détenus par le partenaire, généralement quand on songe à un Chelem (en effet, il faut alors réaliser toutes les levées, ou toutes les levées sauf une ; on ne peut se permettre de prendre ce pari si les adversaires possèdent des As). L'enchère démarre par quatre Sans-Atout, le partenaire répondant ainsi à l'interrogation qui lui est faite :
– Cinq Trèfles : « J'ai zéro ou quatre As » ;
– Cinq Carreaux : « J'ai un As » ;
– Cinq Cœurs : « J'ai deux As » ;
– Cinq Piques : « J'ai trois As ».

Pour se souvenir de toutes ces enchères, on notera que le répondant décrit très simplement sa main, par paliers successifs.

Principaux mécanismes du jeu de la carte

Le nombre des As et des Rois étant limité dans le jeu, on doit souvent avoir recours à divers procédés techniques pour réaliser des levées.

– **L'affranchissement** : c'est-à-dire rendre maîtresses des cartes qui ne le sont pas.

– Affranchissement d'Honneurs : pour rendre des Honneurs maîtres, il suffit de laisser l'adversaire faire son ou ses Honneurs supérieurs. Par exemple, avec R, D, V, on joue le Roi, et, une fois que l'adversaire a fait son As, la Dame et le Valet sont maîtres. Avec D, V, 10, on joue la Dame puis le Valet, successivement pris par l'As et le Roi, mais le 10 est maintenant affranchi.

– Affranchissement de longueur : il s'agit de faire tomber les cartes de l'adversaire dans une couleur en jouant celle-ci. Si l'on a par exemple neuf cartes dans une couleur, les adversaires n'y possèdent que quatre cartes. Celles-ci peuvent être réparties 4-0, 3-1, ou 2-2. Dans ce dernier cas, le plus favorable pour nous, on voit qu'il suffit de jouer deux fois de la couleur pour la rendre maîtresse, les adversaires n'y possédant plus de cartes. On dit que la couleur a été affranchie.

– **La coupe :** c'est-à-dire l'utilisation des Atouts pour réaliser des levées supplémentaires. Cette possibilité constitue l'une des raisons pour lesquelles les contrats à la couleur sont plus attirants que les contrats à Sans-Atout.

Dans le schéma suivant, représenté à l'Atout Pique, il n'est possible de faire que deux levées si l'on joue As et Roi d'Atout, le restant des cartes n'étant pas maître.

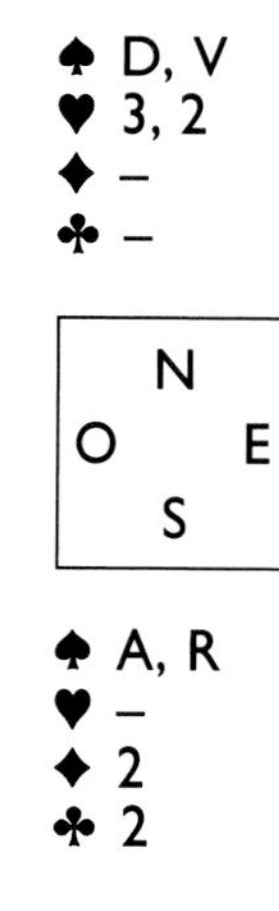

On fait en revanche quatre levées en « double coupe » en procédant de la façon suivante : 2 ♦ coupé du V ♠, 2 ♥ coupé du R ♠, 2 ♣ coupé de la D ♠ et enfin 3 ♥ coupé de l'As ♠.

Principes généraux du jeu

Le **Déclarant** a l'avantage d'avoir sous les yeux les forces et les faiblesses de ses deux mains combinées. Il doit préparer, quand le Mort s'étale, un plan de jeu soigneux en envisageant toutes les possibilités de parvenir à la réalisation de son contrat :

– en tirant profit du placement favorable de cartes adverses, par l'impasse ;
– en affranchissant des couleurs : affranchissement d'Honneurs en faisant tomber les Honneurs supérieurs, ou affranchissement de longueur en jouant la couleur longue ;
– en coupant des cartes pour dédoubler les Atouts, comme nous en avons donné un exemple ;
– ou, au contraire, en jouant Atout pour ne pas se faire couper ses couleurs maîtresses.

Le plan de jeu consiste à prendre en compte tous ces éléments, à comparer les différentes lignes de jeu possibles d'après leurs probabilités de réussite, et à choisir une ligne d'action.

La **défense** est plus délicate, dans la mesure où les joueurs qui ne voient que leur main et le Mort ne connaissent pas les possibilités défensives de leur camp. Ils doivent s'efforcer de reconstituer les mains du partenaire et du Déclarant d'après leur façon de jouer. L'expérience de très nombreux joueurs a cependant permis de dégager quelques grands principes qui, s'ils ne doivent pas être suivis aveuglément, sont généralement valables dans la majorité des cas :

– *Entame*. C'est la première carte du jeu, que l'on joue avant d'avoir vu le Mort. Elle est donc souvent fonction des enchères. Il est conseillé d'entamer dans la couleur nommée par le partenaire (dans le cas où celui-ci a nommé une couleur). Il n'est en revanche pas recommandé d'entamer dans une couleur nommée par les adversaires. Si ce n'est pas possible (par exemple parce qu'ils ont nommé les quatre couleurs), il vaut mieux entamer dans une couleur nommée par le Mort plutôt que dans une couleur nommée par le Déclarant.

– *Contre-entame* (c'est-à-dire quand la défense garde ou reprend la main).

● Avant le Mort : attaquer dans la « force » du Mort. Remarque importante : par « force », on entend une couleur relativement courte, forte en points d'Honneur, par exemple A, D, 2 ou R, D, 3, plutôt qu'une couleur longue dont le jeu pourrait favoriser l'affranchissement au profit du Déclarant.

● Après le Mort : attaquer dans la « faiblesse » du Mort. Par « faiblesse », on entend trois ou quatre petites cartes dépourvues de gros Honneurs. On joue dans la faiblesse à défaut d'attaque visiblement meilleure ; ainsi, il est recommandé de revenir dans l'entame du partenaire ou d'ouvrir une couleur annoncée mais non entamée par le partenaire.

Les interventions

Il est quelquefois possible d'intervenir dans les enchères adverses en nommant une couleur. Ces interventions obéissent cependant à des règles d'opportunité et de sécurité :

– Au palier de un, c'est-à-dire en intervenant par exemple à un Cœur sur l'ouverture d'un Trèfle ou d'un Carreau, il est nécessaire d'avoir cinq cartes dans la couleur d'intervention, d'avoir plus de 10 points d'Honneur et d'être court dans la couleur d'ouverture (c'est-à-dire Trèfle ou Carreau dans notre exemple). Voici une main avec laquelle il est possible d'intervenir à un Cœur sur l'ouverture d'un Trèfle :

♠ R, D, 2
♥ A, D, 9, 5, 4
♦ 10, 9, 2
♣ 8, 4

– Au palier de deux, c'est-à-dire en intervenant par exemple à deux Trèfles sur l'ouverture d'un Cœur, il est nécessaire d'avoir une belle couleur d'intervention de six cartes, l'équivalent d'une bonne ouverture (13 points d'Honneur et plus) et d'être court dans la couleur d'ouverture. Voici un exemple de main avec laquelle il est possible d'intervenir à deux Trèfles sur l'ouverture d'un Cœur :

♠ A, 6
♥ 5, 4
♦ R, 10, 5
♣ A, D, V, 9, 8, 6

En suivant ces conseils à la lettre, on s'épargne les très onéreuses pénalités que ne manqueraient pas de nous infliger les adversaires à la première occasion favorable.

Autres règles régissant le jeu de la carte

– En second, c'est-à-dire lorsqu'on est le deuxième joueur à jouer sur une levée, toujours mettre une petite carte : le partenaire, qui est dernier à jouer sur cette levée, veille à ce que l'adversaire ne fasse pas de levée à bon marché.

– En troisième, forcer au contraire. Il ne faut pas faire de cadeaux à l'adversaire : celui-ci doit payer chaque levée le plus cher possible.

– « Honneur sur Honneur » : si un adversaire présente un Honneur, il faut le couvrir avec un Honneur supérieur. Cela peut servir à affranchir une carte chez le partenaire. Dans le diagramme suivant, par exemple, Ouest ne voit que sa main et le Mort (Nord). Si Sud présente le Valet, Ouest couvre de la Dame bien qu'il ne connaisse pas la position des autres cartes : Sud place alors le Roi, et Est prend de l'As. Mais grâce à Ouest qui a couvert, le 10 d'Est est maintenant maître.

	♠ R, 9, 6, 4	
	N	
♠ D, 6, 5, 2	O E	♠ A, 10, 8, 7
	S	
	♠ V	

EXEMPLE DE COUP

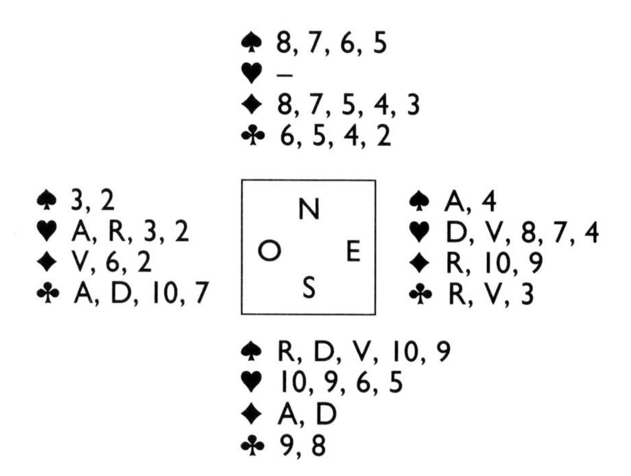

Est donneur, personne vulnérable.

Les enchères :	E	S	O	N
	un Cœur	un Pique	quatre Cœurs	quatre Piques
	Passe	Passe	Contre	Passe
	Passe	Passe		

Est donne : il a 14 points d'Honneur, cinq cartes à Cœur et ouvre donc d'un Cœur. Sud, avec ses 12 points d'Honneur et sa belle couleur Pique, intervient à un Pique. Ouest a quatre cartes à Cœur avec son partenaire et possède lui-même la valeur d'une ouverture. Il déclare donc la manche à quatre Cœurs. Nord défend à quatre Piques, pensant que sa chicane Cœur pourrait être utile à son partenaire. Est, qui est minimum de son ouverture, passe. Sud passe également et Ouest a un problème : il sait que son camp est très majoritaire en points d'Honneur et que, donc, le « coup lui appartient », mais ne sait pas s'il faut déclarer cinq Cœurs ou contrer quatre Piques. Il choisit de contrer, et tout le monde passe. Ouest entame l'A ♥.

Sud joue donc quatre Piques contrés, sur entame de l'As ♥. Comptant les perdantes de sa main, la plus longue à l'Atout (c'est-à-dire comptant ses cartes non maîtresses qui ne sont pas protégées par des Honneurs maîtres au Mort), il dénombre :

- 1 perdante à Pique, l'As : en effet, après l'As toutes ses cartes d'Atout sont maîtresses ;
- 4 perdantes à Cœur : ses cartes à Cœur ne sont en effet pas maîtresses ;
- 1 perdante à Carreau : si l'As est maître, la Dame ne l'est pas (il y a encore le Roi dehors) ;
- 2 perdantes à Trèfle.

Soit 8 perdantes, alors qu'il n'a droit qu'à 3 perdantes (puisqu'il s'est engagé à réaliser 6+4=10 levées, sur les 13 que comporte le jeu). Il imagine alors un plan de jeu gagnant, en coupant ses 4 perdantes Cœur au Mort et en faisant l'impasse Carreau. Voici la réalisation de ce plan.

1re LEVÉE

Sud coupe l'As ♥ au Mort.

2e LEVÉE

Sud joue un Carreau du Mort. Quand Est fournit un petit Carreau, Sud place la Dame de sa main en espérant qu'elle fasse la levée. Comme c'est Est et non pas Ouest qui détient le R ♦, l'impasse réussit et la Dame remporte la levée.

3e LEVÉE

Sud joue un Cœur de sa main, et le coupe avec un Pique du Mort.

4e LEVÉE

Sud rejoue Carreau du Mort et met l'As de sa main.

5e LEVÉE

Sud joue encore un Cœur de sa main et le coupe au Mort.

6e LEVÉE

Sud veut revenir dans sa main pour couper son dernier Cœur avec le dernier Atout du Mort. Il joue donc Carreau du Mort et coupe avec le 9 ♠ de sa main.

7e LEVÉE

Sud présente son dernier Cœur et le coupe au Mort. Il a maintenant réussi son contrat, puisqu'il a déjà réalisé les sept premiers plis et qu'il possède encore R, D, V, 10 à l'Atout, qui fourniront trois levées quoi qu'il arrive. Sud réclame donc encore trois levées sur les six qui restent, et concède les trois autres levées aux adversaires.

Nord-Sud ont ainsi réalisé leur contrat. Ils marquent 120 points « en bas » (30 points pour chaque levée à l'Atout Pique, multipliés par 4 puisque quatre Piques ont été demandés), 120 points « en haut » car le contrat qui a été contré et réussi compte double, ainsi que 50 points de « bien joué » (récompensant la personne qui gagne un contrat contré ou surcontré) et 100 points d'Honneur (4 Honneurs d'Atout dans la même main, en l'occurrence R, D, V, 10 ♠ dans la main de Sud). La feuille de marque se présente maintenant ainsi :

Nous (Nord-Sud)	Eux (Est-Ouest)
50 100 120	
120	

La Canasta

Le terme de Canasta vient de l'espagnol et signifie « corbeille » ou « panier ». Inventé vers 1940 en Amérique du Sud, en Uruguay semble-t-il, ce jeu s'est répandu comme une traînée de poudre aux États-Unis d'abord, où ses règles furent codifiées, puis en Europe, où il fut importé par les soldats américains à la fin de la Seconde Guerre mondiale.

MATÉRIEL

Deux jeux de 52 cartes, avec 4 Jokers.

BUT DU JEU

Se débarrasser de ses cartes par des combinaisons.

RÈGLES (4 joueurs)

Valeur des cartes

Il existe 20 cartes « spéciales » et 88 cartes ordinaires. Les cartes spéciales sont de trois types :

– **12 cartes volantes :** les quatre Jokers et les huit 2. Elles permettent de remplacer toute carte ordinaire du jeu, au gré de l'utilisateur ;

– **4 cartes d'arrêt :** les 3 noirs. Elles servent à geler la pile des défausses et ne peuvent servir à former des combinaisons ;

– **4 cartes de bonification :** les 3 rouges. Étalées par leur possesseur, dès qu'il les tire, ces cartes donnent lieu en fin de coup à des primes ou à des pénalités. Comme les 3 noirs, elles ne peuvent être intégrées à des combinaisons.

Le reste des cartes représente les cartes ordinaires. La valeur des cartes spéciales et ordinaires est la suivante :

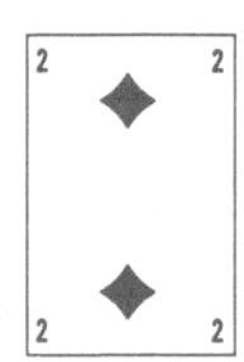
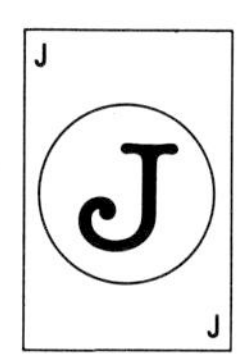

Les cartes spéciales

Cartes spéciales :

– volantes : Joker	50 points
2	20 points
– de bonification : 3 rouges	100 points
– d'arrêt : 3 noirs	5 points

Cartes ordinaires :

– As	20 points
– R, D, V, 10, 9, 8	10 points
– 7, 6, 5, 4	5 points

Combinaisons possibles

Les joueurs tentent de former des séries de cartes identiques :

– **Le Brelan,** composé de trois cartes identiques, représente le minimum autorisé. Les joueurs peuvent ultérieurement allonger ce Brelan par l'adjonction de cartes de la même hauteur, de façon à former des Carrés, des Quintes, etc.

– **La Canasta,** composée de sept cartes identiques (ou plus), constitue le but vers lequel tendent les joueurs. Elle peut être formée en une seule fois ou en plusieurs fois, par adjonction de cartes à un Brelan. La Canasta est dite « pure » si elle est uniquement composée de cartes ordinaires, et « impure » si elle comporte une ou plusieurs cartes volantes (Joker ou 2).

Une Canasta pure

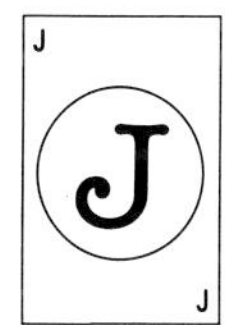

Une Canasta impure

Toute combinaison peut inclure des cartes volantes, à la condition de toujours comporter plus de cartes ordinaires que de cartes volantes : ainsi, un Brelan composé à l'aide d'une carte volante doit comporter deux cartes ordinaires, et une Canasta ne peut comporter plus de trois cartes volantes.

Distribution des cartes

La Canasta est un jeu d'équipe, où les partenaires d'un même camp se placent face à face. Le donneur utilise les cent huit cartes, mélangées. Il distribue onze cartes à chaque joueur, une par une et dans le sens des aiguilles d'une montre. Il pose ensuite le reste des cartes, appelé talon, au centre de la table et en retourne la première carte, qu'il pose à côté. Cette retourne constituera la première carte de la pile de défausses. Si la retourne est un Joker, un 2 ou un 3 rouge, le donneur la recouvre par une nouvelle carte du talon.

Déroulement de la partie

Chaque joueur commence par classer sa main en regroupant les cartes de la même hauteur (de façon à former des Brelans ou des commencements de Brelans), les cartes spéciales et, pour finir, les cartes isolées qui serviront de défausses.

Si un joueur a reçu un 3 rouge (carte de bonification), il doit le placer devant lui, face visible, et tirer une nouvelle carte du talon.

Le jeu proprement dit, qui consiste à former des Brelans et des Canastas, se subdivise en **trois grandes phases :** tirage et défausse sont obligatoires, tandis que la pose s'effectue au gré des joueurs.

– **Le tirage :** dans le cas général, chaque joueur, à tour de rôle, tire la carte supérieure du talon et l'intègre à son jeu. Il est quelquefois permis, sous certaines conditions, d'utiliser les cartes de la pile de défausses (voir encadré). Si par le tirage un joueur reçoit un 3 rouge, il doit le placer devant lui et tirer une nouvelle carte du talon.

– **La pose :** c'est dans cette phase que les joueurs peuvent se débarrasser des cartes de leur main. Le joueur qui vient de tirer peut, s'il le désire, poser tout ou partie de ses combinaisons formées en les étalant devant lui ou devant son partenaire, faces visibles. Cependant, pour avoir le droit « d'ouvrir », c'est-à-dire de poser pour la première fois, il est nécessaire que la valeur des cartes composant les combinaisons étalées soit au moins égale à un minimum, qui varie selon l'état de la marque. Ce seuil d'ouverture est le suivant :

Score de l'équipe	Points d'ouverture minimum
négatif	15 points
0 à 1 495 points	50 points
1 500 à 2 995 points	90 points
3 000 à 4 995 points	120 points

Le joueur qui vient de tirer a également le droit d'allonger les Brelans formés par son partenaire, en les complétant par des cartes isolées de même hauteur ou par des cartes volantes. Aucun minimum n'est plus requis pour les poses qui suivent l'ouverture.

– **La défausse :** après les opérations de tirage et de pose, le joueur doit rejeter, face visible, une carte sur la pile de défausses. Cette défausse est obligatoire, sauf lorsqu'un joueur conclut le coup en posant ses dernières cartes, cas où elle est facultative.

LA PILE DE DÉFAUSSES

Cette pile, composée de toutes les cartes rejetées par les joueurs, peut être capturée sous certaines conditions. Elle fournit alors au joueur qui s'en empare un certain nombre de cartes supplémentaires, qui lui facilitent beaucoup la composition ou l'achèvement de ses formations. La prise de la pile constitue donc normalement un avantage.

On peut s'emparer de la pile :

– si l'on possède une Paire de cartes de même hauteur que la carte exposée au-dessus de la pile, ou une carte de même hauteur accompagnée d'une carte volante ;

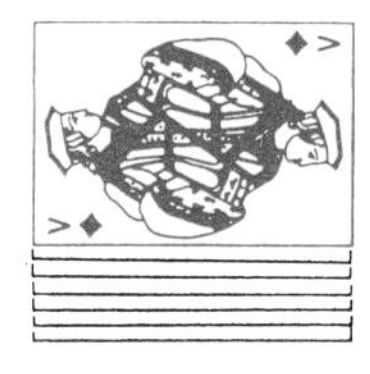

Pile

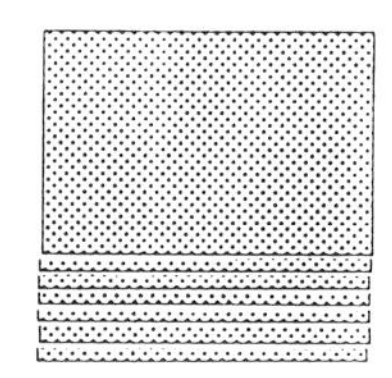

Talon

– si la carte exposée sur la pile est de même hauteur qu'une formation déjà étalée par son propre camp.

Formations étalées par l'équipe

Main du joueur

Dans l'exemple ci-dessus, la carte exposée sur la pile est un V ♦. Le joueur peut s'emparer de la pile à trois titres : il possède en main une Paire de cartes ordinaires de la même hauteur (en l'occurrence une Paire de Valets). Il peut également créer une Paire de Valets en utilisant un seul de ses Valets, accompagné d'une carte volante : son Joker ou son 2. Il peut enfin s'emparer de la pile du simple fait que son équipe a déjà étalé un Brelan de Valets.

Capture d'une pile « gelée »

Des conditions restrictives s'appliquent à la capture de la pile quand celle-ci est « gelée ». Une pile est gelée (donc inaccessible) :

– Pour le camp qui n'a toujours pas ouvert (c'est-à-dire effectué sa première pose).

– Pour le joueur dont c'est le tour de jouer, lorsqu'un 3 noir (carte d'arrêt) est exposé sur la pile. Dès que le 3 noir sera couvert par la défausse de ce joueur, la pile sera dégelée.

– Pour tous les joueurs si la pile contient un 3 rouge (cas où le donneur a retourné un 3 rouge) ou une carte volante (retournée par le donneur ou défaussée par un joueur). Les défausses suivantes sont alors placées à angle droit de cette carte. Toutefois, la pile ne peut contenir que six cartes volantes. Passé ce chiffre, les joueurs n'ont plus le droit de geler la pile en défaussant une septième carte volante.

Il n'est permis de s'emparer d'une pile gelée que dans un cas seulement : si l'on possède une Paire de cartes naturelles de la même hauteur que la carte exposée sur la pile.

Notons cependant qu'il n'est pas possible de s'emparer de la pile avec deux 3 noirs quand un 3 noir est exposé, ces cartes d'arrêt, dont le rôle est justement de geler la pile, ne pouvant pas servir à former des combinaisons.

Avec la main précédente, le joueur peut encore s'emparer de la pile, ici gelée par un 2 ♥, parce qu'il possède dans sa main deux cartes ordinaires représentant des Valets.

Pile de défausses

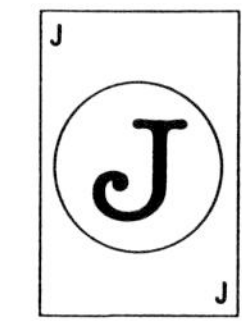

Main du joueur

Fin du coup

Le coup se termine quand un joueur « sort », c'est-à-dire se débarrasse de toutes ses cartes, et à la condition que son camp ait étalé au moins une Canasta. Le joueur désirant sortir doit en demander l'autorisation à son partenaire et se conformer à sa réponse, positive ou négative. Cette sortie rapporte 100 points, montant qui est doublé en cas de « sortie surprise », c'est-à-dire quand un joueur sort en déposant toutes ses cartes en une seule fois.

Si le talon est épuisé et que personne ne puisse capturer la pile de défausses, le coup se termine également, mais personne ne marque les points de sortie. Il est exceptionnellement permis à un joueur de sortir en posant un Brelan de 3 noirs, s'il n'a plus que des 3 noirs.

Compte des points

Après la sortie, chaque camp procède alors au calcul de la différence entre la valeur des cartes composant ses combinaisons étalées et la valeur des cartes lui restant en main.

Au chiffre atteint par cette soustraction s'ajoutent des points de bonification, calculés selon le barème suivant :

Pour la sortie .... 100 points
Pour une sortie surprise ... 200 points
Pour chaque Canasta pure .. 500 points
Pour chaque Canasta impure 300 points
Pour chaque 3 rouge ...... 100 points
Pour les quatre 3 rouges appartenant au même camp .. 800 points

Les points concernant les 3 rouges ne sont des points de bonification que si l'équipe a ouvert (c'est-à-dire a effectué une première pose). Dans le cas contraire, ils se transforment en points de pénalité, d'un même montant. Par le jeu de ces points de pénalité ou par la simple soustraction des points conservés en main, une équipe peut se retrouver avec un score négatif.

LA FEUILLE DE MARQUE

La marque s'effectue en trois temps : les joueurs marquent dans la colonne qui leur est réservée leurs points de bonification, puis leurs points de cartes (différence entre la valeur des cartes étalées et celle des cartes qui restent en main) et font le total. La partie continue ainsi jusqu'à ce qu'un camp dépasse le plafond fixé pour le gain de la partie.

	Nous	Eux		
1er COUP	600	500	←	bonifications
	250	125	←	valeur des cartes
	850	625	←	*TOTAL*
2e COUP	300	– 800		
	220	– 130		
	1 370	– 305	←	*Total*

Fin de la partie

La partie se joue habituellement en 5 000 points. Le premier camp parvenu à ce total gagne la partie. Les comptes sont alors arrêtés et les perdants versent éventuellement aux gagnants une somme proportionnelle à la différence de score entre les deux équipes, selon un tarif fixé en début de partie.

STRATÉGIE

La Canasta est un jeu passionnant, où les joueurs sont fréquemment amenés à prendre des décisions difficiles. La pratique a cependant permis de dégager quelques grandes règles concernant les différentes phases du jeu.

L'ouverture : il faut si possible choisir une ouverture permettant de conserver le maximum de cartes en main, ce qui augmente les possibilités ultérieures de capture de la pile. Ainsi, les As sont précieux, puisqu'un simple Brelan vaut 60 points et permet d'étaler. Il n'est donc pas recommandé de les défausser trop rapidement.

Pour les mêmes raisons, il ne faut pas se hâter de poser des combinaisons déjà formées. Ces cartes, conservées en main, peuvent faciliter la capture d'une pile, et surtout d'une pile gelée.

Les défausses : comme dans tous les jeux de tirage et d'écarts, il faut surveiller attentivement les défausses du joueur qui joue derrière soi. En principe, les cartes qu'il rejette ne l'intéressent pas. Il sera donc généralement bon de défausser, quand c'est possible, des cartes de même hauteur.

La prise de la pile permet de renouveler son stock de cartes n'intéressant pas l'adversaire, et donc de disposer de défausses sûres. Il existe d'autres défausses sûres, les résidus de ses propres Canastas (cartes de même hauteur qu'une Canasta déjà étalée) et bien entendu les 3 noirs et les cartes volantes, qui gèlent la pile.

La prise de la pile : il est généralement bon de ne pas utiliser toutes ses cartes volantes pour poser des formations ; garder en main un Joker ou un 2 permet de faire une Paire et de s'emparer ainsi de la pile. Il est de même indiqué de conserver des Paires de cartes ordinaires en main, pour capturer la pile au cas où elle serait gelée.

Il faut cependant réserver ses efforts pour les cas où la pile est importante, car il n'est pas intéressant de s'emparer d'une pile constituée de peu de cartes.

La sortie : en règle générale, si l'adversaire ne menace pas de sortir de façon imminente, il n'y a aucun intérêt à chercher à sortir le plus rapidement possible. La prime de sortie étant très faible (100 points), il est beaucoup plus rentable d'améliorer ses formations et de tenter de réaliser des Canastas.

Tactique générale du jeu : il ne faut pas rechercher à tout prix les Canastas pures. Ce serait courir le risque de voir l'adversaire sortir alors que l'on n'a pas réalisé soi-même de Canasta, même impure.

Il est normalement conseillé de geler la pile lorsque les adversaires n'ont plus que très peu de cartes en main et que l'on en a soi-même beaucoup : les adversaires ont peu de chances de disposer au bon moment de la Paire de cartes naturelles requise pour la capture de la pile, tandis qu'il est facile d'y parvenir avec de nombreuses cartes (et par là même de récupérer sa carte volante).

Si l'adversaire possède déjà trois 3 rouges, il faut éviter qu'il ne tire le quatrième en sortant le plus rapidement possible.

Enfin, si la partie se présente mal, il reste toujours la possibilité de tendre des pièges à son adversaire de droite lorsque la pile est importante : on peut tenter la défausse d'une carte d'un Brelan que l'on a déjà formé mais non posé, par exemple avec trois Valets en main, jeter l'un de ces Valets. L'adversaire, persuadé que cette carte ne nous intéresse pas, défaussera en priorité une carte semblable (un Valet) parce qu'il la considère comme sûre. Il devient alors possible de s'emparer de la pile avec la Paire de Valets conservée. Cette tactique, qui n'est pas sûre et qui détruit les combinaisons déjà formées, est évidemment à double tranchant. Elle n'est indiquée ici que comme pis-aller, ou si l'on sent que l'on doit jouer son va-tout.

L'Écarté

L'Écarté, jeu apparu en France au début du XIXe siècle, descend lui-même d'un jeu plus ancien, le Triomphe (jeu de levées où l'Atout était appelé Triomphe). Son heure de gloire se situe sous la Restauration, mais il demeure très joué, la rapidité et la facilité de son apprentissage le rendant toujours populaire. Le nom du jeu provient du français « écarter », qui signifie se séparer d'une carte.

MATÉRIEL

Un jeu de 32 cartes (de l'As au 7 inclus).

BUT DU JEU

Réaliser le maximum de levées.

RÈGLES (2 joueurs)

Ordre des cartes

Cet ordre est le suivant, par force décroissante : le Roi, la Dame, le Valet, l'As, le 10, le 9, le 8 et le 7. Sur chaque donne, une couleur, l'Atout, sera privilégiée et aura préséance sur les autres couleurs.

Distribution des cartes

Le donneur, qui change après chaque coup, distribue cinq cartes à chaque joueur en commençant par son adversaire, puis retourne la onzième carte du paquet, la « retourne », qui détermine la couleur de l'Atout.

La donne s'effectue au choix en deux ou trois fois (2+3 cartes, ou 3+2, ou bien 2+2+1), mais selon des modalités qui doivent rester identiques tout au long de la partie.

Déroulement de la partie

La partie se subdivise en deux grandes phases : les Écarts et le Jeu de la carte.

– **Les Écarts :** l'adversaire du donneur, premier à jouer, examine son jeu à la lumière de la couleur d'Atout fixée par la retourne. S'il est mécontent des cartes qui lui ont été distribuées, il peut demander à en changer en déclarant « Cartes ». Le donneur, selon son jeu, refuse ou bien accepte en demandant « Combien ? ».

Le premier à jouer (que nous appellerons le « Premier ») écarte alors autant de cartes qu'il le désire, jusqu'à cinq inclus (c'est-à-dire la totalité de son jeu). Il annonce ce chiffre au donneur, qui lui distribue un nombre équivalent de cartes. Le donneur peut alors procéder à ses échanges personnels (également jusqu'à cinq cartes).

Cette opération peut se renouveler jusqu'à ce qu'il n'y ait plus de cartes au talon (la retourne ne pouvant être prise). Après le premier écart, le Premier peut en effet à nouveau proposer, s'il le désire, un échange de cartes que le donneur a le loisir d'accepter ou de refuser.

– **Le Jeu de la carte :** quand les écarts sont terminés, soit par épuisement du talon, soit parce que le Premier ne propose plus d'échange de cartes ou parce

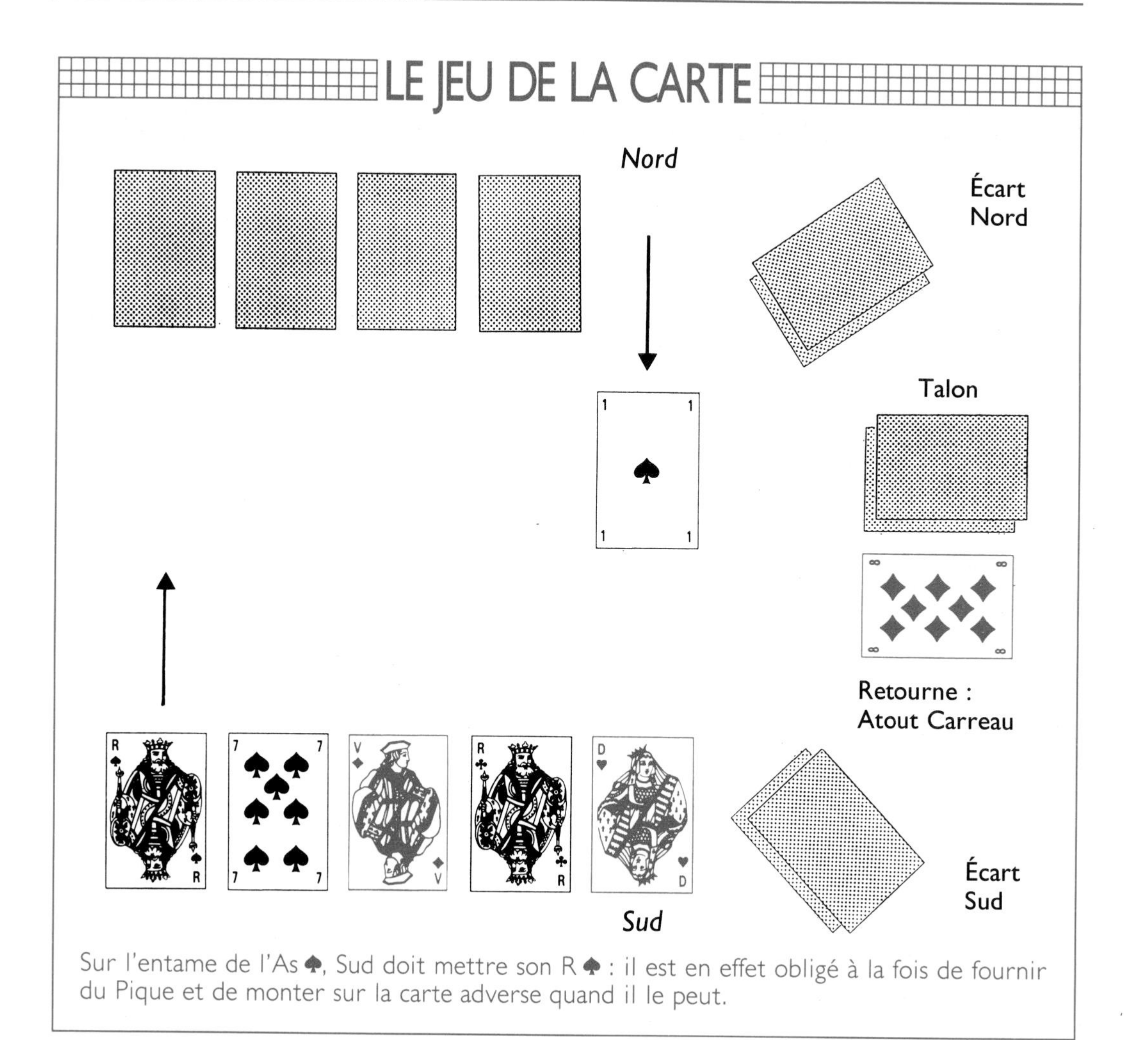

Sur l'entame de l'As ♠, Sud doit mettre son R ♠ : il est en effet obligé à la fois de fournir du Pique et de monter sur la carte adverse quand il le peut.

que le donneur refuse cet échange, le jeu proprement dit débute, sous réserve de certaines précisions et contraintes.

Le joueur qui attaque chaque levée détermine par sa carte la couleur demandée. Celui qui fournit la plus forte carte dans cette couleur, ou qui coupe, remporte la levée et attaque la levée suivante. La première carte du coup est jouée par le Premier.

Durant le jeu de la carte, les joueurs sont soumis à trois obligations :

- fournir de la couleur demandée ;
- forcer sur la carte adverse (c'est-à-dire monter en fournissant une carte plus forte que celle fournie par l'adversaire) ;
- couper en fournissant un Atout s'ils n'ont pas de carte de la couleur demandée.

A défaut de cartes dans la couleur demandée et d'Atouts, un joueur fournit la carte de son choix. Durant le déroulement du coup, il n'est pas permis de consulter ses écarts ou les levées déjà réalisées.

Fin du coup

Les coups sont très rapides, puisqu'ils s'achèvent après 5 levées seulement. Le gagnant du coup est celui qui réalise le plus de levées, c'est-à-dire au moins

3 plis : il marque alors 1 point. S'il fait « la vole », c'est-à-dire met son adversaire capot en réalisant la totalité des 5 levées, il marque un deuxième point.

Décompte des points

Il existe quatre façons de marquer des points : le point de levée et le point de vole, cités ci-dessus, plus le point du Roi et le point de refus.

Le point du Roi : le détenteur du Roi d'Atout marque immédiatement 1 point s'il annonce ce Roi avant de jouer sa première carte. Le donneur bénéficie de façon automatique de ce point si la carte qu'il retourne pour fixer la couleur de l'Atout est un Roi. Le point du Roi se marque sur-le-champ, c'est-à-dire qu'un joueur se trouvant à 1 point du gain de la partie (voir paragraphe suivant) gagne celle-ci sans même jouer s'il possède ou retourne le Roi d'Atout.

Le point de refus : lorsque, après la donne initiale, un joueur n'accepte pas d'échanger des cartes (soit parce que le Premier ne propose pas d'écarter, soit parce que le donneur refuse d'échanger), on dit que ce joueur joue d'autorité. Il s'engage alors à gagner le coup.

S'il ne gagne pas le coup, c'est-à-dire ne réalise pas au moins 3 levées, son adversaire marque 1 point supplémentaire, qui s'ajoute à son point de levée (mais ne peut, le cas échéant, s'ajouter à un éventuel point de vole).

Cette pénalité ne s'applique qu'à l'occasion du premier écart : passé celui-ci, l'un ou l'autre joueur peut refuser d'échanger des cartes sans pour autant jouer d'autorité et s'engager à gagner le coup.

Le droit de proposer l'échange revient toujours au Premier, le donneur se bornant à l'accepter ou à le refuser.

Fin de la partie

La partie se joue habituellement en 5 ou 7 points. Elle peut être sèche (chaque partie étant alors autonome) ou liée (la partie est alors gagnée par le premier joueur à remporter deux manches de 5 ou 7 points, avec belle s'il y a lieu).

On peut également convenir de jouer « à la retourne », c'est-à-dire selon un nombre de points fixé par une carte retournée au hasard. Pour cette opération, la valeur des cartes est la suivante : l'As 11 points, les figures (R, D, V) 10 points, et pour le reste des cartes leur valeur numérale (de 10 à 7) : si la retourne est par exemple un 8, la partie se jouera en 8 points.

STRATÉGIE

Le jeu de la carte étant quasiment automatique, vu le peu de cartes possédées par les joueurs et les obligations auxquelles ils sont soumis (fournir à la couleur, forcer, couper), la finesse essentielle du jeu réside dans l'acceptation ou le refus des écarts.

Un joueur ne jouera d'autorité que s'il est statistiquement assuré de 67 % de chances de faire 3 levées : il faut en effet se montrer très prudent puisque le gain du coup ne rapporte que 1 point tandis que sa perte coûte 2 points, à cause du point de refus.

Les mains avec lesquelles on peut tenter de jouer d'autorité doivent être puissantes, et comporter soit une bonne longueur d'Atouts (trois cartes), soit des levées d'Honneurs sûres (deux Rois).

Le détenteur d'une bonne main peut bien sûr écarter pour tenter la vole, mais une telle décision est toujours à double tranchant, l'adversaire pouvant lui aussi améliorer sensiblement sa main et toucher, par exemple, le Roi d'Atout.

Le Gin-Rami

Ce jeu, qui jouit aujourd'hui d'une très grande popularité, s'est répandu sous sa forme actuelle après la Seconde Guerre mondiale. Son origine n'est pas connue avec certitude, mais on en attribue généralement la paternité, au début du XXe siècle, à l'Américain E.T. Baker.

MATÉRIEL

Deux jeux de 52 cartes, sans jokers.

BUT DU JEU

Se débarrasser de ses cartes en formant des combinaisons.

RÈGLES (2 joueurs)

Valeur des cartes

As : 15 points. Roi, Dame, Valet : 10 points. Autres cartes : leur valeur respective en points (de 10 à 2).

Combinaisons possibles

Les combinaisons doivent comporter un minimum de trois cartes, sous la forme d'un Brelan ou d'une Suite. On notera que l'As est tournant, c'est-à-dire qu'il est possible de l'utiliser indifféremment avec des cartes hautes et/ou basses pour former une Suite (par exemple As, Roi, Dame, ou As, 2, 3, ou Roi, As, 2).

Distribution des cartes

Après avoir soigneusement battu le premier paquet, le donneur fait couper le jeu et distribue alternativement les cartes une à une, en commençant par son adversaire. Il lui donnera onze cartes, et seulement dix pour lui-même. Le reste du paquet forme le talon, qui est disposé au milieu de la table, face cachée.

Le donneur bat ensuite le second jeu de 52 cartes et le pose à côté du talon. Il en retourne alors la première carte, qui sera appelée la « retourne ». Après le tour de jeu, il placera cette carte sous le paquet. La deuxième carte constituera une nouvelle retourne, et ainsi de suite.

Déroulement de la partie

Les joueurs tentent d'améliorer leur main par le tirage, jusqu'à ce que l'un des adversaires conclue le coup en posant son jeu.

L'adversaire du donneur défausse tout d'abord sans tirer (souvenons-nous qu'il bénéficiait d'une onzième carte). A partir de ce moment, les deux joueurs peuvent soit s'emparer de la carte défaussée par leur adversaire, soit tirer la première carte du talon. Dans les deux cas, il est obligatoire de défausser à son tour, face visible. Lorsqu'il ne reste plus que deux cartes au talon, le tour est annulé. Un nouveau coup est alors joué avec le même donneur.

Fin du tour

Le tour de jeu se termine lorsqu'un des joueurs a la possibilité de poser sa main, et décide de l'utiliser. Il existe trois façons différentes de sortir, entre lesquelles le joueur peut choisir. Elles sont cependant d'un intérêt inégal.

PAR ORDRE D'IMPORTANCE :

– **Le Grand Gin :** consiste à poser les onze cartes de son jeu, toutes utilisées à la formation de Brelans, Carrés ou Suites. C'est le seul cas où la défausse n'est pas obligatoire après le tirage.

– **Le Gin :** consiste à poser lorsque dix cartes de son jeu entrent dans des combinaisons. La onzième carte est écartée sur la pile de défausses.

– **La Descente :** il est possible de poser son jeu après la défausse, si la valeur des cartes n'entrant pas dans une combinaison n'excède pas la valeur de la retourne. La Descente est interdite si la retourne est un As. Le Gin est alors obligatoire.

Exemple :
la retourne est un 7 ♠. Toutes les cartes entrent dans des combinaisons, sauf un 2 ♥ et un 4 ♦. La valeur additionnée étant inférieure à 7, la Descente est possible.

LES COMPTES

L'ensemble « compte des points/marque/décompte final » est particulièrement complexe, mais confère au jeu tout son attrait et son intérêt. S'il nécessite un léger investissement de temps au début, il est cependant vite maîtrisé.

COMPTE DES POINTS ET UNDERCOAT

On porte au crédit du joueur qui vient de sortir les points qui restent dans la main de l'adversaire. Seules les cartes isolées sont prises en compte, mais comme il est permis de compléter avec celles-ci les combinaisons du poseur, les points gagnés par ce dernier ne correspondent en fait qu'à la valeur des cartes adverses incapables de compléter l'une des combinaisons apparentes.

Notons que, si l'adversaire d'un descendeur reste, après placement, avec un compte inférieur ou égal à la Descente, il remporte le coup et encaisse la différence des points entre son compte et la Descente. On dit que le descendeur est Under.

Le gagnant du coup bénéficie également d'une prime fixe, ainsi que d'éventuels points de bonifications et primes en cas d'Under, de Gin ou de Grand Gin.

BONIFICATIONS ET COCOTTES. RETOURNE PIQUE

Le joueur qui a gagné le coup est récompensé par une prime fixe de 1 Cocotte, et par les autres primes et points de bonifications suivants :

- 20 points et 1 Cocotte pour l'Under.
- 25 points et 2 Cocottes pour le Gin.
- 50 points et 4 Cocottes pour le Grand Gin.

Notons toutefois que, si la carte de retourne est un Pique, tous les points et Cocottes sont doublés pour ce coup, sauf la prime fixe.

Prime fixe incluse, le gagnant du coup inscrira donc :

a) En cas de **Descente** victorieuse, les points gagnés et 1 Cocotte, le double des points gagnés et 1 Cocotte si le coup est double (retourne Pique).

b) Pour l'**Under**, 20 points+les points gagnés et 2 Cocottes, 40 points+le double des points gagnés et 3 Cocottes si le coup est double.

c) Pour le **Gin**, 25 points+les points gagnés et 3 Cocottes, 50 points+le double des points gagnés et 5 Cocottes si le coup est double.

d) Pour le **Grand Gin**, 50 points+les points gagnés et 5 Cocottes, 100 points+le double des points gagnés et 9 Cocottes si le coup est double.

Les Cocottes ont purement un rôle de récompense et n'interviennent que dans le compte final des points.

LA MARQUE. LE BLITZ

Chaque coup gagné s'inscrit sur un tableau de marque, constitué de six colonnes comportant une partie supérieure et une partie inférieure, trois colonnes étant réservées à chaque joueur (voir l'exemple). Les points gagnés+les points de bonifications s'inscrivent dans la partie supérieure, les Cocottes dans la partie inférieure.

Les premiers points gagnés par chaque joueur seront inscrits dans la première colonne. Le deuxième coup gagné par le même joueur sera inscrit dans la deuxième colonne et ajouté dans la première colonne aux points existants. Le troisième coup gagné par le joueur lui permettra d'ouvrir sa troisième colonne. Les points s'ajoutent alors sur les trois colonnes (ainsi que les Cocottes dans les parties inférieures) jusqu'à ce que leur total atteigne ou dépasse 250 points. Dans ce cas, le joueur a « gagné » la colonne. Cette dernière est alors fermée, c'est-à-dire que personne ne peut plus rien marquer dans la colonne correspondante. La partie s'arrête lorsque les trois colonnes ont été gagnées. Il est donc possible qu'un joueur gagne une colonne et perde les deux autres.

Lorsqu'un joueur n'a marqué aucun point dans une colonne, on dit qu'il est Blitz. Tous les points marqués par son adversaire dans cette colonne sont alors doublés. Il est possible de se faire « blitzer » sur une, deux ou trois colonnes.

TABLEAU DE MARQUE AVANT ET APRÈS LE COUP

AVANT

A	A	A	B	B	B
30 57 67	27 37	10	55 80	25	
3 4 5	1 2	1	5 8	3	

APRÈS

A	A	A	B	B	B
30 57 67	27 37	10	55 80 122	25 67	42
3 4 5	1 2	1	5 8 11	3 6	3

EXEMPLE DE COUP

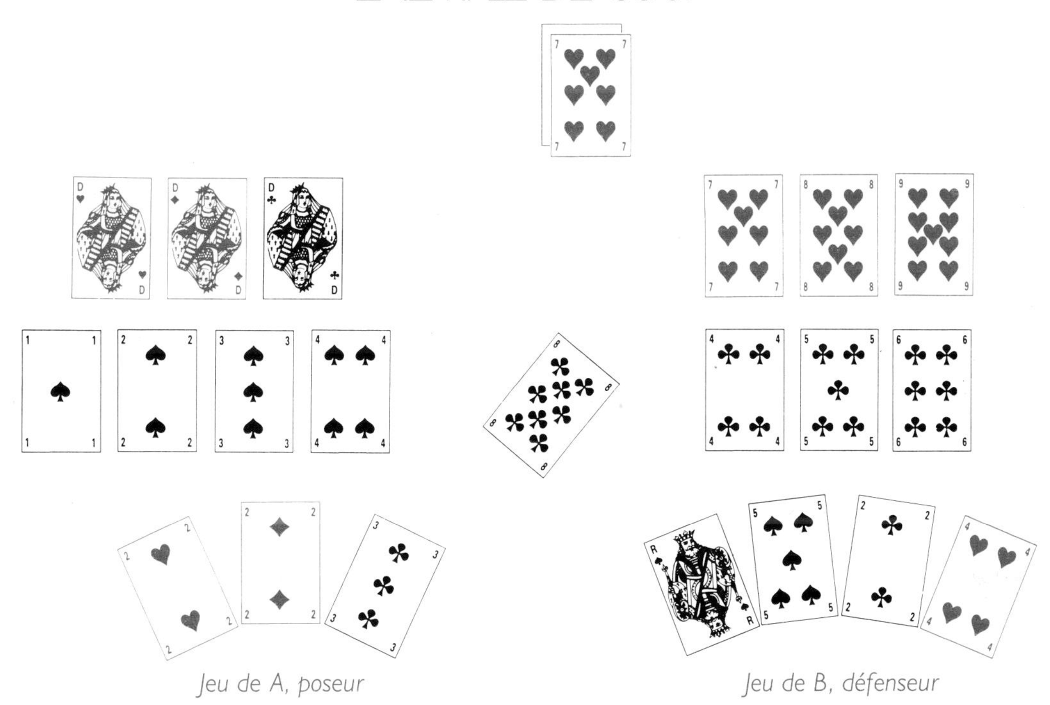

Jeu de A, poseur

Jeu de B, défenseur

A, qui craint de donner le 3 ♣ ou le 8 ♣, décide de défausser ce dernier et de descendre à sept, ce qui est possible, la retourne étant le 7 ♥. B a apparemment 21 points en main, mais place le R ♠ et le 5 ♠ sur la Suite à Pique adverse. Il lui reste alors seulement 6 points. A est Under. B marque 1 point (différence entre la Descente 7, et le compte de B 6), plus 20 points d'Under, multipliés par deux (coups à Pique), soit 42 points en haut de ses colonnes. En bas, il marque la prime fixe de 1 Cocotte non multipliable, plus 1 Cocotte d'Under, multipliée par deux, soit 3 Cocottes. Dans l'exemple de marque donné conjointement, ce coup permet à B d'ouvrir sa troisième colonne, et ainsi de marquer sur les trois colonnes du tableau.

Fin de la partie

Trois éléments doivent maintenant être pris en compte : les gains dus aux colonnes gagnées, les gains dus au nombre de points, les gains dus aux Cocottes.

a) Chaque colonne gagnée vaut 250 points.

b) On obtient le nombre total des points de chaque joueur en additionnant les points de ses trois colonnes.

c) On détermine le nombre de Cocottes de chaque joueur en additionnant les chiffres situés dans la partie inférieure de ses trois colonnes, chaque Cocotte valant 25 points.

Chaque joueur effectue son total général (a+b+c). La différence entre les totaux indique qui est le vainqueur.

STRATÉGIE

On peut adopter deux types de stratégie : un jeu offensif ou un jeu défensif. Si ce dernier est quelquefois de mise, c'est normalement vers l'attaque, c'est-à-dire vers la réalisation à tout prix de combinaisons, que l'on doit tendre.

En attaque, construisez vos combinaisons en mettant le maximum de chances de votre côté : ainsi, un commencement de Suite (par exemple 7, 8) offre de meilleures possibilités d'amélioration (deux cartes favorables, le 6 et le 9) qu'une Séquence brisée (par exemple 7, 9) pour laquelle il faut impérativement tirer la ventrale (le 8, une seule carte favorable). Notez aussi que le commencement de Suite est, malgré les apparences, meilleur qu'une Paire, bien qu'on puisse compter sur deux cartes favorables dans les deux cas. En effet, une fois la Suite et le Brelan réalisés, le possesseur de la Suite bénéficie toujours de deux cas d'amélioration, contre un seulement pour la transformation du Brelan en Carré.

En défense, si l'on craint que l'adversaire ne gagne une colonne où l'on n'a encore rien marqué, tenter de se « déblitzer » le plus rapidement possible. Si l'on craint que l'adversaire ne pose, et si on a une main lourde en points qui ne veut pas s'arranger, alléger en défaussant les cartes chères (As, figures, etc.). Si l'on pense que l'adversaire est intéressé par une carte que l'on détient, il ne faut pas la défausser.

En ce qui concerne le choix entre Descente ou Gin, c'est une décision qu'il faut effectuer en fonction des possibilités d'amélioration de la main, de la durée qu'a déjà le coup (chance de prendre une main pleine en début de coup chez l'adversaire, par exemple), de la marque (déblitzage, possibilité de gagner une colonne, etc.). Tout est donc question de circonstances.

Le Gin à plus de deux joueurs

La partie à 3 joueurs

Il existe deux systèmes de jeu à 3 joueurs. Dans le premier, le « Coupe-Jarret », les joueurs sont indépendants, tandis que dans le jeu avec « Capitaine » une équipe doit être formée.

– *Le Coupe-Jarret :* le perdant de chaque coup ne joue pas le coup suivant. Les comptes étant individuels, le tableau de marque comporte neuf colonnes. Le gagnant d'une colonne est celui qui, le premier, parvient à 250 points sur cette colonne. Le décompte final s'effectuant séparément, il peut y avoir deux gagnants et un perdant, ou un gagnant et deux perdants, selon les différences.

– *Le Capitaine :* 2 joueurs s'associent contre le Capitaine. Le tableau de marque conserve son aspect normal, avec six colonnes. Le perdant du coup cède sa place à son associé, jusqu'à ce que ce dernier perde également, et ainsi de suite. Le joueur inactif est autorisé à conseiller son partenaire, qui n'est toutefois pas tenu de suivre ces conseils.

La partie à 4 joueurs

Deux équipes s'opposent, chaque joueur étant placé en face de son propre adversaire, et jouant selon les règles du Gin à 2 joueurs. Il faut donc un troisième jeu de cartes (la retourne est commune aux quatre joueurs). Rien n'est inscrit à la marque tant que tous les joueurs n'ont pas terminé le coup. Figurera sur le tableau le résultat net des deux coups simultanés, dans les colonnes de l'équipe gagnante.

La partie à 6 joueurs

Elle se joue comme ci-dessus, avec trois équipes de deux joueurs. Elle nécessite un quatrième jeu de 52 cartes.

Le Huit américain

Comme son nom l'indique, ce jeu est d'origine américaine. Beaucoup plus riche qu'il n'y paraît, le Huit américain est un jeu amusant et animé parce que fertile en rebondissements.

MATÉRIEL

Deux jeux de 52 cartes, plus 2 Jokers.

BUT DU JEU

Se débarrasser de toutes ses cartes. Le gagnant sera donc le joueur ayant totalisé le moins de points en fin de partie.

RÈGLES (2 à 8 joueurs)

Valeur des cartes

La hauteur des cartes n'intervient pas dans le jeu, mais seulement lors des comptes. Les Jokers valent 50 points, les 8 32 points, les As 20 points, les figures (R, D, V) 10 points et les autres cartes leur valeur numérique.

Distribution des cartes

Le donneur distribue une à une un minimum de huit cartes à chacun, ou plus s'il le désire (à condition, bien sûr, de distribuer le même nombre de cartes à chaque joueur). Une fois la donne terminée, il retourne la carte suivante, la « bergère », qu'il pose à côté du talon.

Déroulement de la partie

Le voisin de gauche du donneur entame en jouant la couleur désignée par la bergère, et pose sa carte face visible sur cette dernière, pour former une pile qui va augmenter ainsi au fur et à mesure du jeu.

Les joueurs disposent de quatre possibilités :

– **Jouer la couleur demandée,** en se débarrassant prioritairement des cartes les plus hautes.

– **Jouer une carte de même hauteur que celle qui est posée au-dessus de la pile de défausses,** ce qui a pour effet de changer la couleur demandée. Ainsi, par exemple, si on pose une D ♥ sur une D ♠, le joueur suivant devra fournir du Cœur.

– **Jouer une carte spéciale :**

- Un 8 de n'importe quelle couleur peut être joué à tout moment, sauf derrière un As. Le joueur qui l'a posé peut alors choisir la Couleur de son choix.
- Un Joker peut être joué à tout moment, sauf derrière un As. Le joueur suivant pioche cinq cartes au talon et passe son tour. Le joueur qui a posé le Joker peut en outre annoncer une couleur de son choix.
- Un 10 ne peut être posé que sur une carte de même couleur (un 10 ♥ sur une carte Cœur) ou sur un autre 10. Le jeu repart en sens inverse.

- Un 7 doit être posé sur une carte de sa couleur ou sur un autre 7. Le joueur suivant doit piocher une carte au hasard dans le jeu de celui qui vient de poser le 7, et passer son tour, sans défausser.
- Un 2 doit être posé dans les mêmes conditions. Le joueur suivant pioche deux cartes au talon et passe son tour.
- Si un joueur pose un As, on est obligé de poser un As derrière lui. A défaut, on pioche deux cartes et on passe son tour. Le jeu repart avec la couleur de l'As posé en dernier. Si on peut poser un second As, c'est le troisième joueur qui, s'il n'en possède pas, devra piocher deux cartes par As posé, c'est-à-dire quatre cartes !

– **Dernière possibilité**, si on ne peut jouer des trois manières précédemment décrites : passer. Le joueur pioche une carte dans le talon et passe son tour sans défausser.

Fin du coup

Au moment de jouer son avant-dernière carte, on doit annoncer « Carte » avant que celle-ci ait touché la table. Si un adversaire attentif fait remarquer à temps l'oubli de cette règle, le joueur fautif doit piocher deux cartes et passer son tour.

Dès qu'un joueur a posé sa dernière carte, le jeu s'arrête et chacun compte les points qui lui restent en main.

On ne peut terminer le coup avec un 8 ou un Joker.

Décompte des points

Les points conservés par chaque joueur pénalisent ceux-ci selon le barème suivant :

Joker .... 50 points
8 .... 32 points
As .... 20 points
Figures (R, D, V) .... 10 points
Les autres cartes ont leur valeur nominale.

Fin de la partie

La partie peut se jouer au nombre de tours ou en un nombre de points défini à l'avance par les joueurs.

EXEMPLE DE COUP

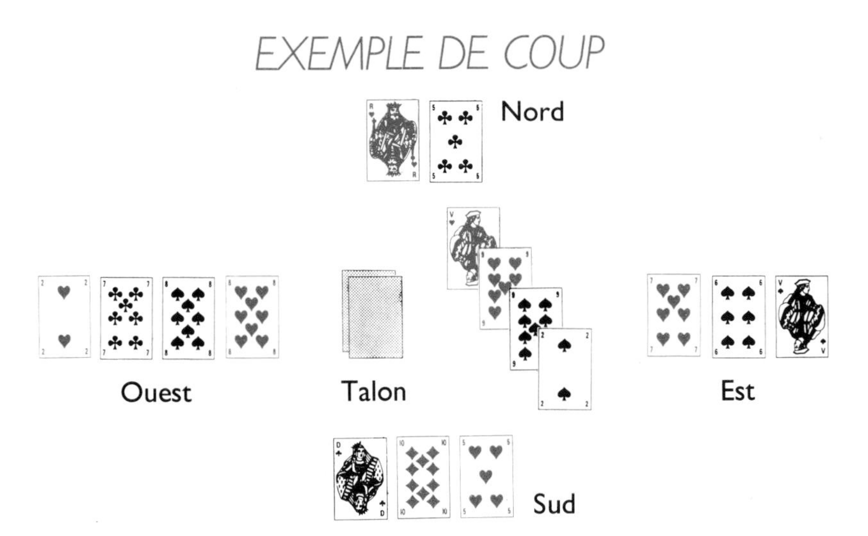

Nord joue Cœur. Est le suit avec un 9 ♥. Sud ne possède pas de Cœur mais peut changer la couleur en jouant son 9 ♠. Ouest attaque Nord qui ne possède plus que deux cartes en jouant son 2 ♠. Nord aura la mauvaise surprise de devoir passer son tour et de piocher deux cartes...

La Manille

La Manille est un jeu assez ancien, d'origine espagnole, pratiqué surtout dans le midi de la France où il jouit d'une certaine popularité. Ses variantes sont très nombreuses, et les usages varient quelquefois d'une région à l'autre. Il n'en existe pas moins un fonds de règles communes.

MATÉRIEL

Un jeu de 32 cartes (de l'As au 7 inclus).

BUT DU JEU

Réaliser le maximum de points possible grâce à des levées.

RÈGLES (4 joueurs, par équipes de 2)

Ordre et valeur des cartes

L'ordre des cartes est spécifique à la Manille. Par force décroissante, nous avons, dans chaque couleur :

– le 10, que l'on appelle « Manille » ;
– l'As, que l'on appelle « Manillon » ;
– puis, dans un ordre plus habituel, le Roi, la Dame, le Valet, le 9, le 8 et le 7.

Seuls Manilles, Manillons, Rois, Dames et Valets ont une valeur, qui est la suivante :

- les Manilles (le 10) valent 5 points × 4 couleurs = 20 points
- les Manillons (l'As) valent 4 points × 4 couleurs = 16 points
- les Rois valent 3 points × 4 couleurs = 12 points
- les Dames valent 2 points × 4 couleurs = 8 points
- les Valets valent 1 point × 4 couleurs = 4 points

Total par couleur .... 15 points

Total dans le jeu .... 60 points

Les autres cartes (du 9 au 7) ne valent rien.

Distribution des cartes

Le donneur distribue la totalité du paquet, deux cartes par deux cartes, en commençant par l'adversaire placé à sa droite (la Manille est un jeu d'équipe où les partenaires se font face). Il retournera la dernière carte du paquet afin de fixer la couleur d'Atout et ne pourra inclure cette carte dans son jeu qu'une fois la première carte jouée. Le donneur change après chaque coup.

Déroulement de la partie

Dans la Manille parlée, que nous traitons ici, le premier à jouer lors de chaque levée jouit d'un privilège exorbitant : **il peut interroger son partenaire sur son jeu** et lui poser toutes questions qui lui semblent utiles : combien de cartes possède-t-il dans telle ou telle couleur ? Combien de Manilles ou quels sont ses Atouts ? Il peut, de plus, lorsqu'il a joué et que son adversaire de droite a joué après lui, donner des ordres à son partenaire sur la carte à fournir.

Le partenaire se contente de répondre aux interrogations ou d'obéir aux ordres, et ne peut lui-même formuler de questions. Il est également possible au premier à jouer de transmettre la parole à son partenaire avant de jouer sa carte s'il n'a pas de questions utiles à poser lui-même. C'est alors le partenaire seulement qui interrogera jusqu'à la fin de la levée.

Ce privilège se transmet à chaque levée au gagnant du pli, qui devient à son tour premier à jouer. La seule condition posée à ces échanges d'informations est que les questions et les réponses soient brèves et intelligibles de tous.

Après les interrogations survient la phase du **Jeu de la carte**, qui obéit aux règles suivantes : le joueur qui a fourni la plus forte carte de la couleur demandée (c'est-à-dire de la couleur jouée par le premier à attaquer la levée) remporte le pli, sauf s'il a été coupé. La levée revient alors au joueur qui a coupé ou à celui qui a fourni le plus gros Atout en cas de coupes multiples. Le gagnant de la levée est le premier à jouer la levée suivante.

Les joueurs sont toutefois soumis à un certain nombre d'obligations :

– Fournir la couleur demandée.

– Forcer, si possible, sur la carte de l'adversaire (c'est-à-dire fournir, si on le peut, une carte supérieure à celle jouée par l'adversaire. On n'est cependant pas obligé de forcer sur le partenaire).

– Couper, quand on ne possède pas de carte de la couleur demandée et que l'adversaire est maître. Si l'adversaire a déjà coupé, il faut surcouper (mais on n'est pas tenu de sous-couper si l'on ne peut surcouper : il est permis, dans ce cas, de défausser, c'est-à-dire de jeter une carte d'une autre couleur).

Le jeu se déroule jusqu'à épuisement des cartes dans la main des joueurs, les plis étant ramassés par un seul joueur de chaque camp et placés en croix afin de pouvoir opérer une vérification levée par levée en cas de contestation.

EXEMPLE DE COUP

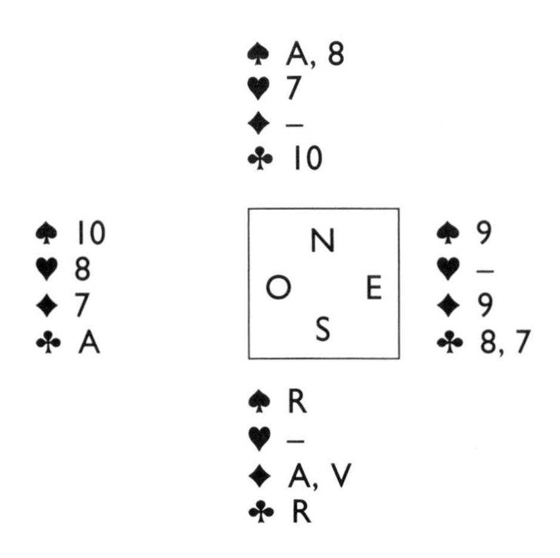

Pour examiner plus facilement la façon dont se déroule un coup, nous avons pris une position à quatre cartes de la fin. L'Atout est Trèfle, et c'est à Ouest de jouer.

1re LEVÉE

Ouest joue le 8 ♥. Sud est obligé de couper du R ♣. Est, qui ne peut surcouper, défausse le 9 ♦ dans l'espoir de couper plus tard le Manillon Carreau (As ♦) de Nord-Sud, et Nord fournit le 7 ♥.

2e LEVÉE

Sud joue le R ♠ et Est met le 9 ♠. Nord, qui n'est pas obligé de forcer sur son partenaire, met le 8 ♠ et Ouest prend de la Manille (10 ♠).

3e LEVÉE

Ouest joue le 7 ♦ dans la couleur défaussée par son partenaire. Sud a le Manillon (As ♦) et le met, Est coupe et Nord, qui n'aurait pas été obligé de couper la carte maîtresse de son partenaire, doit maintenant surcouper de la Manille (10 ♣).

4e LEVÉE

Nord joue son As ♠, Ouest coupe du Manillon maître (As ♣), tandis que Sud fournit son V ♦ et Est son dernier Atout.

Fin du coup

Les joueurs comptabilisent la valeur des cartes contenues dans leurs plis, et se rajoutent 1 point par levée effectuée. Le nombre total sur chaque donne est ainsi de 60 points de valeur des cartes plus 8 points de levées, soit 68 points. Le vainqueur du tour sera l'équipe ayant obtenu plus de la moitié de ces points, soit 34 points. Cette équipe marque le nombre de points réalisé au-dessus de 34. En cas d'égalité, 34 points contre 34 points, le coup est nul et personne ne score.

La marque

La marque s'effectue très simplement, sur une feuille séparée en deux par un trait vertical. Chaque camp marque les points gagnés dans sa colonne. Il existe toutefois deux façons auxiliaires de scorer des points : l'une correspond à une prime, l'autre à une pénalité en cas de faute.

– Une prime récompense le donneur lorsque la dernière carte, qu'il retourne pour fixer la couleur de l'Atout, est un Honneur (Manille, Manillon, Roi, Dame ou Valet). Cette prime est d'un montant égal à la valeur de la carte retournée et s'inscrit immédiatement dans la colonne.

– Une pénalité de 34 points frappe les auteurs de contraventions à l'éthique (par exemple, si l'un des joueurs répond à son partenaire de façon non conventionnelle, véhiculant ainsi un message que les adversaires ne peuvent pas comprendre) ou aux prescriptions régissant le Jeu de la carte (ne pas fournir de la couleur demandée quand on en a, ne pas forcer sur une carte adverse, ne pas couper quand on le doit, ne pas surcouper quand on le peut).

Fin de la partie

La partie peut se jouer en un nombre fixé de points : 50, 100 ou 150, mais il est également possible de convenir que la partie sera remportée par le premier camp qui aura gagné deux manches, avec belle s'il y a lieu. Les manches se jouent alors en 44 points et la belle en 54 points.

STRATÉGIE

Du point de vue stratégique, il y a lieu de distinguer entre les demandes d'informations et le Jeu de la carte.

Pour ce qui concerne les **demandes de renseignements**, il faut se montrer très circonspect et n'interroger son partenaire que dans les cas où le jeu de telle ou telle carte est spécialement risqué ou pose problème. Les réponses donnent en effet beaucoup d'indications aux adversaires, qui connaissent non seulement les Honneurs détenus par le camp opposé, mais aussi leur localisation exacte, ce qui facilite énormément le Jeu de la carte.

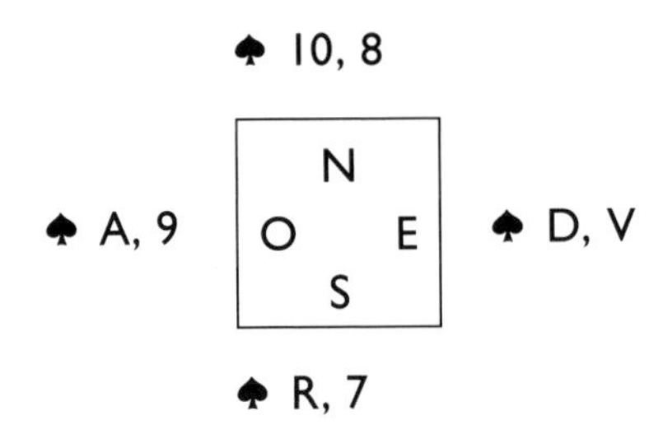

Diagramme 1

Dans le *diagramme 1*, Est, qui a entendu Nord déclarer sa Manille à Pique, peut jouer de cette couleur en toute tranquillité (pour plus de clarté, seuls les Piques sont représentés).

Ouest, qui lui aussi a entendu Nord annoncer sa Manille, met son Manillon en toute tranquillité quand Est joue Pique et que Nord ne met pas sa Manille. Il est ainsi assuré de faire une levée.

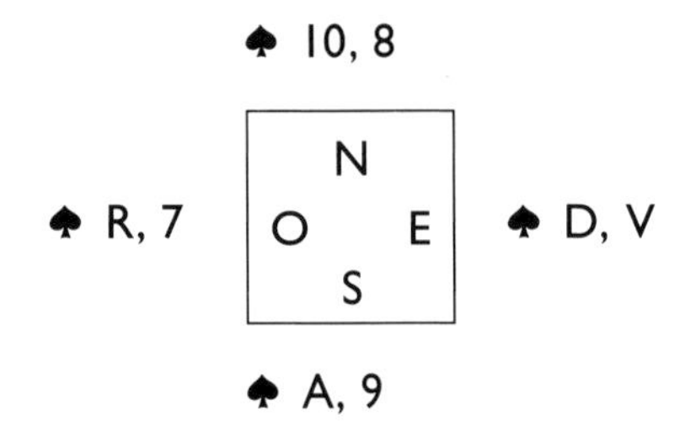

Diagramme 2

Si la position réelle des cartes est celle représentée par le *diagramme 2*, Est n'a rien perdu en jouant Pique car, de toute façon, Nord-Sud sont deux fois maîtres dans cette couleur. En revanche, dans le silence adverse et sans indications, Est ne peut plus se permettre de jouer de cette couleur, la position pouvant être celle du *diagramme 3*. Dans cette position, Nord-Sud ne peuvent prendre le Manillon d'Ouest s'ils jouent eux-mêmes de cette couleur : si Sud joue Pique, Ouest dernier à jouer est sûr de sauver son Manillon, tandis que, si Nord joue de cette couleur, Ouest pensera que ce n'est probablement pas sous la Manille et jouera donc le Roi, qui pousse à la Manille chez Sud. De nouveau, le Manillon d'Ouest est maître et fait une levée. Mais quand Est lui-même joue de cette couleur, Ouest est « à la devine », car il sera alors bien joué de la part de Nord de mettre un petit, même avec la Manille.

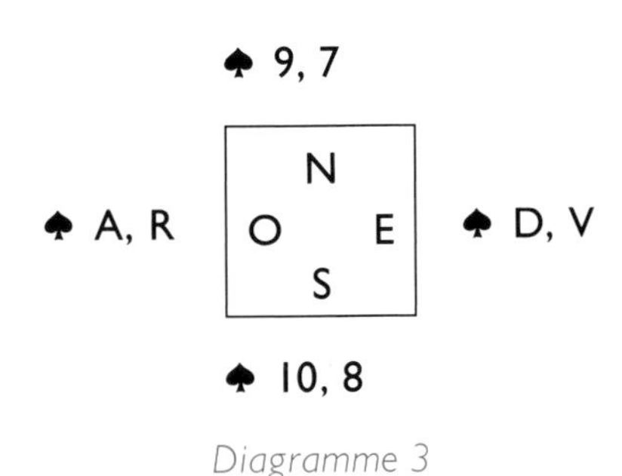

Diagramme 3

Le Jeu de la carte est quant à lui assez rudimentaire, et les quelques principes directeurs suivants suffisent à en exposer les finesses :

– Lorsque, avec son partenaire, on est deux fois maître dans une couleur, il faut réaliser la Manille et le Manillon séparément, pour tenter de remporter la totalité des 17 points de la couleur (15 points d'Honneurs plus 1 point pour chaque levée réalisée).

– Quand on joue une couleur où l'on possède la formation 10/Roi, il faut placer le Roi : celui-ci sera suffisant pour effectuer la levée si le Manillon est situé avant, ce qui permettra d'effectuer deux levées, puisque de toute façon la Manille (le 10) est maître.

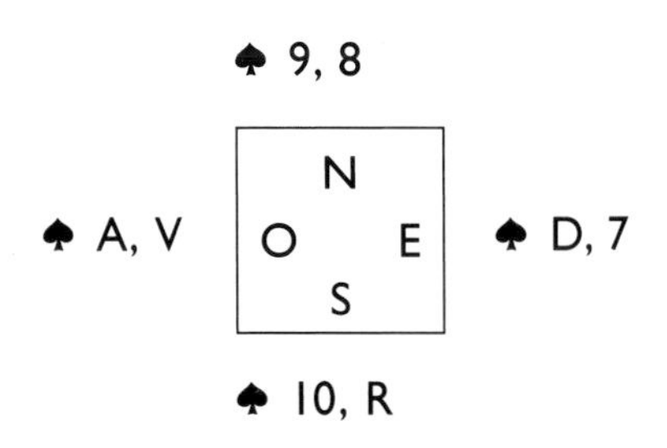

Diagramme 4

Par exemple, dans la position représentée par le *diagramme 4*, quand Nord joue le 9 ♠ et qu'Ouest place le V ♠, il faut en Sud mettre le R ♠, et prendre ainsi la chance de faire deux levées au lieu d'une seule dans la couleur. Si Est n'a pas le Manillon, ce qui est le cas ici, on est récompensé.

Lorsque l'on sait que son partenaire possède une Manille dans une couleur, il faut, si l'on est le premier à jouer, entamer sa plus forte carte de cette couleur pour essayer de capturer le Manillon adverse.

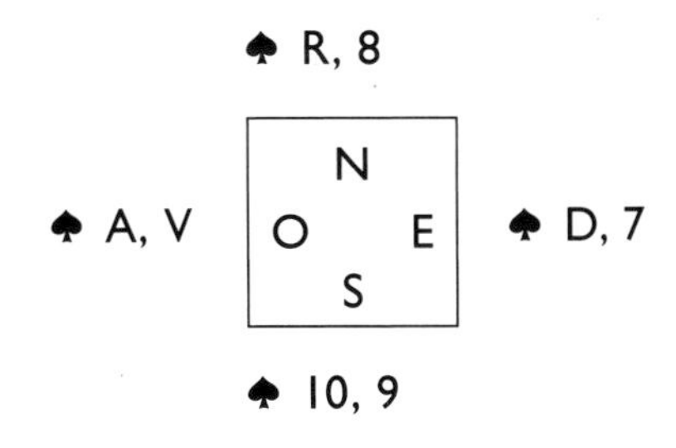

Diagramme 5

Dans la position du *diagramme 5*, Nord, quand il aura remporté une levée, rejouera le R ♠. Est devra mettre son Manillon, que Sud capturera avec sa Manille.

Quand un camp est faible en points d'Honneurs, sa seule chance de faire des levées réside dans les Atouts : il doit donc chercher à s'ouvrir des coupes en jouant ses couleurs courtes, et tenter de prendre les points adverses en coupant ses couleurs.

Corrélativement, lorsqu'un camp est fort en points d'Honneurs, il doit jouer Atout pour éviter de se faire couper par l'adversaire.

VARIANTES

La Manille muette

Les règles sont les mêmes que pour la Manille parlée, mais, comme son nom l'indique, pas un seul mot n'est échangé. La seule indication de jeu est donc la retourne.

Le Dix-sept

C'est une variante de jeu où chacun joue pour son propre compte. Chaque joueur est censé pouvoir réaliser sa part de points, soit 68 divisé par quatre=17 points (15 points d'Honneurs et 2 points de levées), d'où le nom de cette variante. Le jeu se déroule en silence, et il n'y a pas vraiment de partie, gains et pertes se réglant au coup par coup. Les enjeux sont matérialisés par des jetons ou des fiches dont la valeur est fixée en début de jeu, et les joueurs encaissent ou perdent autant de fiches qu'ils ont réalisé de points en plus ou en moins par rapport à 17.

La Manille folle

C'est une variante où l'on joue à la Manille « à l'envers », le but du jeu étant de réaliser le minimum de points. Il n'y a pas de retourne, la couleur d'Atout étant fixée par le premier à jouer (normalement dans sa couleur la plus faible). Le premier joueur qui atteint 100 points est le perdant de la partie.

Quand un joueur se voit menacé de faire un grand nombre de points sur une donne, il peut demander « le général ». S'il parvient alors à réaliser toutes les levées, chaque adversaire marque 68 points. Ce général n'est pas si difficile à réaliser, le joueur bénéficiant souvent de la complicité des autres joueurs.

En effet, si A demande le général alors que le score est le suivant : B 40 points, C 30 points et D 25 points, C et D vont s'efforcer d'aider A, car si celui-ci réalise son pari, B perdra la partie avec 40 points + 68 points = 108 points !

PIQUE, CŒUR, CARREAU, TRÈFLE

Banalisés par l'habitude, les signes qui ornent nos jeux de cartes ne suscitent chez nous plus aucune question. Mais que représentent-ils exactement, et pourquoi les a-t-on choisis ?

Il est frappant de remarquer que ces symboles ne se sont imposés que lentement, et que d'autres signes étaient utilisés pour différencier les cartes, en Europe du Sud ou dans les pays germaniques. On estime généralement que c'est en France que furent créés les symboles Pique, Cœur, Carreau et Trèfle, représentant pour certains l'eau, la terre, le feu et l'air, et pour d'autres, plus concrètement, le feu du mousquet, la pointe de la flèche, la pointe de la lance et la garde de l'épée...

En Italie, en Espagne et dans certaines régions méditerranéennes de la France, on a longtemps utilisé la série Coupes, Épées, Deniers, Bâtons (qui demeurent dans le jeu de l'Aluette), qui symboliseraient le clergé, la noblesse, la bourgeoisie marchande et les paysans.

Les Allemands et les Suisses, enfin, ont longtemps utilisé une symbolique propre aux pays germaniques en remplaçant nos signes par la série Gland, Feuille, Cœur, Grelot.

Le Piquet

Le Piquet est sans doute né en France vers le XVe siècle, sous le nom de « Cent ». On y jouait dès le règne de Charles VII, et déjà Rabelais en fait mention comme l'un des passe-temps de Gargantua. L'origine de ce nom n'est pas établie avec certitude : il pourrait provenir d'un notable du XVIIe siècle, Claude Piquet, notaire à Troyes, qui en aurait codifié les règles, ou de l'altération d'une des annonces du jeu, le Pic.

MATÉRIEL

Un jeu de 32 cartes (c'est-à-dire un jeu allant de l'As au 7 inclus).

BUT DU JEU

Réaliser un maximum de points, en possédant des combinaisons plus fortes que celles de l'adversaire et en faisant des levées.

RÈGLES (2 joueurs)

Ordre et valeur des cartes

L'ordre des cartes est l'ordre habituel, de l'As jusqu'au 7. La valeur des cartes est la suivante : l'As 11 points, les figures (Roi, Dame, Valet) 10 points, et pour le reste des cartes leur valeur nominale (c'est-à-dire de 10 jusqu'à 7).

Combinaisons possibles

Elles sont de trois sortes, et s'annoncent successivement. Dans l'ordre :

– **Le Point :** chaque joueur annonce autant de points que sa couleur la plus longue comporte de cartes. Le joueur dont le total est le plus élevé marque immédiatement son total. En cas d'égalité, le joueur dont le Point, c'est-à-dire la couleur, a la valeur la plus élevée (en comptant la valeur des cartes qui la composent : l'As 11 points, le Roi 10 points, etc.) l'emporte. En cas de nouvelle égalité, on dit que « le point est payé », et personne ne marque.

Exemple :
A annonce 5 points, correspondant à sa couleur la plus longue, les Piques, qui comportent cinq cartes. B, qui n'a qu'un Point de 4 (les Cœurs), dit « C'est bon ».

– **Les Séquences :** réunions de cartes qui se suivent dans la même couleur, les Séquences sont de six types et se nomment d'après leur composition ou le nombre de points qu'elles rapportent. De la plus faible à la plus forte :

- la Tierce : trois cartes qui se suivent, valeur 3 points ;
- la Quatrième : quatre cartes qui se suivent, valeur 4 points ;
- la Quinte : cinq cartes qui se suivent, valeur 15 points ;
- la Seizième : six cartes qui se suivent, valeur 16 points ;
- la Dix-Septième : sept cartes qui se suivent, valeur 17 points ;
- la Dix-Huitième : huit cartes qui se suivent (soit la totalité de la couleur), valeur 18 points.

On n'annonce que sa meilleure Séquence. Seul le joueur dont la Séquence est la plus forte pourra scorer ses points. Il marquera non seulement les points correspondant à cette Séquence, mais aussi les points correspondant à toute autre Séquence qu'il pourrait détenir.

En cas de Séquences de force égale, le joueur possédant la plus haute l'emporte : une Tierce au Roi (R, D, V), par exemple, l'emporte sur une Tierce à la Dame (D, V, 10). En cas de nouvelle égalité, le jeu est dit « égal » et personne ne score.

– **Les Quatorze et Brelans :** on nomme Quatorze les Carrés (quatre cartes identiques), qui rapportent, comme leur nom l'indique, 14 points.

Le Brelan (trois cartes identiques) ne rapporte quant à lui que 3 points. Pour la composition des Carrés et Brelans, seuls comptent l'As, le Roi, la Dame, le Valet et le 10. Un Brelan ou un Carré de 9, de 8 ou de 7 ne valent rien. On annonce sa meilleure formation. Une fois encore, ne scorera que le joueur dont l'annonce est la plus forte (le Carré l'emportant sur le Brelan), et, en cas d'égalité, celui dont la combinaison est formée des cartes les plus hautes.

Notons enfin qu'une même carte peut être utilisée pour des combinaisons différentes. Il est également possible de masquer sa main en n'annonçant pas ses combinaisons les plus fortes. Dans ce cas, seules les combinaisons annoncées seront prises en compte pour l'attribution des points.

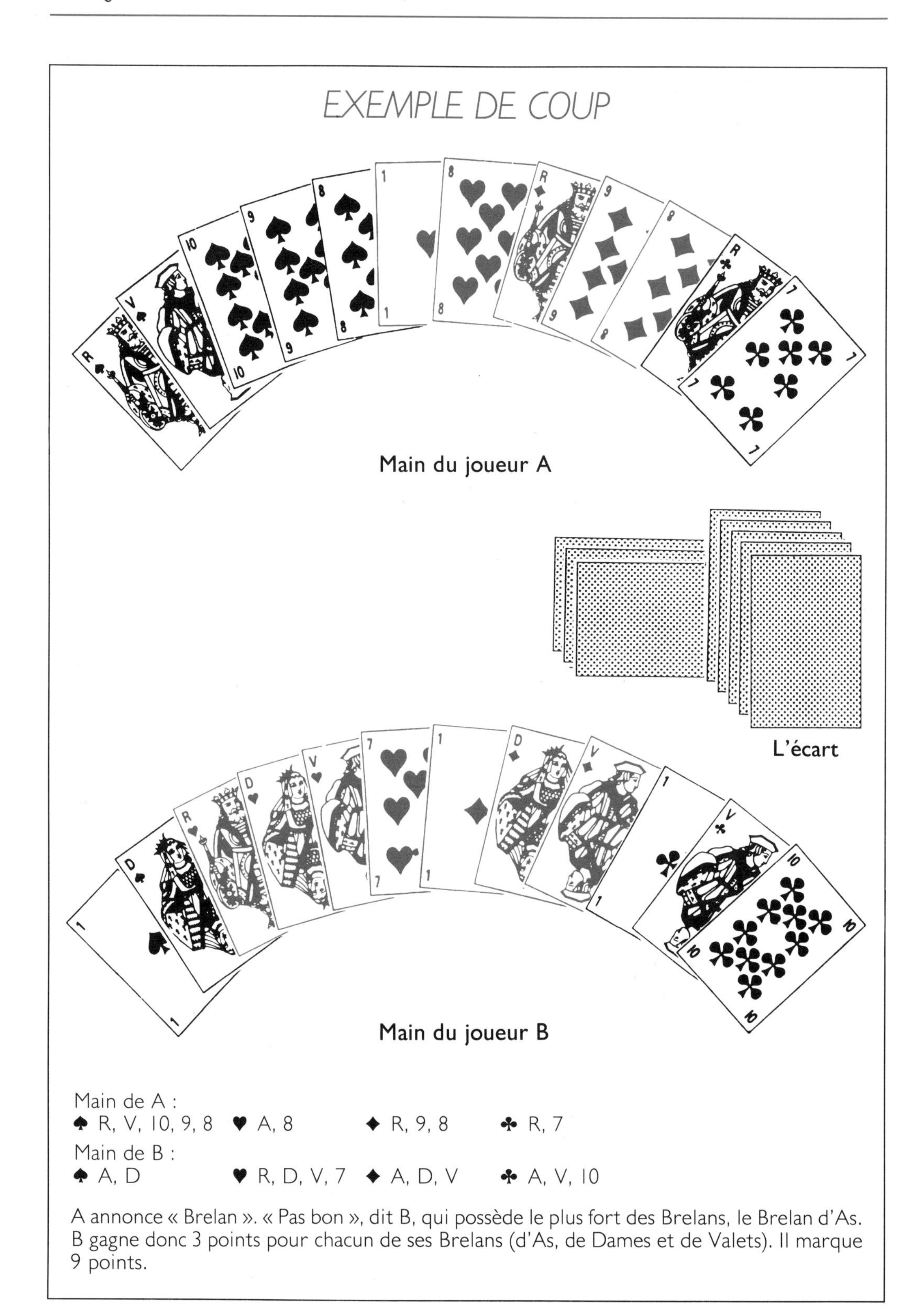

Main de A :
♠ R, V, 10, 9, 8 ♥ A, 8 ♦ R, 9, 8 ♣ R, 7
Main de B :
♠ A, D ♥ R, D, V, 7 ♦ A, D, V ♣ A, V, 10

A annonce « Brelan ». « Pas bon », dit B, qui possède le plus fort des Brelans, le Brelan d'As. B gagne donc 3 points pour chacun de ses Brelans (d'As, de Dames et de Valets). Il marque 9 points.

Distribution des cartes

Elle a lieu en deux étapes : l'une passive, la donne, l'autre active, l'écart.

– **La donne :** on décide en début de partie si le donneur reste le même ou bien s'il change à chaque tour. Le donneur, qu'on nomme l' « Aîné », distribue douze cartes à chacun, deux par deux, en commençant par son adversaire. Il reste un talon de huit cartes qu'il sépare en deux paquets, l'un de cinq cartes et l'autre de trois cartes. Il superpose les deux paquets au centre de la table, à angle droit, en plaçant celui de trois cartes en dessous.

– **L'écart :** les deux joueurs ont la possibilité de recomposer leur jeu en échangeant des cartes de leur main contre des cartes du talon. Ils ont même l'obligation de procéder à au moins un échange. L'adversaire du donneur, qui est le premier à jouer et que l'on nomme le « Cadet », peut échanger de une à cinq cartes : il écarte, faces cachées, le nombre de cartes dont il veut se défaire, puis tire dans l'ordre un nombre égal de cartes du premier paquet du talon (donc du paquet de cinq cartes ; le paquet de trois cartes est en effet réservé au donneur). Il lui est permis de regarder les cartes de son propre paquet qu'il n'a pas utilisées.

Une fois que le Cadet a terminé ses opérations, l'Aîné peut procéder à son tour aux échanges. Il a droit à autant d'échanges qu'il reste de cartes au talon (donc jusqu'à sept si le premier n'a effectué que l'échange obligatoire). Il effectue son ou ses écarts, faces cachées, et tire un nombre équivalent de cartes du talon, en commençant par les cartes laissées par le premier. Il peut également prendre connaissance des cartes qu'il n'utilise pas. Si, ce faisant, il regarde les cartes de son paquet, le premier peut demander à voir également ces dernières.

Chaque joueur peut consulter ses écarts durant le jeu.

Déroulement de la partie

Une fois l'écart effectué, le Cadet annonce ses combinaisons dans l'ordre : son *Point*, sa *Séquence*, son *Quatorze* ou son *Brelan*. A chaque annonce, le donneur (l'Aîné) répond par « Bon » si son jeu est inférieur, par « Pas bon » si son jeu est supérieur, et par « Valeur ? » ou « Hauteur ? » si son jeu est égal. A cette nouvelle question, le Cadet répond en donnant la valeur de son Point ou en précisant la hauteur de ses formations. Quand le Cadet a joué sa première carte, les deux partenaires peuvent exiger de l'adversaire qu'il montre les cartes justifiant ses annonces.

Quand chaque joueur a totalisé sur sa feuille de marque les points correspondant à ce qu'il a de « bon », le Jeu de la carte peut débuter, sous réserve des précisions et contraintes suivantes :

– On est tenu de fournir la couleur demandée.

– Si l'on n'a pas de cartes dans cette couleur, on défausse en fournissant une carte d'une autre couleur.

– C'est la plus forte carte dans la couleur demandée qui remporte le pli.

– Le gagnant du pli rejoue en premier pour la levée suivante.

– Jouer la première carte d'une levée rapporte 1 point.

– Remporter une levée rapporte 1 point.

– Remporter la dernière levée rapporte 2 points.

Les joueurs annoncent à voix haute leur score chaque fois que celui-ci se modifie. Le Cadet joue donc la première carte de la première levée, rajoute le point gagné à son score précédent et annonce le total. L'Aîné annonce son score et rajoute 1 point s'il remporte la levée. Le jeu se poursuit ainsi jusqu'à épuisement des cartes. Celui qui a fait le plus de levées marque alors 10 points. En cas d'égalité (6 levées chacun), personne ne marque ce **Dix de cartes**.

Décompte des points

Outre les points qui reviennent normalement à chaque joueur, il existe quatre façons de marquer des points supplémentaires, par le jeu de primes :

– Le **Dix de blanc** rétribue l'absence de figures (Roi, Dame, Valet) dans le jeu d'un joueur. Celui-ci doit l'annoncer avant l'écart et touche alors 10 points.

– Le **Pic** récompense par 30 points le Cadet, uniquement, lorsque, en cumulant points gagnés à la fois à l'annonce et au Jeu de la carte, il parvient à 30 points avant que le donneur n'ait pu marquer un seul point. Le total du Cadet passe alors immédiatement de 30 à 60. Cette prime ne peut être attribuée à l'Aîné puisque le Cadet marque au moins un point en entamant la première levée.

– Le **Repic** récompense par 60 points le premier joueur parvenant à 30 points par ses seules annonces, avant que l'adversaire ait pu marquer 1 point. Le total de celui qui encaisse cette prime passe alors immédiatement de 30 à 90 points.

– Le **Capot** récompense par 40 points le joueur qui remporte la totalité des 12 levées. Il ne marque alors pas le Dix de cartes.

EXEMPLES

Main de A :

♠ A, R, D, V, 10, 9, 7	♥ A, D	♦ R, D	♣ R

Main de B :

♠ 8	♥ R, 10, 8, 7	♦ A, V, 10, 9	♣ A, 8, 7

A, Cadet, marque 7 points pour son Point à Pique, 16 points pour sa Seizième à Pique, deux fois 3 points pour ses deux Brelans (de Rois et de Dames), soit 29 points, ce qui est insuffisant pour le Repic comme provisoirement pour le Pic. Il entame maintenant en disant « Un, trente », son score passant, grâce au point d'entame, de 29 à 30 points. Le Cadet annonce alors Pic et son score passe à 60 points.

Modifions un peu la donne en échangeant le 7 ♠ de A pour le 8 ♠ de B :

Main de A :

♠ A, R, D, V, 10, 9, 8	♥ A, D	♦ R, D	♣ R

Main de B :

♠ 7	♥ R, 10, 8, 7	♦ A, V, 10, 9	♣ A, 8, 7

A marque 7 points pour son Point, 17 points (au lieu de 16) pour sa Dix-Septième, et deux fois 3 points pour ses deux Brelans, soit 30 points avant d'avoir fait un seul point grâce à une levée. C'est Repic, et son score passe à 90.

Fin du coup

Une fois les douze cartes jouées, chaque joueur marque les points qu'il a gagnés sur la donne.

Fin de la partie

On peut, en début de jeu, fixer un nombre de points à atteindre ou un nombre de donnes à jouer.

Dans le premier cas, **la partie se joue habituellement en 100, 150 ou 221 points**. Elle peut être sèche (chaque partie est alors autonome) ou liée (la partie étant alors gagnée par le premier camp à remporter deux manches). Le premier à dépasser la limite fixée gagne la partie.

Dans le deuxième cas, **la partie se joue en 4 ou 6 donnes**, les scores des premières et dernières donnes étant comptabilisés doubles. Le camp qui a le plus fort total après le nombre de donnes fixé gagne la partie.

TABLEAU RÉCAPITULATIF DES POINTS

• le Dix de blanc	10 points
• le Point	3 à 8 points
• les Séquences	
Tierce	3 points
Quatrième	4 points
Quinte	15 points
Seizième	16 points
Dix-Septième	17 points
Dix-Huitième	18 points
• le Quatorze	14 points
• le Brelan	3 points
• le Dix de cartes	10 points
• le Pic	30 points
• le Repic	60 points
• le Capot	40 points
• le Point de levée	1 point
• le Point d'abattage	1 point
• la Dernière Levée	2 points

La marque. Quand la partie se joue avec limite de points fixée, le vainqueur encaisse son score, augmenté de la différence entre son score et celui de l'adversaire : par exemple, si, dans une partie en 150 points, A atteint 175 points alors que B n'a que 125 points, A encaisse 175+(175−125)=225 points.

Quand la partie se joue en 4 ou 6 donnes, deux cas sont possibles, selon que le total des joueurs est supérieur ou non à la limite du **Rubicon**, qui est de 100 points :

– Si les deux joueurs ont plus de 100 points, le vainqueur encaisse la différence entre les deux scores, augmentée de 100 points de gain de partie : par exemple, si A totalise 118 points et B 102, A gagne 118−102+100=116 points.

– Si l'un des joueurs ou bien les deux joueurs ont moins de 100 points, le perdant est Rubicon. Le vainqueur encaisse la somme des deux scores, augmentée de 100 points de gain de partie : si A totalise 118 points et B 72, A gagne 118+72+100=290 points ; si A totalise 75 et B 60, A gagne 75+60+100=235 points.

STRATÉGIE

La stratégie s'élabore après la distribution des cartes, et se construit grâce à l'écart. Elle est normalement radicalement opposée, selon que l'on est Cadet ou Aîné (donneur).

Le Cadet, premier à jouer, doit orienter son jeu vers l'attaque : premier à jouer, il ne craint pas le Pic, et se voit assuré de pouvoir passer ses couleurs longues. Il doit, en écartant, chercher à renforcer ces dernières, ce qui peut lui faire gagner à la fois le Point (avec la couleur la plus longue) et le Dix de cartes (en réalisant au moins 7 levées sur 12). Il doit aussi tenter de réaliser Séquences, Carrés et Brelans.

Le donneur doit orienter son jeu vers la défense : comme il n'a pas l'initiative du coup, il va subir le jeu imposé par le Cadet. Il ne lui servirait donc à rien de renforcer ses couleurs longues s'il ne peut jamais prendre la main pour les jouer. Il doit plutôt chercher à garder des

Honneurs (les plus fortes cartes) dans le maximum de couleurs et empêcher avant tout l'adversaire de marquer le Dix de cartes. Il doit, contrairement au Cadet, conserver dans son jeu les petites cartes isolées apparemment inutiles de ses couleurs faibles (là où il n'a pas d'Honneurs). S'il touche dans l'écart un Honneur quelconque dans une de ces couleurs, cet Honneur sera ainsi gardé.

EXEMPLES D'ÉCARTS ET DE DÉCLARATIONS

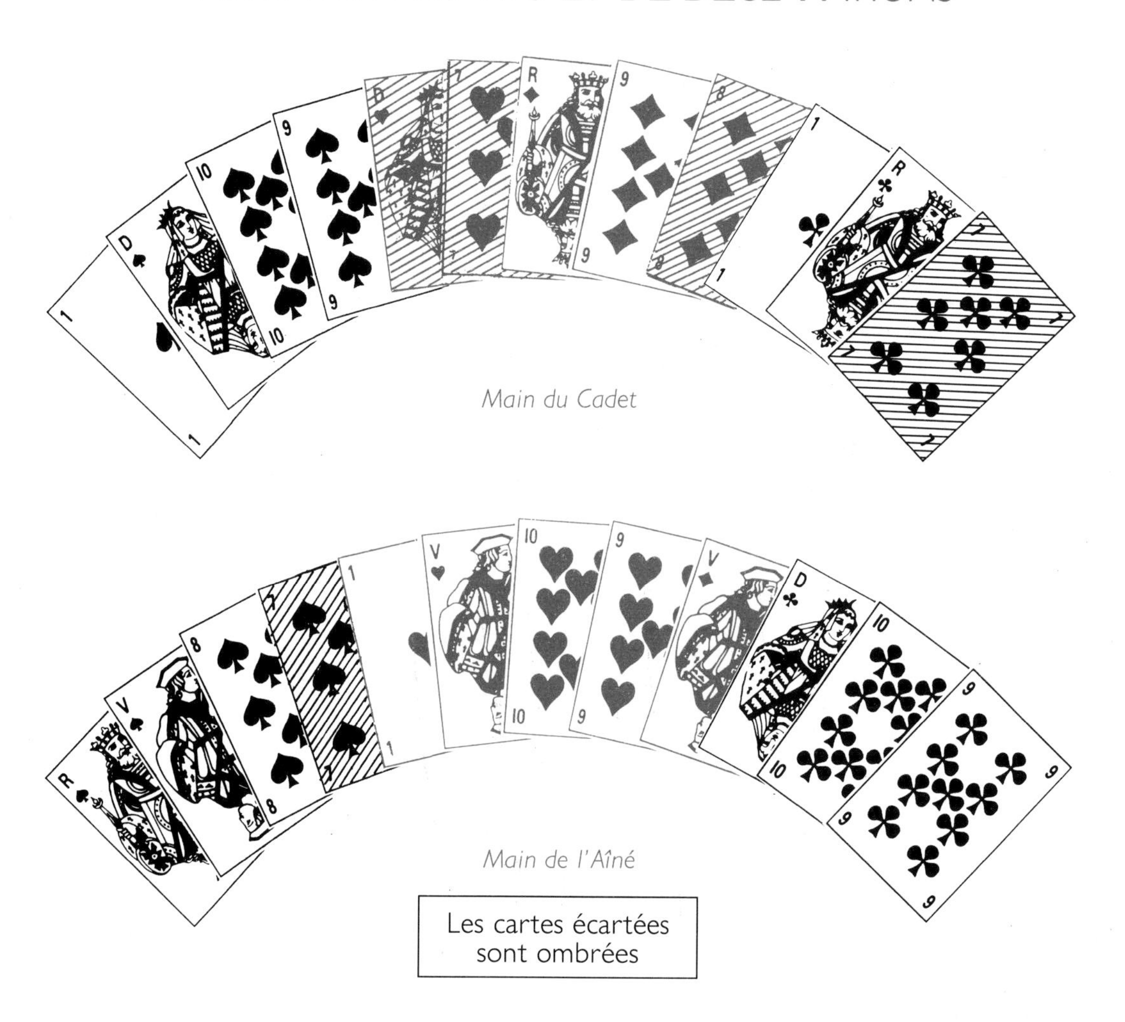

Main du Cadet

Main de l'Aîné

Les cartes écartées sont ombrées

MAIN DES JOUEURS AVANT L'ÉCART

Le Cadet écarte Dame et 7 ♥, 8 ♦ et 7 ♣ dans le but d'allonger sa main à Pique. Il tire quatre cartes : R ♥, As et 7 ♦, 8 ♣.

L'Aîné ne craint que la couleur Carreau. Par ailleurs, il est plutôt content de sa main, qui est bonne en défense, toutes les couleurs étant gardées. Il doit cependant échanger une carte. Il écarte le 7 ♠ et tire le 10 ♣.

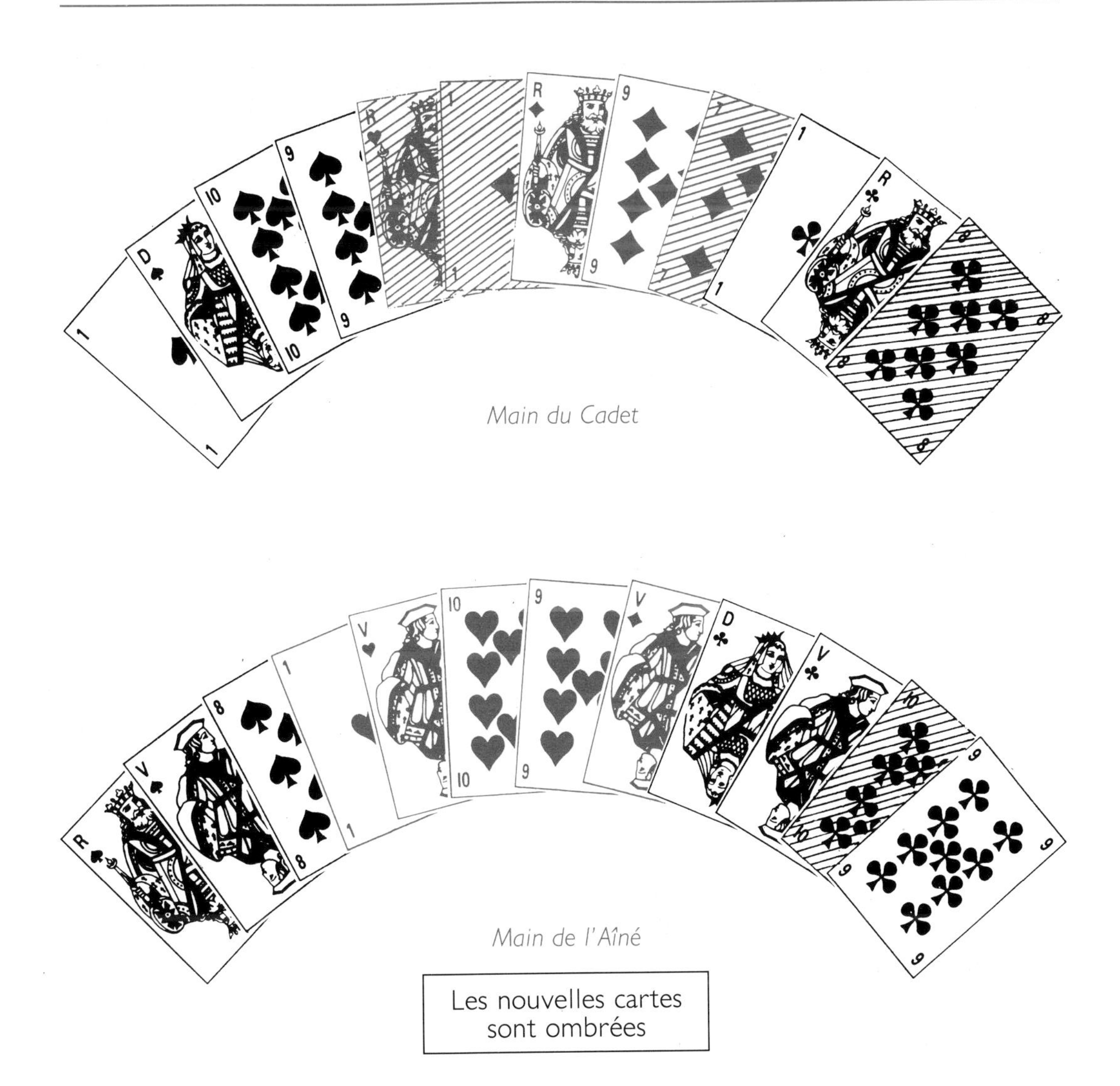

Main du Cadet

Main de l'Aîné

Les nouvelles cartes sont ombrées

MAIN DES JOUEURS APRÈS L'ÉCART

L'écart réalisé, le Cadet annonce son Point en disant « 4 points ». « Valeur ? » interroge l'Aîné, qui a lui-même un Point de 4. « 40 », répond le Cadet (sa meilleure couleur, à Pique, totalise 11+10+10+9=40 points ; celle à Carreau ne vaut que 37 points). « Égal », réplique le donneur dont le Point vaut aussi 40 points (à Cœur : 11+10+10+9=40). Le Point est « payé », personne ne marque.

Le Cadet annonce alors qu'il ne possède aucune Séquence. « Quatrième et Tierce, déclare l'Aîné. Je marque 7. »

Le Cadet annonce maintenant ses trois Rois en disant « Brelan ». L'Aîné, qui possède un Carré de Valets, répond « Pas bon, j'ai Quatorze. Je marque 14, ce qui me fait 21 ».

Le Cadet dit « Je commence avec zéro », joue la première carte de la première levée et annonce « Un ». L'Aîné rappelle ses déclarations : « Quatrième et Tierce, Quatorze, je commence avec 21 », et dira « 22 » s'il remporte la première levée.

Le Poker

Jeu d'argent et de hasard, le Poker est considéré aux États-Unis comme le jeu national. Il a conquis ses « lettres de noblesse » sur les bateaux à aubes du Mississippi et dans les arrière-salles de saloons, du temps du Far West, avant d'envahir les salles de jeu du monde entier dès la fin du XIXe siècle. Les règles du Poker rappellent celles de certains jeux français comme le Brelan et la Bouillotte, italiens comme le Frusso, et se rapprochent même de jeux orientaux millénaires comme le Tin Kau chinois ou l'As-Nâs persan. Le nom même de « Poker » pourrait dériver du jeu français Poque ou du jeu allemand Pochspiel, mais provient plus vraisemblablement de l'anglais *poker*, tisonnier (du verbe *to poke*, attiser, tisonner, exciter).

MATÉRIEL

Un jeu de 52 cartes et des jetons. Il est également possible de jouer avec un nombre de cartes inférieur, mais le Poker véritable se joue toujours avec un jeu complet.

BUT DU JEU

Posséder, ou faire croire que l'on possède, une combinaison de cartes supérieure aux combinaisons adverses.

RÈGLES (2 à 8 joueurs)

Ordre des cartes

La force des cartes va de l'As au 2, en décroissant. Toutefois, l'As peut dans certains cas devenir la carte la plus basse du jeu (dans la Quinte dite « américaine », c'est-à-dire dans la séquence 5, 4, 3, 2, As).

Distribution des cartes

Elle s'effectue en deux étapes.

Première distribution

Le donneur, qui change après chaque coup, distribue une à une cinq cartes à chaque joueur, faces cachées, dans le sens des aiguilles d'une montre. Les joueurs, en commençant par celui placé à la gauche du donneur, misent sur leurs chances de gagner le coup. Selon le cas, ils passent, misent, égalisent la somme déjà misée par un autre joueur, ou enfin relancent en misant une somme plus importante. Les joueurs ayant égalisé la mise la plus forte ont droit à une nouvelle distribution de cartes, les autres joueurs perdent leur mise et restent hors du coup.

Deuxième distribution

Les joueurs toujours en lice peuvent améliorer leur main en écartant, faces cachées, de une à quatre cartes. Ils annoncent le nombre de cartes qu'ils écartent à voix haute, et déclarent « Servi » s'ils

LES COMBINAISONS AU POKER

Elles sont au nombre de neuf, que nous donnons ici par force croissante.

LA CARTE ISOLÉE

Ce terme ne recouvre pas à proprement parler une combinaison, mais plutôt l'absence d'une des huit autres combinaisons que nous allons décrire plus bas. Dans ce cas, la main du joueur ne vaut que par sa Carte isolée la plus forte.

La main ci-dessous se décrit techniquement par « un As », valeur de la Carte isolée la plus forte. Si deux joueurs ont des Cartes isolées, celui qui possède la carte la plus forte gagne le coup.

LA PAIRE

Deux cartes de même valeur, et trois cartes dépareillées.

Cette main représente une Paire de Dames. Si deux joueurs ont une Paire, celui qui possède la Paire la plus forte gagne le coup. En cas d'égalité, on compare les Cartes isolées : ici, Paire de Dames, accompagnée d'un 10, puis d'un 7 et d'un 2. En cas d'égalité totale, le coup est partagé.

    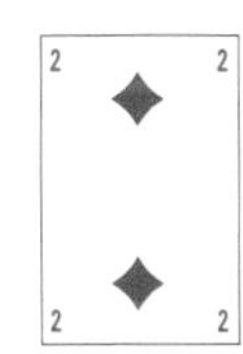

LA DOUBLE PAIRE

Deux Paires de cartes de valeur identique et une cinquième carte dépareillée.

Cette main illustre une Double Paire, combinaison d'une efficacité moyenne. Si deux joueurs ont deux Paires, celui qui possède la Paire la plus forte gagne le coup (par exemple, deux Paires As-2 sont plus fortes que deux Paires Rois-Dames). En cas d'égalité, on compare la hauteur des autres Paires. En cas de nouvelle égalité, on compare les Cartes isolées. En cas d'égalité totale, on partage le coup.

LE BRELAN

Trois cartes de valeur identique et deux cartes dépareillées. C'est une combinaison d'une certaine valeur.

La main ci-dessous représente l'un des plus forts Brelans, le Brelan de Rois. Quand plusieurs joueurs ont un Brelan, celui qui possède le Brelan formé des cartes les plus fortes remporte le coup. Il ne peut donc y avoir de cas d'égalité.

LA QUINTE

Cinq cartes qui se suivent, de couleurs différentes. On décide en début de partie si l'on accepte la Quinte « américaine », où l'As peut se placer avant le 2 comme carte la plus basse. Cette combinaison peut être considérée comme assez forte.

Voici deux exemples de Quintes : une Quinte au Roi, et une Quinte américaine (au 5). Quand deux Quintes sont en présence, celle qui comporte la carte la plus haute l'emporte. En cas d'égalité, on partage.

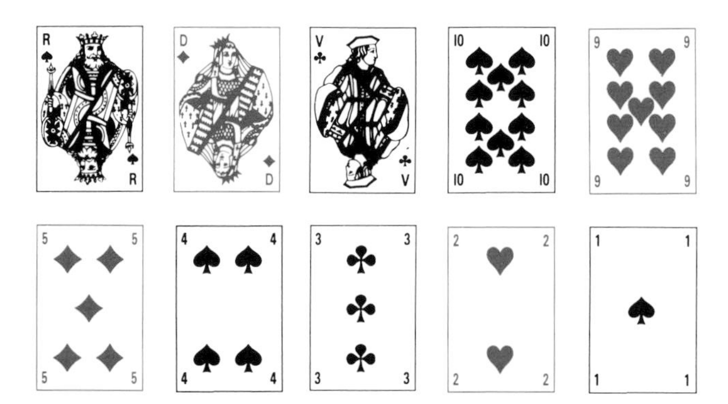

LA COULEUR

Cinq cartes de la même couleur, qui ne se suivent pas. On entre maintenant dans le domaine des combinaisons fortes.

Ce diagramme représente une couleur à Cœur. Si deux joueurs ont une couleur, on départage leurs mains en considérant la carte la plus forte. Le jeu ci-dessus constitue une couleur à la Dame. En cas d'égalité totale, le coup est naturellement partagé.

LE FULL

Brelan accompagné d'une Paire. Cette combinaison est très forte.

Ici, un Full aux Dames par les 2. Le Full se décrit en effet par la hauteur de son Brelan. Si deux joueurs ont un Full, celui qui possède le Brelan le plus fort gagne le coup. Il ne peut donc y avoir égalité.

LE CARRÉ

Quatre cartes de valeur identique, et une cinquième carte dépareillée. Cette combinaison constitue une vraie « bombe », pratiquement imbattable.

La main ci-dessous représente le fameux Carré d'As, figure légendaire qui a dépassé le cadre du Poker pour entrer dans le domaine public. Si deux joueurs ont un Carré, celui dont les cartes sont les plus fortes gagne le coup.

LA QUINTE FLUSH OU FLOCHE

Cinq cartes qui se suivent, de couleur identique. C'est la combinaison la plus forte au Poker, extrêmement rare.

Cette main représente la Quinte Flush la plus forte, la Quinte Flush royale, ou Quinte Flush à l'As. En cas de rencontre au sommet entre joueurs possédant une Quinte Flush, le gagnant est celui dont la Quinte comporte la carte la plus haute. Quant à l'autre joueur, il a tout intérêt à quitter la table, les probabilités pour qu'il ait affaire à un tricheur étant trop élevées !

refusent d'écarter. Le donneur distribue à chacun un nombre de cartes égal au nombre de cartes écartées.

Déroulement de la partie

Un certain rituel entoure les parties de Poker, dans lesquelles on utilise un vocabulaire particulier. La place n'étant pas indifférente, certains joueurs préférant se trouver avant ou après telle ou telle personne, réputée pour ses mises calmes ou au contraire agressives, on commence par tirer les places en début de partie. Chacun tire une carte du paquet, et les joueurs s'asseyent dans l'ordre de force des cartes tirées.

Chaque joueur achète ensuite une unité de base de jetons, matérialisant l'argent joué, appelée « cave ». La mise minimale sur un coup, représentée souvent par le jeton le moins cher, est appelée le « chip ». Les joueurs « décavés », c'est-à-dire n'ayant plus suffisamment de jetons, peuvent se « recaver » d'une ou de plusieurs caves entre deux coups (mais jamais pendant le déroulement d'un coup).

L'ensemble des jetons possédés par chaque joueur est appelé son « tapis ». Chaque joueur dispose son tapis devant lui, clairement visible de tous. La partie proprement dite peut maintenant débuter. Elle se joue soit « en pot continu », soit « au blind ».

Partie en pot continu

Dans cette forme de jeu, les joueurs doivent à chaque coup déposer au centre de la table une mise dont le montant est fixé en début de partie. A tour de rôle, les joueurs ont le choix entre « passer » et « ouvrir », c'est-à-dire effectuer une première mise.

Passer, en disant « Parole » : ce passe n'est pas définitif tant qu'un joueur précédent n'a pas ouvert. Le joueur qui passe ne perd pas sa mise, puisque, en cas de passe général, les mises sont conservées au centre de la table. Le donneur suivant effectue alors une nouvelle distribution de cartes. Il peut également décider d'une mise supplémentaire : cela s'appelle « arroser le pot ».

Ouvrir : l'ouverture se fait en misant une certaine somme, généralement fixée au montant du pot. Les autres joueurs ont maintenant le choix entre :

– passer : ce passe est maintenant définitif. Le joueur dit « Sans moi », et jette ses cartes, faces cachées. Il est exclu du coup et abandonne sa mise initiale ;

– suivre : c'est-à-dire miser une somme égale à celle de l'ouvreur. Égaliser donne droit à participer au coup, sous réserve d'égaliser encore toute relance effectuée par un autre joueur ;

– relancer : c'est-à-dire parier une somme supérieure aux mises précédentes. On ne peut se relancer soi-même : si, par exemple, un joueur a ouvert et si ses partenaires ont suivi sans relancer, il n'a plus droit à la parole. Pour éviter les trop gros écarts d'argent, on limite habituellement les relances au montant des sommes déjà engagées sur le coup. On dit alors que « la relance est à hauteur du tapis ». Les joueurs qui viennent d'être relancés ont, dans des conditions identiques à celles que nous venons de décrire, le choix entre passer, suivre en égalisant, et sur-relancer.

La deuxième distribution intervient quand la plus forte relance a été égalisée. Si la mise la plus forte n'a pas été égalisée, son auteur gagne le coup et ramasse l'ensemble des mises, sans être obligé de montrer son jeu.

Il est de règle d'effectuer immédiatement les relances : toute hésitation est en effet considérée comme une tentative d'intimidation et fait perdre le droit à la relance. Notons également qu'un joueur qui ne peut suivre une relance du fait de l'insuffisance de son tapis n'est pas exclu du coup, mais y participe au prorata de son tapis : on partage alors le pot en deux parties. Si le joueur gagne, il ramasse la partie du pot pour laquelle il a été en mesure de miser. L'autre partie revient au deuxième meilleur joueur.

Une fois la deuxième distribution effectuée, la parole revient à l'ouvreur : on dit que « l'ouvreur parle en premier », c'est-à-dire qu'il est le premier à miser s'il le désire (il annonce alors le montant de sa mise : « chip », ou « 200 », etc.). Comme précédemment, les joueurs ont le choix entre passer, miser ou éventuellement relancer. Si tout le monde passe, le pot est maintenu, ou partagé par les joueurs encore en lice. S'il y a mise, le joueur qui a effectué la mise la plus forte montre ses cartes à ceux qui ont égalisé sa relance. On dit qu'il a été payé « pour voir ». Celui qui a la combinaison la plus forte remporte les enjeux. Si personne n'a égalisé la mise la plus forte, son auteur remporte les enjeux sans avoir à montrer sa main.

Signalons que le donneur peut fixer un seuil minimal d'ouverture, par exemple une Paire de Dames. Cela signifie que le joueur qui ouvre le pot (en effectuant la première mise) doit pouvoir présenter à la fin du coup au moins une Paire de Dames aux joueurs qui lui en font la demande, sous peine de devoir reconstituer le pot à ses frais. Le joueur qui écarte son ouverture quand il demande des cartes à la deuxième distribution doit prévenir les autres joueurs en déclarant « Je casse l'ouverture ».

Il est possible aussi « d'acheter » le pot en payant une somme équivalant à la hauteur du pot, c'est-à-dire d'ouvrir sans voir son jeu. L'achat est réservé au joueur situé à la gauche du donneur, et donne droit à parler en dernier, c'est-à-dire offre la faculté de relancer si d'autres joueurs suivent l'ouverture. Lorsque personne ne suit, l'acheteur ramasse le pot. On peut aussi convenir que le joueur placé à la gauche de l'acheteur peut « suracheter » le pot en cas d'achat, en versant le double de la somme d'achat. Le surachat s'effectue sans voir son jeu et ouvre les mêmes droits que l'achat.

Partie au blind

Le joueur placé à la gauche du donneur est tenu de miser, sans voir son jeu (*blind* signifie « aveugle », en anglais), une somme dont il fixe le montant. Les autres joueurs ont le choix entre passer, égaliser et relancer, selon un *modus operandi* identique à celui régissant le jeu en pot continu.

Le blindeur (premier à jouer) est le dernier à parler, ce qui l'autorise à relancer si d'autres joueurs l'ont suivi. Si une relance a déjà été effectuée, le blindeur peut passer en abandonnant son blind, suivre en complétant sa mise, ou surrelancer.

Si personne ne suit le blind, on fait généralement un pot : chaque joueur verse alors une somme égale au blind, et le nouveau coup se joue selon les règles du jeu en pot continu.

On autorise généralement les joueurs placés à la gauche du blindeur à surblinder (en mettant le double du blind) et éventuellement à overblinder (en mettant le double du surblind). Le surblind et l'overblind confèrent les mêmes droits que le blind.

LA PARTIE EN POT CONTINU

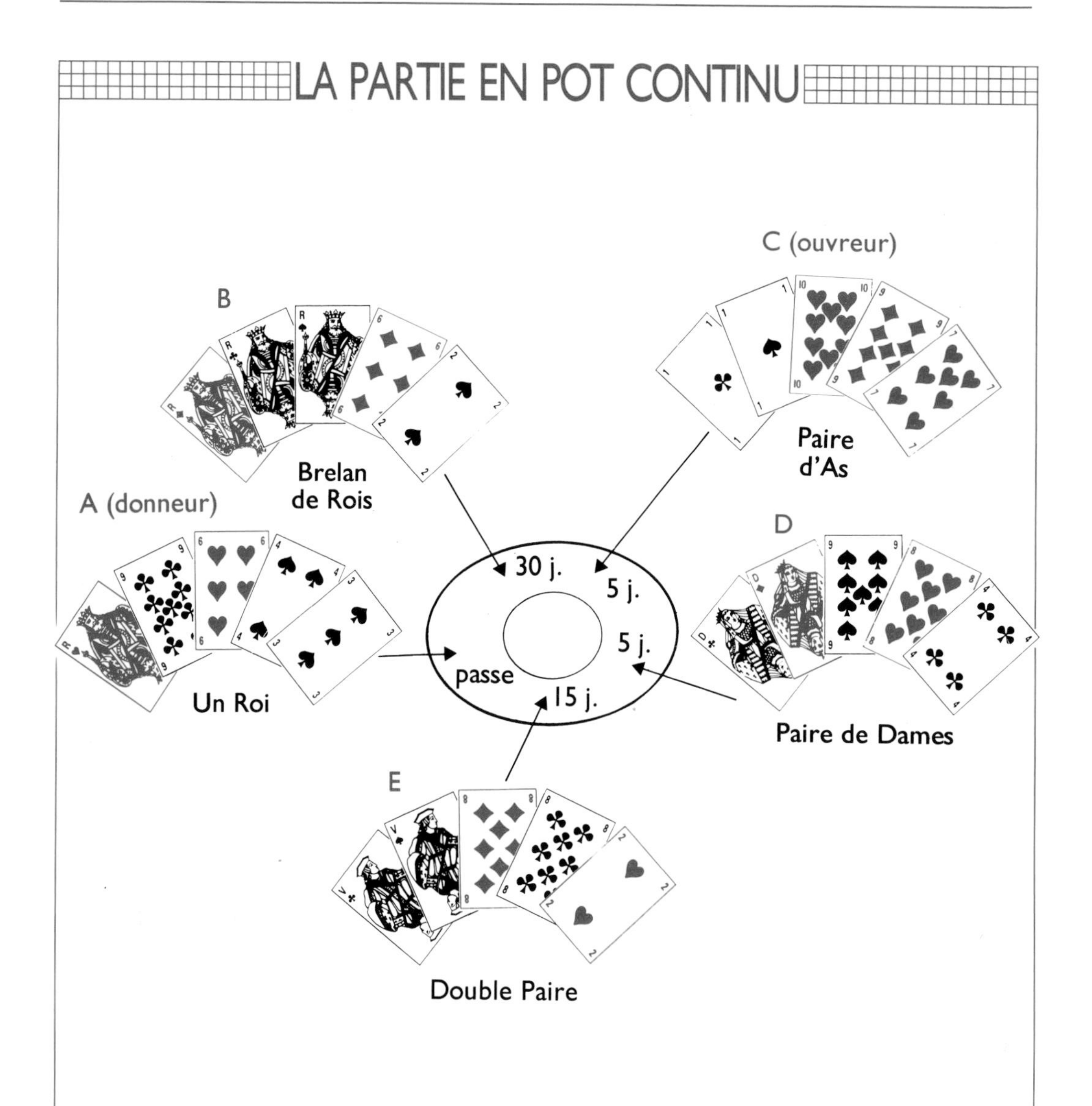

A a donné et chaque joueur a mis un jeton au tapis. Le pot est donc de 5 jetons. B, premier à parler avec un Brelan de Rois, s'embusque et passe. C ouvre de la hauteur du pot, 5 jetons, au vu de sa Paire d'As. D suit en mettant à son tour 5 jetons, et E, qui détient deux petites Paires, relance à hauteur du tapis en mettant 15 jetons : son jeu a de bonnes chances d'être gagnant pour l'instant, mais peut fort bien se révéler insuffisant si de nombreux joueurs sont autorisés à rester sur le coup et à améliorer leur main par le tirage. E cherche donc à écarter le maximum de joueurs. Il relance « pour faire fuir ».

A, qui n'a rien du tout, passe en jetant ses cartes, et B, ravi de l'aubaine, sur-relance au maximum permis en mettant 30 jetons, c'est-à-dire « à hauteur du tapis ». C et D, qui sont pris en tenaille entre deux forts jeux, abandonnent leur mise. Le joueur E devrait lui aussi jeter ses cartes au vu de cette relance. B ramasse donc tout l'argent du tapis sans avoir besoin de jouer le coup ni de montrer sa main.

LA PARTIE AU BLIND

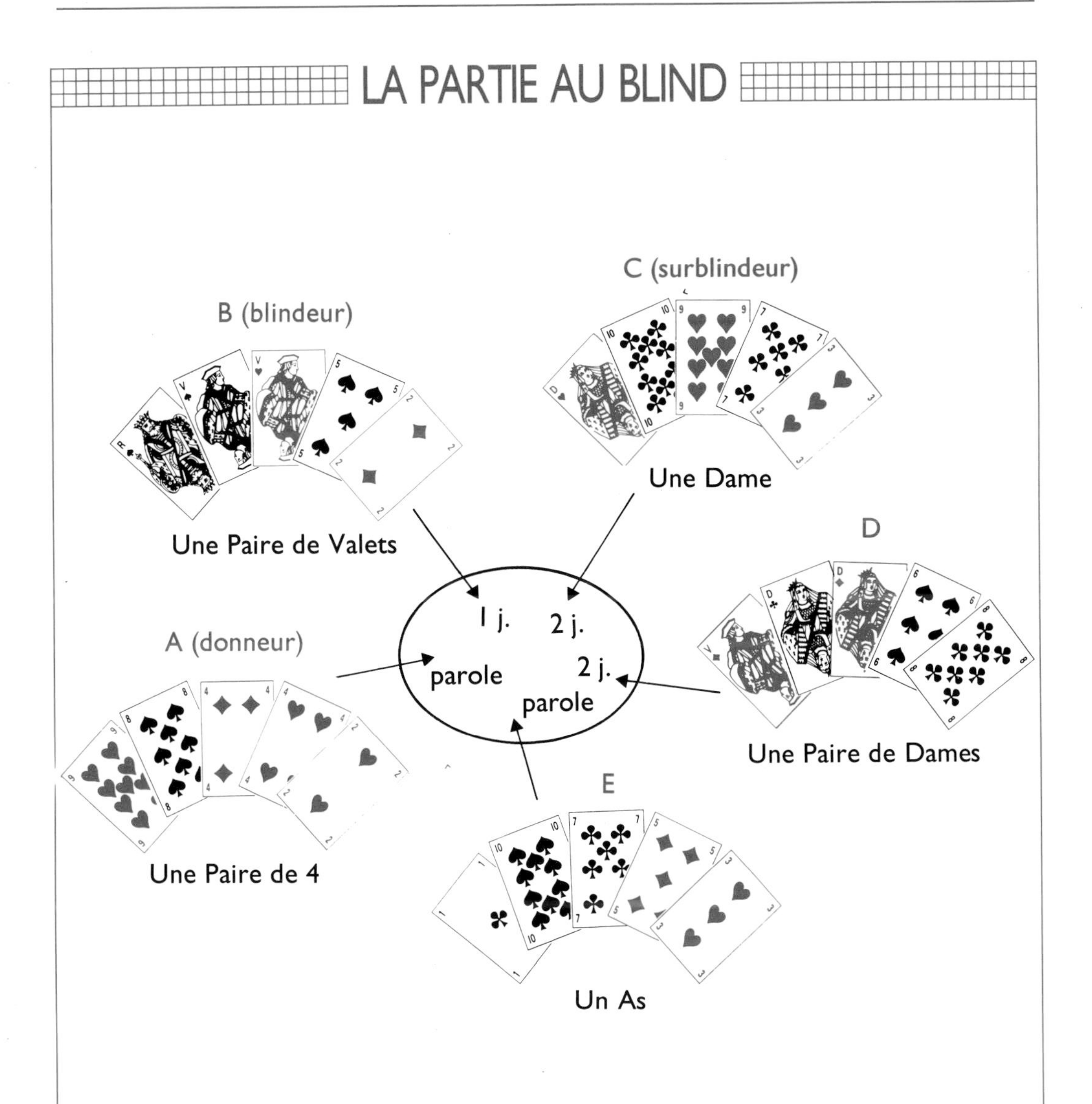

B, qui se trouve à la gauche du donneur A, a blindé de 1 jeton et C a surblindé de 2 jetons. D suit le coup avec sa Paire de Dames, E n'a rien et passe, ainsi que A qui n'a qu'une toute petite Paire. B, qui est déjà engagé de 1 jeton, veut défendre son argent dès qu'il a un jeu à peu près présentable. Une Paire de Valets constituant un minimum acceptable, il complète sa mise en versant 1 jeton de plus. C n'a rien du tout. Il aimerait bien n'avoir pas surblindé et être hors du coup, mais c'est maintenant trop tard pour avoir des regrets. Il participe donc au coup à son corps défendant et réclamera quatre cartes en conservant la Dame, ou deux cartes en écartant le 10 ♣ et le 7 ♣ pour chercher la couleur à Cœur...

Fin du coup

Un coup peut s'achever de trois façons différentes :

– Personne n'a ouvert (partie en pot continu) ou personne n'a suivi le blindeur (partie au blind) : un nouveau coup est alors joué, en pot.

– Personne n'a égalisé la mise la plus forte, avant ou après échange de cartes. L'auteur de cette mise ramasse alors les enjeux.

– La mise la plus forte a été égalée après les échanges de cartes (« pour voir »). Son auteur montre alors son jeu. Si les autres joueurs en lice ont mieux, ils l'annoncent à leur tour et montrent leurs cartes, sinon ils disent « C'est bon » et jettent leurs cartes sans avoir à les montrer.

Fin de la partie

On décide en début de jeu si la partie aura une durée limitée (par exemple deux heures), ou si elle se jouera sans limite fixée. Dans ce cas-là, elle prend fin par accord mutuel des joueurs, mais un perdant peut se lever de table à tout moment. Il est cependant d'usage pour les gagnants d'accorder des prolongations aux perdants. Quand la partie a définitivement pris fin, les joueurs comptent leur tapis. Ils payent ou encaissent la différence entre le montant de leur tapis et le montant des caves qu'ils ont prises.

STRATÉGIE

Le Poker est un faux jeu de hasard, où la technique joue en fait un rôle prépondérant et primordial. Par technique, on entend l'art de savoir quand ouvrir ou suivre un coup, quand relancer, qui, et de combien, quand bluffer, et enfin quel écart effectuer.

L'apprentissage de ce dernier point est facile, des tableaux de probabilités permettant d'effectuer les meilleurs choix de combinaisons. Pour le reste, la psychologie joue souvent un plus grand rôle que les mathématiques dans les décisions prises à la table. Nous nous bornerons donc à quelques conseils d'ordre général.

Les jeux avec lesquels on peut participer au coup dépendent en grande partie de la position que l'on occupe par rapport au donneur : premier à parler, par exemple, il faut un jeu assez fort, supportant la relance. Dernier à parler, on a plus d'informations sur les jeux en présence et l'on peut se contenter d'un jeu plus faible, que l'on aurait passé dans une autre position.

Les mises et les relances doivent être fonction des sommes déjà en jeu, ainsi que des tapis des concurrents. Les tableaux de probabilités d'amélioration enseignent également qu'il faut se montrer prudent chaque fois que l'on se heurte à un joueur qui n'a demandé qu'une seule carte, et ne pas relancer inconsidérément dans ce cas.

Le « bluff », stratagème attirant et dangereux consistant à tenter de faire croire à ses adversaires que l'on détient un jeu fort alors qu'il n'en est rien, fait également partie intégrante de la technique mais doit être manié avec la plus extrême prudence. Il faut, entre autres, éviter de bluffer sur les gros pots, éviter de bluffer les gros gagnants, et ne pas se montrer maladroit en effectuant des relances disproportionnées. Cependant, quand on décide de bluffer, il faut le faire franchement et relancer exactement comme si on avait en main le jeu que l'on prétend avoir. Tout flottement se sent facilement, et la sanction ne tarde généralement pas. Le bluff peut être intégral (cas où l'on n'a rien du tout), relatif (cas par exemple où l'on relance avant tirage avec une recherche de Quinte ou de couleur, dans l'espoir de gagner gros si l'on améliore), et représenter parfois l'unique solution pour se sortir d'un coup où l'on soupçonne l'adversaire d'avoir un meilleur jeu. Un bluff construit avant même l'écart est souvent très difficile à déceler et donc à parer, mais est toujours particulièrement dangereux pour son auteur s'il n'est pas conduit avec une très grande maestria.

TABLEAUX DE PROBABILITÉS, A 52 CARTES

TABLEAU I

Fréquence de distribution de chaque combinaison, à la première donne (en chiffres arrondis).

Combinaison	Fréquence : 1 fois sur	en %
Forte Paire (Valets et +)	8	12,5
Double Paire	20	5
Brelan	50	2
Quinte	250	0,4
Couleur	500	0,2
Full	700	0,14
Carré	4 000	0,025
Quinte Flush	65 000	0,0015
Tirage de Quinte bilatérale	30	3,4
Tirage de Couleur	25	4
Tirage de Quinte Flush	1 600	0,06

On retiendra de ce tableau que les jeux forts, servis à la première distribution, représentent un très faible pourcentage. On rencontre en revanche dans 20 % des cas des jeux jouables ou moyens : forte Paire, double Paire et Brelan. La forte Paire représente le jeu jouable le plus fréquent (12,5 %). On notera aussi qu'il est pratiquement impossible, quand un joueur demande une carte, de savoir si c'est à partir d'une double Paire, d'un tirage de Quinte bilatérale (par exemple V ♠, 10 ♣, 9 ♥, 8 ♠ et 4 ♦ : on peut toucher la Quinte par les deux bouts, une Dame ou un 7 étant favorables), ou d'un tirage de couleur (par exemple D ♥, 10 ♥, 7 ♥, 3 ♥ et 4 ♠ : on écarte le 4 ♠ et on touche la couleur dès qu'il rentre un Cœur), la fréquence d'apparition de ces trois combinaisons étant très semblable.

TABLEAU 2

Probabilités d'amélioration grâce à l'écart normal (en chiffres arrondis).

Cartes de départ	Cartes d'arrivée	1 fois sur	en %
Une Paire	deux Paires	6,3	16
	Brelan	9	11
	Full	100	1
	Carré	400	0,25
Deux Paires	Full	12	8
Brelan	Full	15	7
	Carré	25	4
Tirage de Quinte bilatérale	Quinte	6	17
Tirage de Quinte ventrale	Quinte	12	8
Tirage de couleur	Couleur	5	20
Tirage de Quinte Flush bilatéral	Quinte	8	12,5
	Couleur	5	20
	Quinte Flush	25	4
Tirage de Quinte Flush ventral	Quinte	15	7
	Couleur	5	20
	Quinte Flush	50	2

On retiendra surtout de ce tableau que les chances d'amélioration, avec un tirage de Quinte ou de couleur, sont très loin d'être négligeables. Il faut donc se méfier des tireurs à une carte.

Par ailleurs, il est quelquefois bon de « maquiller » son écart, pour bluffer ou pour laisser les adversaires dans l'incertitude quant au jeu réel que l'on possède, en « épaulant » une Paire avec un As ou un Roi et en demandant seulement deux cartes, ou bien encore en demandant une seule carte avec un Brelan. Les probabilités d'amélioration sont bien sûr modifiées, dans le sens suivant .

TABLEAU 3

Amélioration après écart maquillé.

Cartes de départ	Cartes d'arrivée	1 fois sur	en %
Une Paire « épaulée »	deux Paires	5,8	17
	Brelan	13	8
	Full	110	0,9
	Carré	1 100	0,09
Brelan maquillé	Full	16	6
	Carré	50	2

On voit que les chances d'amélioration sont généralement diminuées, sauf pour l'amélioration d'une Paire en deux Paires, où elles augmentent légèrement. Il est donc possible de tenter cet écart chaque fois que l'on soupçonne que deux Paires seront suffisantes pour gagner le coup.

Le Poker Menteur

Cette variante est plus considérée comme une distraction familiale que comme un jeu « sérieux » : le donneur distribue cinq cartes à un seul joueur, qui change jusqu'à quatre cartes s'il le désire et passe le jeu à son voisin de gauche en annonçant une combinaison (par exemple, Paire de Dames). Si celui-ci accepte la main pour cette valeur, il doit la redonner à son tour à son voisin de gauche, mais pour une valeur plus élevée (par exemple, Paire d'As). Il conserve toutefois le droit de changer des cartes. S'il refuse la main, il traite son voisin de menteur. Celui-ci montre alors ses cartes : s'il n'a pas au minimum la combinaison annoncée, il paye 1 jeton à son accusateur, sinon c'est ce dernier qui lui paye 1 jeton. Les joueurs ont un nombre limité de jetons devant eux au début de la partie, et tout joueur qui se retrouve sans jeton est éliminé. Le dernier joueur en lice gagne la partie.

Le Stud Poker

Le « Stud » diffère du Poker « fermé » du fait que certaines cartes sont distribuées à découvert. Il existe d'innombrables formes de Stud (encore appelé « Poker ouvert »). Dans la version la plus jouée, on distribue une carte face cachée puis quatre cartes découvertes, sans changement de cartes. Un tour de relance a lieu après chaque carte découverte, le joueur ayant la plus forte combinaison exposée parlant en premier. Après les mises consécutives à la distribution de la cinquième carte, et s'il y a encore des joueurs en lice, l'auteur de la dernière relance montre sa carte cachée. Si un autre joueur a mieux, il le prouve en retournant à son tour sa carte cachée. Celui qui a la plus forte combinaison ramasse les enjeux.

La Scopa

Jeu italien remontant au XIVe siècle, la Scopa a connu un regain d'actualité depuis la sortie du film *L'Argent de la vieille*, où il est un des éléments pivots de l'action. Le terme même de *Scopa* signifie « balai », et s'emploie dans le jeu lorsqu'un joueur « nettoie » la table des cartes qui y étaient posées.

MATÉRIEL

Un jeu de 40 cartes, que l'on obtient à partir d'un jeu de 52 cartes débarrassé des 8, des 9 et des 10.

BUT DU JEU

Réaliser le maximum de points par des levées.

RÈGLES (2 à 4 joueurs)

Valeur des cartes

Les dix cartes de chaque famille ont une valeur qui augmente de 1 point par carte, à partir de l'As, qui vaut lui-même 1 point. Ainsi, de l'As au 7, les cartes ont leur valeur nominale (1 à 7), puis le Valet vaut 8, la Dame 9 et le Roi 10.

Distribution des cartes

Le donneur, qui change après chaque coup, distribue une à une trois cartes faces cachées à chaque joueur, dans le sens inverse des aiguilles d'une montre. Puis il retourne les quatre cartes suivantes sur la table, faces visibles. Il repose ensuite à côté de lui le reste du paquet, appelé talon, qui servira plus tard à de nouvelles distributions.

Déroulement de la partie

Chaque joueur, à son tour, pose une de ses cartes, face visible, au centre de la table.

Si cette carte est de même valeur qu'une ou plusieurs des cartes exposées, le joueur prend ces cartes, ainsi que la sienne, et pose la levée ainsi formée devant lui. Par exemple, avec un Valet, qui vaut 8, il est possible de capturer un autre Valet ou bien des cartes totalisant 8 : un 7 et un As, ou bien un 6 et un 2, voire même un 4 plus un 3 et un As. Toutefois, en cas de choix, on est tenu de préférer une carte de même valeur que la sienne, s'il en existe une (donc un Valet dans notre exemple).

Si la carte posée ramasse toutes les cartes exposées, le joueur fait Scopa et marque 1 point. Dans ce cas, le joueur suivant, ne pouvant plus rien ramasser, se contente de poser une carte.

Si la carte ne ramasse rien, le joueur la laisse au centre de la table avec les autres cartes exposées. Chaque fois que les joueurs n'ont plus de cartes en main, le donneur procède à une nouvelle distribution de trois cartes.

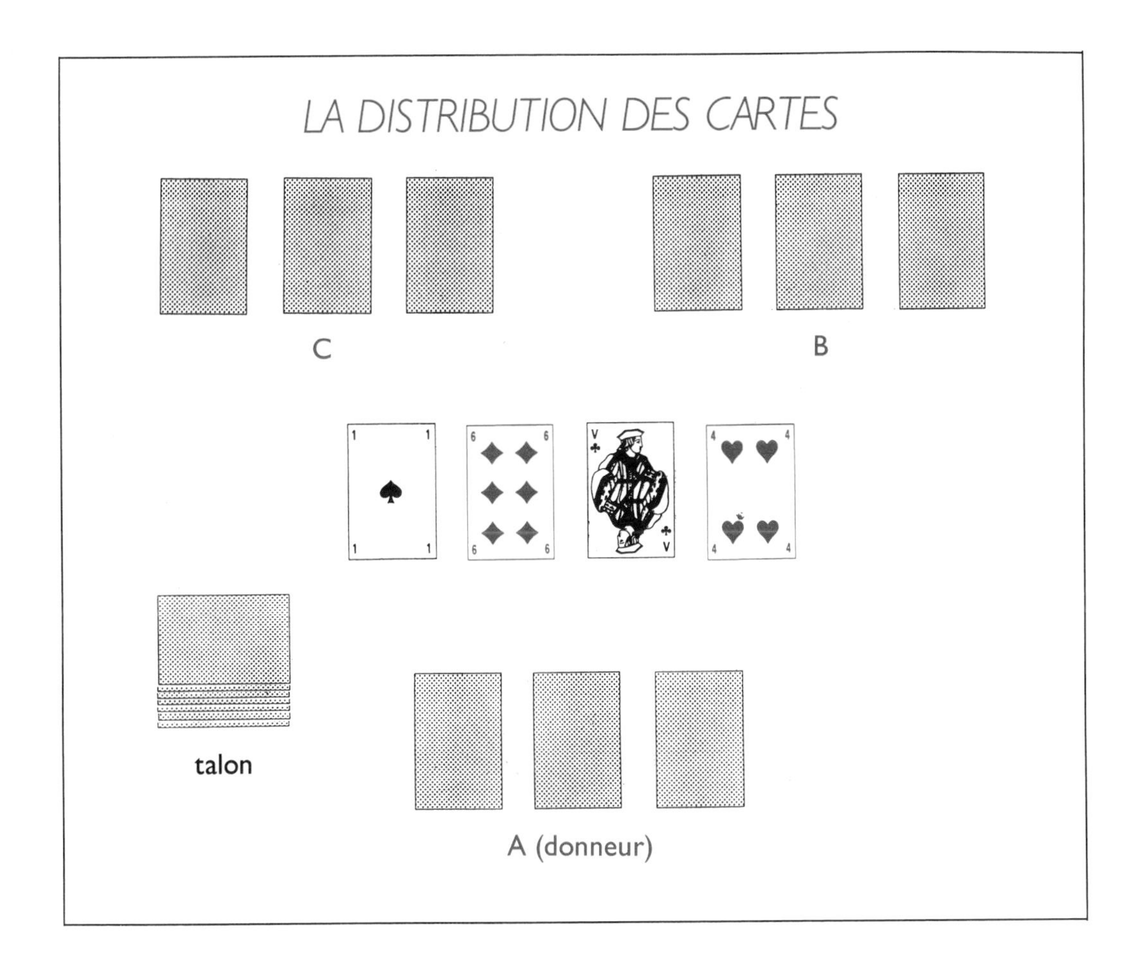

Fin du coup

Le coup est terminé quand tous les joueurs n'ont plus de cartes en main et qu'il ne reste plus de cartes au talon. Les cartes encore exposées sur la table sont alors ramassées par le dernier joueur à avoir effectué une levée (il ne marque toutefois pas le point de Scopa).

Une Scopa : le joueur prend les trois cartes exposées sur le tapis (dont la valeur cumulée est de 10 points : 5+3+2) avec son Roi (dont la valeur est également de 10 points), ramasse la levée et marque 1 point de Scopa. ▶

Décompte des points

Les points s'obtiennent soit par des Scopa, soit grâce aux cartes contenues dans les levées. Celles-ci peuvent rapporter jusqu'à 4 points :

– Le possesseur du 7 ♦ marque 1 point.

– Le joueur qui a ramassé le plus grand nombre de cartes marque 1 point.

– Le joueur qui a ramassé le plus de Carreaux marque 1 point.

– Le joueur qui, après avoir fait le total de ses quatre meilleures cartes, arrive au total de points le plus élevé marque 1 point.

Pour ce dernier calcul, on confère aux cartes une valeur différente de celle qu'elles avaient jusqu'à présent, selon le tableau suivant :

Roi, Dame, Valet	10 points
2	12 points
3	13 points
4	14 points
5	15 points
As	16 points
6	18 points
7	21 points

Ainsi, le possesseur de quatre 7 (84 points) ou de trois 7 et d'un 6 (81 points) est assuré de marquer le point de valeur. Dans la pratique, le calcul s'effectue facilement en choisissant les cartes les plus chères des différentes couleurs.

Fin de la partie

On joue généralement la partie en 21 points, mais il est possible de jouer en un nombre de points plus réduit, 11 ou 15 points, par exemple.

STRATÉGIE

Il n'existe pas de stratégie à la Scopa, la chance représentant la plupart du temps un facteur essentiel dans le gain d'un coup.

Il ne faut cependant pas gâcher les bonnes cartes que l'on pourrait posséder en capturant n'importe quelles cartes exposées. Il faut en particulier ménager les figures (Rois, Dames, Valets), cartes intéressantes qui pourront aux moments cruciaux permettre soit de faire Scopa, soit de s'emparer d'objectifs soigneusement choisis, en particulier les Carreaux, les 7, les 6 et les As (qui sont importants pour le calcul du point de valeur) et peut-être même de l'intéressant 7 ♦.

Le Rami

L'origine de ce jeu est inconnue, bien que certains le fassent provenir de Perse où se pratiquait, dès le XIVe siècle, un jeu qui lui ressemblait fort. Le Rami est de diffusion récente, puisqu'il n'a vraiment commencé à se répandre dans le monde qu'après la Seconde Guerre mondiale. Il existe, selon les pays, sous un grand nombre de noms différents et se joue suivant une grande variété de règles.

MATÉRIEL

Deux jeux de 52 cartes, et 4 Jokers (quelquefois appelés « Ramis »).

BUT DU JEU

Se débarrasser le premier de toutes ses cartes, en réalisant différentes combinaisons.

RÈGLES (2 à 6 joueurs)

Valeur des cartes

Le Joker vaut 20 points, l'As 11 points, les figures (Rois, Dames, Valets) 10 points, les autres cartes leur valeur numérale (de 10 à 2).

Combinaisons possibles

Ces combinaisons sont de deux types :

– Les Brelans et Carrés : réunions de trois ou quatre cartes identiques (3 Rois, 4 Valets, par exemple).

– Les Séquences : suites d'au moins trois cartes dans la même Couleur (R, D, V ♠, par exemple).

Distribution des cartes

Le donneur utilise l'intégralité des cent huit cartes, mélangées ensemble. Il donne une à une dix cartes à chaque joueur, dans le sens des aiguilles d'une montre. Il place ensuite le reste du paquet, appelé talon, au centre de la table et en retourne la première carte qu'il pose à côté. Cette carte constitue la première carte de la pile de défausses.

Déroulement de la partie

Chaque joueur commence par classer sa main en regroupant les cartes formant Séquences, Brelans ou Carrés, les cartes représentant des commencements de combinaisons (Paire, deux cartes qui se suivent, etc.) et les cartes isolées.

Le Joker est une carte spéciale, qui sert à remplacer toute carte du jeu, au gré de l'utilisateur.

Exemple de main après classement
Le Joker a été intégré dans la Séquence à Pique, où il remplace le Valet. On note qu'il existe deux R ♠, puisqu'on utilise deux jeux. Les cartes isolées serviront à la défausse

Le jeu proprement dit se subdivise en trois grandes phases, les deux premières mécaniques, la troisième dépendant du jeu et de la volonté des joueurs.

– **Le Tirage,** phase où les joueurs tentent d'améliorer leur main : chaque joueur, à tour de rôle, a le choix entre tirer une carte (inconnue) du talon ou prendre la carte située en haut de la pile de défausses.

– **La Défausse :** le joueur qui vient de tirer doit rejeter, face visible, une carte sur la pile de défausses. Le joueur suivant a le choix à son tour entre prendre une carte du talon ou bien s'emparer de cette défausse. Si le talon finit par s'épuiser, le donneur bat toutes les défausses et les reforme en un nouveau talon.

– **La Pose :** dans cette phase, les joueurs se débarrassent des cartes de leur main en étalant devant eux, faces visibles, leurs combinaisons formées. La pose s'effectue au gré du poseur. Cependant, pour avoir le droit d'effectuer la première pose, il est nécessaire que la valeur des cartes composant les combinaisons étalées soit au moins égale à un seuil de 51 points.

Il faut toutefois noter que l'As, s'il est comptabilisé pour 11 points quand il est utilisé dans le cadre d'un Brelan ou d'une Séquence majeure (A, R, D), ne vaut plus que 1 point quand il fait partie d'une Séquence mineure (A, 2, 3). La valeur du Joker, quant à elle, équivaut à la valeur de la carte qu'il remplace : ainsi un Joker intégré à un Brelan de 8 ne vaut que pour 8 points.

Un joueur qui a effectué sa première pose est ensuite libre de poser d'autres combinaisons ou de compléter avec ses cartes isolées non seulement ses propres formations, mais aussi celles étalées par les autres joueurs, sans minimum de points requis.

Quand une combinaison posée sur la table comporte un Joker, tout joueur peut à son tour s'emparer de ce dernier en le remplaçant par la carte qu'il représentait. Dans le cas où le Joker fait partie d'un Brelan, il n'est possible de s'en emparer qu'en complétant le Brelan en Carré par l'adjonction des deux cartes manquantes.

Le joueur qui n'a plus qu'une carte en main doit frapper sur la table et annoncer « Carte » pour avertir les autres joueurs de l'imminence de la fin du coup, qui se produit quand un joueur « fait Rami », c'est-à-dire lorsqu'il n'a plus de cartes en main.

Fin du tour

Lorsqu'un joueur fait Rami, il gagne le tour et le jeu s'arrête. Les autres joueurs additionnent alors la valeur des cartes qui leur restent en main.

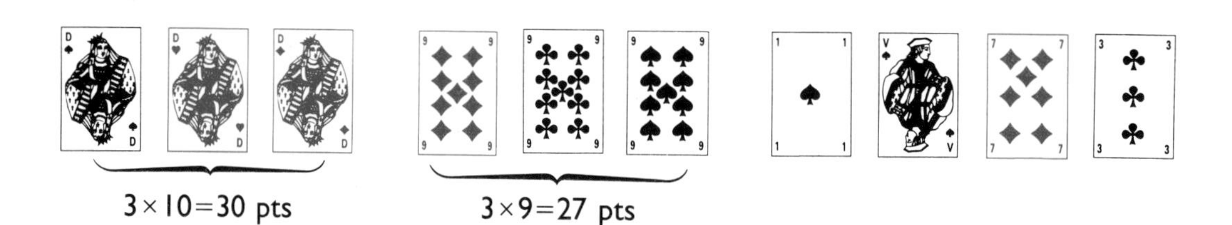

La pose
Avec la main ci-dessus, un joueur peut, s'il le désire, étaler ses deux formations, leur total atteignant 57 points

Marque

La marque s'effectue sur une feuille séparée en autant de colonnes qu'il y a de joueurs. Les perdants inscrivent le total des points leur restant en main dans leur colonne, tandis que le gagnant du coup encaisse une bonification de moins 10 points (– 10). Notons que si un joueur a un Joker en main à la fin du tour, tous ses points sont doublés. Si le gagnant pose toutes ses cartes en une seule fois, les points des perdants et la bonification de gain sont doublés.

Quand un joueur atteint 100 points dans sa colonne, il est éliminé et le jeu se poursuit sans lui. Il est toutefois possible de se « racheter » trois fois au plus en payant un droit dont le montant est fixé en début de partie. Le joueur qui se rachète continue à jouer, en repartant du score le plus élevé de ses partenaires.

Fin de la partie

Le gagnant de la partie est le joueur qui a réussi à éliminer tous ses adversaires. Il encaisse les droits de rachat payés par les perdants, l'éventuelle mise initiale (le « pot »), et des gains basés sur la différence entre son score et celui des perdants, selon un barème et des modalités établis en début de partie.

STRATÉGIE

Le Rami est un jeu qui séduit par sa simplicité, mais qui nécessite cependant un effort soutenu d'attention et de mémoire. Les quelques conseils suivants aideront les joueurs novices pour leurs débuts dans le jeu.

– Il est nécessaire de se souvenir des cartes défaussées par le joueur qui joue juste après soi. Lors des défausses, on tâchera de jeter si possible des cartes qui ne l'intéressent pas, c'est-à-dire des cartes de même valeur que celles qu'il a lui-même défaussées.

– Il faut également noter les cartes étalées sur la table ou défaussées par les autres joueurs, afin de ne pas chercher de combinaisons improbables, en espérant toucher des cartes qui sont déjà passées ou qui sont déjà utilisées.

– Il n'est pas conseillé de trop se presser pour utiliser ses Jokers. Il vaut mieux attendre que la main prenne forme et que les possibilités de jeu soient claires (ce qui sera le cas dès que d'autres joueurs auront étalé des formations).

– Quand on utilise des Jokers, il vaut mieux former des Brelans que des Séquences : il est ainsi plus difficile aux autres joueurs de s'en emparer (rappelons la nécessité de remplacer le Joker par

LA FEUILLE DE MARQUE

	A	B	C	D	
Rami A	–10	+ 7	+22	+ 15	
Rami B	+17	– 3	+29	+ 48	
Rami B	+35	–13	+61	+102	Rachat de D
				+ 61	Nouveau départ de D

les deux cartes manquantes pour former un Carré). Le fin du fin est d'utiliser un Joker pour former un Brelan correspondant à un autre Brelan déjà étalé : par exemple, si un Brelan de Rois est déjà exposé, il est sans risque d'utiliser son Joker pour créer un autre Brelan de Rois.

– Si le jeu se prolonge sans que la main s'améliore, il est conseillé de poser si possible quelques formations pour ne pas risquer d'être surpris avec toutes les cartes en main si un autre joueur fait Rami.

– Si l'on pense que la fin du coup est proche, il est conseillé de se débarrasser de ses cartes chères en les défaussant, et de ses Jokers en les utilisant afin de minimiser les pertes.

LE TAROT

Le Tarot est l'ancêtre des cartes à jouer. Introduit en Italie par les Sarrasins au Xe siècle, son nom dérive de l'italien *tarroco*, « tour », mais son origine plus lointaine demeure toujours inconnue : ce jeu se référerait, selon certains, à la Tora (loi juive), et, selon d'autres, à la Rota (Roue de la Fortune).

Il a longtemps été associé aux mystères de la divination, les cartomanciennes utilisant les différents symboles représentés sur les Atouts pour prédire l'avenir : 1. le Bateleur ; 2. la Papesse ; 3. l'Impératrice ; 4. l'Empereur ; 5. le Pape ; 6. l'Amoureux ; 7. le Chariot ; 8. la Justice ; 9. l'Ermite ; 10. la Roue de la Fortune ; 11. la Force ; 12. le Pendu ; 13. la Mort ; 14. la Tempérance ; 15. le Diable ; 16. la Foudre ; 17. l'Étoile ; 18. la Lune ; 19. le Soleil ; 20. le Jugement ; 21. le Monde. L'Excuse, quant à elle, représente un Fou.

Le Tarot s'est toutefois séparé des diseuses de bonne aventure à l'époque de la Renaissance, pour devenir un jeu de cartes à part entière.

MATÉRIEL

Un jeu de 78 cartes, spécifique au Tarot, comportant d'une part 21 Atouts et 1 Excuse, d'autre part 4 couleurs (Pique, Cœur, Carreau, Trèfle) de quatorze cartes chacune, représentant les cartes d'un jeu classique auxquelles viennent s'ajouter un Cavalier.

BUT DU JEU

Remplir un contrat en réalisant le maximum de points par des levées.

RÈGLES (3 ou 4 joueurs)

Ordre et valeur des cartes

L'ordre des cartes dans chaque couleur est le suivant, par force décroissante : Roi, Dame, Cavalier, Valet, 10, 9, 8, 7, 6, 5, 4, 3, 2, As. Le Roi est donc la plus forte et l'As la plus faible.

A l'Atout, la force des cartes décroît du 21 au 1, que l'on nomme le Petit. L'Excuse, enfin, n'a pas de valeur propre ; elle permet, en « s'excusant », d'éviter d'avoir à fournir à la couleur ou à l'Atout et reste la propriété de son camp (sauf si elle est jouée à la dernière levée). Les Atouts ont toujours préséance sur les couleurs. L'Excuse, le 21 et le Petit sont appelés « Oudlers » ou « Bouts ».

En ce qui concerne la valeur des cartes dans le compte des points, le jeu contient 91 points, qui se répartissent ainsi :

- Les 3 Oudlers (21, Petit, Excuse) + une petite carte ou un Atout, chacun 5 points×3=15 points.
- Les Rois + une petite carte ou un Atout, chacun 5 points×4=20 points.
- Les Dames + une petite carte ou un Atout, chacun 4 points×4=16 points.
- Les Cavaliers + une petite carte ou un Atout, chacun 3 points×4=12 points.
- Les Valets + une petite carte ou un Atout, chacun 2 points×4=8 points.
- Les 40 « cartes blanches » restantes, par Paire 1 point×20=20 points.

Total du jeu 91 points.

Distribution des cartes

Le donneur distribue dans le sens inverse des aiguilles d'une montre toutes les cartes (trois par trois si l'on joue à 4 joueurs, et quatre par quatre si l'on joue à 3 joueurs) en constituant à son gré, mais carte par carte, un talon de six cartes appelé le « Chien ». Il donne ainsi dix-huit cartes à chacun en cas de jeu à 4, et vingt-quatre cartes à chacun en cas de jeu à 3.

EXEMPLES DE MAINS

Atouts : 15, 14, 8, 4, **1**
♠ **R**, D, 4, 3
♥ **R**, C, 7, 4
♦ D, 6, 3
♣ 5, 2

Cette main comporte un bout, le Petit. Mais ce dernier, mal protégé par une force et surtout une longueur d'Atout insuffisantes, est en grand danger d'être capturé en cas de « chasse au Petit ». Il ne faut surtout pas oublier que le nombre de points à réaliser est fonction du nombre de points possédés à la *fin* de la donne. Mieux vaut passer...

Atouts : **21**, 19, 11, 9, 7, 6, **Ex**
♠ **R**, C, 8, 6, 5
♥ 9, 7, 4
♦ 9
♣ **R**, C

Cette main comporte deux bouts dits « imprenables », le 21 et l'Excuse, plus une distribution intéressante à Trèfle, un singleton à Carreau (et donc la possibilité de réaliser rapidement une chicane), et une petite longueur de Cœurs. Une main qui permet de faire des enchères...

Déroulement de la partie

Le jeu se subdivise en deux phases distinctes : les Enchères et le Jeu de la carte. La donne est toutefois annulée si l'un des joueurs possède le Petit sec, c'est-à-dire le 1 d'Atout non accompagné par au moins un autre Atout. Il doit alors obligatoirement l'annoncer avant les Enchères.

Les Enchères

Chaque joueur, en commençant par celui placé à la droite du donneur, parle à tour de rôle et choisit entre passer et quatre Enchères, qui sont par ordre croissant : la Prise (ou Petite), la Garde, la Garde sans le Chien et la Garde contre le Chien. Les Enchères ne se différencient que lors de la marque, par des coefficients de rétribution (et de pénalité en cas de chute) de plus en plus élevés, et, pour les deux derniers contrats, par une plus grande difficulté dans le Jeu de la carte.

Le « preneur », auteur de la plus forte Enchère, s'engage, face aux autres joueurs ligués contre lui en défense, à réaliser un nombre minimal de points grâce aux levées qu'il fera. Ce minimum dépend du nombre d'Oudlers détenus par le preneur à la fin du coup.

- Sans Oudler, il faut réaliser 56 points.
- Avec 1 Oudler, il faut réaliser 51 points.
- Avec 2 Oudlers, il faut réaliser 41 points.
- Avec 3 Oudlers, il faut réaliser 36 points.

Comme il n'y a qu'un tour d'Enchères, en cas de passe général, la donne tourne dans le sens du jeu.

Le Jeu de la carte

Lors de cette deuxième phase, le preneur va tenter de réaliser son pari :

– *En cas de Prise ou de Garde*, le preneur bénéficie d'un avantage considérable : il peut recomposer sa main en y incorporant les cartes du Chien (le talon), après avoir montré ce dernier aux défenseurs, puis en éliminant, faces cachées, six cartes de son choix. S'il est possible d'écarter les cartes trouvées au Chien, il est en revanche interdit d'y inclure des Rois, des Atouts ou des Oudlers. L'écart reste la propriété du preneur, qui en comptabilisera la valeur avec ses propres points, à la fin de la donne.

– *En cas de Garde sans le Chien*, le preneur ne peut utiliser le Chien pour modifier sa main. Celui-ci reste caché, et sa composition reste donc inconnue du preneur comme des défenseurs jusqu'à la fin de la donne. Le Chien demeure cependant la propriété du preneur.

– *En cas de Garde contre le Chien*, non seulement le preneur ne peut utiliser le Chien, mais de plus la propriété de ce dernier est transférée à la défense.

Une fois l'écart réalisé, le joueur placé à la droite du donneur entame. Avant de jouer sa première carte, tout joueur possédant 10, 13, 15 ou 18 Atouts peut les annoncer. A cette annonce correspond une prime[1].

Dans le Jeu de la carte, les joueurs sont soumis à plusieurs obligations. Il est nécessaire de jouer la couleur demandée par le partenaire qui attaque la levée. Si on ne possède pas de cartes de la couleur demandée, *et dans ce cas seulement*, il faut couper, surcouper si quelqu'un a coupé avant, et à défaut sous-couper. A l'Atout, on est obligé de forcer, c'est-à-dire de monter si possible sur la plus forte carte précédemment fournie. Il n'est donc permis de jouer une autre couleur que lorsque l'on ne possède ni carte dans la couleur demandée ni Atout.

Le joueur qui a fourni la plus forte carte de la couleur demandée gagne la levée, à moins qu'il n'ait été coupé. C'est alors le joueur qui a coupé (ou qui a fourni le plus gros Atout en cas de coupes multiples) qui remporte la levée. Le gagnant de la levée attaque la nouvelle levée. Si la première carte d'une levée est l'Excuse, la carte suivante définit la couleur demandée.

---

1. Voir plus loin le paragraphe « Points d'annonce ».

EXEMPLE DE MARQUE

Prenons comme exemple une partie où A prend une Garde contre et réalise 38 points. Il a trois bouts à la fin du coup. Le nombre minimal de points à faire étant dès lors de 36, il « passe » de 2 (38−36 points). Il n'a bien entendu pas comptabilisé les points du Chien, qui reviennent à la défense (Garde contre). A encaisse donc : 25 points (points de contrat)+2 points (points de passe)=27 points, multipliés par 6 (coefficient pour la Garde contre), soit 162 points, de chaque joueur. Voici comment se présente la feuille de marque.

A	B	C	D
+486	−162	−162	−162

On notera que les points marqués par le preneur sont le multiple du nombre des joueurs (486=162×3), et que la somme des points marqués sur la donne doit être égale à zéro (+486−162−162−162=0).

Fin du tour

Lorsque les joueurs n'ont plus de cartes en main, chaque camp compte les points contenus dans les levées qu'il a effectuées. La défense met toutes ses levées en commun, tandis que le Chien revient soit à la défense, soit au preneur, selon le contrat demandé. Si le preneur a réalisé autant ou plus de points que ne l'exigeait son contrat (voir exemples de mains, page précédente), on dit qu'il a « passé », en cas d'échec, on dit qu'il a chuté.

Marque et décompte des points

La marque fait intervenir deux éléments, les points dus à la réussite du contrat ou à sa chute, et les points d'annonce.

Tout **contrat** réussi est arbitrairement comptabilisé pour 25 points, auxquels on rajoute les points de gain ou de perte, c'est-à-dire les points supplémentaires ou manquants par rapport au nombre minimal de points à réaliser. Ce total est assorti d'un coefficient multiplicateur, différent selon l'enchère effectuée.

– Pour la Prise, coefficient 1, donc un total identique ;
– pour la Garde, coefficient 2, soit les points de la Prise×2 ;
– pour la « Garde sans », coefficient 4, soit les points de la Prise×4 ;
– pour la « Garde contre », coefficient 6, soit les points de la Prise×6.

Si le preneur passe, chaque défenseur lui paye ce total. S'il chute, il paye ce total à chaque défenseur. La marque s'effectue sur une feuille, séparée en autant de colonnes qu'il y a de joueurs.

Les **points d'annonce** sont des primes, rétribuant trois possibilités :

– La *Poignée* : un joueur possédant au moins dix Atouts peut, s'il le désire, l'annoncer et la montrer avant de jouer sa première carte. L'Excuse peut en faire partie à condition de ne pas avoir un onzième Atout dans son jeu. A cette Poignée correspond une prime fixe, c'est-à-dire non multipliable selon l'enchère (voir page suivante).

- La Simple Poignée (13 Atouts pour 3 joueurs, 10 à 4 joueurs) vaut 20 points.
- La Double Poignée (15 Atouts pour 3 joueurs, 13 à 4 joueurs) vaut 30 points.
- La Triple Poignée (18 Atouts pour 3 joueurs, 15 à 4 joueurs) vaut 40 points.

Cette prime revient au camp vainqueur de la donne : si le preneur passe, il encaisse la prime de chaque défenseur, s'il chute, il paye la prime à chaque défenseur.

– Le *Petit au bout :* si le Petit est joué lors de la dernière levée, on dit qu'il est « mené au bout ». Il donne droit à une prime de 10 points, multipliable selon le contrat demandé. Cette prime ne va pas au gagnant de la donne, mais au joueur qui a réalisé le dernier pli avec le Petit. Elle augmente ou réduit ainsi les gains du camp vainqueur de la donne. Attention, le Petit peut être capturé par un plus fort Atout lors de la dernière levée.

– Il existe enfin un cas rarissime d'octroi de prime : le *Chelem*. Il y a Chelem quand un camp remporte toutes les levées. Le Chelem donne droit :

- S'il est annoncé et réalisé, à 400 points supplémentaires.
- S'il est non annoncé mais réalisé, à 200 points supplémentaires.

Si le Chelem est annoncé mais non réalisé, le preneur est pénalisé de 200 points. En cas d'annonce de Chelem, c'est le preneur qui commence la partie. Il peut, à titre exceptionnel, jouer l'Excuse en dernier, et le Petit sera considéré comme mené au bout s'il est joué à l'avant-dernière levée. Si le preneur subit un Chelem par la défense, il paye 200 points supplémentaires à chaque défenseur.

La marque est le reflet des événements qui se sont déroulés tout au long de la donne : réussite ou chute du contrat, prise en compte éventuelle d'annonces liées à ce résultat (Poignée) ou d'annonces indépendantes (Petit au bout).

Il est utile de noter que le score du preneur correspond au score de la donne multiplié par le nombre de défenseurs, et d'autre part que l'addition des scores du preneur et des défenseurs doit être égale à zéro.

LES ANNONCES ET LA MARQUE

Reprenons l'exemple précédent, où A passait sa Garde contre de 2 points. Imaginons qu'il ait annoncé Poignée et Petit au bout. Il encaisse maintenant de chaque joueur :

25 points (points de contrat)+2 points (points de passe) + 10 points (Petit au bout) = 37 points, multipliés par 6 = 222 points, + 20 points (Poignée) = 242 points.

Les 10 points du Petit au bout ont été multipliés, tandis que les 20 points de la Poignée, « non multipliables », n'ont été rajoutés au total qu'à la fin.

Fin de la partie

Une partie n'a pas de limites précises et s'achève par consentement mutuel. On fixe habituellement en début de partie l'heure d'arrêt de la partie, ou l'on prévient en cours de jeu que l'on ne jouera plus que 3 ou 5 tours, par exemple.

STRATÉGIE ET CONSEILS

Un coup étant le plus souvent gagné ou chuté à l'Enchère, il est capital de savoir évaluer une main. On aura remarqué que le nombre de points à réaliser décroissait sensiblement avec le nombre d'Oudlers possédés : sans Oudler, le preneur doit réaliser 56 points, uniquement à l'aide de ses Atouts et de ses Honneurs. La simple comparaison de ce total avec la valeur totale des cartes (91 points) montre que ce pari est extrêmement problématique.

Avec un Oudler, il s'agit de faire 51 moins 5 (valeur de l'Oudler)=46 points, entre les levées réalisées grâce aux Honneurs et celles réalisées grâce aux Atouts, ce qui reste encore très difficile. Avec deux Oudlers, il suffit de réaliser 41 moins 10=31 points, ce qui devient tout à fait possible, même avec une main qui n'est pas spécialement forte. Avec trois Oudlers, même une main par ailleurs faible offre de bonnes chances de gain : il suffit en effet de réaliser 36 moins 15=21 points.

56, 46, 31 et 21 points : cette chute brutale du minimum à réaliser montre que la possession d'Oudlers représente un facteur clé dans toute Enchère. Il ne faut toutefois pas oublier qu'il s'agit du nombre d'Oudlers à la fin de la donne : prenez en compte dans vos calculs qu'un Petit qui n'est pas protégé par une longueur et une force d'Atout suffisante peut se trouver capturé en cours de jeu par l'adversaire !

La force d'une main, outre son nombre d'Oudlers, est fonction des points d'Honneurs qu'elle contient, de la présence ou non de couleurs longues, du nombre et de la force de ses Atouts : il est clair que plus une main contient de points d'Honneurs, plus elle est forte, le but du jeu étant de faire des points.

Le rôle joué par une couleur longue est plus subtil : elle permet de faire couper les adversaires dès qu'ils n'ont plus de cartes de cette couleur, les appauvrissant ainsi en Atouts, et permet également de faire des levées de longueur quand ces derniers n'ont plus d'Atout. Enfin, une couleur courte ou, mieux, une Chicane (absence de cartes dans une couleur) permet de s'emparer des points adverses dans cette couleur en coupant, ce qui nous mène au rôle joué par les Atouts.

Outre cette fonction de capturer les points adverses dans les couleurs que l'on coupe, les Atouts servent à imposer son jeu : avec des Atouts faibles, le preneur peut facilement être surcoupé, ne peut empêcher l'adversaire de lui retirer ses Atouts, est ainsi tributaire des décisions

LA CHASSE AU PETIT

Tout joueur de Tarot se doit d'être familiarisé avec un des épisodes les plus passionnants du jeu : la « Chasse au Petit ». Le Petit est le seul bout « prenable », c'est-à-dire pouvant changer de camp (à part, bien entendu, l'Excuse si un masochiste la joue à la dernière levée). Pouvoir le capturer est donc d'une importance primordiale dans certains cas, principalement quand le preneur n'a pris qu'avec un seul bout : la possession du Petit rapporte non seulement les 5 points que vaut cet Oudler, mais fait de plus sensiblement varier le total minimal des points nécessaires à la réalisation du contrat.

– En défense, la chasse est ouverte lorsque le preneur n'a pas trouvé d'Atouts au Chien : le premier à jouer entame Atout, et la défense poursuit Atout chaque fois qu'elle reprend la main. Si le possesseur du Petit est en défense, il le signale à ses partenaires en jouant à son tour un Atout anormalement haut : il leur indique de cette façon conventionnelle d'arrêter la chasse et se débarrasse par la même occasion d'un Atout gênant (il lui sera peut-être possible par la suite de ne pouvoir forcer à l'Atout et de fournir le Petit sur une levée d'Atout maîtresse de ses partenaires).

– En attaque, le preneur chasse le Petit chaque fois qu'il possède une longue à l'Atout commandée par de forts Atouts : par exemple, avec 21, 20, 19, 18, 14, 11, 9, 7, 4, 3, 2, il « tire en tête » les quatre gros Atouts et a de très fortes chances de capturer le Petit.

d'autrui et perd le contrôle de la situation. En revanche, avec de forts Atouts, le preneur dispose de moyens sûrs de reprendre la main, pour suivre par exemple le plan de jeu classique consistant à faire couper l'adversaire en jouant sa longue.

Le Chien constitue bien entendu un facteur aléatoire. Dans la plupart des cas, il apportera environ trois cartes « utiles », c'est-à-dire des points ou des Atouts. Il peut en outre permettre de créer une longue ou, au contraire, une courte, voire une Chicane.

En défense, il faut noter un point important : vers la fin d'une donne, il est fréquent qu'un joueur n'ait plus de cartes dans la couleur longue jouée par le preneur, ni d'Atout. Il peut alors défausser. Son rôle est de veiller à ce que les points qui lui restent aillent à son propre camp, en les « chargeant » sur le pli maître d'un partenaire.

VARIANTE

Le Tarot à cinq joueurs

Cette forme de jeu diffère du Tarot classique par un côté beaucoup plus hasardeux : d'une part, les couleurs sont très souvent distribuées de façon fort irrégulière, moyennant quoi il n'est pas rare de se faire couper un Roi d'entrée ; d'autre part, les joueurs sont secrètement associés sur chaque donne. Le preneur « appelle » en effet un Roi de son choix avant de retourner le Chien, et le possesseur de ce Roi devient son partenaire sur cette donne. Le preneur dit, par exemple : « J'appelle le R ♥ ». Le coup se déroule normalement, sans que le possesseur du R ♥ se manifeste, et chaque joueur ramasse les plis qu'il réalise. Dès que le R ♥ aura été joué, et son possesseur ainsi « démasqué », celui-ci comptabilisera ses levées avec celles du preneur, tandis que les trois autres joueurs joindront les leurs. Il faudra alors que les points du tandem « possesseur du R ♥ plus preneur » soient suffisants à la réalisation du contrat.

En pratique, le preneur choisit le Roi de sa couleur longue, s'il lui fait défaut, ou le Roi commandant l'une de ses couleurs annexes.

Exemple :
avec la main ci-dessous, le preneur appelle le R ♠, qui complète harmonieusement sa longue.

Atouts : 21, 17, 16, 13, 7, Ex
♠ D, C, V, 7
♥ R, 10
♦ 3, 1
♣ V

Avec cette deuxième main, il choisit le R ♦, qui renforce sa couleur secondaire.

Atouts : 21, 17, 16, 13, 7, Ex
♠ R, D, C
♥ V, 9
♦ D, 7, 3
♣ V

Les règles sont celles du Tarot à 3 ou 4, avec les modifications suivantes :

- Chaque joueur reçoit quinze cartes, le Chien n'étant formé que de trois cartes.
- Les Poignées sont de 8 (simple), 10 (double) et 13 (triple) Atouts.
- Le preneur appelle un Roi de son choix après l'écart.
- Le preneur qui possède les quatre Rois peut appeler une Dame.

LES FAUTES DE JEU

Les joueurs doivent s'habituer le plus rapidement possible à faire très attention à la régularité de leur écart et des cartes qu'ils fournissent en cours de jeu, les pénalités prévues par les règles du Tarot étant extrêmement sévères. Il existe plusieurs types de fautes, dont voici les définitions.

Carte exposée : c'est une carte montrée aux autres joueurs à un moment non régulier. Le joueur fautif peut toutefois la remettre dans son jeu et la jouer à son gré.

Carte jouée « hors tour » : carte fournie alors que ce n'est pas à ce joueur de jouer. Si cette carte est « couverte » par un joueur du camp adverse (c'est-à-dire s'il joue une carte sans relever l'erreur), la faute disparaît. Sinon, la carte est considérée comme exposée.

Renonce : faire une renonce, c'est ne pas respecter les obligations du Jeu de la carte alors qu'on le pourrait (par exemple, défausser alors qu'on possède encore une carte de la couleur). Une renonce est « consommée » dès que le joueur suivant a fourni une carte. Si l'erreur est rectifiée à temps, la carte devient carte exposée.

Faux écart : ne pas respecter les règles qui régissent l'écart.

Il existe deux catégories de fautes en ce qui concerne le Jeu de la carte : **les fautes rectifiables** et les **fautes non rectifiables**.

En cas de faute rectifiable, mais empêchant cependant un déroulement normal du jeu par la suite (carte exposée importante, carte jouée hors tour, renonce consommée, faux écart, jeu avec un nombre incorrect de cartes), la règle est de rétablir le coup en faveur du camp non fautif :

- La donne est annulée si le camp fautif est vainqueur.
- La donne est valable si le camp fautif est perdant.

En cas de fautes non rectifiables, dont on ne sait qui elles ont avantagé, la règle est de laisser le coup se poursuivre jusqu'à son terme. De nouveau :

- La donne est annulée si le camp fautif est vainqueur.
- La donne est valable si le camp fautif est perdant.

Le Whist

Le Whist est un jeu d'origine anglaise, apparu vers le XVIIIe siècle sur le continent, où il bénéficia immédiatement d'une popularité considérable. C'est un jeu dont les règles sont simples, mais qui exige cependant talent et expérience pour être maîtrisé. Il a détrôné le Piquet avant d'être lui-même supplanté par le Bridge, dont il est considéré comme l'ancêtre.

MATÉRIEL

Un jeu de 52 cartes.

BUT DU JEU

Réaliser le maximum de levées.

RÈGLES
(4 joueurs, par équipes de 2)

Valeur des cartes

La force des cartes décroît selon l'ordre habituel, de l'As jusqu'au 2.

Distribution des cartes

Le donneur distribue une à une la totalité des cartes aux quatre joueurs, dans le sens des aiguilles d'une montre, et retourne la dernière, qui détermine la couleur de l'Atout. Cette carte appartient cependant au donneur, qui la replacera dans son jeu après la première levée. Selon la convention adoptée en début de jeu, le gagnant de la levée peut être le donneur du coup suivant, ou la donne peut tourner régulièrement.

Déroulement de la partie

Le Whist est un jeu d'équipe, dans lequel les partenaires se font face. Une fois la donne effectuée, le joueur placé à la gauche du donneur entame, c'est-à-dire qu'il joue la première carte de la première levée.

La seule obligation est de fournir de la couleur demandée (la couleur demandée est la couleur d'attaque de chaque levée). Si l'on ne peut fournir de la couleur demandée, on peut soit défausser (c'est-à-dire jouer une carte appartenant à une autre couleur), soit couper (en fournissant une carte de la Couleur d'Atout), mais **nul n'est obligé de couper**. Le joueur qui a fourni la plus forte carte de la couleur demandée remporte le pli, à moins qu'il n'ait été coupé. C'est alors celui qui a coupé, ou celui qui a fourni le plus fort Atout en cas de coupes multiples, qui ramasse la levée.

Le gagnant du pli rejoue en premier pour la levée suivante. Le jeu se poursuit ainsi jusqu'à épuisement des treize cartes de la main des joueurs.

TABLEAU DES ENTAMES CONVENTIONNELLES

Les joueurs de Whist utilisent ce que l'on appelle des « Conventions d'Entame » : leur façon, codifiée, de jouer certaines cartes d'une couleur indique (au partenaire, mais aussi aux adversaires) leur richesse dans cette couleur. Ces conventions ont été reprises puis développées par les joueurs de Bridge.

Avec	Attaquer	Puis fournir
A R D V	Roi	Valet
A R D	Roi	Dame
R D V x	Roi	Valet
A x x x	As	4e plus forte des cartes restantes
R D x x x x	Roi	4e plus forte des cartes restantes
A D V	As	Dame
A D V x	As	Dame
A D V x x x	As	Valet
R V 10 9	9	Roi (si l'As ou la Dame sont tombés)

Les « x » figurent des cartes basses.

Fin du tour

Chaque camp compte ses levées, afin de connaître son nombre de « Tricks » : les six premières levées s'appellent en effet le « Devoir » et ne rapportent pas de points. Les levées suivantes s'appellent Tricks et sont récompensées. Comme il n'y a que treize levées possibles et que les Tricks ne commencent qu'à la septième levée, on comprend qu'un camp seulement pourra marquer des points de Tricks sur chaque donne.

Décompte des points

Les points s'obtiennent de deux façons :

– Les points de levées récompensent le camp qui a réalisé des Tricks, à raison de 2 points par Trick.

– Les points d'Honneurs rétribuent le camp qui possède 3 ou 4 des Honneurs (A, R, D, V) de la couleur d'Atout, distribués de façon quelconque entre les mains des deux partenaires :

- trois Honneurs valent 2 points ;
- quatre Honneurs valent 4 points.

Fin de la partie

Le premier camp vainqueur de deux manches gagne la partie, chaque manche se jouant en 10 points.

Note. Si l'un des joueurs d'un camp qui a déjà atteint 8 points détient deux Honneurs d'Atout dans sa main, il dit « Je chante » ou « J'appelle ». Si son partenaire possède un troisième Honneur d'Atout, le camp atteint les 10 points nécessaires pour gagner la manche, et le coup ne se joue pas. En revanche, si ce même camp a 9 points au lieu de 8, on ne compte plus les Honneurs, et le coup doit se jouer.

Aux États-Unis, on utilise une autre façon de scorer, plus simple : seuls existent les points de levées, les points d'Honneurs n'étant pas pris en compte. La manche se joue alors en 7 points, et le premier camp à atteindre ce chiffre encaisse la différence entre son score et celui du perdant.

Les gains sont habituellement comptabilisés en fiches, dont la valeur est fixée en début de partie. Les gagnants d'une manche (c'est-à-dire le camp qui parvient le premier à 10 points) encaissent chacun :

- 1 fiche si leurs adversaires ont 5 points et plus.
- 2 fiches si leurs adversaires ont entre 1 et 5 points.
- 3 fiches si leurs adversaires n'ont aucun point.

Les gagnants de la partie encaissent en outre 4 fiches. Il est d'usage de ne pas se contenter d'une partie, mais d'effectuer un « tour », c'est-à-dire de faire, comme au Bridge, une partie complète avec chacun des trois autres joueurs.

STRATÉGIE

Le Whist se rapprochant tout à fait du Bridge, il est conseillé de se reporter au chapitre concernant ce jeu. Rappelons rapidement les principes de base régissant le Jeu de la carte :

– **« Mettre petit en second »,** c'est-à-dire ne pas fournir de carte inutilement haute lorsque l'on est deuxième à jouer, donc partenaire du joueur qui mettra sa carte en dernier. Celui-ci veille en dernière position, et sa présence empêche l'adversaire de réaliser une levée à bon compte.

– **« Forcer en troisième »,** c'est-à-dire fournir sa plus forte carte utile lorsque l'on est troisième à jouer, partenaire du premier à jouer : un adversaire joue encore derrière vous, et il ne faut pas lui laisser faire de levées avec des petites cartes.

– **« Mettre Honneur sur Honneur »,** c'est-à-dire couvrir d'une carte plus forte tout Honneur (As, Roi, Dame, Valet, 10) présenté par un adversaire.

Cela peut rendre maîtresses des cartes chez le partenaire.

– **« Rejouer dans la couleur du partenaire ».** Il a peut-être des fourchettes (deux cartes fortes qui ne se suivent pas ; exemple : As et Dame de la même couleur) et ne peut pas rejouer de sa couleur lui-même.

Exemple :
Supposons qu'en Ouest le partenaire entame avec le 2 ♠, en possédant dans cette couleur R, 10, 6, 2. On met sa Dame en troisième pour faire tomber l'As de Sud et l'empêcher de faire une levée avec son Valet. Quand on reprend la main, jouer de cette couleur permet au partenaire de faire deux levées et même de rendre maître son 6 ♠.

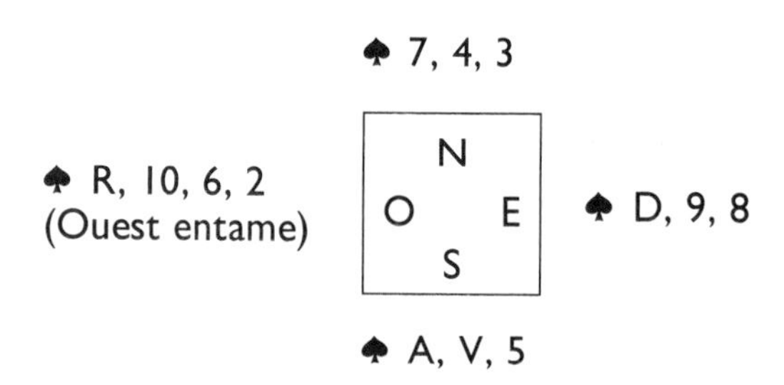

EXEMPLE DE COUP

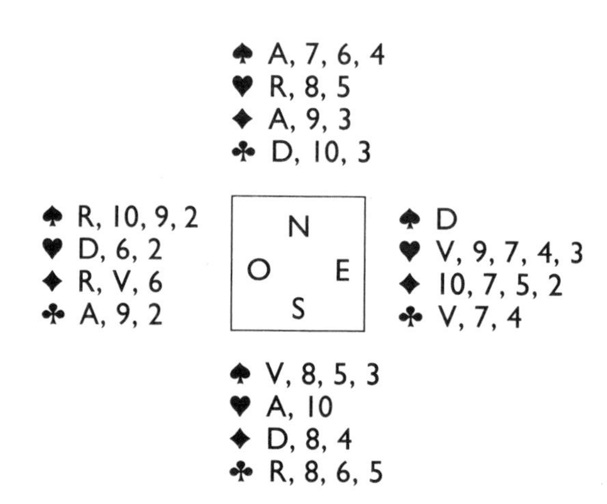

Cette main a été donnée par Sud. Sa treizième carte, retournée, a fixé la couleur d'Atout. Cette carte étant le 8 ♣, l'Atout est Trèfle. Ouest entame du 2 ♥.

1re LEVÉE

Ouest entame du 2 ♥, Nord met le 5 ♥ *(petit en second)*, Est met le V ♥ *(fort en troisième)* et Sud prend de l'As ♥. Voyez les dégâts si un Est timide ou paresseux avait fourni le 9 ♥ : Sud aurait pris du 10, puis fait séparément son As puis le R ♥ de son partenaire, réalisant trois levées dans cette couleur alors qu'il ne pouvait en espérer que deux.

2e LEVÉE

Sud joue le 3 ♠ : c'est sa couleur longue, qui peut devenir maîtresse si son partenaire y possède des Honneurs. Ouest met le 2 ♠ *(petit en second)*, Nord l'As ♠ *(fort en troisième)* et Est donne sa D ♠ sèche. Là encore, ne pas obéir aux règles aurait coûté une levée : si Ouest ne met pas le 2 ♠ mais son 9 ♠, l'As capture simultanément deux grosses cartes dans le camp Est-Ouest : Ouest reste avec R, 10, 2, alors que Sud possède V, 8, 5. Quelle que soit la façon dont il s'y prend, Ouest ne peut plus faire que deux levées dans cette couleur.

En faisant confiance à son partenaire et en mettant le 2 ♠, il lui reste maintenant R, 10, 9 contre V, 8, 5 chez Sud. Ouest est alors assuré de trois levées, s'il ne joue pas lui-même de cette couleur, car il est « en fourchette » sur Sud (quand, sur toute carte d'un joueur B, un joueur A peut fournir une carte supérieure, on dit que A « est en fourchette sur B » ou bien qu'il « possède une fourchette sur B ». Ici, Ouest a une fourchette à Pique sur Sud).

3e LEVÉE

Nord rejoue ♠ avec son 4 ♠, Est défausse le 2 ♦ (couper serait équivalent à mettre « gros en second ». Est fait confiance à son partenaire placé en dernière position pour faire des levées), Sud joue le V ♠ et Ouest prend du R ♠.

4e LEVÉE

Ouest joue son 10 ♠ maître, Nord fournit le 6 ♠, Est défausse le 5 ♦ et Sud met son 5 ♠.

5e LEVÉE

Ouest joue son 9 ♠ maître, Nord fournit le 7 ♠, Est défausse le 7 ♦ et Sud met le 8 ♠.

6e LEVÉE

Ouest joue le 6 ♦, Nord met le 3 ♦, Est fournit son 10 ♦ devenu sec, et Sud fait la D ♦.

7e LEVÉE

Sud joue le 5 ♣, Ouest met le 2 ♣ (et non l'As), Nord met la D ♣ et Est le 4 ♣.

8e LEVÉE

Nord rejoue ♣, mais choisit à tort le 10 (en premier aussi, il faut jouer petit. Le partenaire est là pour forcer en troisième position, il est donc inutile de jouer aussi une forte carte), Est voit un Honneur (le 10 est considéré comme un Honneur) et le couvre à tout hasard en plaçant son V ♣, Sud obéit lui aussi en jouant le R ♣ et Ouest prend de l'As. Son 9 ♣ est maintenant maître.

9e LEVÉE

Ouest joue le R ♦, Nord met l'As ♦, Est coupe du 7 ♣ et Sud met le 4 ♦.

10e LEVÉE

Est joue le 3 ♥, Sud met le 10 ♥, Ouest couvre de la D ♥, et Nord fait son R ♥.

11e LEVÉE

Nord joue le 8 ♥, Est met le 9 ♥ (pour une fois fort en second, car Est a le compte des Cœurs et sait que le 8 est maître s'il ne met pas le 9), Sud coupe du 6 ♣ et Ouest fournit le 6 ♥.

12e et 13e LEVÉE

Sud joue le 8 ♦, Ouest met le V ♦ qui fait la levée et joue son Trèfle maître.

Est-Ouest ont fait sept levées et Nord-Sud six levées : Est-Ouest ont donc réalisé un Trick et marquent 2 points.

Voyons maintenant ce qui se serait passé si, à la huitième levée, Nord avait rejoué correctement le 3 ♣ au lieu du 10 ♣. La position est la suivante, et Nord-Sud ont déjà réalisé quatre des sept premières levées :

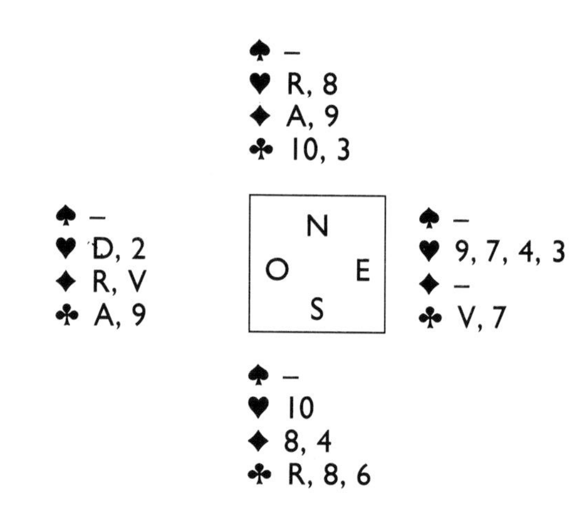

8e LEVÉE

Nord joue le 3 ♣, Est le 7 ♣, Sud le R ♣ et Ouest l'As. C'est maintenant le V ♣ d'Est qui est maître.

9e LEVÉE

Ouest joue le R ♦, Nord met l'As ♦, Est coupe du V ♣ maître et Sud fournit le 4 ♦.

10e LEVÉE

Est joue dans la couleur entamée par son partenaire, le 3 ♥. Sud met le 10 ♥, Ouest met la D ♥ et Nord ramasse le pli avec le R ♥.

11e LEVÉE

Nord joue le 10 ♣ devenu maître. Est défausse le 4 ♥, Sud met le 6 ♣ et Ouest donne son 9 ♣.

12e LEVÉE

Nord joue le 8 ♥, Est met le 9 ♥, Sud coupe du 8 ♣ et Ouest fournit le 6 ♥.

13e LEVÉE

Sud joue le 8 ♦, Ouest met le V ♦ et fait la levée.

Nord-Sud ont réalisé trois des six dernières levées. Leur total général est donc maintenant de sept, et ce sont eux qui réalisent un Trick. Une erreur apparemment anodine a ainsi pu faire basculer les points de Trick d'un camp à l'autre. Jouer le 10 ♣ (sans posséder le 9) aurait aussi coûté une levée si le V ♣ avait été sec.

Il faut donc rester vigilant et appliqué sur toutes les cartes, pas seulement sur les As et les Rois !

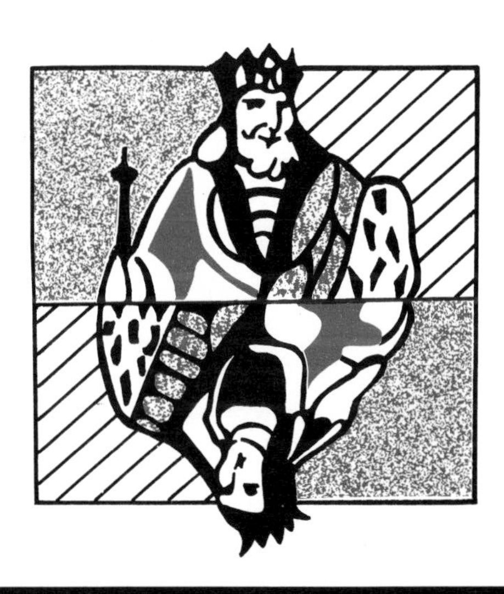

Les Réussites et les Patiences

De tous les jeux de cartes, les réussites et les patiences sont sans doute ceux qui se rapprochent le plus du monde du hasard et de la divination. Au point que, bien souvent, parvenir au but d'une réussite constitue une exception, parfois même une gageure irréalisable. Les quelques jeux qui suivent couvrent l'ensemble des types de jeux solitaires, qui obéissent en effet, pour leur immense majorité, à trois grands principes : association par paires ou couples, associations mathématiques, dans le but d'obtenir un nombre particulier, ou empilements sur des bases, selon un ordre logique.

Certaines de ces réussites, comme Les As et les Rois, Cache-Cache, Midi ou Le Thermomètre, permettront d'initier les débutants à cette forme de jeu en solitaire.

L'Ancienne Patience

Voici l'une des plus vieilles patiences, désarmante par sa simplicité apparente et par sa difficulté relative de réussite. C'est un jeu qui fait beaucoup travailler l'esprit, car les rebuts sont libres.

MATÉRIEL

Un jeu de 52 cartes.

BUT DU JEU

Le but est de sortir les quatre As au fur et à mesure qu'ils se présentent, pour servir de bases à partir desquelles on va construire des séries ascendantes par valeurs, sans tenir compte ni des familles ni des couleurs.

RÈGLES

Déroulement de la partie

Le jeu tenu en main, on tire les cartes une à une. Deux situations peuvent se produire :

– La carte est un As ou, si une série est déjà commencée, la carte peut compléter cette série.

– La carte ne peut être déposée sur l'une ou l'autre des séries entamées.

Dans ce dernier cas, on placera les cartes inutilisables sur la table en six colonnes rebuts (cartes se chevauchant). La particularité de ces rebuts est que les cartes peuvent être déposées les unes sur les autres sans souci d'appartenance à une famille ou à une couleur et dans n'importe quel ordre.

Cependant, d'une part, seules les cartes supérieures de chaque rebut peuvent être utilisées pour aller sur les bases (As) ; d'autre part, les cartes d'une colonne (rebut) ne peuvent pas se déplacer sur une autre colonne.

Autrement dit, il apparaîtra que, selon l'expérience et la réflexion dont on aura fait preuve, on aura pu s'enferrer soi-même en enfermant des cartes dont on ne pourra pas disposer pour débloquer le jeu. C'est là que la prévision jouera et par là même que la proportion de réussite variera, moyennement évaluée à 1 chance sur 5.

EXEMPLE

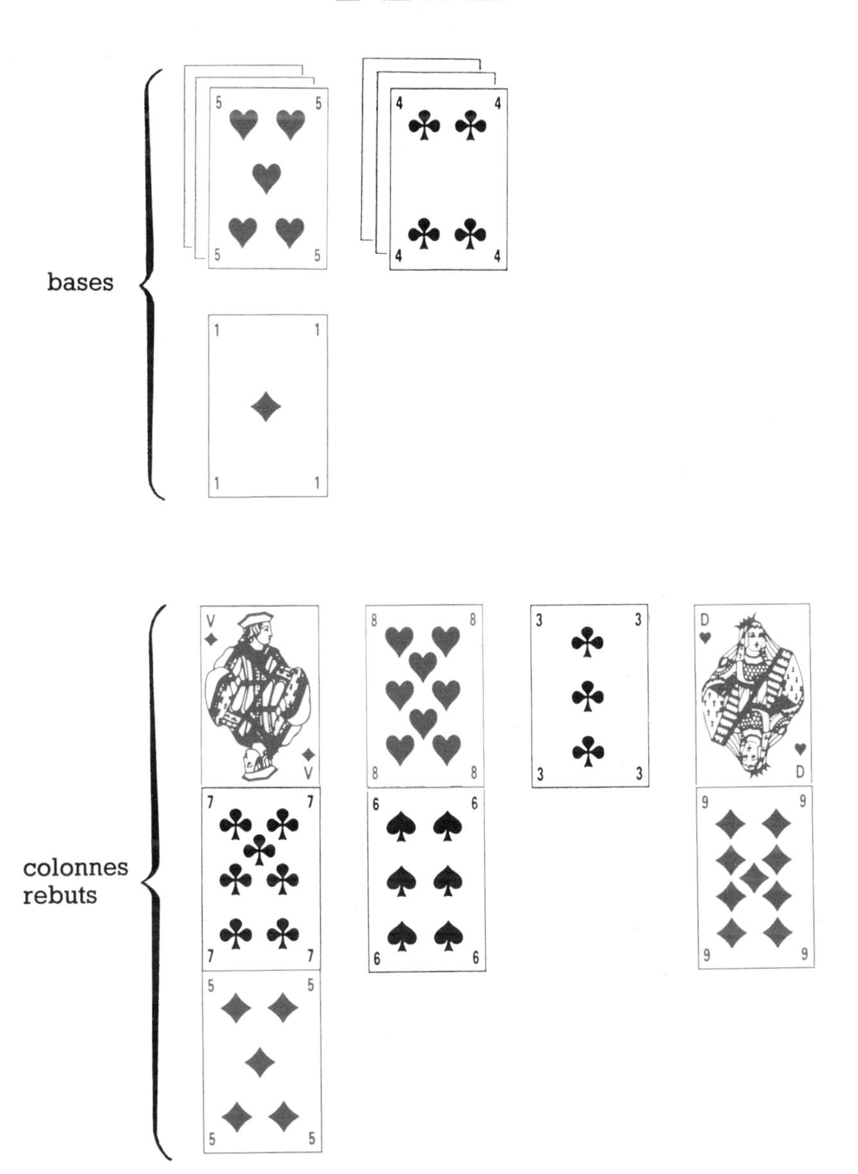

Au début de la partie, le joueur s'est débarrassé dans la première colonne d'un V ♦, puis d'un 7 ♣, avant de pouvoir poser un premier As. Le 3 ♣ isolé dans la troisième colonne pourra être placé sur la pile de l'As ♦ dès qu'un 2 sera tiré, et ne doit donc pas être recouvert. La deuxième colonne rebut commence par un 8 ♥, ce qui n'est pas très bon. Dans l'état actuel de la réussite, qui semble pourtant bien commencée, il suffit de tirer successivement un 9, un 10 puis n'importe quelle carte équivalente ou supérieure pour que la partie soit bloquée.

A Petits Pas

Une probabilité relativement élevée de réussite : 1 chance sur 3...

MATÉRIEL

Un jeu de 52 cartes.

BUT DU JEU

Faire sortir les cartes, par familles, en tirant des cartes de valeur décroissante.

RÈGLES

Distribution des cartes

Du paquet battu et coupé, on tire les quatre premières cartes que l'on dispose sur une ligne, figures visibles. Ces cartes sont placées de gauche à droite.

Déroulement de la partie

Le jeu consiste à sortir toutes les cartes une à une, en respectant les règles suivantes :
– Seule la quatrième carte (à droite) peut se déplacer.
– Cette quatrième carte ne peut sauter que par-dessus des cartes qui n'appartiennent pas à sa famille (un ♠ pourra sauter par-dessus les ♦, ♣, ♥), en un mouvement qui la portera de droite à gauche.
– Lorsque cette quatrième carte rencontre une carte de sa famille, deux possibilités se présentent :
a) si elle est supérieure à la carte rencontrée, elle l'entraîne avec elle et elles sortent ensemble (un 10 fera sortir un 9, 8, 7...) ;
b) si elle lui est inférieure, elle se trouve arrêtée par elle, et la recouvre (un 10 sera arrêté par un V, une D, un R).
– Lorsqu'une carte est recouverte par une autre, le petit paquet ainsi constitué prend la valeur de la carte couvrant le paquet ; si une telle carte est en droit de sortir, elle entraînera avec elle tout le paquet.
– Quand une carte vient de sauter sur une autre (ou sur un tas) et qu'à gauche de ce tas se trouve une carte de même famille et de valeur inférieure elle ne pourra être tentée de sauter à nouveau sur elle et de l'entraîner à sortir.
– Chaque carte ne peut sauter qu'une fois.
– A chaque coup, une ou plusieurs cartes venant du talon sont distribuées pour combler les vides, de la gauche vers la droite. Supposons que nous ayons au début cette apparition des cartes :

6 ♦ R ♣ R ♠ 6 ♣

le 6 ♣ va sur le R ♣ ; la D ♦ remplace le 6 ♣ ;

la D ♦ va sur le 6 ♦ et (lui étant supérieure) l'entraîne sur la pile de sortie. Les deux vides (première et quatrième cartes) sont remplacés par :

9 ♦ 6 ♣ R ♠ 3 ♠

le 3 ♠ va sur le R ♠ et se trouve bloqué par lui ;
le 8 ♠ le remplace, il va sur le 3 ♠ et entraîne toute la pile à sortir ; les vides sont remplacés, le nouveau tableau est :

9 ♦ 6 ♣ 10 ♣ 9 ♥

le 9 ♥ saute les trois cartes de gauche, et sort ; il est remplacé par le 2 ♠ qui sort, remplacé par A ♥ qui sort, etc.

Si l'on a tiré en quatrième position une carte de même famille que les cartes en 2 et 3, elle ne pourra pas sauter par-dessus (les cartes étant de même famille) ; on devra alors en distribuer une autre en cinquième position, et le jeu continuera comme précédemment.

Fin de la partie

Il faut arriver à ne plus avoir aucune carte au tableau ; les toutes dernières cartes se déplacent en entraînant les tas qu'elles surmontent. Il est bien certain que si deux cartes ou deux tas devaient rester au tableau sans être sortis, par exemple :

9 ♦ 8 ♦

le 8 ♦ ne pourrait pas sauter le 9 ♦ (même famille), la réussite serait perdue.

Les As et les Rois

Un jeu simple mais très difficile à réussir, pour les amateurs de causes perdues : tout juste 1 chance sur 100 !

MATÉRIEL

8 cartes : les As et les Rois.

BUT DU JEU

Obtenir une alternance parfaite de Rois et d'As.

RÈGLES

Déroulement de la partie

Les quatre As et les quatre Rois sont retirés du jeu. Ces huit cartes sont bien mélangées. Tenues faces cachées dans la main gauche, elles sont distribuées de cette façon : la première carte est découverte sur la table, la deuxième, toujours figure cachée, est passée telle quelle au fond du paquet des sept cartes restantes ; la suivante est étalée, figure découverte à côté de la première ; la quatrième est placée sous le paquet, etc. jusqu'à ce que toutes les cartes aient été distribuées sur la table. (Voir, page suivante, un exemple de distribution idéale.)

Exemple de partie réussie

VARIANTES

Les As et les Rois par familles

Les As et les Rois bien mélangés sont distribués de la façon précédente ; la première carte sur la table, la seconde sous le tas, la troisième sur la table, la quatrième sous le tas, ainsi de suite. A la différence du cas précédent, les cartes qui seront étalées sur la table le seront côte à côte, par deux. En effet, le but (non moins difficile à atteindre que le précédent) est de faire se retrouver ensemble Rois et As par familles (R ♠ et As ♠, etc.).

De l'As au Roi

Une variante à cinquante-deux cartes des deux précédentes, avec peu de chances de réussite.

Treize cartes sont extraites du paquet (de l'As au Roi en passant par 2, 3, 4, 5, 6, 7, 8, 9, 10, Valet, Dame). Il n'est pas nécessaire qu'elles soient de la même famille. Ces treize cartes sont battues ensemble ; elles sont distribuées les unes après les autres de façon qu'elles se suivent en une série ascendante (de l'As au Roi) ou descendante (du Roi à l'As). La distribution se fait comme celle de I et II : la première sur la table, la deuxième sous le paquet, la troisième sur la table, la quatrième sous le paquet, etc. Elle peut nécessiter peu de place en posant les cartes les unes sur les autres. Il est par ailleurs possible de l'interrompre dès les premières cartes, lorsqu'on se rend compte qu'aucune série ne peut être constituée.

Dans ces trois variantes, les chances de réussir sont tellement minces que l'échec devra être considéré comme normal. Au contraire, c'est la « réussite » qui devra être jugée comme un prodige.

Cache-Cache

Cette réussite de difficulté moyenne porte également les noms de Devine, Main du Destin ou Voyageuses. Une chance sur 15 de parvenir au but.

MATÉRIEL

Un jeu de 32 cartes.

BUT DU JEU

Ranger les cartes selon leur valeur et leur couleur.

RÈGLES

Distribution des cartes

Dans ce jeu, les trente-deux cartes sont utilisées et distribuées sur 4 rangées de huit cartes chacune, figures cachées.

Déroulement de la partie

Une fois toutes les cartes étalées, on conviendra que :
- la première rangée est celle des ♣ ;
- la deuxième rangée est celle des ♥ ;
- la troisième rangée est celle des ♠ ;
- la quatrième rangée est celle des ♦.

On conviendra également de cet ordre pour que le jeu soit réussi : 7, 8, 9, 10, Valet, Dame, Roi, As.

Pour commencer, on retourne la dernière carte (à droite) de la quatrième rangée (celle des ♦), supposons que ce soit le R ♥. Si l'on numérote les positions des cartes de 1 à 32 en partant de la première en haut à gauche pour arriver à la dernière en bas à droite, on pose le R ♠ à sa place définitive de la troisième rangée, 7ᵉ place (n° 23). Le Roi remplace une carte que l'on retournera : l'As ♣ qui va à sa place en 8. On retourne la D ♥ qui va à sa place en 14. Le V ♣ va en 5 à la place de 7 ♥ qui va en 9, à la place de R ♦ en 31 à la place de 7 ♠ en 17...

Cache-cache (suite page suivante)

       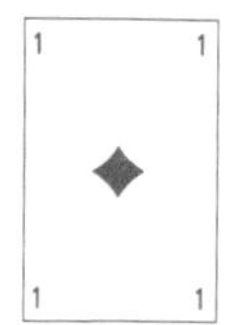

VARIANTE

On utilise cinquante-deux cartes qui sont, elles aussi, toutes distribuées en 4 rangées de treize cartes. Comme précédemment :
- la première rangée est celle des ♣ ;
- la deuxième rangée est celle des ♥ ;
- la troisième rangée est celle des ♠ ;
- la quatrième rangée est celle des ♦.

L'ordre des cartes (dans chaque rangée) auquel il faut parvenir est le suivant : As, 2, 3, 4, 5, 6, 7, 8, 9, 10, V, D, R.

A la différence du premier cas, on dispose de quatre cartes qui vont permettre d'amorcer ou de réamorcer le cours du jeu : ce sont les quatre cartes de droite, celles où prendront place les quatre Rois.

On commence le jeu par la dernière carte à droite, en numérotant suivant le même principe ; on retourne en premier la carte 52 : c'est le 10 ♣, il va en 10 à la place de 10 ♠ qui va en 36 à la place de 7 ♥ qui va en 20...

La Calculatrice électronique

Ce jeu, quoique faisant appel au principe des bases, nécessite une bonne aptitude au calcul.

MATÉRIEL

Un jeu de 52 cartes.

BUT DU JEU

Grouper toutes les cartes sur quatre bases de valeur 1, 2, 3, 4, selon un ordre particulier.

RÈGLES

Valeur des cartes

L'As vaut 1 et toutes les cartes numériques leur valeur. Le Valet vaut 11, la Dame 12 et le Roi 13.

Distribution des cartes

On commence par retirer du paquet un As, un 2, un 3 et un 4, appartenant à n'importe quelle famille et pas nécessairement la même.

Ces quatre cartes sont disposées en ligne, les unes à côté des autres.

Déroulement de la partie

On tire les autres cartes du paquet battu et coupé, en cherchant à compléter les bases. L'ordre des cartes est différent pour chacune d'elles :

Base As : les cartes sont rangées par ordre ascendant.

Base 2 : les cartes sont rangées par ordre ascendant, avec une progression régulière de +2.

Base 3 : progression régulière de +3.

Base 4 : progression régulière de +4.

Sur les bases, on posera donc successivement :
base As : 2, 3, 4, 5, 6, 7, 8, 9, 10, V, D, R ;
base 2 : 4, 6, 8, 10, D, A, 3, 5, 7, 9, V, R ;
base 3 : 6, 9, D, 2, 5, 8, V, A, 4, 7, 10, R ;
base 4 : 8, D, 3, 7, V, 2, 6, 10, A, 5, 9, R.

Les cartes qui ne pourront être utilisées sur les bases seront arrangées sur quatre rebuts. La constitution de ces rebuts n'est pas soumise à une règle précise : tout simplement, seule la carte supérieure de chacun des quatre rebuts pourra être utilisée pour aller sur les bases.

On n'est autorisé à distribuer le talon qu'une seule fois.

Il faut donc – et toute la difficulté est là – avoir sans cesse présent à l'esprit l'intervalle de chaque série, au fur et à mesure que l'on donne les cartes. Pour cela il est nécessaire d'avoir une sorte de « mémoire électronique » qui conserve les intervalles constants, malgré la fin d'une série. Lorsqu'on dépasse la valeur des cartes, on retranche 13 ; par exemple : base 3 (intervalle 3) : 5, 8, V (=11), 11+3=14−13=1=As, donc le Valet sera suivi de l'As, du 4, etc., ou bien base 4 (intervalle 4) : 8, D (=12+4=16−13=3), 3 ; la Dame sera suivie du 3, 7, etc.

STRATÉGIE

Chacun peut former ses rebuts de la manière qui lui convient. On remarquera cependant que les Rois n'étant utilisables qu'en fin de série, il est préférable de ne pas recouvrir une carte basse par un Roi, ce qui, à brève échéance, bloquerait le jeu, mais plutôt de réserver un rebut aux quatre Rois, qui, lorsqu'ils auront été regroupés, pourront être recouverts par les Dames puis par les Valets. On peut aussi, dans la mesure du possible, essayer d'amorcer des séries descendantes sur les rebuts afin de ne pas bloquer le jeu.

Les Comptes

Il existe plusieurs variantes de réussites consistant à associer des cartes pour obtenir un nombre précis. Rien ne vous empêche, sur le modèle de jeux que nous vous présentons ci-dessous, de tenter des réussites sur n'importe quel nombre...

LA DÉCADE

MATÉRIEL

Un jeu de 52 cartes.

BUT DU JEU

Sortir les cartes se touchant, de gauche à droite, à condition que leur somme totalise 10 ou un multiple de 10.

RÈGLES

Valeur des cartes

Toutes les figures valent 10, et les autres cartes leur valeur nominative.

Distribution des cartes

On étale toutes les cartes, faces visibles, en une seule ligne.

Déroulement de la partie

Il n'y a pas de limite au nombre de cartes qu'on utilise pour réussir une décade, et rien n'empêche d'arriver, par exemple, à un total de 220 en trente-trois cartes !

Une fois une décade réalisée et les cartes qui la composent sorties, reconstituer la ligne en rapprochant les cartes qui restent, et tenter une nouvelle addition...

Fin de la partie

Cette réussite offre une chance sur deux de succès, et est donc assez facile. Elle prendra fin lorsque toutes les cartes seront sorties ou lorsque la situation sera bloquée. Dans ce dernier cas, on peut s'amuser à totaliser les cartes restantes et à tenter de réaliser la plus petite somme possible d'une partie sur l'autre...

Première variante

Il s'agit, pour cette variante, de distribuer, figures découvertes, treize cartes en 2 rangées de cinq et une rangée de trois.

Il faut sortir les cartes deux par deux lorsque leur total atteint 10. Dans ce jeu aussi, toutes les figures comptent 10. Lorsque des Valets, Dames, Rois ou 10 se présentent au tableau, ils ne peuvent être sortis que par groupes complets de quatre (ex. : quatre Rois, quatre Valets, quatre 10, etc.). Dans tous les autres cas (s'il n'y en a que 3, par exemple), ils restent au tableau et bloquent donc des cases.

Quand on réussit à sortir des cartes (deux par deux ou, dans le cas des cartes valant 10, par quatre), on remplace les vides par des cartes du talon.

Il n'y a pas de rebut et pas de seconde distribution possible.

Cette patience est assez difficile à réussir, mais, étant donné sa rapidité d'exécution et la simplicité des calculs, on pourra la recommencer plusieurs fois de suite sans perdre espoir.

Deuxième variante

On distribue neuf cartes en 3 rangées de trois cartes, figures découvertes. En se servant du talon, il faut poser deux nouvelles cartes sur les cartes qui deux par deux totalisent 10. Les figures valent 10, mais on ne pourra poser sur elles deux nouvelles cartes que s'il y a deux cartes de la même espèce au tableau (deux Valets, deux 10, etc.). Les couleurs n'entrent pas en ligne de compte.

Le but est de parvenir à empiler tout le talon sur les neuf cartes du tableau.

Là aussi, il n'y a pas de rebut et une seule distribution est permise.

ONZE A LA DOUZAINE

Un jeu de 52 cartes.

BUT DU JEU

Retirer les cartes deux par deux lorsqu'elles totalisent 11.

Valeur des cartes

Les cartes ont leur valeur nominative. Les figures n'ont pas de valeur dans le jeu et ne servent qu'à bloquer le jeu.

Distribution des cartes

Le tableau de cette réussite est formé par douze cartes distribuées en 3 rangées de quatre cartes chacune ; les figures sont découvertes.

Déroulement de la partie

On cherchera à associer des cartes du tableau, qu'elles se touchent ou non et quelles que soient leurs familles, pour obtenir des totaux de 11. Les figures ne peuvent être sorties que par trois, appartenant à la même famille (par exemple : R, D, V). Si l'on sort des figures, les vides seront comblés par des cartes du talon.

QUATRE-VINGT-ONZE

MATÉRIEL

Un jeu de 52 cartes.

BUT DU JEU

Le but du jeu est d'arriver à sortir treize cartes ensemble lorsque le total de leurs valeurs fera 91.

RÈGLES

Valeur des cartes

Les Rois valent 13, les Dames 12, les Valets 11 et les autres cartes leur valeur nominative.

Distribution des cartes

Pour cette réussite, on distribue tout le paquet en 13 tas de quatre cartes chacun, dont trois cartes données figures cachées et la quatrième figure visible.

Déroulement de la partie

Il est bien certain que les cartes, telles qu'elles sont distribuées, ont peu de chances de faire d'emblée 91. Il faudra donc procéder à des arrangements, à la condition suivante : n'importe quelle carte pourra être supprimée en étant passée sous son propre paquet et en étant remplacée par la carte qui se trouve sous elle et qui, libérée, sera découverte à cette occasion.

Fin de la partie

Dans tous les cas, le but sera de sortir les cinquante-deux cartes en quatre fournées de treize cartes complètes. D'ailleurs, si l'on additionne les points de toutes les cartes d'un jeu de cinquante-deux cartes, on obtient un total de 364. Divisé par 4, ce total est de 91.

EXEMPLE DE COUP

Supposons, par exemple, qu'un total de treize cartes fasse 96 ; nous avons donc 5 points de trop qu'il faudra supprimer. Nous permutons une carte forte, un 10 par exemple, pour espérer trouver une carte un peu plus faible :

– Si l'on désire descendre son point, il est préférable de se débarrasser d'une carte forte.
– Si, en revanche, on souhaite monter son point, il vaut mieux supprimer une carte faible pour espérer la remplacer par une plus forte.

En permutant notre 10, nous trouvons un 6, par exemple : n'ayant que 4 points de moins, notre total fait encore 92. Nous avons encore 1 point de trop ; en retournant un 9, par exemple, il nous faudrait trouver un 8. Travaillant « à l'aveuglette », il nous arrivera souvent de nous éloigner considérablement de ce 92 ; nous pourrons monter à 100 ou descendre à 80.

Dans les Coins

Cette réussite comporte une probabilité de succès de 1 chance sur 5, qui peut être augmentée ou réduite à volonté, suivant le nombre de distributions que l'on s'accorde.

MATÉRIEL

Un jeu de 52 cartes.

BUT DU JEU

A partir des quatre As qui servent de bases, construire par couleur (sans prêter attention aux familles) des séries ascendantes allant de l'As au Roi.

RÈGLES

Distribution des cartes

Retirer les quatre As du paquet et les disposer en carré. Les quatre premières cartes sont ensuite distribuées aux coins de chaque As de ce carré, figures découvertes.

Déroulement de la partie

On distribue les cartes par tour complet de quatre en commençant au même endroit (par exemple : première carte en haut à gauche et les suivantes en tournant dans le sens des aiguilles d'une montre), avant d'envisager les combinaisons possibles.

C'est parmi ces quatre cartes en coin (qui, lorsqu'elles n'auront pas pu être utilisées, vont constituer les piles d'attente) que vont être piochées les cartes permettant de construire les séries ascendantes sur les As.

Il faut, au début, trouver un 2, puis un 3, etc. Les noirs allant sur les noirs et les rouges sur les rouges.

Dans une pile d'attente, une carte dévoilée par une autre qui va à la place qui lui revient devient disponible.

On dispose, pour réussir, de deux distributions supplémentaires. On ramassera les piles d'attente dans l'ordre de la distribution, sans les mélanger.

La pile A allant sur la B, le tout allant sur la C et l'ensemble allant sur la D.

Le paquet est repris en main et redistribué en tours de quatre cartes. On constatera que deux distributions supplémentaires sont quelquefois insuffisantes pour réussir cette patience, qui n'en comportait qu'une à l'origine.

Fin de la partie

La partie s'arrête lorsque les quatre bases ont été complétées, ou lorsqu'on a terminé sans succès la dernière distribution.

Page suivante :
Exemple de distribution des cartes

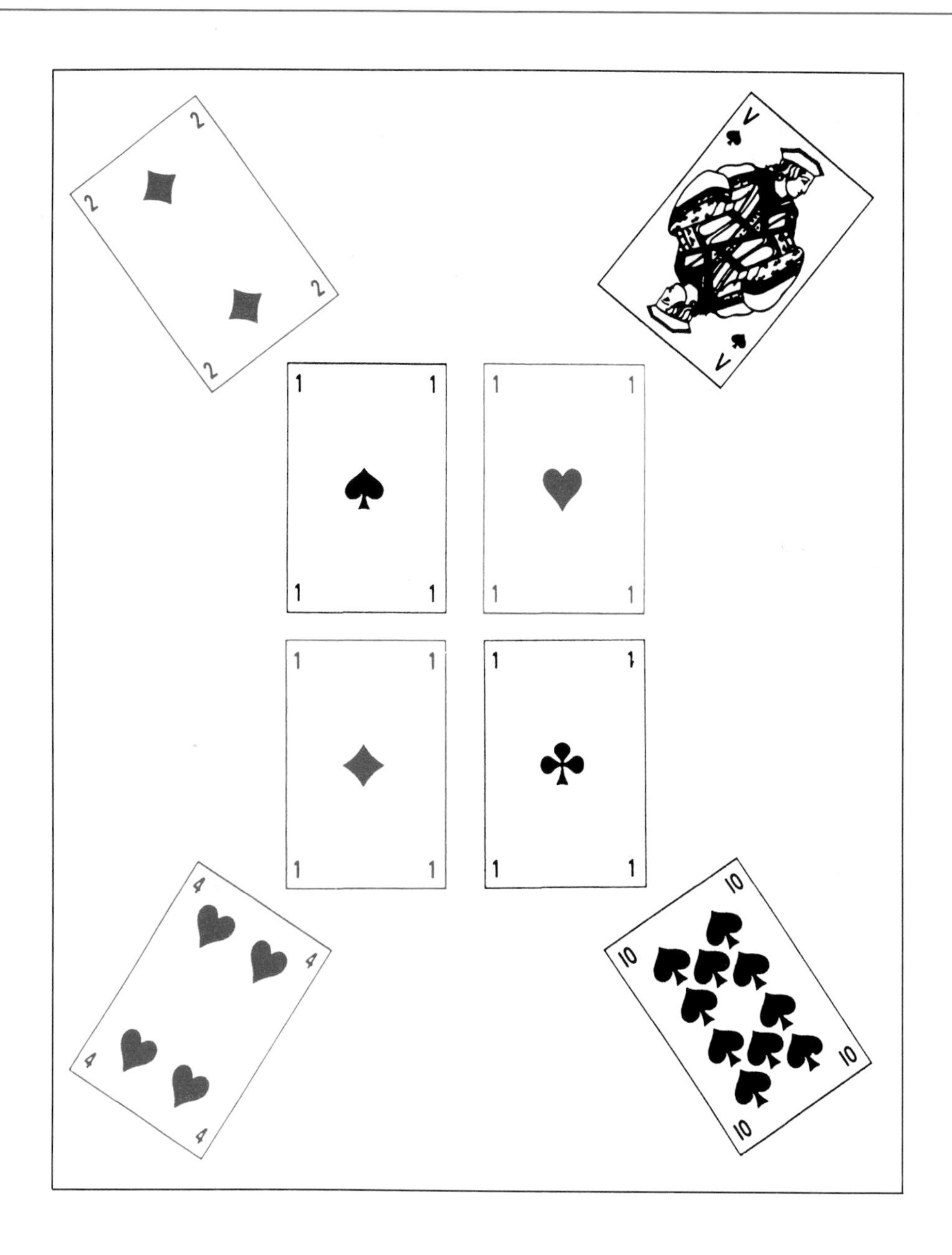

« Dans les coins » :
Après disposition des quatre As en carré,
les cartes sont distribuées figures découvertes,
aux quatre coins du jeu, selon l'ordre indiqué

Deux par Deux

Cette réussite n'offre qu'une probabilité de succès de 1 chance sur 15.

MATÉRIEL

Un jeu de 52 cartes.

BUT DU JEU

Réunir les cartes par paires pour les faire sortir, par valeur et par couleur (les Valets rouges, les 10 noirs, etc.).

RÈGLES

Distribution des cartes

On distribue les cinquante-deux cartes en 13 paquets de quatre cartes chacun, sur deux rangées de 5 paquets et une de 3. Dans chaque paquet, trois cartes seront distribuées figures cachées et la dernière figure découverte.

Déroulement de la partie

On procède à tous les mariages possibles en utilisant seulement les cartes supérieures de chaque paquet.

Chaque carte sortie libère la carte de dessous, qui est retournée et devient utilisable.

Bien que l'on dispose de 13 possibilités, les mariages devant se faire maintenant par valeur et par couleur, le jeu se trouve souvent bloqué, plus aucune combinaison ne pouvant être réalisée.

On peut alors utiliser une solution de secours : si deux cartes présentent la même valeur mais n'ont pas la même couleur, le mariage ne peut être effectué. Cependant, il est possible de retourner entièrement (comme dans la réussite Mariage) les 2 paquets dont les cartes supérieures ont même valeur mais sont de couleur différente. Cela fait apparaître deux nouvelles cartes qui pourront certainement débloquer le jeu. La partie reprendra à nouveau et les autres cartes seront retournées successivement comme précédemment.

Lorsque le jeu est bien avancé, le cas suivant se produit : d'un paquet de quatre cartes, il ne reste plus qu'une carte qui a la même valeur (mais pas la couleur) de la carte supérieure d'un autre paquet ; on ne retourne alors que le paquet de plusieurs cartes. Malgré cela, on constate que les chances de réussite sont relativement faibles.

Fin de la partie

Le jeu prend fin lorsque la totalité des cinquante-deux cartes a été sortie, ou lorsque la situation est entièrement bloquée.

Les Duos

Une réussite facile, avec 1 chance sur 5 de parvenir au but.

MATÉRIEL

Un jeu de 52 cartes.

BUT DU JEU

Comme son nom l'indique, le but de cette patience est d'associer les cartes de même valeur et de les retirer du jeu.

RÈGLES

Distribution des cartes

Pour effectuer cette patience, on distribue toutes les cartes du paquet, deux par deux, en deux tas côte à côte : tas n° 1 et tas n° 2.

Déroulement de la partie

Chaque fois que l'on a tiré deux cartes de même valeur (deux 7, deux 8, deux 10, deux Rois, etc.), on peut les retirer du jeu.

Cette opération n'est réalisable qu'avec deux cartes d'un même tour ; par exemple, ayant distribué une carte en 1 et s'apercevant qu'elle a la même valeur que la carte précédente se trouvant en 2, on ne peut pas retirer ces deux cartes, mais on est tenu d'en distribuer une nouvelle en 2 pour terminer le tour complet ; alors seulement on envisage les valeurs.

On dispose d'autant de tours que nécessaire pour sortir toutes les cartes du jeu, ou tout au moins jusqu'à ce que le jeu soit bloqué et que l'on ne parvienne plus à en sortir aucune.

Lorsque la première distribution est terminée, on prend dans la main gauche le tas n° 1 (figures en haut) ; sur celui-ci on pose le tas n° 2, on retourne le tout et, sans mélanger les cartes, on procède à la seconde distribution. A la fin de celle-ci, on prend le tas n° 2 sur lequel on pose le tas n° 1, on retourne le paquet et on recommence.

Il se peut qu'au bout d'un certain nombre de fois – surtout si l'on va assez vite –, on ne sache plus quel tas prendre en premier. On comptera donc simplement le nombre de distributions et on saura que chaque fois que l'on en sera à un nombre pair ce sera le tas n° 2 qu'il faudra prendre d'abord, et chaque fois que ce sera un nombre impair ce sera le tas n° 1 que l'on prendra en premier.

Fin de la partie

Compte tenu de cette alternance, si le jeu se trouve bloqué, on ne s'avouera battu que si l'on n'a pas réussi à sortir de cartes au bout de deux tours complets.

VARIANTES

1) Neuf cartes sont distribuées en 3 rangées de trois cartes, figures découvertes. Chaque fois que deux cartes de même valeur se présentent au tableau, elles sont sorties du jeu. Les vides sont remplacés par des cartes provenant du talon. Le but recherché est de sortir toutes les cartes du jeu, afin de faire passer les cinquante-deux cartes du talon au rebut. Lorsque la situation sera bloquée, aucun duo ne pouvant être constitué, la réussite sera considérée comme perdue.

2) Du paquet battu et coupé, on tire les quatre premières cartes, retournées sur la table.

Supposons que ce soit :

6♠ 9♥ D♥ 7♥

Le but est d'arriver, à partir de ces quatre cartes, à réaliser des duos avec les cartes du talon qu'on distribue une à une.

On tire le R♠ : il ne peut être utilisé et va au rebut.

On tire la D♣ : on la pose sur la D♥ ; on a le droit de prendre le R♠ (la carte supérieure du rebut) et de le poser sur le duo des Dames.

On continue à tirer. V♠ : au rebut.

R♣ va sur R♠ ; V♠ du rebut va sur R♣...

La Magistrale

Voici l'une des plus difficiles patiences qui existent. Non seulement elle est longue et nécessite beaucoup de place, mais elle a un fort quotient d'occupation d'esprit et peu de chances de réussir.

MATÉRIEL

Un jeu de 52 cartes.

BUT DU JEU

Reconstituer les 48 cartes du paquet (sans les Rois), étalées en ordre ascendant par familles, de la première à la sixième rangée. La première carte de la première rangée devra être un As et la dernière carte de la dernière rangée une Dame.

RÈGLES

Distribution des cartes

Distribuer tout le paquet, figures découvertes, tout d'abord 2 rangées de huit cartes puis, dessous, 4 rangées de neuf cartes.

Déroulement de la partie

La première chose à faire est de sortir les quatre Rois. On a ainsi 4 vides plus 2 vides des deux premières rangées de huit cartes, donc en tout 6 vides.

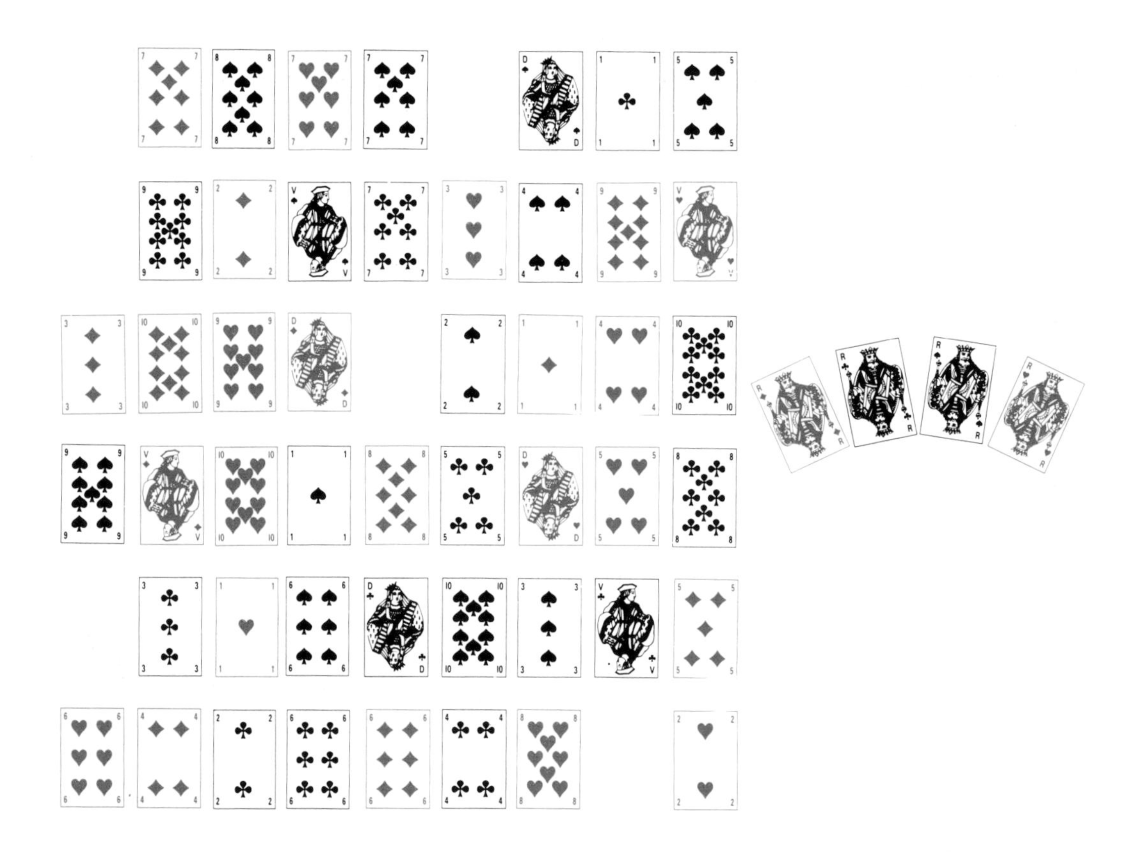

Exemple de disposition des cartes dans une partie de Magistrale. Après le vide créé par le retrait des quatre Rois, le jeu peut commencer

N'importe quelle carte du tableau, par exemple 7 ♣, peut être déplacée dans n'importe quel vide à condition que la première carte à gauche de ce vide soit de même famille et immédiatement inférieure à la carte déplacée (ex. : 6 ♣) ou que la première carte à droite du vide soit de même famille et immédiatement supérieure (ex. : 8 ♣).

L'ordre des familles est variable selon les circonstances, mais l'ordre des cartes à l'intérieur d'une famille est immuable : As, 2, 3, 4, 5, 6, 7, 8, 9, 10, V, D.

S'il est plus avantageux de commencer par les ♣, par exemple, on commence par les ♣. Étant donné que l'on reconstitue des rangées de neuf cartes (la dernière de trois cartes) et qu'il y a douze cartes par famille, la série se continue à la ligne suivante, comme si l'on écrivait.

STRATÉGIE

On a intérêt à mettre les cartes, dans la mesure du possible, à leur place finale, et donc à déterminer d'avance les emplacements définitifs de chaque carte et de chaque famille.

Lorsqu'une carte regagne sa place dans un vide, on peut repartir de la carte qui sera la plus commode pour la suite du jeu.

Le Mariage

Un grand classique, avec 1 chance sur 10 de réussite.

MATÉRIEL

Un jeu de 52 cartes.

BUT DU JEU

Faire sortir les cartes par paires, par valeur et par couleur (les As noirs ensemble, les Valets rouges, etc.), jusqu'à ce que toutes les cartes aient été « mariées ».

RÈGLES

Distribution des cartes

On distribue seize cartes, figures cachées, en 4 rangées de quatre. Sur ces seize cartes sont distribuées seize autres cartes, figures découvertes. Le reste du paquet est éliminé, car il ne sera d'aucune utilité.

Déroulement de la partie

On commence par retirer du jeu les couples immédiatement apparents. Lorsque ces cartes ont été éliminées, les cartes de dessous sont libérées et peuvent être retournées, figures visibles. A nouveau, il faut procéder aux mariages possibles.

Si le jeu est bloqué, on peut retourner les tas encore intacts à la condition d'intervertir la position des cartes en faisant passer la carte de dessous (figure cachée) dessus, figure visible, celle-ci devenant donc utilisable. Cette opération ne peut être réalisée qu'une seule fois pour chaque tas intact. Ceux-ci sont placés de travers pour les différencier des autres. Ainsi, de nouvelles possibilités naîtront qui pourront débloquer le jeu.

Fin de la partie

La partie s'arrête lorsque toutes les cartes ont été « mariées » et retirées de la table, ou lorsque la situation est bloquée. (Voir, page suivante, l'exemple de jeu.)

EXEMPLE

La distribution des cartes permet les mariages suivants :
2 ♥/2 ♦ - 7 ♦/7 ♥ - D ♣/D ♠ - 10 ♥/10 ♦.

Midi

Cette réussite très populaire porte plusieurs appellations évoquant l'heure, dont l'Horloge ou la Montre. Une chance sur 50 de parvenir au but.

MATÉRIEL

Un jeu de 52 cartes.

BUT DU JEU

Ranger les cartes selon leur valeur, de l'As jusqu'au Roi, en les disposant en forme d'horloge.

RÈGLES

Distribution des cartes

Les cinquante-deux cartes sont distribuées, figures cachées, en 13 paquets de quatre cartes chacun ; 12 de ces paquets sont disposés en cercle, comme s'ils marquaient les heures d'une horloge, et le treizième tas est placé au centre. Les cartes sont disposées sur la table en tournant à partir de 1 heure, 2, 3... jusqu'à midi, la treizième au centre, puis les trois autres tours sont effectués de la même manière jusqu'à ce que toutes les cartes soient distribuées.

Douze paquets en cercle autour du treizième

Déroulement de la partie

Il s'agit de placer toutes les cartes par valeur à l'heure qui leur correspond : les As à 1 heure, les 2 à 2 heures, etc. Les Valets iront à 11 heures, les Dames iront à midi, les Rois, valant 13, iront au centre.

Il faut donc obtenir 13 tas groupés par valeur, les Rois au centre. Si des cartes doivent rester figures cachées et que le jeu soit bloqué, la réussite est perdue.

Pour commencer, lorsque toutes les cartes ont été distribuées, on retourne la carte supérieure du treizième tas : en supposant que ce soit le 8 ♣, il va sous la pile n° 8, figure visible ; en contrepartie, on retourne la carte supérieure de la pile n° 8 ; soit le 3 ♥, qui va sous la pile n° 3 ; puis le 9 ♦ qui va sous la pile n° 9, etc.

Le Poker solitaire

Cette amusante réussite est dérivée du Poker traditionnel, dont elle utilise les combinaisons. Une chance sur 50 de parvenir au but.

MATÉRIEL

Un jeu de 52 cartes.

BUT DU JEU

Réaliser les combinaisons du Poker, de la simple Paire jusqu'à la Séquence royale.

RÈGLES

Distribution des cartes

Après avoir battu et coupé le jeu, on distribue vingt-cinq cartes, réparties en 5 rangées de cinq cartes.

Déroulement de la partie

On commence par n'étaler qu'une carte, figure découverte, la première du talon. Ensuite, on en distribue une deuxième, qui devra toucher la première d'une quelconque manière, par la longueur, la largeur ou l'un des quatre coins. La position de cette deuxième carte et de toutes les suivantes jusqu'à la vingt-cinquième doit répondre au souci de réaliser des Séquences, des Quintes, des Floches, des Paires, etc. Ces figures ne pouvant être réalisées que sur les lignes horizontales ou verticales et les cartes devant toujours se toucher les unes les autres.

Les cartes qui peuvent être disposées sur les lignes obliques pour dégager le jeu ne peuvent être comptabilisées.

Dans tous les cas, au fur et à mesure de la distribution, on doit veiller à ne pas dépasser le cadre final des vingt-cinq cartes (en carré de 5×5). Une fois placées, les cartes ne pourront être interverties ou changées.

Fin de la partie

Une fois le tableau constitué, les comptes commencent. Chaque figure sera notée de cette façon :

Séquence royale : série de cinq cartes d'une même famille, telle que : R ♠ D ♠ V ♠ 10 ♠ 9 ♠, 30 points.

Poker : quatre cartes de même valeur, 16 points.

Quinte : cinq cartes se suivant (n'appartenant pas nécessairement à la même famille), 12 points.

Full : (Brelan+Paire) l'un et l'autre de deux familles différentes, 10 points.

Brelan : trois cartes de même valeur, 6 points.

Floche : cinq cartes de la même famille (ne se suivant pas), 5 points.

Double Paire : deux fois deux cartes de même valeur, 3 points.
Paire : deux cartes de même valeur, 1 point.

On peut se fixer comme but moyen le total de 70. On dispose de 1 chance sur 5 pour y parvenir. Faire plus de 100 est possible, mais devient plus difficile.

EXEMPLE

La réussite reproduite sur notre illustration vaut 13 points, décomposés comme suit :
① une Paire : 1 point ;
② un Floche : 5 points ;
③ une Paire : 1 point ;
④ un Brelan : 6 points.

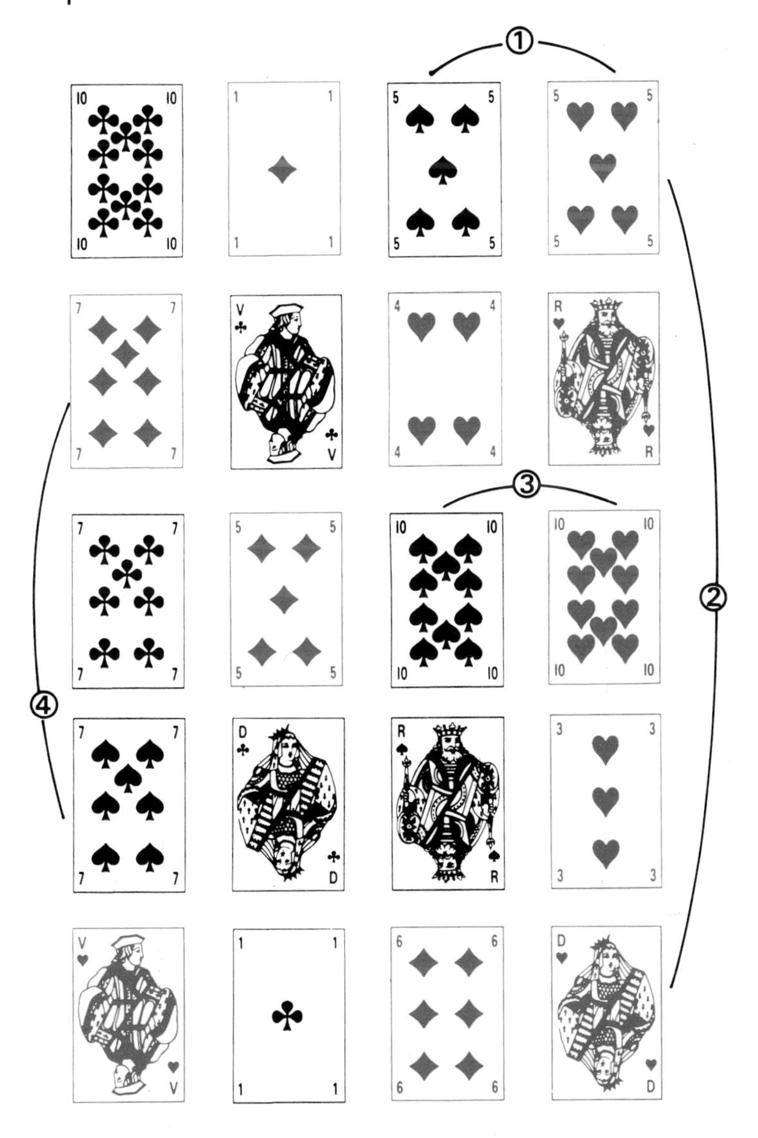

Le Thermomètre

Une réussite facile, avec 1 chance sur 2 de parvenir au but.

MATÉRIEL

Un jeu de 52 cartes.

BUT DU JEU

Faire « monter le thermomètre » en découvrant des cartes noires ou rouges.

RÈGLES

Distribution des cartes

Le jeu battu et coupé, sept cartes, figures cachées, sont distribuées en colonne, les unes au-dessous des autres. Au niveau de la quatrième, un peu à droite, on distribue une carte figure découverte.

Déroulement de la réussite

Supposons que la carte découverte soit un 10 ♥ (dans ce jeu, on tiendra compte seulement de la couleur et non de la valeur), on retourne la carte qui se trouve à côté du 10 ♥ distribué initialement ; si elle est rouge, le 10 ♥ (carte témoin correspondant à la hauteur du mercure) montera d'un degré, à côté de la carte immédiatement supérieure. Si celle-ci est noire (couleur contraire à celle du 10 ♥), la carte témoin descendra d'un degré. A nouveau la carte à côté de laquelle se trouve le 10 ♥ sera retournée ; si elle est rouge, la température montera ; si elle est noire, la température baissera.

Au fur et à mesure du jeu, on sera conduit à passer et à repasser devant des cartes qui auront déjà été retournées. Chaque fois que cela se produira, on distribuera une carte provenant du talon

sur la carte d'origine, et le jeu continuera suivant les mêmes règles :
– couleur identique à celle du témoin : la température monte ;
– couleur contraire à celle du témoin : la température descend.

Fin de la réussite

Il faut amener la carte témoin au-dessus des sept cartes de base. Si, en revanche, la température tombe au-dessous des sept cartes de base, la réussite sera perdue.

Les Vingt-Quatre Mystères

Cette amusante réussite présente 1 chance sur 10 de succès.

MATÉRIEL

Un jeu de 52 cartes, dont on retire les quatre As.

BUT DU JEU

Construire des séries ascendantes par familles en utilisant les As comme bases.

RÈGLES

Distribution des cartes

Après avoir retiré les quatre As que l'on étale un peu à l'écart pour servir de bases, on distribuera les quarante-huit cartes restantes en 4 rangées de douze cartes chacune. Dans chaque rangée, la première carte est donnée figure cachée, la deuxième figure découverte, la troisième figure cachée, la quatrième découverte, etc. Le tableau ainsi formé présente vingt-quatre cartes visibles et vingt-quatre cartes inconnues.

Déroulement de la partie

Si un 2 de n'importe quelle famille est disponible à l'extrême droite d'une rangée, on peut le poser sur la base As correspondante et retourner la carte cachée qui se situe maintenant au bout de la rangée. Sinon, il faudra chercher à améliorer le tableau en respectant les règles suivantes :
– Seule la dernière carte, à droite, de chaque rangée peut aller sur la base qui lui correspond.
– Au tableau, n'importe quelle carte (visible) peut aller sur n'importe quelle autre carte (visible) à condition de com-

mencer ou de continuer une série descendante alternant les couleurs.
– Les cartes cachées ne peuvent être découvertes que lorsqu'il n'y aura plus de cartes à leur droite parce que ces dernières se seront déplacées soit sur les bases, soit sur d'autres cartes du tableau.
– Des groupes de cartes du tableau (constituant des séries descendantes, alternant les couleurs) peuvent se déplacer comme une seule carte.
– Lorsqu'on parvient à libérer entièrement une rangée, le vide ne peut être comblé que par une seule carte ou un groupe de cartes formant une série descendante et non pas par plusieurs cartes n'ayant aucun lien entre elles.

On comprendra que, seules les cartes de droite faisant avancer le jeu (soit en allant sur les bases, soit en permettant de retourner des cartes cachées en formant des séries descendantes), c'est à ce niveau qu'il sera nécessaire de concentrer son attention pour essayer de sortir le maximum de cartes.

EXEMPLE DE COUP

Le 2 ♥ (quatrième rangée) va sur As ♥ (base) ; il libère la carte de gauche que nous retournons : 2 ♠ ; le 2 ♠ va sur As ♠ ; ensuite (toujours quatrième rangée) 3 ♥ va sur 2 ♥ (base) ; il libère la suivante : 8 ♥...

Les Vingt-Quatre Mystères

Les Jeux de Casino

Vus de l'extérieur, les jeux pratiqués dans les casinos semblent souvent incompréhensibles, inaccessibles. Seuls la Roulette – commercialisée dans des coffrets de jeux de société – et le Black-Jack – sous sa forme simplifiée, le Vingt et Un – échappent à cette règle.

Les pages qui suivent vous initieront aux jeux les plus pratiqués dans les casinos, depuis la Boule – version plus simple et moins onéreuse de la Roulette – jusqu'au Baccara ou au Trente et Quarante, jeux de cartes qui peuvent également être pratiqués dans le cercle familial.

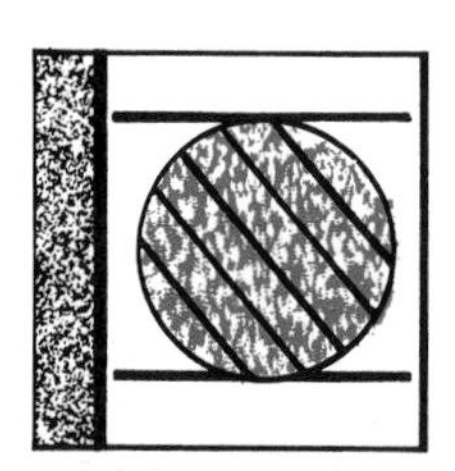

Le Baccara

Le Baccara, également appelé Chemin de Fer, a été introduit en France sous Charles VIII par les chevaliers revenant des guerres d'Italie. Il s'est d'abord développé dans le Midi, avant d'entreprendre, sous Louis-Philippe, une carrière fulgurante qui se poursuit depuis dans le monde entier. Les joueurs tirent leur nom de « Ponte » de l'Hombre (Homme), vieux jeu espagnol où certaines cartes portaient ce nom. Le terme de « gros ponte » est d'ailleurs resté dans la langue familière pour désigner une personne importante.

MATÉRIEL

Au moins deux jeux de 52 cartes (six jeux, une table spéciale et un « sabot » contenant les cartes si l'on veut suivre les usages en vigueur dans les casinos).

BUT DU JEU

Totaliser, avec ses cartes, plus de points que l'adversaire.

RÈGLES (2 joueurs et plus)

Valeur des cartes

Les cartes possèdent leur valeur numérale, de l'As (un) au 9 (neuf). Le 10 et les figures (R, D, V), appelées « bûches », valent zéro. Pour obtenir la valeur d'une main, on ne tient pas compte des dizaines, mais des unités. La valeur maximale d'une main est donc de neuf. Par exemple, un 8 et un 4, total douze, valent deux, puisque les dizaines ne comptent pas. Un 3 et un 7, total dix, valent zéro, etc.

Distribution des cartes

C'est le « Banquier », terme désignant le joueur acceptant de jouer seul contre tous les autres participants, qui donne les cartes tant qu'il gagne ou qu'il désire demeurer Banquier. Il est opposé à un seul adversaire représentant la « table », c'est-à-dire l'ensemble des autres Pontes.

Il distribue tout d'abord deux cartes, faces cachées, à son adversaire, le « Ponte », et à lui-même. Selon son jeu, le Ponte « reste », c'est-à-dire ne demande pas de troisième carte, et dit alors « Non », ou bien « Tire » et déclare « Carte ». Le Banquier lui sert alors une carte découverte. Le Banquier peut à son tour se servir ou non une carte supplémentaire.

Déroulement de la partie

Le Banquier indique la somme qu'il désire mettre en jeu, puis les paris commencent. Il est uniquement possible de parier contre le Banquier.

Le joueur situé à la droite du Banquier a priorité pour couvrir tout ou partie de la somme misée par ce dernier. La partie non couverte peut être tenue par le joueur assis suivant, et ainsi de suite jusqu'à ce que la somme soit égalisée.

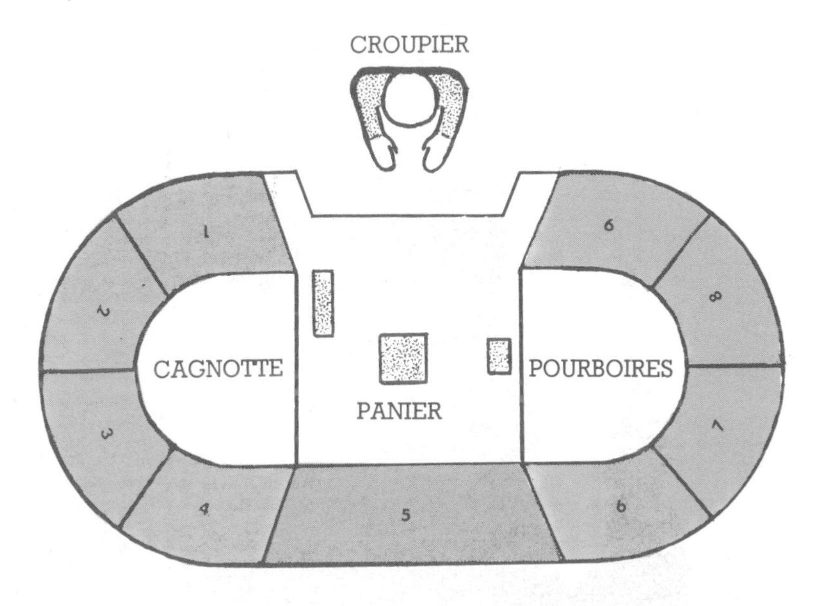

Table de Chemin de Fer

Trois fentes sont ménagées dans la table. Celle qui fait face au croupier, le « panier », sert à se débarrasser des cartes « brûlées », c'est-à-dire utilisées. Celle qui est à sa gauche est réservée pour les pourboires donnés au personnel, celle qui est à sa droite, la « cagnotte », sert à déposer les gains du casino qui sont de 5 % sur les gains du Banquier. Chaque joueur s'assied en face d'une place numérotée.

Ces paris sont toutefois caducs en cas de « banco ». Par ce mot, lancé à haute voix, un participant s'engage à couvrir seul l'intégralité de la somme mise en jeu par le Banquier. Le banco a priorité sur les autres paris. S'il y a plusieurs bancos, préséance est donnée au joueur qui a fait banco sur la main précédente.

Quand les enjeux sont terminés, le Banquier effectue la première distribution de deux cartes, en commençant par le Ponte représentant la table. Celui-ci sera le joueur ayant fait banco ou celui ayant misé la plus forte somme (en cas d'égalité, le joueur situé le plus près du Banquier).

Le jeu se déroule ensuite de façon quasi automatique : chaque joueur (Ponte et Banquier) regarde son jeu, et l'abat immédiatement s'il a un « naturel », c'est-à-dire un total de huit ou de neuf. L'autre joueur doit alors également montrer ses cartes. Celui qui a le plus fort total gagne le coup. En cas d'égalité, chacun reprend sa mise.

Dans les autres cas, le Ponte agit selon un « tableau de tirage » qui lui dicte la meilleure conduite à tenir :

Le Ponte a	Décision
0, 1, 2, 3, 4	Il tire
5	Il tire ou reste, au choix
6, 7	Il reste
8, 9	Il a un naturel et montre ses cartes

Au vu de son jeu et de la carte qu'il vient éventuellement de donner, le Banquier peut décider de tirer lui-même une carte supplémentaire. Il conserve ce droit même si le Ponte n'a pas demandé de carte. La décision du Banquier est elle aussi dictée par un tableau de tirage, fonction des différentes probabilités.

Si le Banquier distribue	Le Banquier reste quand il a	Le Banquier tire s'il a
0, 1	4, 5, 6, 7	0, 1, 2, 3
9	3, 4, 5, 6, 7	0, 1, 2
8	3, 4, 5, 6, 7	0, 1, 2
7, 6	7	0, 1, 2, 3, 4, 5, 6
5, 4	6, 7	0, 1, 2, 3, 4, 5
3, 2	5, 6, 7	0, 1, 2, 3, 4
Le joueur n'a pas tiré	6, 7	0, 1, 2, 3, 4, 5

Fin du coup

Le coup prend fin avec l'abattage des cartes. Celui-ci se produit après la première distribution si l'un des joueurs a un naturel (8 ou 9), après la deuxième distribution dans les autres cas. Le joueur qui a le total le plus élevé (donc le plus proche de 9) remporte le coup.

Si le coup est remporté par le Banquier, celui-ci gagne la totalité des enjeux (moins le prélèvement de 5 % opéré, dans les casinos, par le croupier). La somme gagnée est remise en jeu et va grossir la somme initialement misée. Le Banquier peut garder la banque, ou reprendre ses gains et passer la banque au joueur suivant.

Si le coup est remporté par le Ponte, tous les paris sont payés à égalité (sans prélèvement, dans les casinos) et la banque passe au joueur suivant.

En cas d'égalité, chacun récupère ses enjeux et un nouveau coup est entamé avec le même Banquier.

DÉROULEMENT D'UN COUP DANS UN CASINO

Le Banquier donne 1 000 F en jetons au croupier. Celui-ci les place à sa gauche et annonce « Banco de 1 000 F ». S'il n'y a pas de banco, il demande « Qui ponte ? » et si la somme n'est pas entièrement couverte, « Qui complète ? ». Quand il dit « Rien ne va plus », le Banquier distribue deux cartes au Ponte ayant misé la plus forte somme.

Il donne par exemple un Roi et un 4 au Ponte et se sert un 9 et un 7. Le Ponte, qui a donc un total de quatre, dit « Carte » parce que son tableau indique que les meilleures chances résident dans le tirage. Il reçoit un 2, ce qui porte son total à six. Le Banquier, qui a seize, c'est-à-dire six, fixe sa ligne de conduite en fonction de son propre tableau : avec six, et ayant distribué un 2, il doit rester. Les joueurs abattent leurs cartes : six de chaque côté. C'est égalité et chacun reprend ses enjeux.

Ponte *Banquier*

Fin de la partie

Les joueurs désirant quitter la table de jeu peuvent le faire à tout moment, s'ils ne sont pas engagés dans un coup.

STRATÉGIE

Le Baccara étant un pur jeu de hasard et le comportement des joueurs étant pratiquement tout le temps dicté par les tableaux de tirage, il ne peut y avoir de stratégie. Il est cependant utile de savoir qu'il faut de temps en temps tirer avec un total de cinq, bien que les probabilités favorisent légèrement la décision opposée. Cela perturbe en effet la façon de jouer du Banquier, qui ne sait plus avec certitude si l'on a cinq, six, sept ou bien six, sept quand on ne tire pas, et ne peut donc jouer en conséquence.

VARIANTE

La Banque

Il existe une autre variété de Baccara, la Banque, où le Banquier joue non plus contre un seul joueur mais contre deux Pontes indépendants sur deux tableaux différents. Les règles générales du jeu sont les mêmes que pour le Chemin de Fer, mais le Banquier distribue trois mains : une pour le premier tableau, une autre pour le deuxième tableau et une troisième pour lui. Il effectuera son tirage de façon à tenter de battre en priorité la main du tableau où la plus forte somme est engagée. On réserve une petite place sur chaque tableau aux joueurs désirant parier sur l'autre tableau. C'est d'ailleurs de là que provient l'expression « miser sur les deux tableaux ».

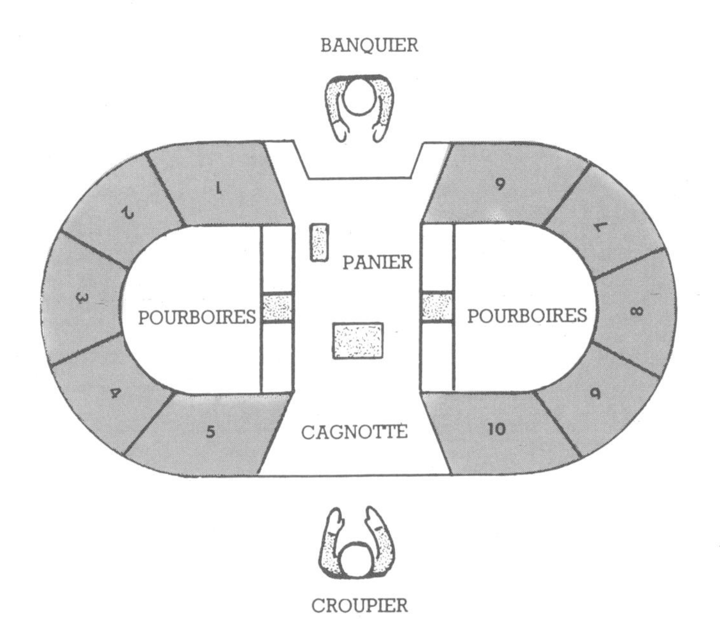

Le Trente et Quarante

Le Trente et Quarante est un jeu de casino, et l'un des plus anciens semble-t-il, puisque son origine remonte au XVe siècle. Assez populaire dès le XVIe siècle, il a prospéré dans l'ensemble de l'Europe, jusqu'au siècle dernier. Aujourd'hui, il est surtout pratiqué en France. On peut y jouer chez soi, quoique, en dehors de l'atmosphère des casinos, son intérêt soit limité.

MATÉRIEL

Six jeux de 52 cartes, un tapis de Trente et Quarante, disponible dans le commerce, des jetons.

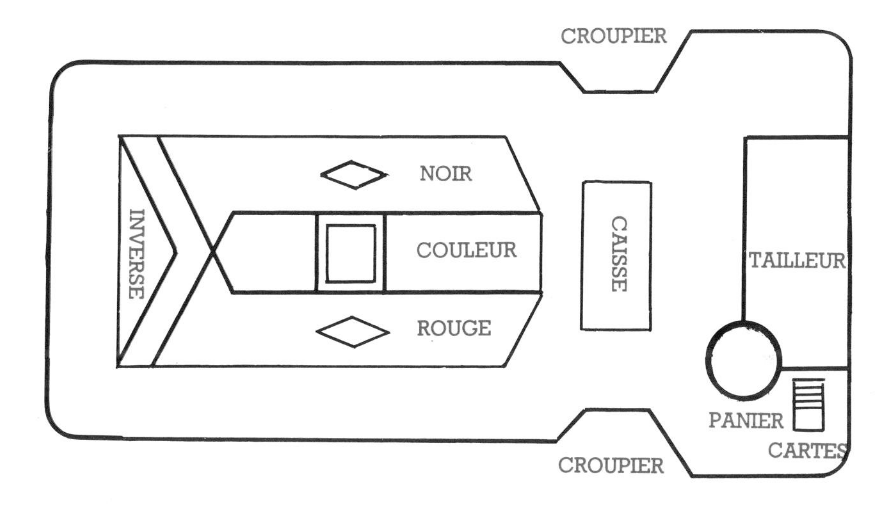

Le tapis de jeu

BUT DU JEU

Gagner de l'argent, en misant sur le hasard de tirage des cartes.

RÈGLES (2 joueurs au minimum)

Valeur des cartes

Roi, Dame, Valet (10 points) ; 9, 8, 7, 6, 5, 4, 3, 2, As (leur valeur en points).

Préparation du jeu

Le Banquier mélange les six jeux de cartes, et coupe le paquet, qu'il pose ensuite devant lui, sur la table. Les joueurs misent (voir plus loin), puis le Banquier commence à tirer les cartes du talon une par une. Il les aligne sur la zone du tapis appelée « Noire » et s'arrête dès que le total des points des cartes atteint ou dépasse 31, le total devant être compris entre 30 et 40, d'où le nom du jeu. Le Banquier annonce alors le nombre de points au-dessus de 30, ou « Point ».

Exemple :

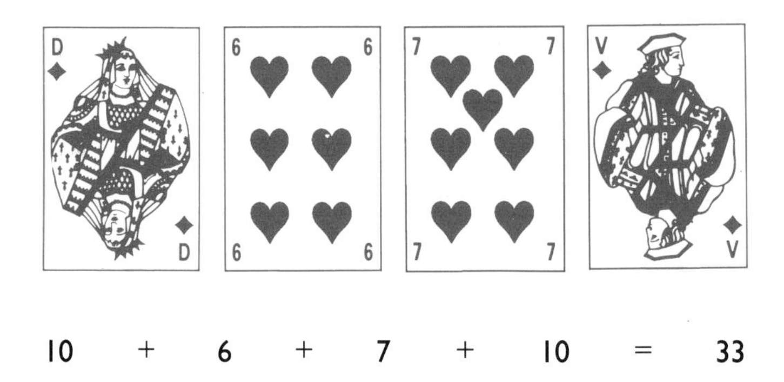

10 + 6 + 7 + 10 = 33

Le Banquier annonce « Trois ».

Il continue alors à tirer les cartes, en les alignant cette fois sur la zone du tapis appelée « Rouge ». Quand le total de cette série atteint ou dépasse 31, il annonce le « point », comme précédemment.

La série gagnante est celle dont le total est le plus proche de 30. En d'autres termes, le « point » le plus proche de zéro donne la victoire à sa Couleur.

LES PARIS

Les joueurs peuvent miser des jetons sur
Noire : ils parient sur la victoire de la rangée noire ;
Rouge : ils parient sur la victoire de la rangée rouge ;
Couleur : ils parient que la première carte étalée dans la rangée perdante sera de la Couleur de la rangée gagnante ;
Inverse : ils parient que la première carte de la rangée perdante ne sera pas de la Couleur gagnante.

Règlement des gains

Le Banquier ayant tiré les cartes, il annonce le résultat. Il n'existe que quatre possibilités :

« Rouge gagne, et Couleur »
« Noire gagne, et Couleur »
« Noire gagne, et Inverse »
« Rouge gagne, et Inverse »

Le Banquier ramasse les mises posées sur les zones perdantes, et donne aux gagnants le double de leur mise. Si les deux rangées sont égales, on dit que le coup est nul, et le Banquier rend aux joueurs l'intégralité de leur mise. Si Noire et Rouge totalisent toutes deux 31 points, on dit qu'il y a « refait ». Les joueurs peuvent reprendre la moitié de leur mise. L'autre moitié reste engagée pour le coup suivant. Il est néanmoins possible de laisser l'intégralité de sa mise « en prison » sur la table. En cas de victoire au tour suivant de la zone correspondante, la mise est intégralement restituée au joueur. En cas de défaite, la totalité de la mise est perdue.

Fin du tour

A la fin du tour, les cartes utilisées sont jetées dans une corbeille (on dit qu'elles sont « brûlées ») et ne resservent pas.

Fin de la partie

Lorsque le Banquier n'a plus assez de cartes pour finir un tour, celui-ci est annulé, et les mises sont rendues aux joueurs. La partie est terminée.

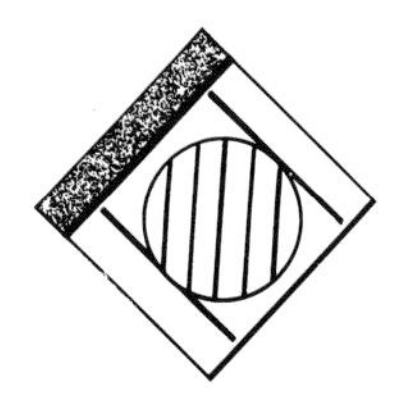

Le Vingt et Un

Ce jeu d'origine française, connu dans les casinos sous le nom de Black-Jack, a pris un formidable essor au XVIIIe siècle pour devenir le jeu de cartes de casino actuellement le plus joué dans le monde entier. Le Black-Jack tirerait son nom d'un casino américain qui payait double le Vingt et Un constitué de l'As ♠ et d'un Valet noir (*Black Jack*, en anglais). Il se différencie du Vingt et Un par le fait que le rôle de Banquier y est joué non par les joueurs à tour de rôle, mais par un croupier représentant le casino, ainsi que par quelques aménagements mineurs des règles.

MATÉRIEL

Deux jeux de 52 cartes.

BUT DU JEU

Se rapprocher le plus possible de 21 points, sans toutefois dépasser ce chiffre.

RÈGLES (2 joueurs au minimum)

Valeur des cartes

L'As vaut, au gré du joueur, 1 ou 11 points, les figures ou « bûches » (R, D, V) valent 10 points, les autres cartes sont comptées à leur valeur nominale (c'est-à-dire de 10 à 2 points).

Distribution des cartes

Le Banquier distribue à chaque joueur et à lui-même deux cartes, une par une et en commençant par le joueur placé à sa gauche. L'une des cartes est donnée face visible, l'autre face cachée.

Déroulement de la partie

Chaque joueur dépose devant lui un enjeu, et la distribution des cartes commence.

Si le Banquier a un « naturel » (c'est-à-dire a réalisé 21 points avec ses deux premières cartes), il ramasse les mises des joueurs, sauf celles des joueurs qui ont eux-mêmes un naturel, pour qui le coup est nul. De la même façon, si un joueur a un naturel et que le Banquier n'en a pas, ce joueur le montre et se fait payer.

Si le Banquier n'a pas de naturel, le jeu se déroule normalement : le Banquier sert tout d'abord le premier joueur à sa gauche.

Il est possible à ce dernier de demander des cartes tant que son total ne dépasse pas 21 points. Les cartes lui sont servies faces visibles. Si son total dépasse 21 points, on dit qu'il « crève ». Il annonce alors « Crevé » et le Banquier ramasse sa mise. Quand le joueur estime ne plus devoir prendre de cartes, il dit « Je reste », et le Banquier s'occupe du joueur suivant dans les mêmes conditions.

Quand tous les joueurs sont servis, le Banquier se sert à son tour. Quand il s'estime servi, tout le monde montre son jeu.

Si le Banquier a crevé, il paye à égalité les joueurs restant en lice. S'il n'a pas crevé, il paye (toujours à égalité) ceux qui ont un total supérieur au sien, mais ramasse les mises de ceux qui ont un total inférieur. En cas de total identique, le coup est nul et les joueurs récupèrent leurs mises. Les cartes utilisées sont « brûlées » et ne servent plus.

Suivant les conventions adoptées en début de partie, le Banquier peut rester le même jusqu'à épuisement des cartes, céder la banque dès qu'il a perdu son coup, ou ne rester Banquier qu'un seul coup.

STRATÉGIE

S'il n'y a pas à proprement parler de stratégie au Vingt et Un ou au Black-Jack, il est important de jouer sa main au mieux des probabilités : le Black-Jack représente d'ailleurs un oiseau rare dans le monde des jeux de casino, à savoir un jeu où le joueur est pratiquement à égalité avec la banque. Il existe même pour les joueurs une possibilité théorique de prendre l'avantage sur le casino en se souvenant de toutes les cartes « brûlées » : connaissant le type de cartes majoritaire dans le sabot, il devient possible de modifier son tirage en conséquence. Cette possibilité est cependant toute théorique, les joueurs n'ayant pas tous une mémoire d'éléphant, la fatigue se faisant rapidement sentir, et les casinos ayant trouvé une parade adéquate en augmentant de façon sensible le nombre de cartes utilisé.

Les joueurs désirant jouer pour se détendre, sans pour autant se comporter en dépit du bon sens, disposent d'un guide efficace, sous la forme d'un tableau de jeu conseillé, établi en fonction des différentes probabilités. On notera que le jeu conseillé varie nettement selon que la main du joueur contient ou ne contient pas d'As.

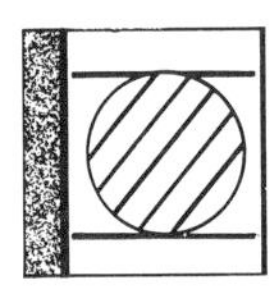

LE BLACK-JACK

Le Black-Jack est la version de casino du Vingt et Un. Si ces deux jeux sont identiques dans leur esprit, ils n'en diffèrent pas moins par quelques détails pratiques.

Le Croupier : il représente le casino et détient le monopole de la banque. Il est tenu, contrairement au Banquier de Vingt et Un, de respecter des règles strictes lorsqu'il se sert lui-même, après avoir servi les autres joueurs :

– Avec 17 points et plus, il reste obligatoirement ;
– Avec 16 points et moins, il tire obligatoirement.

L'Assurance : quand la carte visible du croupier est un As, il demande aux joueurs s'ils désirent s'assurer contre la possibilité de Black-Jack (c'est-à-dire contre la possibilité d'un naturel). Ceux qui s'assurent placent devant eux une somme égale à la moitié de leur mise. Si le croupier tire un 10 ou une figure, il fait Black-Jack et empoche les mises mais paye les assurances à 2 contre 1. Ainsi, les joueurs qui se sont assurés ne perdent rien. Si le croupier ne fait pas Black-Jack, il ramasse les assurances et le jeu se poursuit normalement.

Le Double : les joueurs, après avoir vu leurs deux premières cartes, ont la faculté de doubler leur mise. Mais ils ne peuvent alors plus recevoir du croupier qu'une seule carte, face cachée. Ils ne sont pas autorisés à voir cette carte. Le croupier la retourne quand tous les autres joueurs et lui-même ont procédé à leurs échanges.

La Paire : tout joueur dont les deux premières cartes forment une Paire est autorisé à jouer deux mains séparées ayant chacune comme base l'une de ces cartes. Il doit alors jouer une deuxième mise, d'un montant égal à la mise initiale. Le croupier complète sa distribution en redonnant une carte à chaque main. Le joueur joue chaque main séparément et successivement, mais peut encore dissocier toute nouvelle Paire qui apparaîtrait. Si une Paire d'As a été dissociée, le joueur ne peut recevoir qu'une carte par main. Un éventuel total de 21 points n'est alors pas considéré comme un Black-Jack naturel et n'est payé qu'à égalité.

Table de Black-Jack

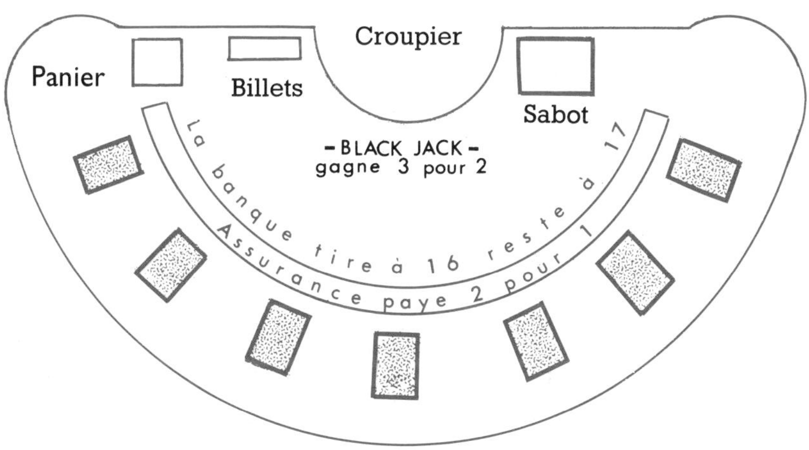

Croupier
Panier
Billets
Sabot
- BLACK JACK -
gagne 3 pour 2
La banque tire à 16 reste à 17
Assurance paye 2 pour 1

Les joueurs misent et reçoivent leurs cartes aux endroits figurés par des rectangles

TABLEAU DE JEU CONSEILLÉ AU BLACK-JACK

Total du joueur en 2 cartes		**Carte visible du croupier**									
		2	3	4	5	6	7	8	9	10	As
Les 2 cartes ne contiennent pas d'As	17	R	R	R	R	R	R	R	R	R	R
	16	R	R	R	R	R	T	T	T	R	R
	15	R	R	R	R	R	T	T	T	T	T
	14	R	R	R	R	R	T	T	T	T	T
	13	R	R	R	R	R	T	T	T	T	T
	12	T	T	R	R	R	T	T	T	T	T
	11	D	D	D	D	D	D	D	D	D	D
	10	D	D	D	D	D	D	D	D	T	T
	9	D	D	D	D	D	T	T	T	T	T
Les 2 cartes contiennent un As	19	R	R	R	R	R	R	R	R	R	R
	18	R	R	R	R	R	R	T	T	T	T
	17	D	D	D	D	D	T	T	T	T	T
	16	T	T	T	T	D	T	T	T	T	T
	15	T	T	T	T	D	T	T	T	T	T
	14	T	T	T	T	D	T	T	T	T	T
	13	T	T	T	T	D	T	T	T	T	T

R : rester ; T : tirer ; D : doubler.

Le Sept et Demi

Le Sept et Demi est un jeu qui s'apparente tout à fait au Vingt et Un et au Black-Jack, dont il constitue en fait une variante. Il diffère toutefois de ces jeux par quelques détails.

Matériel

Deux jeux de 32 cartes (c'est-à-dire de l'As au 7 inclus).

But du jeu

Se rapprocher le plus possible de 7 1/2 sans toutefois dépasser ce chiffre.

Valeur des cartes

Deux systèmes de comptes peuvent être utilisés. Dans le premier, les cartes ont la valeur suivante :

- Le Roi vaut 4 points ;
- La Dame vaut 3 points ;
- Le Valet vaut 2 points ;
- L'As vaut 1 point ;
- Le 7 vaut 1 point ;
- Le 8 vaut 1/2 point ;
- Le 9 vaut 1/2 point ;
- Le 10 vaut 1/2 point .

Dans le deuxième, plus simple, chaque carte est comptée à sa valeur faciale, de l'As (1) au 7 (7), et les figures (R, D, V) valent chacune 1/2 point. Toutefois, le R ♦ vaut, au choix, de 1 à 7 (mais jamais 1/2).

Déroulement de la partie

Les joueurs commencent par déposer un enjeu devant eux. Le Banquier distribue alors une carte face cachée à chaque joueur, en commençant par son voisin de gauche, et se sert en dernier. Chaque joueur dans l'ordre peut alors demander autant de cartes (distribuées faces visibles) qu'il le désire tant que son total visible ne dépasse pas 7 1/2. S'il dépasse 7 1/2, le joueur « crève » et le Banquier ramasse sa mise. Quand tout le monde est servi, les joueurs montrent leur jeu.

Si le Banquier a 7 1/2, il ramasse toutes les mises. Si des joueurs ont 7 1/2, le Banquier les paye à 2 contre 1.

Les joueurs qui sont arrivés à un chiffre plus élevé que le Banquier sont payés à égalité, ceux qui ont un total inférieur perdent leur mise, et pour ceux qui ont obtenu un total identique, le coup est nul. Si le Banquier crève, il paye tous les joueurs et la banque change de mains.

La Roulette

La Roulette est sans doute le plus populaire des jeux de casino. Le principe de ce jeu est très ancien, mais il a fallu attendre la fin du XVIIIe siècle avant qu'il connaisse son heure de gloire. Apparue un siècle auparavant, la Roulette s'est imposée dans les salons européens en moins d'une centaine d'années. Tolérée par la Révolution, elle reprit de la vigueur dès la Restauration, puis fut momentanément interdite avant de réapparaître, étroitement contrôlée par l'État. Aujourd'hui, toujours sévèrement réglementée, elle est la « reine » des casinos européens. Comme le soulignait l'*Encyclopédie* de Diderot et de d'Alembert, « ce jeu permet de risquer son argent en toute sécurité ». En effet, les manières de miser sont très nombreuses, ce qui permet, à défaut de gagner à coup sûr, de limiter les pertes.

Par ailleurs, le joueur peut, en mettant au point sa propre stratégie, se donner l'illusion d'attaquer le casino de manière rationnelle. Pour certains, la Roulette exerce une fascination d'ordre esthétique, voire ésotérique. N'est-il pas tentant d'assimiler la roue sur laquelle s'affichent les numéros gagnants à la Roue de la Fortune ? Cette comparaison est d'autant plus frappante que le 12 et le 36, nombres clés de la Roulette, sont omniprésents dans le monde de l'astrologie et de la symbolique.

- *Nombre de joueurs : illimité*
- *Durée du coup : moins de 5 mn*

MATÉRIEL

Ce jeu est composé d'une roulette proprement dite, instrument de tirage, et d'une table où sont déposés les paris matérialisés par des jetons ou plaquettes fournies par le casino en échange d'argent liquide.

La roulette : ***à l'intérieur d'une carcasse cylindrique fixe, un cadran de bois circulaire de 56 centimètres de diamètre, le « cylindre », tourne sur lui-même grâce à un système perfectionné de roulements à billes. Le pourtour de ce cylindre est garni de 36 cases numérotées, alternativement noires et rouges, et de 1 case zéro de couleur verte. La partie fixe de la roulette forme, sur le pourtour du cylindre mobile, une cuvette circulaire sur laquelle est lancée la boule. Cette bande circulaire est hérissée de petits obstacles de cuivre en forme de losanges qui rendent le trajet de la boule imprévisible.***

La table : ***elle est recouverte d'un grand tapis vert marqué d'un tableau comprenant 37 cases : les 36 numéros de la roulette, rangés sur trois colonnes, que surmonte la case du zéro. De part et d'autre de ce tableau se trouve la « bande ». On y trouve les cases réservées aux chances simples : d'un côté Passe, Pair et Noir, de l'autre Manque, Impair et Rouge. A l'extrémité de chaque bande, trois cases marquées 12 P, 12 M et 12 D représentent respectivement les douze premiers numéros, les douze numéros médians, puis les douze derniers. Entre ces deux rangées de trois cases, on trouve un alignement de trois cases vides, chacune étant affectée à la colonne qui la surmonte. Cet ensemble rationnel de cases est destiné à recevoir les mises des joueurs.***

BUT DU JEU

Gagner de l'argent en misant sur une ou plusieurs cases de la table.

CHANCES

L'intérêt de la roulette réside principalement dans la variété des paris, ou « chances ». Chaque chance implique un risque plus ou moins grand, et donc une espérance de gain plus ou moins élevée. L'argent misé est définitivement acquis au

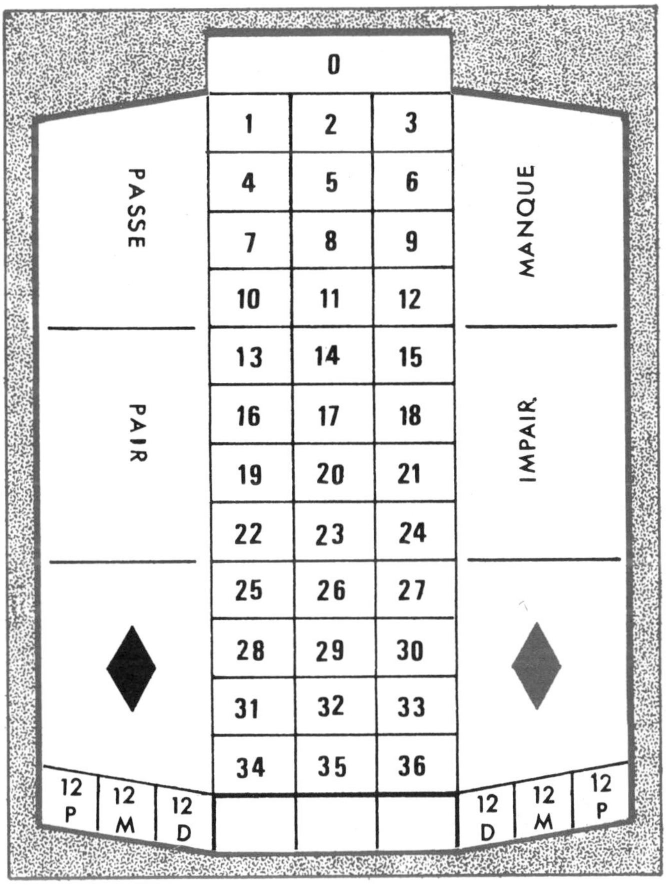

	0		
PASSE	1	2	3	MANQUE
	4	5	6	
	7	8	9	
	10	11	12	
PAIR	13	14	15	IMPAIR
	16	17	18	
	19	20	21	
	22	23	24	
	25	26	27	
	28	29	30	
	31	32	33	
	34	35	36	
12 P · 12 M · 12 D				12 D · 12 M · 12 P

La table de la Roulette : 36 numéros rangés sur 3 colonnes et, sur les bandes latérales, les cases des chances simples

casino. Par exemple, si un numéro gagnant rapporte 36 jetons pour 1 jeton misé, le rapport réel ne sera que de 35 pour 1, puisque la mise initiale reste acquise au casino.

Les chances se classent en deux catégories : les **chances simples** et les **chances multiples**.

Les chances simples

Tous ces paris permettent, si la chance sort au tirage, de doubler la mise initiale. Les sommes misées sont déposées sur les bandes du tapis de jeu.

Noir ou Rouge : c'est un pari sur la couleur du numéro qui va sortir. Sur les 37 cases de la roulette, il y a 18 numéros noirs et 18 rouges. Les jetons misés seront placés dans les cases marquées d'un losange rouge ou noir, de part et d'autre du tableau.

Pair ou Impair : le zéro n'est ni pair ni impair. Il y a donc, sur la roulette, 18 numéros pairs et 18 numéros impairs. Les jetons misés sont placés sur les cases correspondantes, de part et d'autre du tableau. Si un numéro pair est tiré, la chance Pair est gagnante, et inversement.

Passe ou Manque : jouer Manque signifie qu'on parie sur la sortie d'un numéro compris entre 1 et 18. Jouer Passe signifie qu'on espère la sortie d'un gros numéro, compris entre 19 et 36. Les paris sont déposés sur les cases latérales correspondantes.

Il est possible de combiner deux chances simples voisinant sur la table, en déposant sa mise à cheval sur la ligne séparant leurs cases respectives.

Exemple : imaginons qu'un joueur ait misé un jeton à cheval sur Impair et Rouge. Si le 7 sort, à la fois impair et rouge, le joueur gagne 1 jeton, comme s'il avait misé sur une seule chance simple. Si le 14 sort, rouge mais pair, le joueur se contente de récupérer sa mise, sans rien gagner. La mise ne sera perdue que si un numéro pair et noir vient à sortir.

Le cas du zéro : le zéro n'appartient à aucune des chances décrites ci-dessus. S'il sort au tirage, la mise n'est toutefois pas perdue, mais « mise en prison » à cheval sur la ligne séparant la chance jouée du bord de la table. Le joueur peut éventuellement demander au croupier de faire passer sa mise captive sur la chance opposée (Noir au lieu de Rouge, Pair au lieu d'Impair...). Dans ce cas, au coup suivant, si la mise est perdante, le croupier la ramasse. Si elle est gagnante, il la rend à son propriétaire, qui n'a rien gagné.

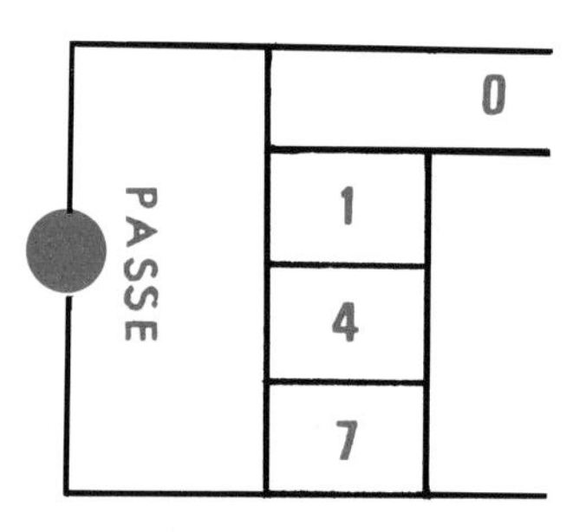

Une mise en prison

Les chances multiples

Ce terme désigne tous les autres paris. Leur rapport varie selon le nombre de numéros joués à chaque coup.

Un numéro : la mise est placée « en plein », c'est-à-dire sur un seul numéro du tableau. Si ce numéro sort, on récupère trente-six fois la mise initiale, soit un rapport de 35 pour 1.

Deux numéros : la mise est placée « à cheval » sur la ligne séparant deux numéros. Si l'un des deux sort au tirage, on touche dix-huit fois la mise, soit un rapport de 17 pour 1.

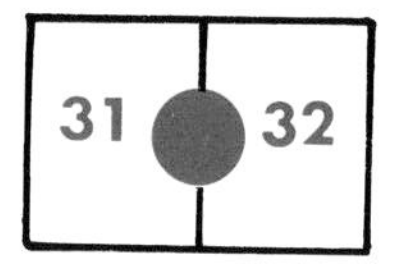

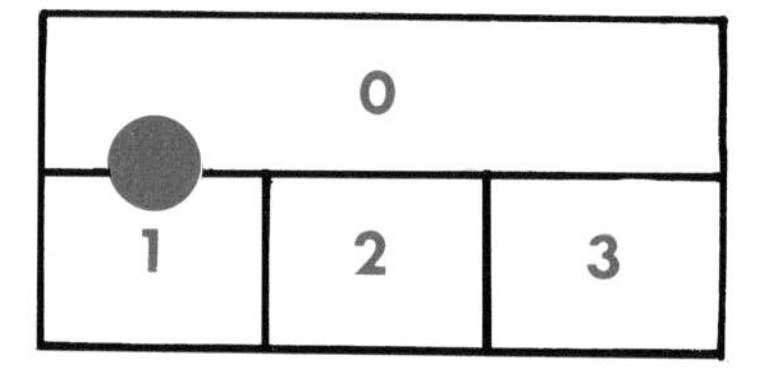

Numéros « à cheval »

Trois numéros : on peut miser trois numéros à la fois en plaçant la mise à cheval sur l'extrémité de la rangée horizontale formée par trois numéros contigus. Ce type de combinaison forme une « transversale ».

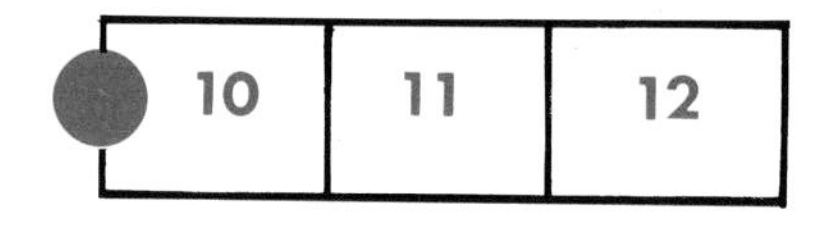

Transversale 10-11-12

L'association du zéro avec deux numéros voisins constitue également une transversale.

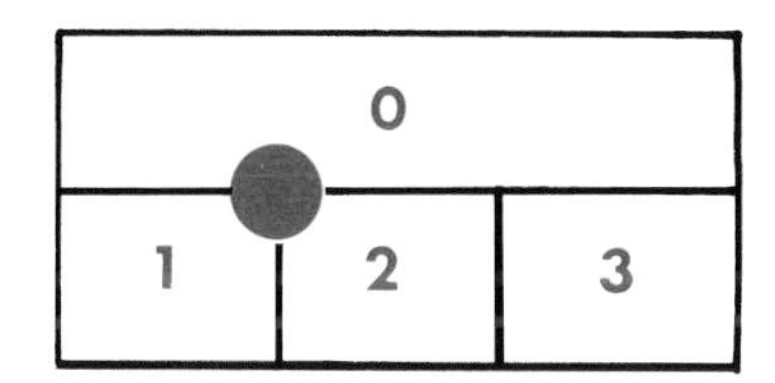

Association du zéro avec deux numéros voisins

Si l'un de ses numéros sort au tirage, la transversale rapporte douze fois la mise initiale, soit un bénéfice de 11 jetons pour 1 joué.

Quatre numéros : ce pari, nommé « carré », permet de miser sur quatre numéros contigus. La mise est placée sur l'angle commun aux quatre cases correspondantes.

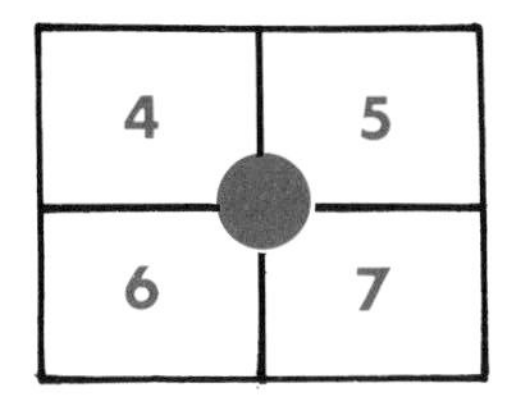

Un carré

On peut jouer un carré incluant le zéro, en déposant sa mise au bout de la rangée transversale 1-2-3, mais à cheval sur la case du zéro.

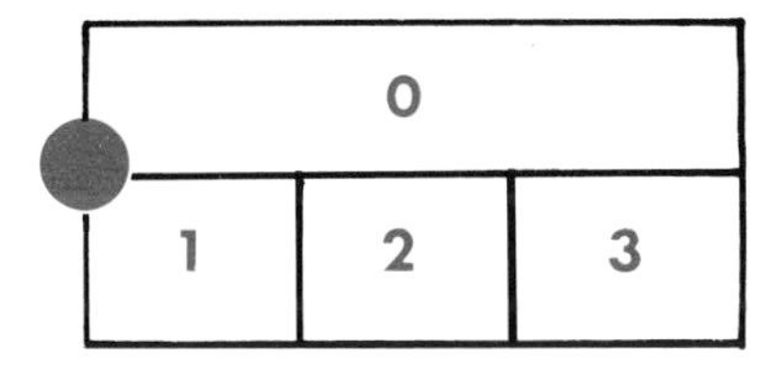

Si l'un des numéros choisis sort, le joueur récupère neuf fois sa mise, soit un bénéfice de 8 pour 1.

Six numéros : on peut jouer six numéros en associant deux transversales voisines. Cette combinaison se nomme le « sixain ». La mise est placée en bout de rangée, à cheval sur les deux transversales.

Un sixain gagnant permet de récupérer six fois la mise initiale, soit un rapport de 5 pour 1.

Douze numéros : il existe deux types de combinaisons à douze numéros : les « colonnes » et les « douzaines ».

Les colonnes sont désignées par leur numéro le plus élevé, situé à leur base : colonne 34, colonne 35 et colonne 36. Les mises sont déposées sous la colonne choisie, dans les cases vides prévues à cet effet. Lorsqu'un numéro de la colonne est tiré, la combinaison est gagnante.

Les 36 numéros sont d'autre part classés en trois douzaines, 1 à 12, soit *12 premiers*, 13 à 24, soit *12 milieu*, et 25 à 36 soit *12 derniers*. La mise est placée sur une case 12 P, 12 M ou 12 D, selon la douzaine choisie. Toute combinaison incluant le numéro sortant est gagnante.

Une combinaison à douze numéros rapporte trois fois la mise initiale. Le gain est de 2 unités pour 1 misée.

Vingt-quatre numéros : on peut combiner vingt-quatre numéros en pariant sur deux colonnes ou deux douzaines « à cheval ». La mise est déposée à cheval sur la ligne séparant les deux cases correspondantes. Si la combinaison est gagnante, on récupère une fois et demie la mise jouée. Le bénéfice est égal à la moitié de cette mise. On ne pourra donc parier qu'un nombre pair de jetons.

TABLEAU DES CHANCES DE LA ROULETTE

Combinaison	Probabilité de sortie	Bénéfice possible (« m » étant la mise)
Rouge ou Noir	18/37	1 m
Pair ou Impair	18/37	1 m
Passe ou Manque	18/37	1 m
Numéro plein	1/37	35 m
Cheval	2/37	17 m
Transversale	3/37	11 m
Carré	4/37	8 m
Sixain	6/37	5 m
Douzaine ou colonne	12/37	2 m
Douzaines ou colonnes à cheval	24/37	1/2 m

RÉGLEMENTATION DU CASINO

Pour chaque jeu, le casino fixe une mise minimale. Pour éviter d'être mis en difficulté par un joueur trop chanceux, il doit déterminer pour chaque type de pari une mise maximale, qui varie de trente fois la mise initiale pour les numéros « en plein » à deux mille fois cette mise pour les paris sur vingt-quatre numéros. Cette mise maximale est calculée de manière que son produit par le rapport escompté soit à peu près constant, quel que soit le type de pari.

Exemple : pour une mise minimale « m »

1 numéro, mise maxi : 30 m ; rapport : 35 ; gain : 1 050 m.

24 numéros, mise maxi : 2 000 m ; rapport : 0,5 ; gain : 1 000 m.

Déroulement de la partie

L'un des quatre croupiers, le « bouleur » (ou « tourneur »), met en mouvement la roulette en actionnant la poignée cruciforme qui la surmonte. Il lance alors la petite boule d'ivoire dans le sens inverse du mouvement donné, sur la cuvette fixe qui entoure le cylindre, et annonce « Faites vos jeux ! ». Les joueurs déposent leurs mises sur la table. Lorsque la boule, ralentissant légèrement sa course, commence à descendre vers le cylindre, le croupier annonce « Rien ne va plus ! ». Il est dorénavant interdit de miser. La boule continue de descendre, heurte les obstacles de cuivre, rebondit plusieurs fois sur les cases du disque en mouvement, et termine sa course logée dans l'une de ces cases, celle du numéro gagnant. Le croupier annonce ce numéro, et les chances simples auxquelles il correspond.

Par exemple, si la bille s'est fixée sur le 32, il annonce « 32, Rouge, Pair et Passe ».

Un marqueur est généralement placé sur la case du numéro sortant. Un croupier (celui qui est assis du côté impair de la bande si un numéro pair est sorti, et inversement) « fait le tableau ». Cette opération consiste à retirer de la table toutes les mises perdantes. Pendant ce temps, le croupier qui lui fait face prépare les sommes à payer, qu'il pousse avec un râteau vers les joueurs gagnants. Lorsque tous les paiements sont effectués, le coup suivant peut débuter.

Le joueur peut quitter la table à n'importe quel moment, pour s'installer à une autre table de Roulette, ou d'un autre jeu. Pendant toute la durée du coup, le chef de table veille à la bonne disposition des jetons sur la table, afin d'éviter tout litige. Le quatrième croupier, assis en bout de table, sert d'intermédiaire pour placer les mises des clients qui ne peuvent atteindre eux-mêmes les cases souhaitées. Lorsqu'un joueur confie ainsi sa mise au croupier, il doit annoncer son pari explicitement. On désigne ainsi une combinaison par son plus petit et son plus grand numéro (« Cheval 5-6 », « Sixain 13-18 », etc.).

Méthodes de jeu

Il existe, à la Roulette, une grande variété de mises possibles, que l'on peut combiner de différentes manières. Les parieurs ont de ce fait à leur disposition des méthodes de jeu classiques, codifiées, auxquelles ils peuvent ajouter leurs propres inventions. Certains jouent donc en suivant une certaine stratégie pour lutter contre le hasard. Cette caractéristique fait de la Roulette un jeu très riche en émotions, parfois l'objet d'une véritable fascination. Mais existe-t-il vraiment une « recette » permettant de gagner infailliblement ? Les lois de probabilités ne sont que théoriques, et les savants calculs basés sur l'observation des coups précédents n'ont en fait qu'une valeur psychologique...

Les combinaisons par zone du cylindre : il est possible d'associer dans un même pari plusieurs chances, dont les numéros appartiennent tous à la même zone du cylindre.

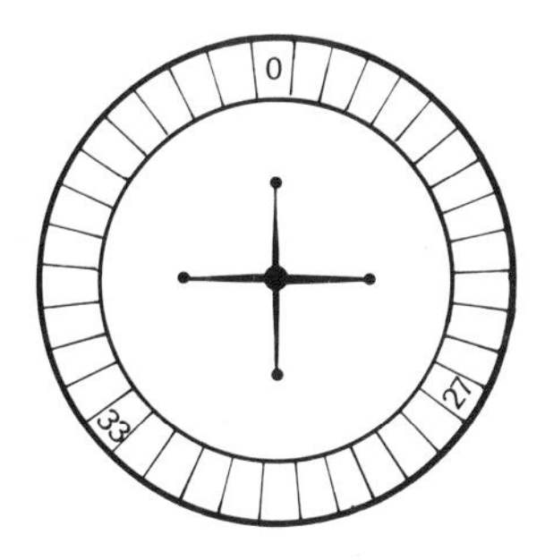

Subdivisions du cylindre

Les voisins du zéro : c'est l'une des subdivisions les plus couramment jouées. Elle groupe dix-sept numéros : 0.2.3.4. 7.12.15.18.19.21.22.25.26.28.29.32.35.

Les voisins du zéro se jouent en 9 jetons, 1 jeton sur cinq chevaux, 2 jetons sur une transversale, et 2 jetons sur un carré. Cela permet de donner à ces deux dernières combinaisons une espérance de gain équivalente à celle des chevaux.

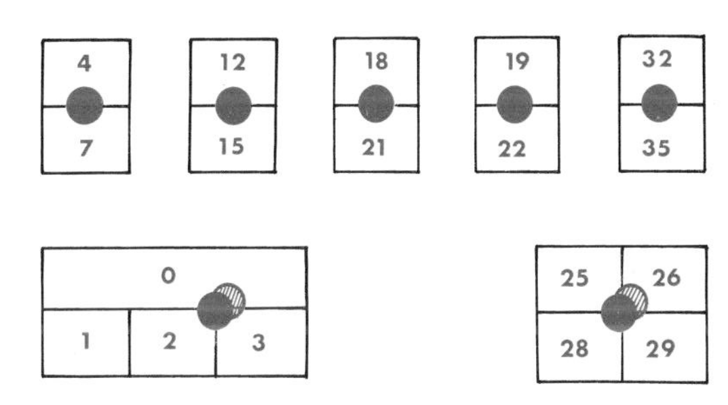

Cette combinaison a l'avantage de couvrir une partie importante du cylindre, avec un minimum de jetons. Elle offre une répartition équilibrée des mises engagées sur le tableau, ce qui donne au joueur l'illusion de pouvoir se « défendre » contre le casino.

Le tiers du cylindre : cette combinaison associe douze numéros : 5.8.10. 11.13.16.23.24.27.30.33.36.

Ces numéros sont joués en 6 « chevaux ».

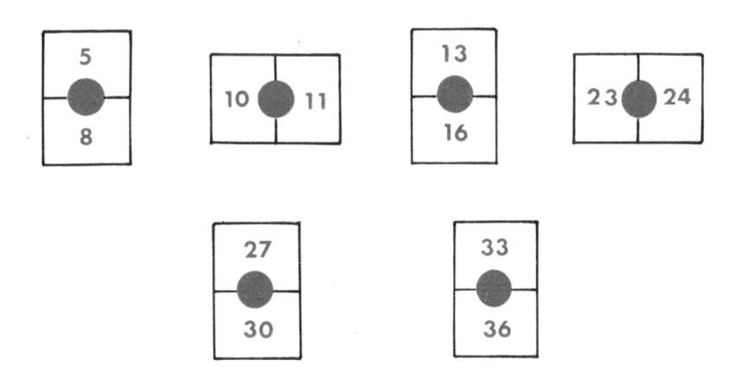

6 jetons suffisent pour jouer le tiers du cylindre, mais il est possible, pour obtenir un rapport supérieur, de jouer chacun des douze numéros « en plein ». Il faudra annoncer, si l'on mise par l'intermédiaire du croupier, « Le tiers en plein ». Le tiers

du cylindre présente les mêmes avantages que les voisins du zéro.

Les isolés (ou orphelins) : c'est une combinaison regroupant tous les numéros n'appartenant pas aux deux précédentes : 1.6.9.14.17.20.31.34.

On joue les isolés avec 5 jetons, le 1 étant « en plein », et les autres numéros joués en « chevaux ». On notera que le 17 appartient à deux chevaux différents, ce qui équivaut à un plein.

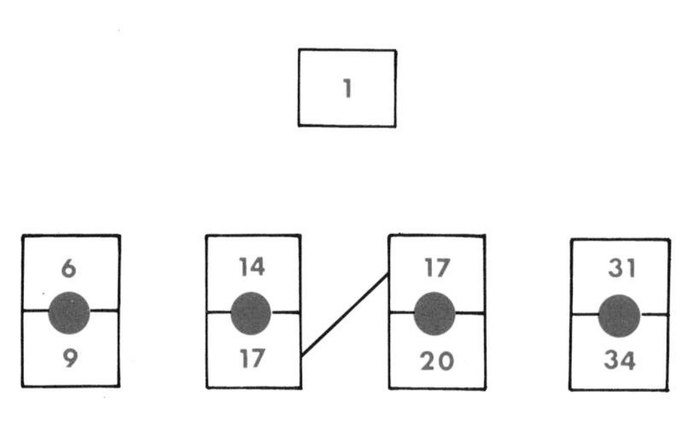

L'intérêt principal des isolés est qu'ils sont répartis sur deux zones différentes du cylindre.

Les voisins : il arrive parfois que plusieurs tirages successifs privilégient une zone précise du cylindre. Ce sont, par exemple, tous les proches voisins du 15 qui sortent pendant six coups. Ce genre de séries peut inciter le joueur à se concentrer intuitivement sur la zone d'un numéro et de ses voisins. Pour faciliter ce type de jeu, il existe un « tableau des voisins ».

Tous les numéros sont, du 0 au 36, rangés sur la colonne centrale. Par ordre d'éloignement croissant, de part et d'autre, figurent leurs voisins de gauche ou de droite, sur le cylindre.

Lorsque l'on désire jouer de cette manière en passant par l'intermédiaire du croupier, on lui annonce, par exemple, « 2 et ses trois voisins de chaque côté ». Le croupier, qui connaît par cœur l'ordre des numéros du cylindre, placera les mises sur 19.4.21.2.25.17.34. Si l'on préfère miser soi-même, il vaut mieux se munir du tableau, car le cylindre étant presque tout le temps en mouvement, il est difficile de lire les séries de numéros voisins.

LE TABLEAU DES VOISINS

12	35	3	26	**0**	32	15	19	4
5	24	16	33	**1**	20	14	31	9
15	19	4	21	**2**	25	17	34	6
7	28	12	35	**3**	26	0	32	15
0	32	15	19	**4**	21	2	25	17
30	8	23	10	**5**	24	16	33	1
2	25	17	34	**6**	27	13	36	11
9	22	18	29	**7**	28	12	35	3
13	36	11	30	**8**	23	10	5	24
1	20	14	31	**9**	22	18	29	7
11	30	8	23	**10**	5	24	16	33
6	27	13	36	**11**	30	8	23	10
18	29	7	28	**12**	35	3	26	0
17	34	6	27	**13**	36	11	30	8
16	33	1	20	**14**	31	9	22	18
3	26	0	32	**15**	19	4	21	2
23	10	5	24	**16**	33	1	20	14
4	21	2	25	**17**	34	6	27	13
14	31	9	22	**18**	29	7	28	12
26	0	32	15	**19**	4	21	2	25
24	16	33	1	**20**	14	31	9	22
32	15	19	4	**21**	2	25	17	34
20	14	31	9	**22**	18	29	7	28
36	11	30	8	**23**	10	5	24	16
8	23	10	5	**24**	16	33	1	20
19	4	21	2	**25**	17	34	6	27
28	12	35	3	**26**	0	32	15	19
25	17	34	6	**27**	13	36	11	30
22	18	29	7	**28**	12	35	3	26
31	9	22	18	**29**	7	28	12	35
27	13	36	11	**30**	8	23	10	5
33	1	20	14	**31**	9	22	18	29
35	3	26	0	**32**	15	19	4	21
10	5	24	16	**33**	1	20	14	31
21	2	25	17	**34**	6	27	13	36
29	7	28	12	**35**	3	26	0	32
34	6	27	13	**36**	11	30	8	23

Les finales : ces combinaisons ne sont pas basées sur les zones du cylindre. Jouer une finale, c'est jouer tous les numéros qui se terminent par le même chiffre. Ainsi, la finale 2 sera : 2.12.22.32. Le nombre de jetons à jouer varie selon les finales. Il est nécessaire de bien le connaître avant de faire son annonce au croupier. De 0 à 6, 4 jetons suffisent, mais, de 7 à 9, il n'en faut que 3, puisque le 37, le 38 et le 39 n'existent pas. En jouant des « chevaux », on peut combiner deux par deux certaines finales. Cela se nomme les « finales à cheval ».

Exemple : « finale 1-4 » (4 jetons)

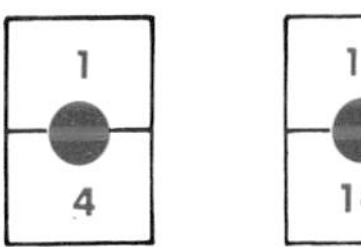

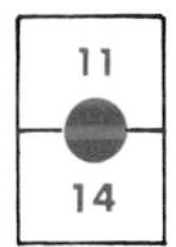

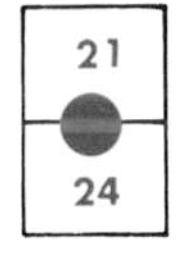

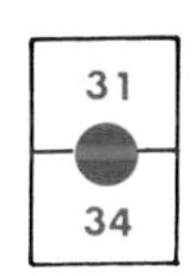

Exemple : « finale 5-8 » (3 jetons)

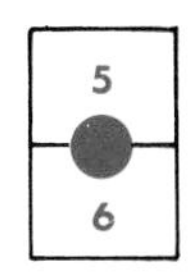

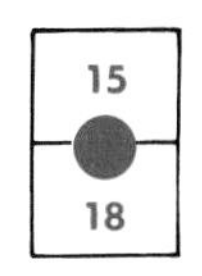

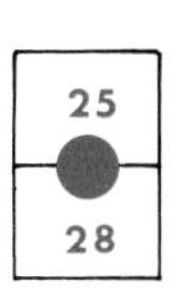

Les chevaux joués étant placés verticalement, on appelle ce type de jeu « finale verticale ».

D'autres finales à cheval sont dites « horizontales », car les chevaux sont orientés horizontalement.

Exemple : « finale 1-2 »

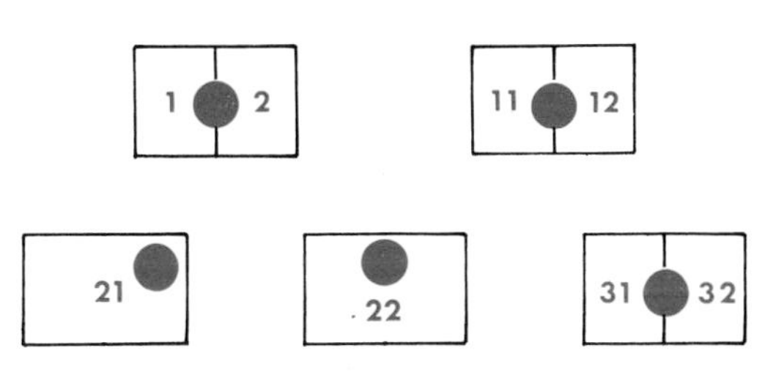

Cette finale nécessite 5 jetons, car le 21 et le 22 sont séparés sur le tableau.

Il est bon de savoir que la finale 0-2 n'est jamais demandée. En effet, le cheval 0-2 étant le seul possible, il faudrait 7 jetons pour la réaliser, ce qui n'est guère intéressant.

La finale et ses chevaux : afin d'obtenir un rapport plus important, il est fréquent de voir un joueur miser en plein sur les numéros de la finale, et d'ajouter les chevaux attenants à chaque numéro.

Exemple : « finale 5 et ses chevaux »

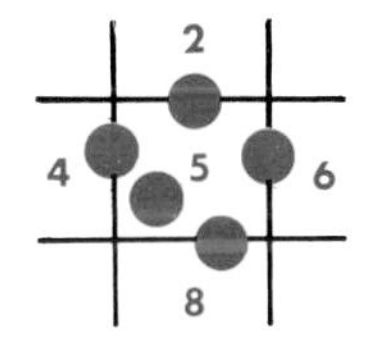

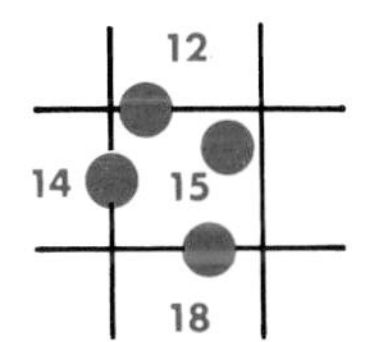

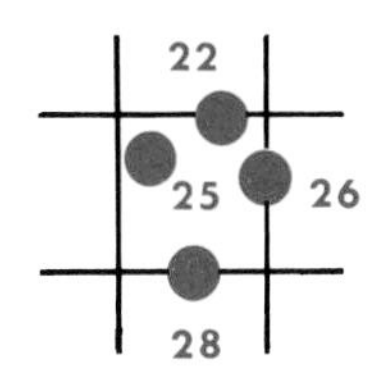

Un minimum de 13 jetons est nécessaire, mais, en contrepartie, la combinaison peut se révéler très fructueuse.

STRATÉGIE

Certains joueurs essaient de miser avec « logique », afin de se rassurer dans la lutte forcément inégale qu'ils mènent contre le sort. Pour ce faire, ils adoptent un jeu régulier et construit.

La Gagnante (ou Sortante) : lorsqu'une chance simple vient de gagner, certains joueurs misent systématiquement sur elle au coup suivant. Ils partent du principe que les chances opposées sortent rarement en alternance (par exemple : Pair puis Impair) et parient sur la sortie en série d'une même chance.

La Perdante : le raisonnement contraire conduit certains joueurs à miser automatiquement sur la chance qui vient de perdre.

Les nombres « en sommeil » : il arrive que certains numéros ne sortent pas pendant très longtemps. On est alors en droit de s'attendre à leur sortie imminente, ce qui conduit à miser sur eux. On peut également jouer une finale dont les numéros sont depuis un certain temps en sommeil.

Les Séries : ce type de jeu consiste à jouer plusieurs fois de suite la même chance simple, si l'on a remarqué au cours du jeu que les chances avaient tendance à sortir plusieurs fois d'affilée.

L'Alternante : on joue systématiquement une chance puis son opposée. Par exemple, Noir, Rouge, Noir, Rouge, etc.

La Tournante : ce jeu consiste à jouer l'une après l'autre toutes les chances simples en tournant autour du tableau. Par exemple : Manque, puis Impair, Rouge, Noir, Pair, Passe, etc. Bien entendu, rien n'interdit de tourner dans l'autre sens !

Les Systèmes : en se basant sur l'observation des coups antérieurs, on peut mettre au point un rythme de jeu immuable. Par exemple, trois coups sur Impair, un coup sur Noir, deux coups sur Passe, puis à nouveau trois coups sur Impair, etc. On peut également construire des systèmes à partir de chances multiples, en jouant par exemple toujours les mêmes carrés, les mêmes sixains, les uns après les autres.

La Montante : ce type de jeu est assez séduisant. Il consiste à jouer toujours la même chance simple, en augmentant sa mise chaque fois que l'on perd. Dès que l'on gagne, on récupère ainsi sa mise et les précédentes. La « Martingale » est la plus populaire des montantes. Le joueur choisit une chance simple et une mise de base. S'il perd, il double sa mise de base et recommence. S'il perd encore, il double à nouveau sa mise, et ainsi de suite. Dès qu'il gagne, il récupère d'un coup toutes les mises engagées, et fait un léger bénéfice.

Exemple :

Coup	Mise	Résultat	Bénéfice
1	1	perdu	−1
2	2	perdu	−2
3	4	perdu	−4
4	8	gagné	+8

Le bénéfice global est +1

Si le joueur pouvait augmenter sa mise indéfiniment, il serait en théorie toujours gagnant. Hélas, cela est impossible puisqu'il existe une mise maximale fixée par le casino. Psychologiquement, il est donc assez difficile de perdre plusieurs fois de suite, puisque, au bout d'un certain nombre de coups, l'espoir de récupérer les jetons engagés s'amenuise avec l'approche de la mise limite. La Montante de d'Alembert est une variante de la Martingale. Elle consiste à jouer dès le départ un certain nombre de jetons. Cette mise de base est augmentée de 1 jeton à chaque coup perdant, et diminuée de 1 jeton à chaque coup gagnant.

La Montante en plein : cette montante part du principe qu'un numéro gagnant rapporte trente-cinq fois la mise jouée, lorsqu'il est joué « en plein ». On choisit donc un numéro et une mise de base, qu'on rejoue systématiquement pendant au moins 34 coups. Si l'on n'a toujours pas gagné, on recommence en doublant la mise, pendant 34 nouveaux coups. Si l'on a tout perdu, en recommence une nouvelle série, en jouant trois fois la mise initiale... et ainsi de suite jusqu'à ce que le numéro sorte. On récupère ainsi les mises précédentes, plus un bénéfice. Évidemment, plus le numéro tarde à sortir, plus le bénéfice est faible en comparaison de la somme jouée.

La Roulette américaine

La Roulette américaine, voisine de la Roulette classique, en diffère principalement par le nombre de numéros figurant sur le cylindre : 38 numéros, dont un zéro et un double zéro. L'existence du double zéro diminue légèrement les rapports, et la Roulette américaine, étant de ce fait considérée comme peu lucrative, est peu prisée.

Les numéros sont de la même couleur, mais leur ordre sur le cylindre est différent. La table de jeu est asymétrique, toutes les chances simples étant disposées sur un seul côté du tableau central. En Grande-Bretagne, on utilise la roulette à 36 numéros, mais la table, asymétrique, s'inspire du modèle américain.

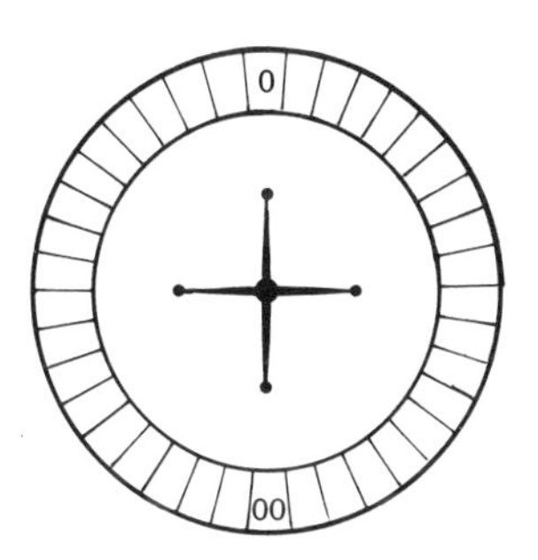

00	3	6	9	12	15	18	21	24	27	30	33	36	2 to 1
	2	5	8	11	14	17	20	23	26	29	32	35	2 to 1
0	1	4	7	10	13	16	19	22	25	28	31	34	2 to 1
	1st dozen				2nd dozen				3rd dozen				
	1 - 18		EVEN		◆				1 - 19		ODD		

Table de Roulette américaine

La Boule

La Boule est le plus accessible des jeux de casino. A la différence de la Roulette, elle ne nécessite aucune initiation préalable. En effet, le nombre réduit de numéros limite l'éventail des combinaisons possibles, ce qui n'autorise guère la mise au point de stratégies élaborées.

Un jeu très rapide, des enjeux relativement limités et un abord moins intimidant que celui de la Roulette confèrent à la Boule une grande popularité, particulièrement auprès des néophytes.

- ***Nombre de joueurs : illimité***
- ***Durée du coup : moins de 5 mn***

MATÉRIEL

Une table pour le tirage, une ou plusieurs tables de mise, des jetons.

La table de tirage : ***au centre d'une grande table carrée se trouve une large cuvette fixe de 1,50 mètre de diamètre, dont le fond est légèrement incurvé. Au centre de cette cuvette sont disposées en cercle un certain nombre de cases légèrement creusées. Chaque case porte un numéro entre 1 et 9. Le nombre de cases varie d'un casino à l'autre : 9 cases (une par numéro), 18 cases (chaque numéro disposant de 2 cases diamétralement opposées), ou même 36 cases (deux anneaux concentriques de 18 cases). La variation du nombre de cases n'influe aucunement sur le jeu, puisque la probabilité de tirage de chaque numéro reste constante : 1 sur 9.***

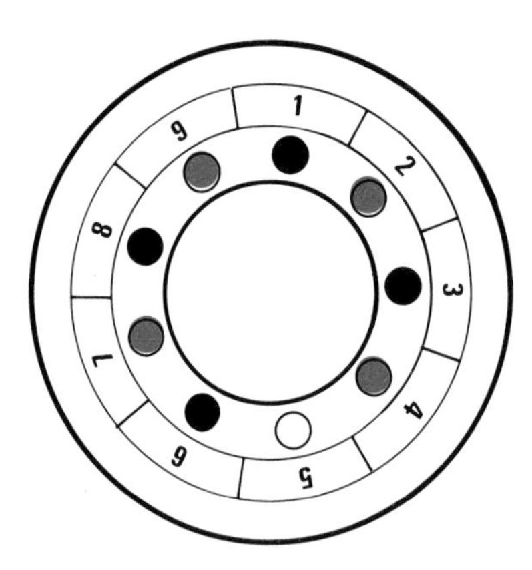

Boule à 9 trous

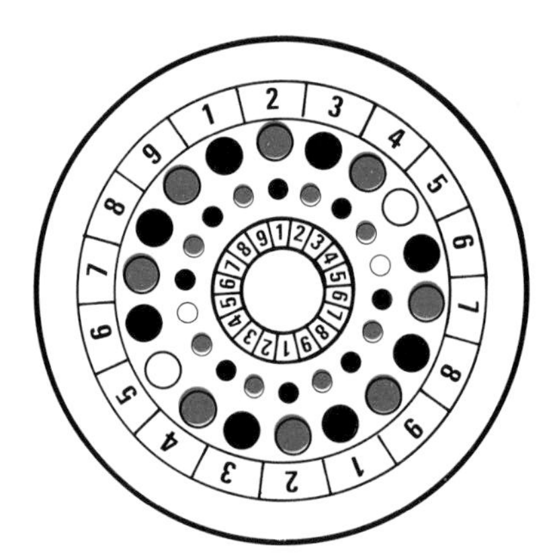
Boule à 36 trous

Les numéros sont disposés dans l'ordre croissant, et sont alternativement rouges et noirs, à l'exception du 5, qui est blanc. Un croupier, le « bouleur », dont la fonction est de lancer la boule, se tient en permanence devant cette table.

La table de mise : ***les joueurs, assis ou debout, se tiennent autour de cette table dont un côté est accolé à la table de tirage. Sur le tapis vert qui la recouvre est dessiné un tableau divisé en 15 cases : 1 case par numéro, 1 case marquée d'un losange rouge, 1 case marquée d'un losange noir et 4 cases marquées respectivement Manque, Passe, Impair et Pair. Les numéros sont de la même couleur que sur la cuvette de tirage. Autour de cette dernière, on peut trouver de une à trois tables de mise. A chacune est affecté un croupier chargé de surveiller la régularité des paris et de payer les joueurs gagnants.***

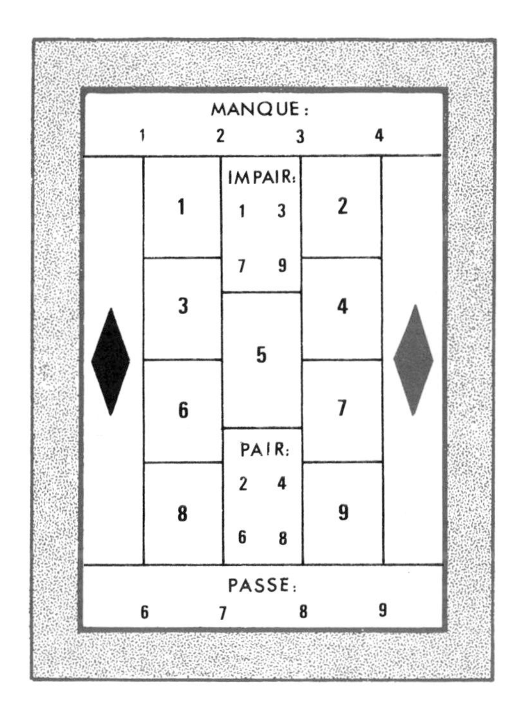

La table de mise

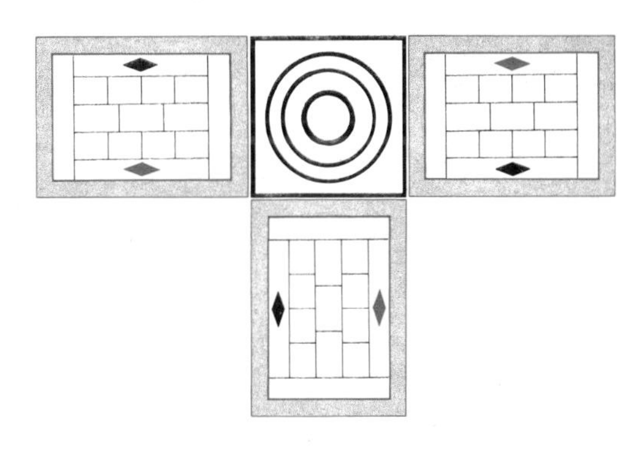

Trois tables de mise
autour de la table de tirage

BUT DU JEU

Gagner de l'argent en pariant sur la sortie aléatoire d'un ou de plusieurs numéros.

CHANCES

Ce terme désigne les façons de parier offertes aux clients du casino. On distingue les **numéros pleins** et les **chances simples**.

Les numéros pleins

On mise sur la sortie d'un seul numéro, en déposant ses jetons sur la case qui lui est attribuée. Il est impossible de miser à cheval sur deux numéros. En cas de tirage gagnant, le numéro plein rapporte sept fois la mise initiale, mise dont le joueur conserve la propriété. Par exemple, si 10 F ont été joués sur le 3 et si ce numéro est sorti, le joueur récupère sa mise et fait un bénéfice de 70 F. Lorsqu'un numéro est perdant, la mise est ramassée par le croupier.

Les chances simples

Les chances simples présentent un risque plus limité, puisqu'elles permettent de miser sur plusieurs numéros à la fois. Le 5 joue un rôle équivalent à celui du 0 de la Roulette. Il n'appartient à aucune chance simple. S'il sort, toutes seront perdantes. Le 5 sera payé comme les autres numéros.

Pair et Impair : Pair réunit le 2, le 4, le 6 et le 8. Impair réunit le 1, le 3, le 7 et le 9. Sur le tableau de mise, ces deux chances sont placées de part et d'autre de la case 5.

Passe et Manque : les quatre premiers numéros sont Manque (1, 2, 3 et 4) et les quatre derniers sont Passe (6, 7, 8 et 9). Les cases Manque et Passe sont disposées sur deux bords opposés du tableau (en haut et en bas).

Noir et Rouge : les numéros appartiennent à l'une ou l'autre de ces chances, selon leur couleur sur la cuvette de tirage. 1, 3, 6 et 8 sont Rouges, tandis que 2, 4, 7 et 9 sont Noirs. Les cases correspondantes sont disposées sur deux bords opposés du tableau.

Pour éviter les confusions, les numéros concernés sont rappelés dans les cases Manque, Passe, Impair et Pair. Cette précaution est inutile pour Noir et Rouge, ces chances étant accolées aux cases des numéros correspondants. Les chances simples sont payées, lorsqu'elles sont gagnantes, à égalité avec la mise jouée. Par exemple, si 10 F ont été misés sur Pair, et que le 8 soit sorti, le joueur récupère sa mise et fait un bénéfice de 10 F.

RÉGLEMENTATION DU CASINO

Comme pour tous les jeux de hasard, chaque casino est tenu de fixer une mise minimale. Cette mise est nettement inférieure à celle de la Roulette. Afin d'éviter d'être mis en difficulté par des joueurs trop chanceux, l'établissement fixe également, selon le type de pari, une mise maximale. Ce maximum, variable d'un casino à l'autre, est en général cinq fois plus élevé pour les chances simples que pour les numéros pleins. En effet, ces derniers sont d'un rapport plus important, donc plus « dangereux ».

RÈGLES

Déroulement de la partie

La Boule étant un jeu simple, les coups se succèdent rapidement. La plupart des joueurs restent debout autour de la table de mise, ce qui leur permet de miser ou de se retirer du jeu quand bon leur semble.

Déroulement d'un coup : le croupier bouleur annonce « Faites vos jeux ». Les joueurs déposent eux-mêmes leurs mises sur le tapis. Lorsque le croupier juge le tableau suffisamment garni, il lance la boule de caoutchouc sur le bord de la cuvette, en changeant de sens à chaque coup. Lorsque la boule commence à ralentir sa course, il annonce « Rien ne va plus ». Il est dès lors interdit de miser. La boule roule sur plusieurs cases numérotées, avant de s'immobiliser sur celle du numéro sortant. Le croupier annonce ce numéro, puis les chances simples auxquelles il appartient. Par exemple, si le 6 est sorti : « 6, Noir, Pair et Passe ». Le croupier assis à la table de mise « fait le tableau », en ôtant les mises perdantes de la table au moyen d'un long râteau à manche souple. Il laisse les mises gagnantes en place, et peut alors procéder au paiement. Les chances simples sont payées avant les numéros pleins. Dans chaque catégorie, le croupier paye les mises les plus éloignées de sa place avant les plus proches, et les plus petites mises avant les grandes.

Le paiement des mises ne s'effectue pas au moyen du râteau, mais en lançant les jetons en direction du gagnant, à plat afin qu'ils ne roulent pas. Cette façon de procéder s'appelle « crouper », terme duquel dérive le mot croupier.

Exemple de paiement : lorsque le croupier annonce « Rien ne va plus », l'état du tableau est le suivant :

Le 6 sort. Le croupier annonce « 6, Noir, Pair et Passe ». Le croupier de table ramasse les mises perdantes :

10 F	sur	Manque
5 F	sur	Rouge
10 F	sur le	3
5 F	sur le	9
10 F	sur le	4

Il peut alors procéder aux paiements, qu'il annonce à haute voix, dans l'ordre suivant :

« 5 pour 5, 10 pour 10 à Passe »
« 10 pour 10 à Pair »
« 3 pour 3, 10 pour 10 à Noir »
« 14 pour 2, 70 pour 10 au 6 »

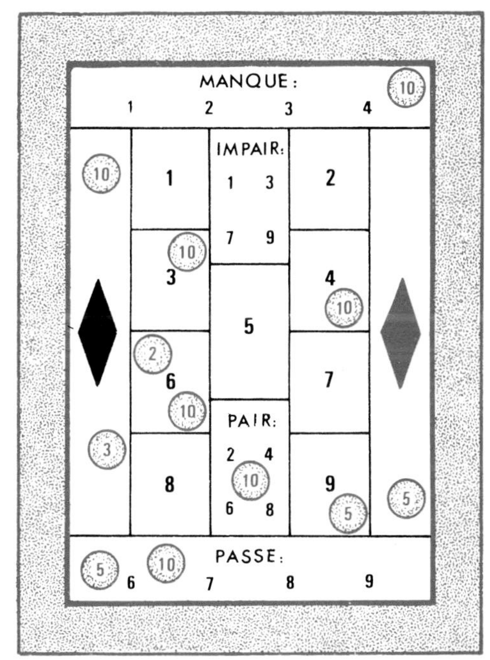

Exemple de paiement

LES ORPHELINS

L'important va-et-vient autour de la table rend parfois difficile l'identification précise des joueurs. Il arrive qu'un gagnant ait provisoirement quitté la table de jeu, ou soit masqué par un autre joueur. Le croupier annoncera alors, si le cas se présente, par exemple ci-dessus : « Les 2 F du 6 ? ». Si personne ne répond, la mise et son paiement seront « orphelins ». L'argent sera versé à une œuvre de bienfaisance, les « Orphelins de France».

Fin du coup

Dès que les joueurs ont ramassé leurs gains, le bouleur s'empare à nouveau de la boule de caoutchouc et annonce « Faites vos jeux ». C'est le début du coup suivant.

STRATÉGIE

La simplicité du jeu a pour corollaire une stratégie peu développée. On conseille en général de jouer plusieurs numéros à la fois (pas plus de quatre). Si l'un d'entre eux sort, on peut rejouer au coup suivant, tout en restant bénéficiaire. Le choix des numéros à jouer sera purement intuitif. Il sera souvent basé sur l'observation des coups antérieurs. On aura, par exemple, tendance à jouer un numéro ou une couleur parce qu'ils ne sont pas sortis depuis plusieurs coups, et que statistiquement ils risquent de réapparaître. Au contraire, on pourra jouer un numéro ou une couleur étant sortis plusieurs fois de suite, en espérant que la série va se prolonger. Soulignons toutefois que chaque coup est totalement indépendant des autres, et que de tels raisonnements n'ont qu'une valeur psychologique.

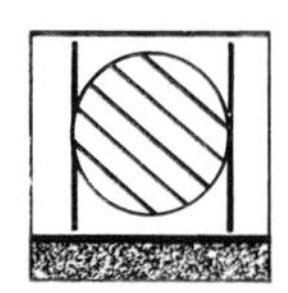

Le Vingt-Trois

Le Vingt-Trois, création française, est d'apparition récente, mais reste beaucoup moins pratiqué que la Roulette et la Boule. Il tient de la première par son cylindre tournant, et de la seconde par la simplicité des paris.

- ***Nombre de joueurs : illimité***
- ***Durée du coup : 5 mn***

MATÉRIEL

Deux éléments distincts composent l'équipement du Vingt-Trois : le cylindre de tirage et la table de mise où sont joués des jetons.

Le cylindre : ***une grande roue mobile comportant 14 numéros différents est enfermée sous une cloche transparente. Il y a au total 27 cases, car ses numéros sont répétés un nombre variable de fois. 1 et 3 (rouges), 2 et 4 (noirs) ne sont présents qu'une seule fois. 5, 6, 7, 8, 9, 10 et 11 possèdent chacun une case noire et une case rouge. 12, 13 et 14 sont alternativement noirs, rouges et blancs. Le cylindre est actionné par un système mécanique, et la boule est lancée automatiquement, afin de réduire autant que possible l'intervention humaine.***

La table de jeu : ***sur le tapis vert figure un tableau à 27 cases. Chaque numéro y est présent autant de fois que sur le cylindre, et sa couleur est rappelée. Des deux côtés du tableau se trouvent les bandes réservées aux couleurs « Noir » et « Rouge », marquées d'un losange de la couleur.***

BUT DU JEU

Gagner de l'argent en risquant une mise sur un ou plusieurs numéros, dont la sortie est déterminée par tirage au sort.

CHANCES

Il n'existe que deux manières de jouer : miser sur les numéros pleins, ou sur les chances simples.

Les numéros pleins

Jouer un numéro en plein, c'est déposer sa mise sur la case du tableau correspondante. On peut jouer plusieurs numéros au même coup, mais en déposant sur chacun une mise différente. Les « chevaux » sont interdits. Les numéros 1, 2, 3 et 4 sont payés, lorsqu'ils sortent, vingt-trois fois la mise. Les numéros 5, 6, 7, 8, 9, 10 et 11, étant répétés une fois sur le cylindre, ne sont payés que onze fois la mise. Les numéros 12, 13 et 14, enfin, présents trois fois sur le cylindre, sont payés sept fois la mise.

Les chances simples

Elles sont au nombre de deux : Rouge et Noir. Sont « Noir » le 1, le 3, et tous les autres numéros, soit 12 cases sur 27. La proportion est la même pour « Rouge », qui comprend le 2, le 4 et tous les autres numéros. Une chance est gagnante si le numéro sortant en fait partie. Lorsqu'un numéro blanc sort, toutes les mises déposées sur les chances sont perdues. Dans tous les autres cas, les chances simples sont payées une fois la mise.

RÈGLES

Déroulement de la partie

Le croupier annonce « Faites vos jeux ». Les joueurs peuvent déposer leurs mises sur le tapis. Lorsque la table est suffisamment remplie, le croupier annonce « Rien ne va plus », met en route le cylindre et lance mécaniquement la boule. Celle-ci rebondit plusieurs fois à l'intérieur de la cloche transparente et sur le cylindre en mouvement, avant de s'immobiliser dans la case du numéro gagnant. Le croupier annonce ce numéro et la chance gagnante.

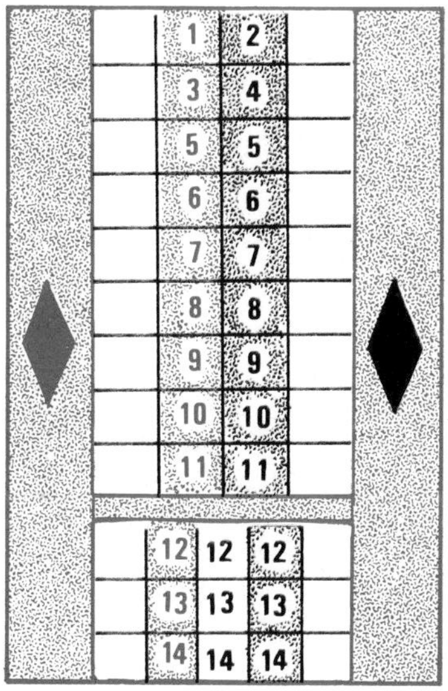

1		2
3		4
5		5
6		6
7		7
8		8
9		9
10		10
11		11
12	12	12
13	13	13
14	14	14

Le tableau de mise

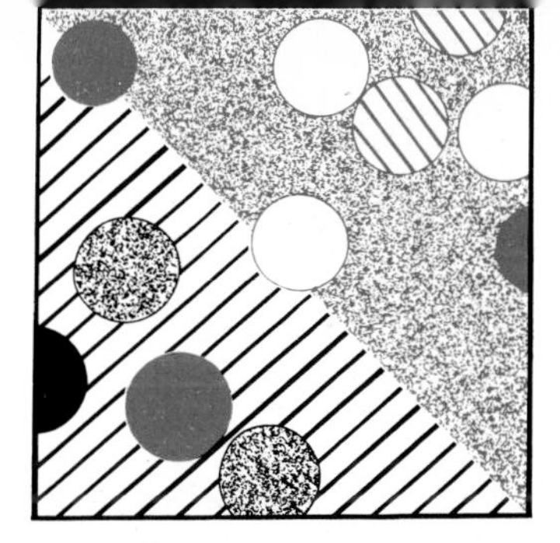

Les Jeux pour Enfants

Impossible de publier un livre des jeux sans parler des jeux pour enfants... Par beau temps, les idées ne manquent pas, mais, dès les premières gouttes, lorsqu'on se retrouve enfermé, l'inspiration ludique peut venir à manquer.

Voici donc des jeux pour tous les âges, solitaires ou de groupe, silencieux ou moins discrets.

Les jeux de cartes, tout d'abord, avec les « valeurs sûres » comme la Bataille ou le Nain jaune, les jeux de billes et de cailloux, qui peuvent se jouer en intérieur comme en extérieur, et les jeux de groupe idéaux pour des goûters d'anniversaire, comme le Jeu des Chaises, le Téléphone arabe ou l'Arche de Noé. Amusez-vous bien !

Les jeux de cartes

Les jeux de billes

Les jeux de cailloux

Les jeux d'intérieur

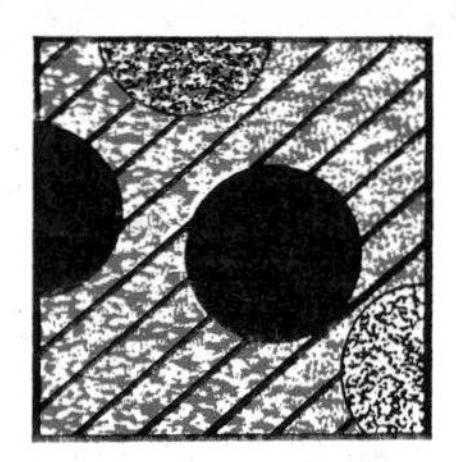

Les jeux de cartes

La Bataille

L'invention de la Bataille remonterait au XVe siècle, en France. A cette époque, certains jeux de cartes comportaient des figures d'inspiration guerrière ou chevaleresque. Leur opposition évoquait sans ambiguïté possible les joutes moyenâgeuses. De nos jours, ce jeu très simple permet aux jeunes enfants de s'initier aux cartes, tout en leur procurant les vives émotions des jeux de hasard.

MATÉRIEL

Un jeu de 32 cartes, ou un jeu de 52 cartes.

BUT DU JEU

Gagner toutes les cartes du jeu, au fil de « Batailles » successives.

RÈGLES (2 joueurs)

Valeur des cartes

L'ordre habituel, l'As étant la plus forte carte.

Distribution des cartes

Chaque joueur prend une carte au hasard dans le paquet disposé en éventail, face cachée. La plus forte désigne le donneur. Celui-ci bat le paquet, fait couper à son adversaire et distribue une à une toutes les cartes.

Déroulement de la partie

Chacun dispose devant lui son tas de cartes, faces cachées, sans regarder le jeu dont il dispose. Les deux joueurs découvrent en même temps la carte supérieure de leur tas.

Le joueur ayant abattu la plus forte carte ramasse les deux cartes, qu'il place sous son talon. Lorsque les deux joueurs abattent une carte de même valeur, il y a « Bataille ».

Fin de la partie

La partie prend fin dès que l'un des joueurs a rassemblé dans son talon toutes les cartes du jeu.

Pour donner quelque piquant à la partie, on peut procéder de la manière suivante : dès qu'il y a Bataille, les deux joueurs tirent une carte de leur tas et les posent à côté des deux premières, sans les dévoiler. Ils tirent ensuite une troisième carte, face découverte.

Le joueur ayant abattu la plus forte ramasse toutes les cartes étalées. Il retourne les cartes cachées de la levée. C'est la surprise !

EXEMPLES DE COUPS

Les deux cartes en concurrence sont laissées sur la table, et chacun tire une autre carte. Dès qu'un joueur tire une carte plus forte que celle de son adversaire, il gagne toutes les cartes étalées.

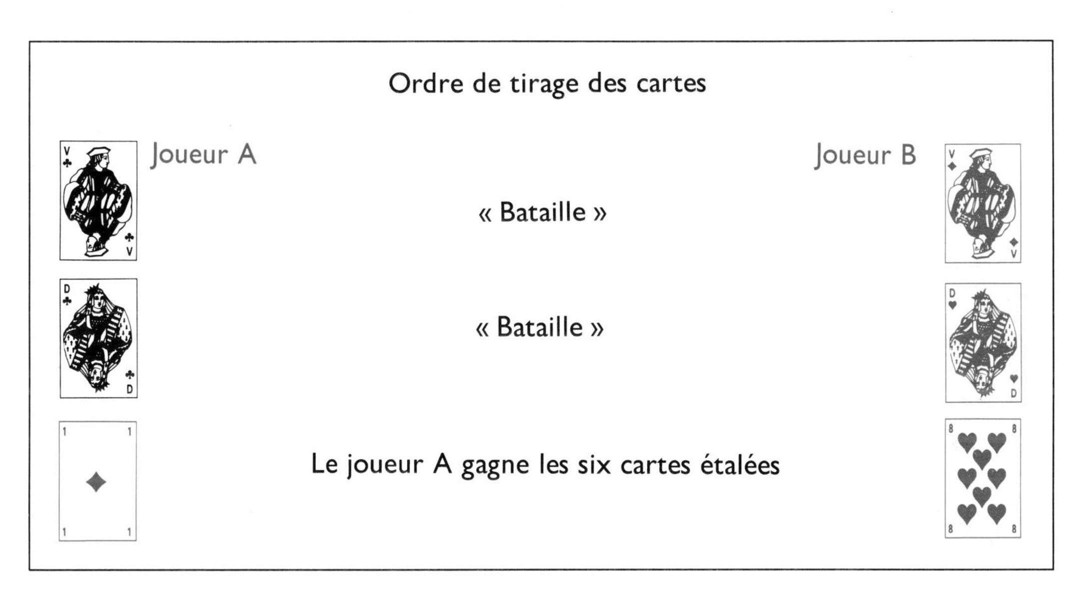

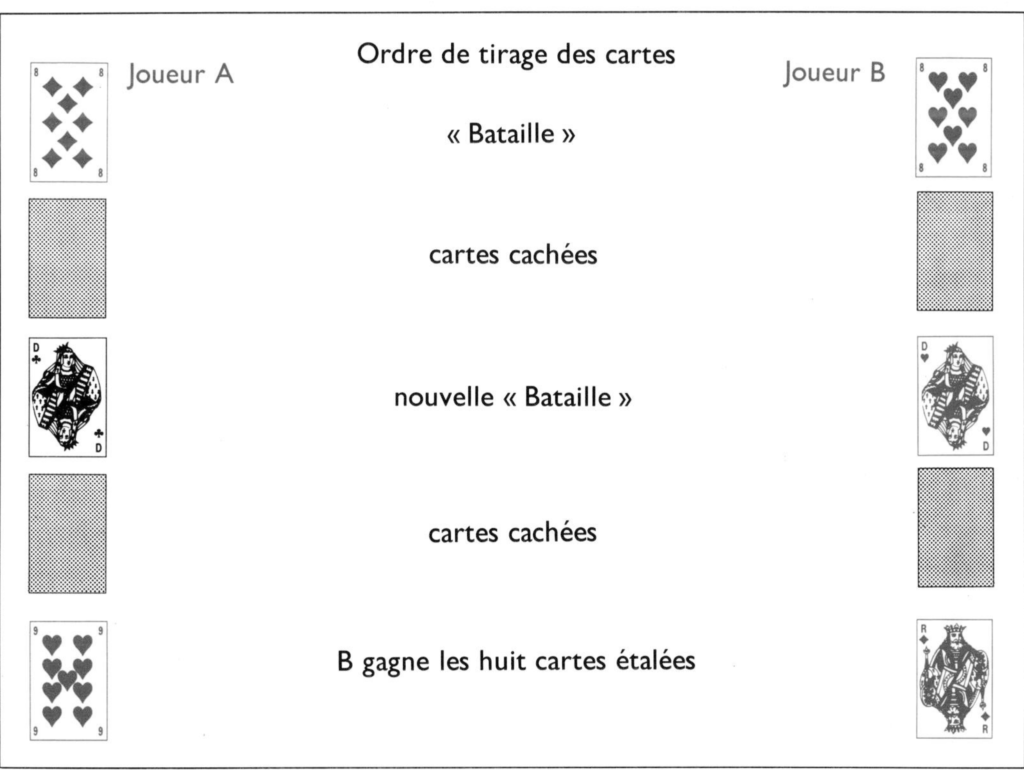

Le Bip-Bip

Le Bip-Bip est un jeu de levées relativement récent, où le tirage permanent de nouvelles cartes fait évoluer la main de chaque concurrent, ce qui rend la partie particulièrement attrayante.

MATÉRIEL

Deux jeux de 52 cartes.

BUT DU JEU

Faire changer l'Atout à son profit en cours de jeu, afin de gagner des points et de pouvoir réaliser les meilleures levées possible.

RÈGLES (2 à 4 joueurs)

Valeur des cartes

Dans l'ordre décroissant : 2 (11 points), As (10 points), Roi (5 points), Dame (4 points), Valet (3 points), 10, 9, 8, 7, 6, 5, 4, 3 (aucun point).

Combinaisons possibles

Le couple Roi-Dame d'une même couleur permet de changer l'Atout.

Distribution des cartes

Le donneur est tiré au sort. Il mélange les cartes et coupe lui-même le paquet. La carte supérieure du talon désigne l'Atout de départ. Cette carte est replacée au hasard dans le paquet, puis le donneur distribue sept cartes à chacun, une par une.

Déroulement de la partie

La levée se joue dans le sens des aiguilles d'une montre, en commençant par le voisin de gauche du donneur. On doit fournir une carte de la couleur demandée, mais pas forcément plus forte que les cartes des joueurs précédents. Si l'on est démuni de cette couleur, on se défausse d'une carte quelconque, ou l'on coupe avec une carte d'Atout. L'Atout l'emporte sur toute autre carte d'une couleur ordinaire. Le joueur ayant abattu la plus forte carte gagne la levée et entame la suivante.

Chacun doit posséder en permanence sept cartes dans son jeu. Il faut donc, dès qu'on joue une carte, en tirer une nouvelle au sommet du talon, sans la montrer aux autres joueurs.

Changement d'Atout

Lorsqu'un joueur tire du talon une carte lui permettant, en association avec une carte de son jeu, de réaliser un couple Dame-Roi de la même couleur, il peut annoncer « Bip-Bip », et déposer ces deux cartes, faces découvertes, devant lui. Ce joueur marque immédiatement 50 points. La couleur des cartes déposées indique l'Atout qui sera en vigueur dès la levée suivante. Cependant, on continuera d'utiliser l'ancien Atout jusqu'à la fin de la levée en cours. Si plusieurs « Bip-Bip » sont annoncés au cours d'une même levée, les joueurs correspondants marquent chacun 50 points, mais seul le dernier d'entre eux détermine la couleur du nouvel Atout.

Remarque : un joueur possédant un couple Dame-Roi n'est pas obligé de l'annoncer immédiatement. Il peut attendre pour cela une occasion favorable.

EXEMPLE DE COUP

L'Atout actuel est ♣, et le joueur possède le jeu suivant :

Il a joué un 5 ♠, qu'il remplace en tirant une carte du talon. Il s'agit de la D ♦. Il possède désormais la paire D ♦-R ♦. Va-t-il l'annoncer tout de suite ? Non, car il a intérêt à ce que l'Atout reste ♣ pendant quelque temps, puisqu'il possède des cartes maîtresses dans cette couleur, qui vont lui permettre de récolter de fructueuses levées.

Lorsqu'un joueur a annoncé « Bip-Bip » et posé le couple correspondant devant lui, il peut jouer ces cartes quand il le veut, puisqu'elles font toujours partie de son jeu.

Fin du tour

Quand le talon contient moins de cartes que le nombre de joueurs, on l'étale sur la table, pour information. A partir de ce moment, l'Atout ne change plus, puisqu'on ne peut plus puiser de nouvelles cartes. Le tour s'achève lorsque toutes les levées restantes sont effectuées. Chacun comptabilise les points des cartes de ses levées, et ajoute les points gagnés lors d'éventuels « Bip-Bip ».

Fin de la partie

A l'issue du dernier tour (le nombre maximal de tours sera fixé en début de partie), chaque joueur fait le total des points qu'il a acquis. Le plus fort est déclaré gagnant.

Les Bouchons

Ce jeu est destiné aux enfants, dont il développe la rapidité de réaction.

MATÉRIEL

Un jeu de 52 cartes. En commençant par l'As, on prélève sur le jeu 4 cartes par joueur. Exemple : à 4 joueurs, on garde les quatre As, les quatre Rois, les quatre Dames et les quatre Valets. Lorsqu'il y a 5 joueurs, on ajoute les quatre 10, et ainsi de suite. Un nombre de bouchons égal au nombre de joueurs, moins un.

BUT DU JEU

Attraper un bouchon dès qu'un adversaire qui a réuni 4 cartes de même valeur crie « Bouchon ! ».

RÈGLES (4 à 13 joueurs)

Distribution des cartes

On choisit un donneur, qui bat les cartes et en distribue quatre à chacun.

Déroulement de la partie

Les bouchons sont disposés au centre de la table. Le voisin de gauche du donneur débute la partie. Il choisit une carte de son jeu, qu'il tend à son voisin de gauche. Celui-ci en fait autant avec le joueur suivant, et ainsi de suite. Dès qu'un joueur réunit dans sa main quatre cartes de même valeur, il crie « Bouchon ! », et prend rapidement l'un des bouchons posés sur la table. Ses partenaires doivent l'imiter le plus vite possible, car il n'y a pas assez de bouchons pour tout le monde. Celui qui n'a pas réussi à se servir marque 1 point de pénalité.

Un joueur possédant un Carré n'est pas obligé de crier « Bouchon! » tout de suite. Il peut attendre un peu, et intervenir à n'importe quel moment, afin de surprendre les autres joueurs.

Après cette phase de jeu, souvent animée, l'échange des cartes reprend comme précédemment.

Fin de la partie

Dès qu'un joueur atteint 10 points de pénalité, il est éliminé. Le dernier joueur restant est le gagnant de la partie.

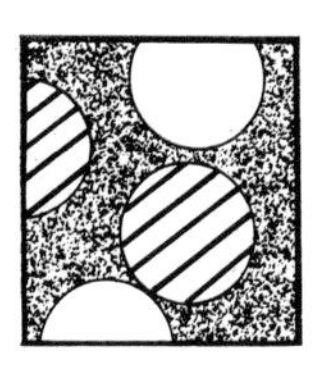

La Crapette

La Crapette est un jeu très populaire, qui tient à la fois du jeu de cartes et de la réussite. Malgré l'attention soutenue qu'il exige, ses règles sont relativement simples. Ses origines sont assez vagues, mais il appartient indubitablement à la culture francophone.

MATÉRIEL

Deux jeux de 52 cartes.

BUT DU JEU

Essayer de se débarrasser de toutes les cartes de son jeu, en examinant avec une extrême attention les possibilités de placement de chaque carte.

RÈGLES (2 joueurs)

Valeur des cartes

L'ordre des cartes est l'ordre habituel, l'As étant le plus faible. Les cartes n'ont aucune valeur en points.

Distribution des cartes

Chaque joueur dispose d'un jeu de 52 cartes. Il le mélange et le fait couper par son adversaire. Chacun retourne alors les quatre premières cartes de son paquet (qui est bien sûr posé sur la table, face cachée), et les dispose en colonne, à sa droite, faces visibles.

Ces cartes constituent les bases des cases latérales qui sont destinées à recevoir des séries provisoires de cartes. Après cela, chaque joueur doit constituer sa « Crapette ». Il tire les dix cartes suivantes de son talon, qu'il pose en tas sur sa gauche, sans les regarder, et retourne la onzième carte, qu'il pose sur le tas, face découverte. Les trente-sept cartes restantes de chaque paquet sont posées en tas, faces cachées, à côté de la Crapette. Entre le talon et la Crapette, on prend soin de laisser un espace suffisant, destiné à recevoir les cartes inemployées en cours de jeu. Ces cartes empilées, faces découvertes, formeront le « pot » de chaque joueur.

Au centre de la table, pour l'instant inoccupé, on va chercher à constituer huit séries ascendantes de cartes de la même famille, en commençant par les As.

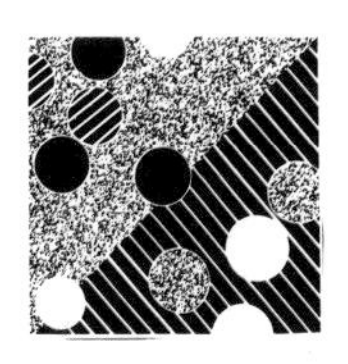

CONFIGURATION DE LA TABLE EN DÉBUT DE PARTIE

Déroulement de la partie

Les joueurs doivent se débarrasser de leurs cartes en les plaçant sur les huit « piles » centrales. Avant d'y parvenir, ils pourront utiliser les « cases » des séries provisoires.

Le joueur ayant retourné la plus forte carte au-dessus de sa Crapette joue en premier. En cas d'égalité de ces deux cartes, on compare les deux cartes suivantes. Pour les déplacements de cartes, il est obligatoire de respecter cet ordre :

1. Chercher à débuter ou à alimenter l'une des séries occupant les piles de la zone centrale. Chaque série doit débuter par un As. Toute carte posée doit être de la même couleur, et d'un rang immédiatement supérieur à celui de la précédente. Ainsi, sur un 4 ♥, il faut obligatoirement un 5 ♥. Lorsque l'on parvient au Roi, la série est close. Pour plus de clarté, on retourne cette dernière carte.

2. Essayer de se débarrasser des cartes découvertes de sa Crapette en les utilisant pour « charger » la Crapette ou le pot de l'adversaire. Cela consiste à recouvrir au moyen de l'une de ses cartes la carte supérieure de la Crapette ou du pot de l'adversaire. La carte posée doit recouvrir une carte de la même couleur, et de valeur contiguë. Ainsi, sur un 8 ♦, on ne peut poser qu'un 7 ♦ ou un 9 ♦. Cette manœuvre est un moyen de se rapprocher du but final (se débarrasser de toutes ses cartes), en entravant la progression de l'adversaire.

3. Alimenter ou débuter, sur les deux colonnes, des séries provisoires de cartes. Pour ce type de manœuvre, la carte posée doit être de rang immédiatement inférieur à celui de la précédente. Par ailleurs, une carte rouge ne peut être posée que sur une carte noire, et vice versa. Ainsi, sur un 5 ♠, on ne peut poser qu'un 4 ♥ ou un 4 ♦. Sur un 5 ♦, on ne peut poser qu'un 4 ♠ ou un 4 ♣.

Toute carte posée sur une case latérale doit laisser entrevoir la carte posée juste en dessous. Il est ainsi plus facile de combiner sa stratégie de déplacement.

Le joueur doit en outre respecter un ordre de marche pour le jeu de la carte, et utiliser successivement :

– La carte supérieure (visible) de sa Crapette. Lorsqu'il peut placer cette carte ailleurs, il retourne la suivante, qu'il pourra à nouveau utiliser.
– Les cartes des cases latérales. Les déplacer peut servir à placer l'une de ses propres cartes ou à dégager entièrement un espace sur l'une des colonnes. On peut alors disposer de cette case vide pour effectuer des mouvements de cartes en deux temps, ou tout simplement pour placer l'une de ses cartes.
– Lorsque le joueur ne peut plus déplacer les cartes visibles de sa zone, il a le droit de retourner la carte supérieure de son talon. Il cherche à la placer, et, s'il le peut, regarde si cette manœuvre lui permet de dégager certaines parties du jeu. S'il ne peut placer cette carte, il la pose, face découverte, sur son pot, et c'est alors à son partenaire de jouer.

Lorsqu'un joueur a épuisé son talon, il retourne son pot, qui devient le nouveau talon.

Fautes et fin de la partie

Lorsqu'un joueur s'aperçoit que son partenaire a commis une erreur, il dit « Crapette ! » et indique la nature de la faute.

Types de fautes :
- Lorsque la manœuvre **1** était possible, avoir procédé à une manœuvre **2** ou **3**.
- Lorsque la manœuvre **2** était possible, avoir procédé à une manœuvre **3**.
- Lorsque l'une de ces trois manœuvres était possible, avoir retourné une nouvelle carte de son talon.

Lorsqu'il y a faute, le joueur fautif cède son tour à l'adversaire.

Dès qu'un joueur s'est débarrassé de toutes ses cartes, il est déclaré gagnant.

EXEMPLE DE COUP

PREMIER TEMPS

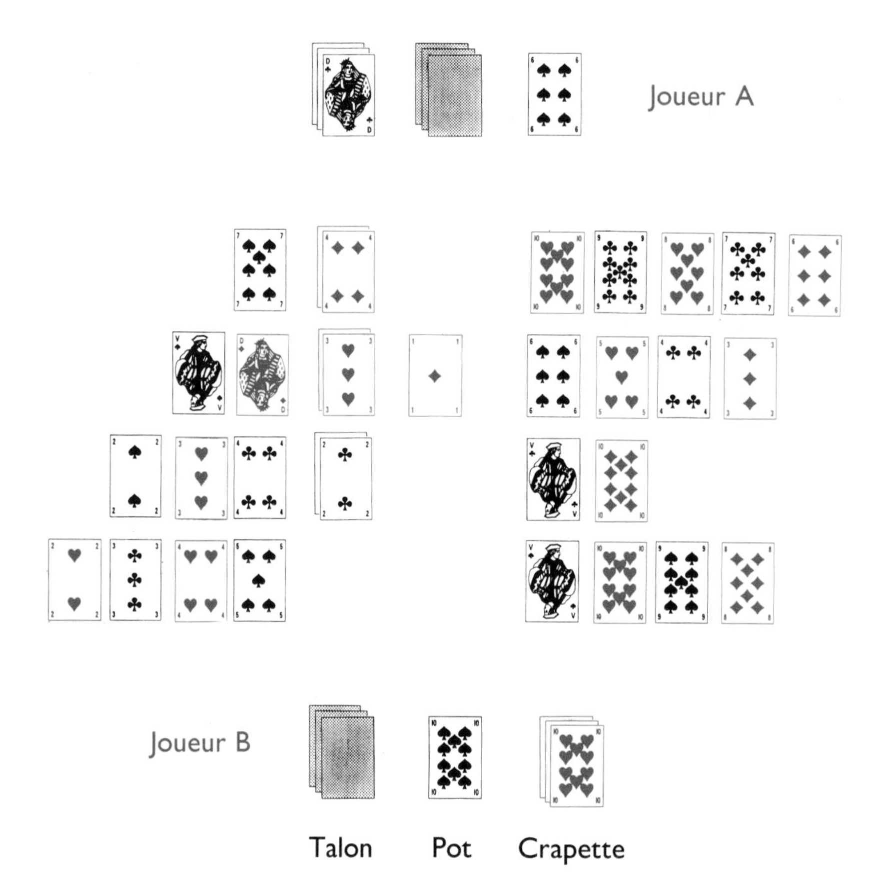

C'est à B de jouer. Il ne peut dans l'immédiat alimenter les piles centrales. Avant de jouer sa Crapette, il peut effectuer certaines manœuvres pour dégager des cases :
– placer le 7 ♠ sur le 6 ♠ du pot de A, ce qui laisse une case vide ;
– placer le 10 ♦ de la troisième série de la colonne de droite à la suite du V ♠ de la deuxième série de la colonne de gauche, puis placer le V ♣ ainsi dégagé sur la D ♣ de la Crapette adverse. Une deuxième case est ainsi libérée ;
– placer le 2 ♥ de la quatrième série de la colonne de gauche dans l'un des espaces libres ;
– le 3 ♣ ainsi dégagé peut alimenter la pile ♣ centrale ;
– le 4 ♥ ainsi dégagé peut alimenter la pile ♥ centrale ;
– Le 5 ♠ restant peut être placé à la suite du 6 ♦ de la première série de la colonne de droite, ce qui libère une nouvelle case.

Le joueur B va pouvoir placer le 10 ♥ de sa Crapette sur une case vide et poursuivre le jeu.

DEUXIÈME TEMPS

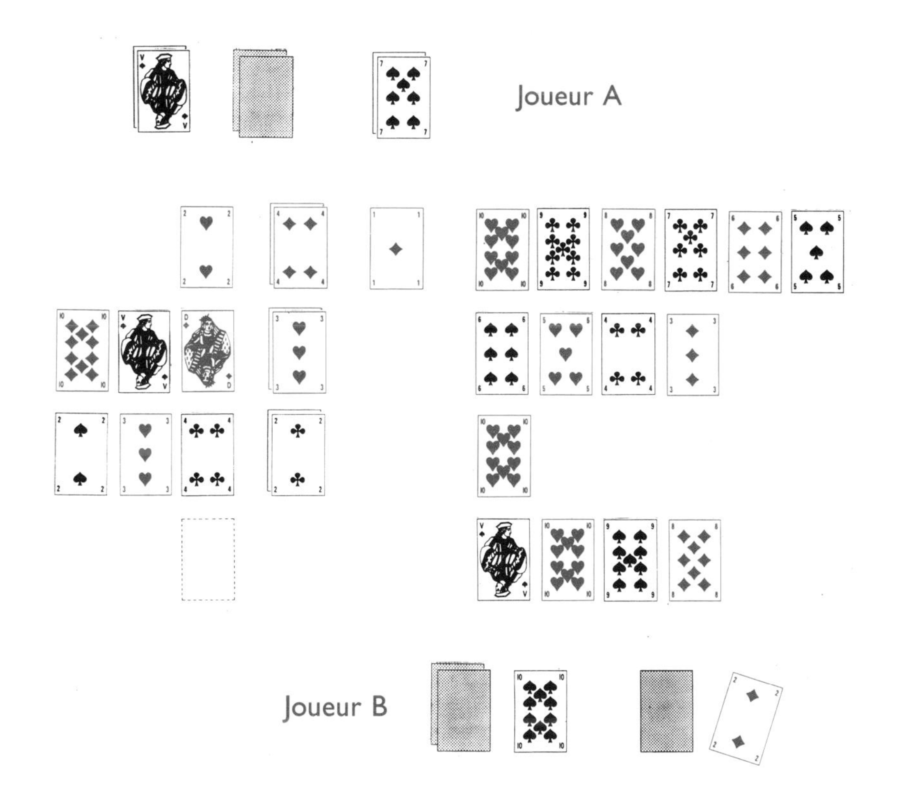

La carte suivante de la Crapette de B est le 2 ♦ :
- il le pose sur l'As ♦ de la pile centrale ;
- il place le 3 ♦ de la deuxième série de la colonne de droite sur la pile ♦ centrale ;
- il place le 4 ♣ ainsi dégagé sur la pile ♣ centrale ;
- il place le 5 ♥ ainsi dégagé sur la pile ♥ centrale.

B peut alors jouer sa carte suivante...

Le Cri des animaux

C'est un jeu de rapidité, doublé d'un véritable exercice vocal, accessible aux jeunes enfants car simple et amusant.

MATÉRIEL

Un jeu de 52 cartes. A partir de 7 joueurs, on utilise un deuxième jeu.

BUT DU JEU

S'amuser à imiter le cri des animaux, sous le prétexte de s'emparer de toutes les cartes du jeu.

RÈGLES (au minimum 3 joueurs)

Valeur des cartes

L'ordre décroissant habituel, de l'As au 2.

Préliminaires

Chaque joueur choisit un cri d'animal (lion, vache, chien, etc.), dont il fait la démonstration à ses partenaires.

Distribution des cartes

Chacun tire une carte au hasard. La plus forte désigne le donneur. Celui-ci distribue toutes les cartes une par une, dans le sens des aiguilles d'une montre.

Déroulement de la partie

Il est interdit de regarder son jeu. Chacun réunit en tas ses cartes, faces cachées. Nous appellerons ce tas le talon « aveugle ». Le voisin de gauche du donneur retourne la première carte de son talon, et l'expose à côté de son tas, face découverte. Les cartes s'accumuleront peu à peu et formeront à cet emplacement un talon « découvert ». Les autres joueurs abattent l'un après l'autre la carte supérieure de leur talon.

Si le joueur A abat une carte qui correspond à une carte déjà abattue par un autre joueur, tous ses partenaires doivent pousser le plus vite possible le cri d'animal du joueur A.

Le premier à pousser ce cri, sans se tromper, donne son talon découvert au joueur A, qui place ces cartes sous son talon aveugle.

Si un joueur se trompe de cri, c'est le joueur A qui lui donne ses cartes.

Fin de la partie

Le gagnant est celui qui a réussi à se débarrasser le premier de toutes ses cartes.

EXEMPLE DE COUP

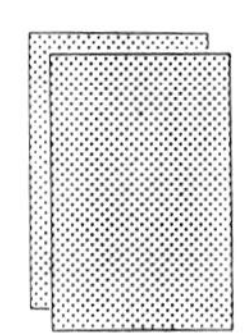
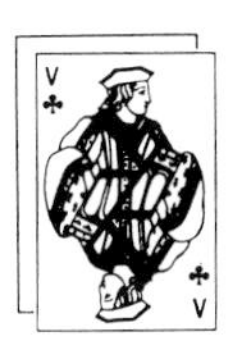

Cri : « Ouah-Ouah »

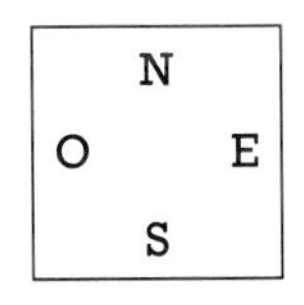

Cri : « Meuh »

Cri : « Hi-Han »

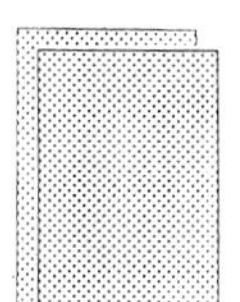

Cri : « Bèèè »

Lorsque O retourne son R ♦, les joueurs constatent qu'un autre Roi était déjà exposé : le R ♠ de E. Il faut vite pousser le cri de O : « Meuh ! ». Le plus rapide lui donnera son talon découvert.

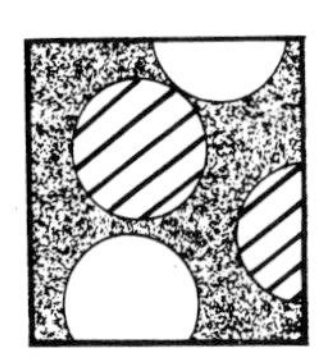

La Mémoire

Ce jeu constitue pour les enfants un excellent exercice de mémoire, exercice qui peut d'ailleurs se révéler profitable à beaucoup d'adultes.

MATÉRIEL

Un jeu de 32 cartes, ou un jeu de 52 cartes.

BUT DU JEU

Gagner le plus de cartes possible, en essayant de se souvenir de leur emplacement sur la table.

RÈGLES (2 à 8 joueurs)

Valeur des cartes

Toutes les cartes sont égales, et valent 1 point.

Combinaison possible

La Paire, c'est-à-dire deux cartes de même valeur.

Déroulement de la partie

Le donneur, tiré au sort, bat les cartes puis les étale sur la table, faces cachées, sur quatre colonnes parallèles. Dans le sens des aiguilles d'une montre, en partant du voisin de gauche du donneur, chaque joueur retourne alors deux cartes au hasard. S'il s'agit d'une Paire, le joueur la pose, face cachée, devant lui. Si les deux cartes sont différentes, il les remet en place, faces à nouveau cachées. Le joueur suivant tire à son tour deux cartes.

Il est important de retenir l'emplacement des cartes montrées puis laissées en place par les autres joueurs, ou par soi-même, le but du jeu étant de retrouver, de mémoire, l'emplacement des cartes de même valeur, pour composer des Paires.

Fin du coup

Lorsqu'il ne reste plus aucune carte sur la table, chacun comptabilise le nombre de points qu'il a récoltés (1 point par carte). Le joueur dont le total est le plus élevé gagne le tour.

VARIANTE

On peut tirer les cartes trois par trois. Le joueur ramasse les cartes s'il a réussi à composer :

- Un Brelan (trois cartes de même valeur).
- Une Tierce (trois cartes de même couleur, et qui se suivent).

EXEMPLE DE COUP

(32 cartes)

Le joueur ramasse les deux cartes qu'il vient de retourner, puisqu'il s'agit d'une Paire de 9

Le Menteur

Ce jeu remonte à la fin du XVIe siècle. Il est resté populaire, de nos jours, dans le nord de la France, sous le nom de Menteur, Marmite ou « Tu triches ». Plus les joueurs sont nombreux, plus la partie est animée.

MATÉRIEL

Un jeu de 32 cartes, ou un jeu de 52 cartes (plusieurs jeux si les joueurs sont nombreux).

BUT DU JEU

Bluffer *afin de se débarrasser de toutes ses cartes, et deviner si possible le* bluff *des autres joueurs.*

RÈGLES (3 à 10 joueurs)

Valeur des cartes

L'ordre et la valeur des cartes n'ont ici aucune importance.

Distribution des cartes

Le donneur est tiré au sort. Il distribue les cartes par deux ou par trois, et s'arrête dès qu'il n'en reste plus assez pour effectuer un tour complet de distribution.

Déroulement de la partie

Le tour de table se fait dans le sens des aiguilles d'une montre, en commençant par le voisin de gauche du donneur. Le premier joueur choisit une carte de sa main, qu'il pose devant lui, face cachée, en annonçant une couleur (Trèfle, Carreau, Cœur ou Pique). Nul ne sait s'il dit la vérité. Les autres joueurs l'imitent, en annonçant la même couleur. A tout moment, chacun peut dire à celui qui vient de déposer une carte : « Menteur ». Le joueur ainsi accusé dévoile alors sa carte. Si elle ne correspond pas à ce qu'il a annoncé, il ramasse sa carte, et toutes celles jouées avant elle. Si, au contraire, la carte correspond à la couleur annoncée, c'est le dénonciateur qui ramasse toutes les cartes.

Le joueur qui a ramassé les cartes annonce une couleur, et joue la carte suivante.

Fin de la partie

Le gagnant est celui qui s'est débarrassé le premier de toutes ses cartes.

VARIANTE

Il est possible d'annoncer, en plus de la couleur de la carte, sa hauteur (« V ♥ »).

Il est alors beaucoup plus risqué de dénoncer le « bluff » d'un adversaire. La partie n'en est que plus captivante.

Lorsqu'un joueur s'est débarrassé de toutes ses cartes, les autres joueurs peuvent continuer à s'affronter pour la deuxième place, puis pour la troisième, etc.

Le Mistigri

Ce jeu d'origine française est connu sous de multiples appellations, parmi lesquelles : le Vieux Garçon, le Valet de Pique, le Pouilleux...

MATÉRIEL

Un jeu de 32 cartes pour 3 joueurs. Pour 4 joueurs et plus, un jeu de 52 cartes.

BUT DU JEU

Assembler les cartes par Paires, en évitant de conserver le Valet de Pique.

RÈGLES (3 joueurs au minimum)

Préparation de la partie

Le donneur retire du jeu le V ♣ et le pose au milieu de la table.

Distribution des cartes

Le donneur distribue toutes les cartes, une par une, dans le sens inverse des aiguilles d'une montre.

Déroulement de la partie

Chaque joueur tente d'assembler dans son jeu les cartes rouges ou noires de même hauteur, puis pose sur la table, faces découvertes, les Paires ainsi formées (10 ♥ avec 10 ♦, R ♠ avec R ♣, etc.). Le donneur présente alors son jeu à son voisin de gauche, faces cachées, et celui-ci choisit une carte qu'il incorpore à son jeu. S'il peut, grâce à cette carte, réaliser une Paire, il l'écarte aussitôt, puis présente à son tour son jeu à son voisin de gauche.

Le V ♣ ayant été ôté du jeu, le V ♠, le Mistigri, est la seule carte qui ne peut être mariée. L'un des joueurs finira fatalement avec cette carte en main. Il faut donc, si on a la malchance de posséder le Mistigri, éviter de manifester son dépit et tenter de présenter habilement son jeu à son voisin pour que celui-ci nous en débarrasse.

Fin du coup

Les uns après les autres, les joueurs se débarrassent de la totalité de leurs cartes, jusqu'à ce qu'il ne reste plus que deux joueurs en lice et que la situation fatidique se présente :

A tirera-t-il le 5 ♥, pour réaliser la dernière Paire, ou le Mistigri, relançant ainsi le suspense ?

Le Roi et l'Épée

Matériel

Un jeu de 52 cartes dont on retire les Rois et les As ♠, ♦ et ♣, ainsi qu'une carte au hasard.

But du jeu

Détenir dans son jeu le Roi (de Cœur) et l'Épée (l'As).

Règles

Distribution des cartes. Le donneur distribue toutes les cartes du jeu deux par deux. A l'issue de la distribution, les joueurs qui possèdent le Roi ou l'Épée doivent le déclarer à voix haute. Si un même joueur obtient immédiatement ces deux cartes, on mêle à nouveau le jeu pour procéder à une nouvelle donne.

Déroulement de la partie. Le donneur présente son jeu à son voisin de gauche, faces cachées, et celui-ci en tire une au hasard. S'il peut réaliser une Paire (deux cartes de même hauteur, de couleur rouge ou noire), il la pose sur la table, faces découvertes.

Fin de la partie. Dès qu'un joueur a réuni dans son jeu le Roi et l'Épée, le jeu s'arrête. Des joueurs peuvent, en cours de partie, se débarrasser de toutes leurs cartes et être éliminés jusqu'à ce que deux adversaires restent face à face : l'un détenant le Roi, l'autre l'Épée, et l'un ou l'autre de ces joueurs détenant la carte de la Paire dépareillée...

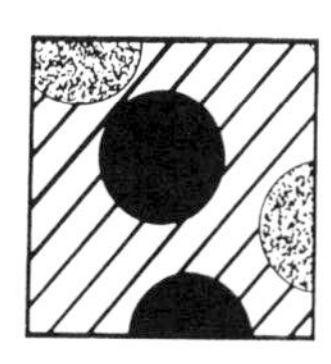

Le Nain jaune

Le Nain jaune se jouait déjà au XVIIe siècle sous le nom de jeu de Lindor, et connut son apogée au XIXe siècle. Il est vraisemblablement issu du Hoc, un jeu italien plus ancien introduit en France par Mazarin, et de la Comète, très populaire sous Louis XV. La présence au centre de la table d'un plateau où le Nain jaune (le 7♦) est entouré par quatre autres cartes a souvent conféré à ce jeu une connotation symbolique (par exemple : le Christ entouré des quatre évangélistes).

MATÉRIEL

Un nombre équivalent de jetons pour chaque joueur (au moins 30). Un jeu de 52 cartes, et le 7♦, le 10♦, le V♣, la D♥, le R♠ d'un second jeu disposés au centre de la table de la manière suivante :

BUT DU JEU

Gagner des jetons en se débarrassant de ses cartes.

RÈGLES (3 à 8 joueurs)

Valeur des cartes

L'ordre habituel, l'As étant la plus petite carte. Les cartes n'ont aucune valeur en points.

Combinaisons possibles

On peut composer toute série de cartes dont les valeurs se suivent dans l'ordre croissant, sans se soucier des couleurs.

Préparation de la partie

On dispose au centre de la table un plateau de Nain jaune, ou, si l'on n'en possède pas, on place les cinq cartes du deuxième jeu de la manière indiquée au paragraphe « Matériel ». Sur chaque carte, tous les participants doivent déposer la même mise :

Jetons	Cartes
1	10 ♦
2	V ♣
3	D ♥
4	R ♠
5	Nain jaune

Distribution des cartes

Le donneur est tiré au sort. Il distribue les cartes une par une, dans le sens inverse des aiguilles d'une montre. Selon le nombre de joueurs, celui des cartes varie :

Nombre de joueurs	Nombre de cartes par personne	Nombre de cartes au talon
3	15	7
4	12	4
5	9	7
6	8	4
7	7	3
8	6	4

Déroulement de la partie

Après distribution des cartes, le voisin de droite du donneur classe ses cartes sans tenir compte des couleurs, de façon à réaliser la plus longue série possible. Il dispose alors ces cartes sur la table, une par une, en les annonçant. Lorsqu'il ne peut continuer sa série jusqu'au Roi, il annonce la carte manquante.

EXEMPLES DE COUP

...

« 8, 9, 10, Valet, sans Dame ! »

Le joueur suivant, dans le sens des aiguilles d'une montre, continue la série s'il le peut. S'il parvient jusqu'au Roi, il entame une nouvelle série, jusqu'à ce qu'il soit contraint de s'arrêter.

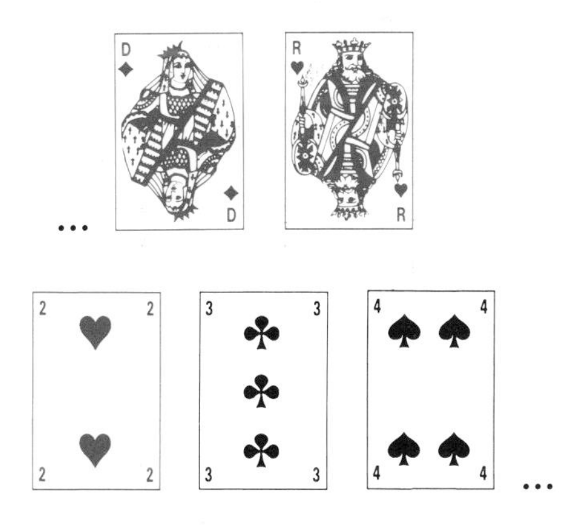

« Dame, Roi » puis « 2, 3, 4, sans 5 ! »

S'il ne peut continuer la série de son prédécesseur, il répète le nom de la carte manquante. Dans l'exemple précédent, il doit donc annoncer : « Sans Dame ». C'est alors au joueur suivant de parler.

Si, au bout d'un tour de table, aucun adversaire n'a pu poursuivre la série, le joueur qui avait été contraint de l'interrompre par manque de cartes entame une nouvelle série.

Lorsqu'un joueur pose une « belle carte », c'est-à-dire l'une des cinq cartes figurant sur le plateau central, il gagne les mises posées sur cette carte.

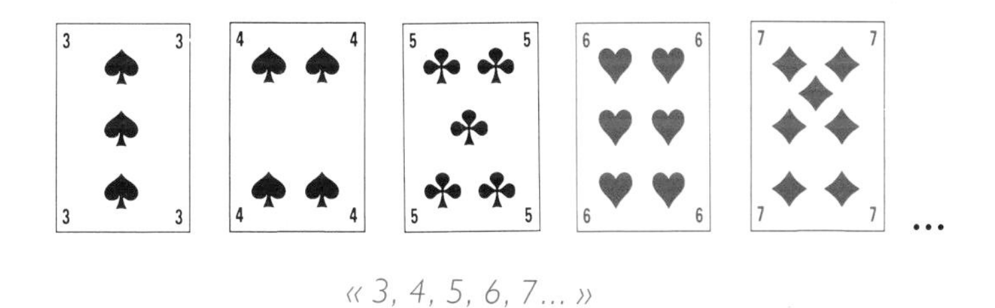

« 3, 4, 5, 6, 7... »

Le joueur prend la mise déposée sur le 7 ♦ du plateau et continue, le cas échéant, sa série :

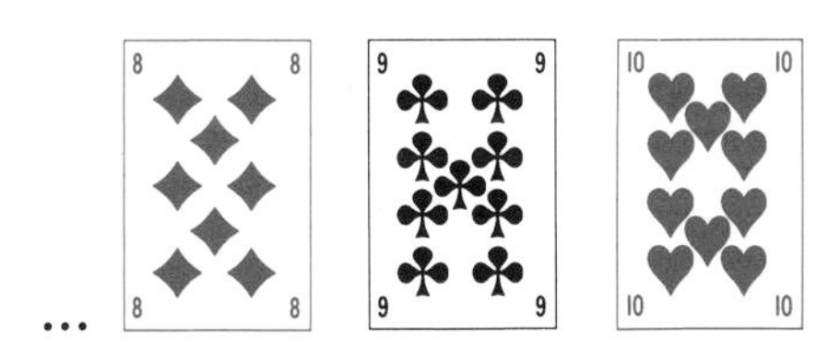

« 8, 9, 10, sans Valet ! »

Fin du coup

Dès qu'un joueur s'est débarrassé de toutes ses cartes, il dit « J'arrête ! ». Ses adversaires étalent alors leur jeu devant eux, et lui versent 1 jeton par carte restante. Ceux qui n'ont pu se débarrasser d'une ou plusieurs « belles cartes » doivent doubler les mises posées sur les cartes correspondantes, sur le plateau central.

Grand Opéra
Si un joueur parvient à se débarrasser de toutes ses cartes avant que ses adversaires aient pu poser une seule carte de leur jeu, on dit qu'il fait « Grand Opéra ». Le joueur gagnant ramasse toutes les mises du tableau.

Dans certains cas, les joueurs peuvent convenir de verser au gagnant du tour 10 jetons pour chaque Roi, Dame, Valet ou 10 dont ils n'ont pu se débarrasser, et pour toute autre carte restante un nombre de jetons égal à la valeur numérale de cette carte (9 jetons pour un 9). Dans ce type de partie, il est conseillé de se débarrasser en priorité des séries les plus haut placées.

Fin de la partie

Les joueurs qui ne possèdent plus de jetons sont éliminés. Le dernier joueur en lice est le gagnant.

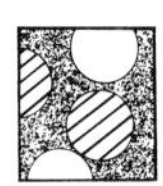

Les jeux de billes

Les Cent

- *2 joueurs*

MATÉRIEL

Billes.

BUT DU JEU

Être le premier à totaliser 100 points, en lançant tour à tour une bille (valeur 10 points) dans un trou creusé dans la terre.

RÈGLES

On fait un trou dans la terre et on trace une ligne à 5 mètres du creux, ligne à partir de laquelle les joueurs vont lancer une bille chacun à tour de rôle. Chaque joueur réussissant à faire tomber sa bille dans le creux marque 10 points. Si les billes des deux joueurs restent à l'extérieur du creux, celui dont la bille en est le plus proche continue. Il peut soit pousser la bille avec son doigt en un seul coup dans le creux, soit toucher avec sa bille celle de l'adversaire, pour marquer 10 points tout de même. Il revient alors au départ et lance de nouveau sa bille.

Lorsqu'un des joueurs a fait 100 points, il doit encore une dernière fois viser le creux : s'il y arrive, il a gagné ; s'il n'y arrive pas, son adversaire peut prendre sa revanche, soit en faisant tomber la bille dans le creux, soit en touchant la bille de celui qui a fait le « Cent » avec la sienne. Dans ce cas, celui-ci fait Cent également, et il faut un dernier tour pour déterminer le vainqueur, mais cette fois-ci uniquement en lançant la bille dans le creux jusqu'à ce que l'un des deux joueurs échoue.

Les Petits Tas

- *Plusieurs joueurs*

MATÉRIEL

Billes.

BUT DU JEU

Atteindre, à coups de billes lancées une à une, le tas de 4 billes proposé par un autre joueur.

RÈGLES

Près d'un mur, les joueurs proposent à tour de rôle des petits tas, c'est-à-dire trois billes posées en triangle et une quatrième au-dessus. D'autres joueurs, un par un, à une distance de 3 mètres environ, essaient de toucher ces petits tas avec leur propre bille en faisant tomber la bille du dessus.

Si le tas s'écroule, le joueur gagne les quatre billes et reprend la sienne. Le joueur du mur, lui, gagne toutes les billes qui n'ont pas touché le tas.

Ainsi, dans une cour d'école, par exemple, chacun peut faire son stand de petits tas et jouer aux stands des autres avec son gain.

Le Pot

- *2 joueurs*

MATÉRIEL

Billes.

BUT DU JEU

Réussir à faire entrer toutes les billes dans un trou creusé dans la terre.

RÈGLES

On fait un creux dans la terre et on trace, à une distance convenue entre les joueurs, un trait de départ.

Les joueurs décident du nombre de billes que chacun va jouer et ils font un essai. Celui qui fait entrer le plus de billes dans le creux ou, à défaut, s'est approché le plus près du creux commence la partie.

Il lance alors toutes ses billes à la fois. S'il arrive à en mettre dans le creux, il peut continuer, c'est-à-dire essayer de lancer d'une pichenette les billes qui sont restées à l'extérieur, une par une, en un seul coup dans le creux. Sinon, il doit attendre son tour suivant, s'il y en a un... De même, le joueur qui rate son coup en essayant de faire entrer les billes dans le creux doit passer son tour.

Le joueur qui arrive à réunir toutes les billes, même celles de l'autre – d'ailleurs, il peut commencer par n'importe laquelle – dans le creux est vainqueur et gagne toutes les billes.

Le Soldat

- *Plusieurs joueurs*

MATÉRIEL

Billes, un petit objet par joueur.

BUT DU JEU

Toucher avec une bille un objet placé à 5 mètres entre les jambes d'un joueur.

RÈGLES

Chaque joueur est « Soldat » à tour de rôle. On trace une ligne de départ derrière laquelle se placent les autres joueurs. Le Soldat prend position à environ 5 mètres de là, les jambes écartées, et pose son objet par terre entre ses jambes, chaque joueur devant apporter un petit objet, jouet ou gourmandise. Les autres joueurs vont essayer, un par un, de toucher l'objet avec une bille, et, quand l'un d'eux y parvient, il gagne l'objet, tandis que le Soldat peut empocher toutes les billes qui ont été lancées.

La Tique

- *2 joueurs*

MATÉRIEL

Billes.

BUT DU JEU

Viser et toucher, avec sa propre bille, la bille de l'adversaire.

RÈGLES

Le premier joueur lance une bille, le second essaie de toucher celle-ci avec une des siennes. S'il y arrive ou bien si la distance qui sépare les deux billes n'est pas plus grande qu'une largeur de main, il gagne les deux billes. Sinon, c'est le premier joueur qui les empoche. Au tour suivant, le joueur ayant joué en second commence.

Toutes les Billes

- *2 joueurs*

MATÉRIEL

Billes.

BUT DU JEU

Faire entrer en un seul lancer toutes ses billes dans un trou creusé dans la terre.

RÈGLES

On fait un creux dans la terre et on trace une ligne de départ à 2 mètres de là. Les deux joueurs misent chacun la même quantité de billes et les rassemblent. On tire au sort le joueur qui se placera derrière la ligne de départ et lancera toutes les billes en même temps, en visant le creux. S'il arrive à les mettre toutes dans le creux, ou bien toutes sauf une, il les gagne. Si deux billes restent en dehors et qu'il parvienne à faire rentrer les deux à la fois, en poussant une seule bille avec son doigt, il gagne également toutes les billes. Si le joueur n'arrive pas à faire rentrer les billes, l'adversaire peut empocher celles qui se trouvent dans le creux. Au tour suivant, ils changent de rôle.

Les jeux de cailloux

La Conquête des dalles

- *Plusieurs joueurs*

MATÉRIEL

Un caillou par joueur, une craie. Sol en dalles.

BUT DU JEU

S'approprier le maximum de cases en les atteignant avec des cailloux.

RÈGLES

Ce jeu se déroule sur un trottoir ou un sol fait de dalles de béton. On délimite un carré de 10 × 10 dalles et on tire une ligne à environ 5 mètres de là. Les joueurs se placent derrière cette ligne et lancent à tour de rôle un caillou. Si le caillou tombe sur une case, le joueur l'ayant lancé en devient propriétaire et y inscrit l'initiale de son nom avec la craie. Il a alors le droit de rejouer jusqu'à ce que son caillou tombe sur un trait, en dehors du grand carré ou sur une case appartenant à un autre joueur. C'est alors au tour du joueur suivant, et ainsi de suite.

Quand toutes les cases sont prises, on compte le nombre conquis par chacun, celui qui en a le plus étant le vainqueur.

Le Doki

- *2 joueurs*

MATÉRIEL

12 cailloux, 12 petits morceaux de branches.

BUT DU JEU

Réussir à aligner verticalement ou horizontalement 3 pions, ou bien parvenir à disposer 5 pions dans deux rangées voisines.

RÈGLES

Deux joueurs creusent dans la terre cinq rangées de six trous, comme indiqué sur le croquis page suivante. L'un des joueurs dispose de 12 cailloux, l'autre de 12 petits morceaux de branches. Les joueurs posent, à tour de rôle et un par un, leurs pions dans les trous vides jusqu'à ce que tous les pions soient placés. Ils continuent alors à les déplacer d'un trou, soit horizontalement, soit verticalement, dans un trou voisin libre.

Le but du jeu est d'aligner 3 pions de sa couleur horizontalement ou verticalement, ce qui donne droit à enlever 1 pion à son adversaire. Un alignement de plus de 3 pions du même joueur n'est pas valable. Lorsqu'il ne reste plus que 2 pions à un joueur, il a perdu.

Un autre moyen de gagner la partie est de réussir à faire un « Doki », figure composée de 5 pions disposés dans deux rangées voisines où un pion va et vient en fermant à chaque fois un groupe de trois. Si l'adversaire n'a pas la possibilité de pénétrer dans le trou vide du Doki, il a perdu. Cette solution est montrée sur le croquis, à gauche dans le bas.

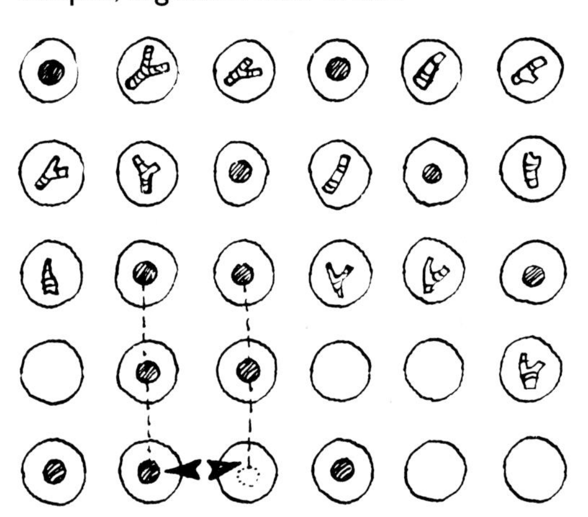

Le Gain

- *2 joueurs*

MATÉRIEL

40 cailloux, 1 caillou plus petit.

BUT DU JEU

Ramasser les cailloux de l'adversaire sans faire tomber celui que l'on tient en équilibre sur le dos de sa main.

RÈGLES

Chacun des deux joueurs possède 20 petits cailloux qu'il aligne par terre ou sur une table, en laissant des intervalles de 10 centimètres environ. Les deux rangées des adversaires sont parallèles et séparées de 50 centimètres environ. Celui qui commence la partie pose le tout petit caillou sur le dos de sa main droite et se met à ramasser avec cette main, un par un, les cailloux de l'adversaire en les gardant tous dans sa main. Lorsqu'il fait tomber le petit caillou ou en perd un des autres se trouvant dans sa main, il doit laisser son tour à l'adversaire, et prolonge sa propre rangée avec les cailloux qu'il vient de gagner. Et ainsi de suite jusqu'à ce que l'un des joueurs ait réussi à prendre tous les cailloux de son adversaire.

La Galoche

- *Plusieurs joueurs*

MATÉRIEL

Une boîte de conserve vide, 1 caillou par joueur, sauf pour l'un d'entre eux.

BUT DU JEU

Faire tomber, avec un caillou, une boîte de conserve placée à une distance de 10 mètres.

RÈGLES

On tire une ligne derrière laquelle se placent tous les joueurs. A 10 mètres de là, on pose par terre une boîte de conserve vide ou un autre objet léger, qui sera surveillé par l'un des joueurs, le gardien.

Les joueurs, à tour de rôle, visent cette « Galoche » et essaient de la faire tomber en lançant leur caillou. S'ils ratent la Galoche, ils doivent aller se placer près de l'endroit où est tombé leur caillou, les mains derrière le dos.

Lorsque l'un des joueurs fait tomber la Galoche, les joueurs qui sont près de leur caillou doivent le reprendre, vite courir derrière la ligne et se mettre en file indienne derrière les joueurs qui n'ont pas encore tiré. Le gardien, lui, doit redresser la Galoche et essayer d'attraper un des joueurs pour se libérer. Il lui prend alors son caillou et retourne avec les joueurs derrière la ligne, l'autre devenant le gardien.

Si tous les joueurs ont raté la Galoche, ils doivent reprendre leur caillou et courir se réfugier derrière la ligne de départ, le gardien essayant d'en toucher un pour se libérer. Et on peut recommencer la partie.

Le Golf de rue

- ***Plusieurs joueurs***

MATÉRIEL

10 cailloux, une craie.

BUT DU JEU

Marquer le maximum de points en effectuant des lancers de 10 cailloux à la fois sur des cases de valeurs diverses.

RÈGLES

On dessine sur le trottoir une figure de onze cases numérotées, d'environ 20×20 centimètres, suivant le croquis ci-dessous. A 5 mètres de la première case, on tire une ligne de départ de laquelle chaque joueur à son tour va lancer 10 petits cailloux à la fois sur les cases numérotées.

Pour chaque caillou tombé dans une case, on compte le chiffre qui y est inscrit ; pour un caillou tombé sur un trait séparant deux cases, on compte le chiffre le plus élevé des deux. On fait le total de chacun à chaque tour et on l'inscrit par terre avec la craie. Celui qui, après cinq rondes, a le total le plus élevé a gagné.

Le Jeu des Noisettes (Les Osselets)

• *Quelques joueurs*

MATÉRIEL

5 cailloux gros comme des noisettes.

BUT DU JEU

Réussir une série d'exercices qui consiste à ramasser de 1 à 5 cailloux avant que ne retombe le cinquième caillou qu'on a lancé en l'air.

RÈGLES

Chaque joueur, à son tour, aligne les cinq cailloux, avec des intervalles de 10 centimètres environ. Il lance le premier caillou en l'air, s'empare vite du deuxième caillou avant de rattraper le premier avec la même main. S'il réussit, il met le deuxième caillou de côté, relance le premier, saisit le troisième, etc., jusqu'au cinquième caillou. Il aligne les cinq cailloux une deuxième fois, relance le premier en l'air et prend deux cailloux à la fois avant de rattraper le caillou volant, d'abord le deuxième et le troisième caillou et, une autre fois, le quatrième et le cinquième caillou. Il aligne les cinq cailloux une troisième fois, relance le premier caillou en l'air et prend trois cailloux à la fois avant de le rattraper, relance à nouveau le premier caillou et saisit le dernier caillou tout seul avant de le rattraper. Il aligne les cinq cailloux une quatrième fois, relance le premier caillou en l'air et saisit les quatre autres cailloux à la fois avant de rattraper le premier. Au cinquième et dernier tour, il jette les cinq cailloux en l'air et essaie d'en rattraper le maximum avec le dos de la main à plat.

Lorsqu'un joueur fait une faute dans cette série d'exercices, il doit passer son tour à son voisin et reprendre, la fois suivante, là où il a fait la faute. Le joueur qui arrive le premier au bout des exercices et parvient à garder au moins trois cailloux sur le dos de sa main au dernier exercice a gagné.

Le Jeu turménien

• *Quelques joueurs*

MATÉRIEL

5 cailloux clairs, 5 cailloux foncés.

BUT DU JEU

Après avoir lancé les 10 cailloux en l'air, essayer de rattraper les 5 cailloux de la couleur qu'on a annoncée à l'avance.

RÈGLES

On choisit 10 cailloux, ni trop petits ni trop gros, qui tiennent dans une seule main, 5 étant de couleur claire et 5 étant de couleur sombre. On peut aussi les peindre pour mieux les différencier. Chaque joueur à son tour prend tous les cailloux dans une main, annonce la couleur qu'il veut jouer et jette les cailloux en l'air. Il doit essayer de rattraper les

5 cailloux de sa propre couleur uniquement, ce qui est très difficile.

Pour chaque caillou rattrapé de la bonne couleur, le joueur marque 1 point ; pour chaque caillou rattrapé de la mauvaise couleur, on lui enlève 1 point. Celui qui atteint 20 points le premier a gagné.

La Pyramide

- *Plusieurs joueurs*

MATÉRIEL

Une cuvette, un grand nombre de petits cailloux.

BUT DU JEU

Extraire un par un les cailloux d'une pyramide, sans faire tomber les autres.

RÈGLES

On remplit une petite cuvette de petits cailloux. On la retourne rapidement sur le sol ou sur une table, comme si on faisait un château de sable. Il reste une petite pyramide de cailloux, de laquelle chaque joueur, à tour de rôle, doit enlever un par un des cailloux sans faire bouger les autres. Au premier caillou qui glisse, il doit passer son tour au joueur voisin, et ainsi de suite.

Gagne celui qui, à la fin, a pu réunir le plus grand nombre de cailloux.

Les jeux d'intérieur

L'Arche de Noé

- *Plusieurs joueurs en nombre pair*

MATÉRIEL

Feuilles de papier, crayon.

BUT DU JEU

Chaque joueur étant le seul à connaître l'animal qu'il est censé représenter, il doit découvrir, parmi les autres joueurs, celui qui symbolise le même animal, mâle ou femelle, pour reformer le couple.

RÈGLES

On imagine les couples d'animaux se trouvant sur l'arche de Noé et on inscrit chaque nom – en précisant s'il s'agit du mâle ou de la femelle – sur un petit morceau de papier que l'on plie. On doit avoir autant de petits papiers que de participants.

Chaque joueur tire un des papiers qui ont été mélangés au préalable et connaît ainsi l'animal qu'il doit représenter. Le but du jeu est de trouver son ou sa partenaire en imitant les bruits typiques de l'animal ou, éventuellement, son attitude, ce qui facilite nettement le jeu. Au contraire, pour rendre le jeu plus difficile, on peut choisir des animaux peu connus ou, le soir, éteindre la lumière.

Les couples qui se sont trouvés vérifient leurs papiers et laissent la place aux autres.

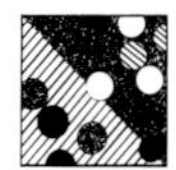

Cache-Tampon

- *Plusieurs joueurs*

MATÉRIEL

Un mouchoir ou un petit objet.

BUT DU JEU

Découvrir un objet caché dans une pièce, guidé par des indications allant de « Glacial ! » à « Tu brûles ! » selon que l'on s'éloigne ou que l'on se rapproche de l'objet en question.

RÈGLES

Un des joueurs doit sortir de la pièce un instant. Pendant ce temps-là, les autres cachent le « Tampon » dans la pièce. Traditionnellement, c'est un mouchoir mis en boule, mais, bien sûr, on peut prendre tout autre petit objet.

On fait rentrer le joueur qui doit chercher le Tampon caché. Pour l'aider, on lui indique la température selon sa proximité de la cachette : « Le temps est glacial, il fait très froid, froid, frais » s'il se trouve loin, et « Il fait tiède, doux, chaud, ça brûle ! » quand il s'approche du Tampon. Ainsi, il ne sera pas trop difficile pour le joueur de trouver l'objet caché. Le joueur suivant sort, et le jeu continue.

Le Chef d'orchestre

- *Plusieurs joueurs*

MATÉRIEL

Aucun accessoire.

BUT DU JEU

Devant un orchestre muet mimé par les joueurs qui changent d'instrument chaque fois que le chef lui-même en change, l'auditeur doit deviner quel est celui qui joue le rôle du chef d'orchestre.

RÈGLES

Un joueur tourne le dos pendant que les autres choisissent en silence leur chef d'orchestre. Quand le joueur se retourne, ils se mettent tous à jouer d'un instrument en mimant (piano, violon, flûte, harpe, guitare, etc.) et en changeant d'instrument à chaque fois que le chef d'orchestre, discrètement, en change.

L'auditeur doit deviner qui est le chef d'orchestre. Celui-ci devient auditeur s'il est repéré.

Combien sont passés ?

• *Plusieurs joueurs*

MATÉRIEL

Un foulard.

BUT DU JEU

Assis seul, les yeux bandés, au milieu d'une pièce, découvrir le nombre exact de joueurs qui s'approchent.

RÈGLES

Ce jeu est semblable au précédent, mais, cette fois, un ou plusieurs joueurs viennent vers le joueur aux yeux bandés, et celui-ci doit deviner leur nombre. Celui ou ceux qui s'approchent le font en silence, ou, au contraire, font du bruit exprès pour tromper le joueur du milieu. Si ce dernier ne trouve pas le nombre exact, il doit faire un nouvel essai ; s'il devine juste, il est remplacé par l'un des joueurs qui se sont approchés.

Le Détective

• *Plusieurs joueurs*

MATÉRIEL

Aucun accessoire.

BUT DU JEU

Après avoir observé les autres joueurs et s'être retiré dans une pièce voisine, être capable, au retour, de découvrir les changements qu'ils ont apporté à leur tenue vestimentaire ou à leurs attitudes.

RÈGLES

On tire au sort l'un des joueurs qui sera le « Détective ». Les autres prennent leur place comme ils le veulent, mais ils n'en changent plus par la suite.

Le Détective a une minute pour bien observer tous ces personnages : les détails de leurs vêtements, de leurs coiffures, leurs attitudes. Ensuite, il doit sortir pour un instant de la pièce. Les autres joueurs changent alors quelque chose à leur aspect, par exemple déboutonnent leur chemise, retroussent leur pantalon, dénouent un lacet, font dépasser quelque chose de leur poche ou croisent les bras... Ils peuvent aussi ne rien changer du tout, ce qui rendra la tâche difficile. On rappelle le Détective, qui doit déceler les changements.

Pour chaque découverte, il marque 1 point. Les joueurs seront Détectives à tour de rôle, même plusieurs fois de suite, et, à la fin, on félicite le plus doué dans ses enquêtes.

D'où vient-il ?

• *Quelques joueurs*

MATÉRIEL

Un foulard.

BUT DU JEU

Assis seul, les yeux bandés, au milieu

d'une pièce, découvrir de quelle direction arrive un autre joueur qui se déplace sans bruit.

RÈGLES

On dégage le centre d'une pièce et on installe une chaise au milieu. Les joueurs restent près du mur, un seul prend la place au milieu et se bande les yeux. L'un des participants s'approche tout doucement du joueur aux yeux bandés en essayant de ne pas faire de bruit et de ne pas se dénoncer par sa respiration. Le joueur du milieu se concentre pour savoir d'où vient l'autre joueur et montre la direction qu'il suppose être la bonne. Il ne peut donner qu'une seule solution. Si elle est bonne, celui qui s'est approché prend sa place, sinon un autre joueur intervient.

Le Jeu du Furet

- *Plusieurs joueurs*

MATÉRIEL

Une bague, une corde fine de quelques mètres.

BUT DU JEU

Découvrir dans quelle main se trouve une bague glissée dans une ficelle tenue par les autres joueurs réunis en cercle.

RÈGLES

Les joueurs s'installent en cercle par terre. Un joueur se place au milieu. On enfile la bague sur la corde dont on noue les deux bouts. La longueur de la corde doit être inférieure à la circonférence du cercle que forment les enfants, car les joueurs de la ronde doivent tenir cette corde avec les deux mains, les poings fermés.

Le joueur du milieu doit fermer les yeux un instant pour que les autres puissent placer la bague à un endroit qu'il ne doit pas connaître. Ils commencent par la faire circuler sous leurs poings fermés, aussi discrètement que possible, en la bougeant avec les pouces, et le joueur du milieu doit deviner dans quelle main elle se trouve. S'il tombe juste, il échange sa place avec le joueur qui tenait la bague.

Le Jeu des Chaises (Les Chaises musicales)

- *Plusieurs joueurs*

MATÉRIEL

Autant de chaises que de joueurs, moins une. Une source musicale.

BUT DU JEU

Réussir à trouver une chaise libre au moment où la musique, qui a été confiée au bon plaisir d'un chef d'orchestre, s'arrête.

RÈGLES

On installe une double rangée de chaises en les mettant dos à dos. Si le nombre de chaises est impair, on met la dernière au bout. Le chef d'orchestre s'occupe de la musique : radio, tourne-disque, magnétophone ou instrument de musique. Les joueurs doivent faire le tour de la rangée de chaises au rythme de la musique et, lorsque la musique s'arrête, ils doivent vite trouver une place pour s'asseoir. Le plus lent à réagir ne trouvera plus de chaise, puisqu'il en manque une, et il est éliminé du jeu. On enlève une chaise pour le tour suivant et la musique reprend. Le jeu continue jusqu'à ce qu'il ne reste plus qu'une chaise, et celui qui réussit à la prendre gagne.

Il est bien évident que la réussite de ce jeu dépend beaucoup de l'art du chef d'orchestre, qui module les rythmes de façon à créer des frayeurs ou interrompt la musique au moment où l'on est en plein élan et où l'on s'y attend le moins.

Le Jeu de Kim

- *Plusieurs joueurs*

MATÉRIEL

De petits objets, dont le nombre varie selon le degré de difficulté que l'on veut atteindre, un plateau, une feuille de papier et un crayon par joueur.

BUT DU JEU

Après avoir observé des objets pendant deux minutes, noter, dans le même espace de temps, les noms d'un maximum d'entre eux.

RÈGLES

Une personne ne participant pas au jeu prépare sur un plateau plusieurs petits objets (vingt est un bon nombre), par exemple : dé à coudre, épingle de nourrice, taille-crayon, bouton, briquet, gomme, barrette à cheveux, ouvre-boîte, montre, bague, caillou, noix, bonbon, etc., et recouvre le plateau d'un tissu.

Les joueurs se mettent en place autour du plateau, papier et crayon en main. Le meneur de jeu découvre le plateau pendant deux minutes au cours desquelles les joueurs l'observent attentivement. Le plateau caché à nouveau, les joueurs ont deux minutes pour noter sur leur feuille de papier les objets qu'ils ont vus.

Le meneur de jeu ramasse les feuilles et contrôle les listes de mots. Il attribue 1 point par objet trouvé juste et enlève 1 point pour chaque objet inscrit et n'existant pas sur le plateau. Le joueur ayant le maximum de points a gagné.

Le Jeu du Meurtre (Killer)

- *Plusieurs joueurs*

MATÉRIEL

Feuilles de papier, crayon.

BUT DU JEU

Le joueur qui a tiré le rôle du « Détective » doit découvrir celui qui,

ayant tiré anonymement celui de l'« Assassin », a commis un crime dans le noir.

RÈGLES

On prend autant de morceaux de papier qu'il y a de participants. Sur l'un, on marque « Assassin », sur l'autre « Détective », et les autres restent blancs. On plie les papiers, on les mélange bien et on les présente aux joueurs pour que chacun en tire un. Ils regardent discrètement leur papier et le gardent sur eux. Les rôles sont donc définis et le jeu peut commencer : on éteint la lumière, et l'Assassin cherche dans l'obscurité une victime qui doit succomber en poussant un grand cri. On rallume la lumière. Le Détective se présente et commence à mener son enquête. Il interroge les coupables présumés, qui doivent tous dire la vérité, sauf l'Assassin, qui, lui, a le droit de mentir.

Lorsque le Détective pense avoir trouvé le coupable, il l'accuse publiquement et lui demande de montrer son papier. Si le papier est blanc, le Détective doit reprendre son enquête. S'il a vraiment trouvé l'Assassin, tout le monde le félicite, et on peut recommencer une partie.

Je vois quelque chose que vous ne voyez pas

- ***Plusieurs joueurs***

MATÉRIEL

Aucun accessoire.

BUT DU JEU

Découvrir l'objet ou le personnage auquel pense un meneur de jeu qui ne peut répondre aux questions que par « oui » ou par « non ».

RÈGLES

L'un des joueurs choisit en secret un objet ou un personnage qui se trouve dans la pièce. Il dit : « Je vois quelque chose que vous ne voyez pas, qui est... », et lui donne un adjectif, définissant soit l'aspect, la couleur, soit la taille, la forme, etc. Les autres joueurs posent des questions à tour de rôle pour deviner l'objet. Le meneur de jeu ne peut répondre que par « oui » ou par « non ». Celui qui obtient une réponse affirmative a le droit de poser une seconde question, et ainsi de suite jusqu'à ce que la réponse soit négative. C'est alors au joueur suivant de poser sa question. Celui qui devine l'objet choisit celui du tour suivant.

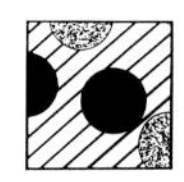

Ni Oui ni Non

- ***Plusieurs joueurs***

MATÉRIEL

Aucun accessoire.

BUT DU JEU

Réussir à répondre aux questions des autres joueurs sans jamais dire ni « oui » ni « non ».

RÈGLES

Un joueur tiré au sort pense à un nom de personnage ou d'objet sans le dire. Les autres lui posent rapidement des questions à ce sujet, auxquelles il doit répondre sans dire ni « oui » ni « non ». Bien sûr, il faut poser les questions de façon qu'il soit très difficile d'éviter ces mots interdits.

Si le joueur arrive à informer ses camarades suffisamment pour qu'ils devinent son mot et à éviter les embûches, il sera récompensé. S'il dit « oui » ou « non », il est éliminé, et le joueur qui vient de poser la question traître choisit un nouveau mot.

Pierre, Papier, Ciseaux

- *2 joueurs*

MATÉRIEL

Aucun accessoire.

BUT DU JEU

A partir de trois gestes figurant pierre, papier ou ciseaux, les joueurs, à chaque coup, montrent en même temps une main, et l'un ou l'autre gagne un point selon le symbole qu'il a opposé à celui de son adversaire. Il faut être le premier à atteindre 20 points.

RÈGLES

Deux joueurs se mettent face à face, les mains derrière le dos. Ils comptent jusqu'à trois et, à cet instant, ils doivent montrer simultanément une main, soit en forme de feuille de papier (main plate), soit en forme de ciseaux (poing fermé, index et majeur tendus), soit en forme de pierre (poing serré).

La pierre l'emporte sur les ciseaux, puisqu'elle les brise. Les ciseaux l'emportent sur le papier, puisqu'ils le coupent. En revanche, le papier l'emporte sur la pierre, puisqu'il l'enveloppe.

On compte 1 point à chaque fois qu'un joueur a choisi l'élément le plus fort. Si les deux joueurs ont montré la même chose, aucun ne marque de point.

Ce jeu doit se dérouler très rapidement, et le gagnant est, par exemple, celui qui atteint le premier 20 points.

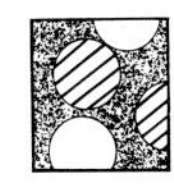

Pigeon vole

- *Plusieurs joueurs*

MATÉRIEL

Aucun accessoire.

BUT DU JEU

Reconnaître très vite ceux qui volent parmi les noms d'objets ou d'animaux, volants ou non, énoncés rapidement par le meneur de jeu.

RÈGLES

Les joueurs sont assis autour d'une table, ou en cercle par terre. Le meneur de jeu énonce rapidement et à voix haute la phrase « Pigeon vole » en changeant à chaque fois le sujet, c'est-à-dire un nom d'animal, d'objet, etc. Par exemple : « La libellule vole », « La caravelle vole », « La casserole vole », « Le cerf-volant vole », « Le volet vole », etc. A chaque fois que le sujet cité peut voler, les joueurs doivent lever les bras en l'air, mais surtout ne pas bouger lorsque le sujet cité ne possède pas cette aptitude. Le meneur de jeu essaie de tromper les joueurs en levant les bras à contretemps ou en énonçant des objets peu connus. La réussite du jeu dépend beaucoup de l'invention et de la vitesse du meneur de jeu.

Le joueur qui se trompe – lève les bras quand il ne faut pas ou, au contraire, ne réagit pas quand il le faut – est éliminé. Le dernier joueur qui reste est le vainqueur et prend le rôle de meneur de jeu au tour suivant.

La Place libre

- *Plusieurs joueurs*

MATÉRIEL

Autant de chaises que de joueurs, moins une.

BUT DU JEU

Découvrir, les yeux bandés, la seule chaise libre.

RÈGLES

On dispose les chaises en cercle, le dos vers l'extérieur. Les joueurs s'assoient sur les chaises, sauf un qui reste au milieu et auquel on bande les yeux. Celui-ci doit aller à la recherche d'une chaise libre en tâtonnant ou en posant des questions pour localiser les joueurs. Pendant ce temps-là, les autres joueurs doivent constamment changer de place entre eux. Si le joueur aux yeux bandés trouve une place libre, celui qui l'occupait avant doit le remplacer.

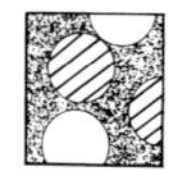

Le Repas

- *Plusieurs joueurs*

MATÉRIEL

Une tablette de chocolat, du papier, de la ficelle, un couteau et une fourchette, un bonnet ou un chapeau, une paire de lunettes, une écharpe, une paire de moufles ou de gants, un dé.

BUT DU JEU

Réussir d'abord à faire un 6 avec le dé pour avoir le droit, en suivant un certain cérémonial, de déguster le chocolat.

RÈGLES

On place sur la table les objets cités ci-dessus et un paquet ficelé contenant la tablette de chocolat.

Les joueurs, à tour de rôle, jettent le dé. Le premier qui fait un 6 met en vitesse le chapeau, les lunettes, l'écharpe et les gants, enlève la ficelle du paquet et déballe le chocolat, qu'il peut commencer à manger par carrés en se servant du couteau et de la fourchette. Pendant ce temps-là, les autres joueurs continuent à jeter le dé et celui qui fait un 6 s'empare le plus vite possible de tous les ustensiles pour poursuivre le repas. Le 6 tombant fréquemment et les préparatifs étant compliqués, les gourmands arrivent difficilement à leur but.

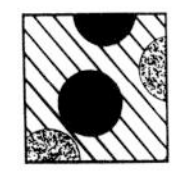

Le Téléphone arabe

- *Plusieurs joueurs*

MATÉRIEL

Aucun accessoire.

BUT DU JEU

Constater à quel point une longue phrase retransmise de bouche à oreille peut se trouver totalement transformée en fin de course.

RÈGLES

Les joueurs sont assis en cercle. L'un d'eux invente une phrase assez longue et compliquée et la chuchote à l'oreille de son voisin, qui la transmet à son tour à son voisin, et ainsi de suite. Le dernier de la ronde dit à voix haute ce qu'il vient d'entendre, et le premier le corrige en répétant sa phrase initiale. La plupart du temps, elle a bien changé de sens, et on s'amuse beaucoup.

Celui qui a énoncé le dernier résultat invente la phrase du tour suivant.

Les Jeux de Rôles

Depuis quelques années, les jeux de rôles ont envahi et bouleversé notre univers ludique, et sont même sans doute à l'origine du regain actuel de popularité des jeux de société. Leur différence fondamentale avec tous les autres types de jeux est que le joueur peut s'identifier totalement avec le pion qu'il manipule et vivre réellement des aventures imaginaires.

Dans les jeux de rôles, quels qu'ils soient, les joueurs interprètent en effet le rôle d'un personnage – chevalier du Moyen Age, magicien, héros de science-fiction ou enquêteur de Scotland Yard *– en essayant d'imaginer, de la façon la plus réaliste possible, l'attitude que ce personnage pourrait avoir dans différentes situations.*

« Historiquement *», le premier jeu de rôle fut Donjons et Dragons. Créé en 1973 par un cordonnier du* Wisconsin *nommé Gary Gigax, ce jeu repose sur l'univers médiéval-fantastique du roman de J.R.R. Tolkien,* Le Seigneur des anneaux*. Le succès de ce jeu fut tel, à travers le monde, qu'il resta longtemps synonyme de jeu de rôle et engendra d'innombrables copies. La société TSR, éditeur de Donjons et Dragons, fut cependant la première à innover réellement en proposant, quelques années plus tard, un jeu de rôle de science-fiction, Star Frontiers, basé cette fois sur l'univers du film de George Lucas,* La Guerre des étoiles.

Il existe aujourd'hui de nombreux jeux de rôles, qui permettent d'interpréter les personnages les plus divers. Si le médiéval-fantastique reste l'univers le plus visité par les créateurs de jeux – ce qui se comprend, compte tenu de son extraordinaire richesse imaginative –, le monde pesant de l'occultisme et de la magie noire a inspiré deux des plus remarquables créations de ces dernières années, Maléfices, un jeu français, et L'Appel de Cthulhu, adapté des inquiétantes nouvelles de Lovecraft.

Ce Livre de tous les jeux *ne serait pas complet s'il ne vous proposait une initiation aux jeux de rôles, l'invention la plus attrayante et la plus originale dans le domaine ludique depuis le Monopoly !*

Initiation aux Jeux de Rôles

Le jeu de rôles est un jeu d'équipe. Un joueur sert de meneur et gère un petit monde rempli d'embûches, de monstres et de trésors, dans lequel vont évoluer les autres joueurs, qui travaillent en équipe et sont solidaires les uns des autres.

Pour le meneur de jeu, le but sera de créer un univers cohérent et attractif, puis d'arriver à le décrire avec des talents de conteur suffisants pour le rendre effrayant à souhait. S'il se présente tout au long de la partie comme l'adversaire des autres joueurs, son but n'est cependant pas de « tuer » leurs personnages le plus vite possible. En aucun cas, un meneur de jeu ne doit improviser : tous les pièges, toutes les rencontres – amicales ou non – sont prévus et joués avec une totale objectivité par le meneur. Celui-ci doit enfin se montrer ouvert aux suggestions ou aux trouvailles de ses partenaires, même si ces trouvailles leur permettent de contourner trop facilement une splendide embuscade qu'il leur avait amoureusement préparée !

Quant aux « aventuriers », leur but est simple : traverser l'univers créé par le meneur de jeu, y rafler tous les trésors qu'ils rencontrent et tâcher d'en sortir en vie !

Le jeu d'initiation (pour 4 à 6 joueurs) que nous vous proposons dans les pages suivantes représente une simplification extrême des jeux de rôles du type Donjons et Dragons. Les jeux vendus dans le commerce ou proposés par des magazines, comme Jeux et Stratégies, Casus Belli ou Info-Jeux, sont fondés sur le même principe, mais font intervenir de multiples paramètres qui rendent les parties plus subtiles... mais aussi plus longues !

BUT DU JEU

Tout l'intérêt du jeu repose sur l'identification du joueur au personnage qu'il incarne. Plus vous parviendrez à vous comporter et à réagir comme un chevalier, un voleur ou un magicien, plus le jeu prendra de saveur.

LES DIFFÉRENTS PERSONNAGES

L'un des principaux intérêts – mais aussi l'une des principales complications des jeux de rôles – est de *créer* son personnage, en calculant ses « points de vie », sa force, son intelligence ou sa dextérité, en lui achetant un équipement ou en choisissant ses sorts magiques.

Pour plus de commodité, nous vous proposons cinq personnages « prêts à jouer » possédant déjà toutes les caractéristiques nécessaires.

Nom

Libre à vous, bien sûr, d'en changer !

Profession

A chacun des cinq personnages correspond un emploi bien particulier.

Le Chevalier
Il est avant tout un combattant. Bien protégé par son armure, il affrontera au corps à corps les ennemis assez fous pour se mettre sur sa route. En contrepartie, il s'expose davantage que n'importe quel autre personnage aux coups de l'adver-

saire, et risque de « mourir » vite s'il se montre trop téméraire !

Le Voleur
Il aime l'argent et ne participe à cette aventure que pour l'appât de l'or. Brave, mais réaliste, il ne participera aux combats que si sa propre vie est en danger. Il possède alors les moyens de se battre et de se défendre convenablement. Mais son rôle principal dans le groupe est de déjouer les pièges mécaniques, de crocheter les serrures ou d'espionner l'ennemi.

Le Magicien
Lui, il ne se bat jamais, sauf s'il ne peut faire autrement. Vêtu d'une simple robe de velours, il est extrêmement vulnérable et doit être protégé par les autres membres du groupe. Il est cependant loin d'être faible, grâce à ses sortilèges magiques fort utiles au groupe.

Le Barbare
Plus puissant mais moins cuirassé que le Chevalier, il est non seulement un dangereux combattant, mais aussi un éclaireur capable de se déplacer silencieusement et un archer redoutable.

Le Prêtre
Il lutte avant tout contre le Mal. Les morts-vivants et les vampires ne l'attaquent jamais. Il possède, grâce à son dieu, le pouvoir de soigner les blessures du groupe et connaît quelques sorts magiques. C'est enfin, à l'occasion, un combattant acceptable...

Armure

Il s'agit de la protection du personnage contre les coups d'épée et autres tirs de flèches. Cette protection varie du tout au tout entre le Chevalier en armure et le Magicien qui porte une simple robe !

Points de vie

Ce terme désigne la résistance physique du personnage. Chaque fois qu'il subira une blessure, il perdra un certain nombre de points de vie. La perte d'un point correspond à une blessure légère, celle de plusieurs points à une blessure grave, et celle de tous les points de vie à la mort du personnage. Par son pouvoir de soigner les blessures (et donc de redonner des points de vie), le prêtre est particulièrement utile au groupe.

Arme

Une épée ou une hache font des dégâts bien plus importants qu'une dague ou un simple bâton. Pour restituer cette hiérarchie, les dommages provoqués par les différentes armes sont simulés par un jet de dé auquel on ajoute un bonus ou un malus. Par exemple, les dégâts causés par l'épée du Chevalier seront estimés à l'aide d'un dé à six faces, et seront donc compris entre 1 et 6 points de dommages. Ceux du Prêtre, qui ne possède qu'une massue, seront pénalisés d'un malus de − 2, et donc compris entre 0 et 4.

Capacités particulières

Chaque personnage possède ses propres caractéristiques, ses propres talents qui le rendent utile au groupe. Ceux du Voleur seront ainsi de pouvoir crocheter une serrure, ceux du Magicien de jeter des sorts, ou ceux du Barbare de se déplacer sans bruit...

Argent et équipement

Au cours de l'aventure, il peut être nécessaire d'acheter des informations. Les aventuriers disposent en pareil cas d'une certaine somme en pièces d'or. D'autre part, ils pourront trouver en cours de route des trésors ou des équipements divers qu'ils pourront conserver en les inscrivant dans la colonne correspondante.

Il ne vous reste plus qu'à choisir votre rôle, parmi les cinq personnages décrits pages suivantes. L'aventure d'initiation que vous allez vivre peut être jouée par trois à cinq personnages, sans compter, bien sûr, l'indispensable meneur de jeu.

Fiche de personnage

Nom : Merlin

Profession : Magicien

Armure : Simples vêtements de velours

Classe : 1

Points de vie : 4
(1) (2) (3) (4)

Arme : Dague - Dégâts : chiffres pairs ou impairs d'un dé à six faces (1-2).

Capacités particulières :
- Lit et parle toutes les langues. Peut jeter des sorts magiques.
- Un sort de disparition, qui permet de disparaître instantanément de la vue et des coups de l'ennemi **(1)**.
- Deux sorts de sommeil, qui permettent d'endormir instantanément un ennemi **(1) (2)**.
- Deux toiles d'araignées, qui dressent instantanément un obstacle infranchissable entre vous et vos ennemis **(1) (2)**.
- Deux sorts d'altération ou d'augmentation de la force, qui permettent, au choix, de multiplier par deux les dégâts causés par les armes de vos alliés, ou de diviser par deux ceux de vos ennemis **(1) (2)**.

Argent : 5 pièces d'or.

... Recopiez ou photocopiez cette fiche et confiez-la au joueur Merlin ...

Fiche de personnage

Nom : Thorgain

Profession : Voleur

Armure : Armure de cuir rembourré

Classe : 3

Points de vie : 6
(1) (2) (3) (4) (5) (6)

Arme : Hache à deux tranchants - Dégâts : un dé à six faces moins un (0-5).

Capacités particulières :
- Se déplace sans bruit.
- Trois occasions d'écouter derrière une porte **(1) (2) (3)**.
- Trois occasions de se cacher sans être découvert **(1) (2) (3)**.
- Quatre occasions de crocheter une serrure **(1) (2) (3) (4)**.

Argent : 5 pièces d'or.

... Recopiez ou photocopiez cette fiche et confiez-la au joueur Thorgain ...

Fiche de personnage

Nom : Gauvain

Profession : Chevalier

Armure : Armure de fer

Classe : 5

Points de vie : 10
(1) (2) (3) (4) (5) (6) (7) (8) (9) (10)

Arme : Épée à deux mains - Dégâts : un dé à six faces (1-6).

Capacités particulières : Aucune.

Argent : 5 pièces d'or.

... Recopiez ou photocopiez cette fiche et confiez-la au joueur Gauvain ...

Fiche de personnage

Nom : Frère Jean

Profession : Prêtre

Armure : Haubert de cuir

Classe : 2

Points de vie : 6
(1) (2) (3) (4) (5) (6)

Arme : Massue de bois - Dégâts : un dé à six faces moins deux (0-4).

Capacités particulières :
- N'est jamais attaqué par une créature morte-vivante (squelette, vampire, goule, etc.).
- Peut soigner ses compagnons (y compris lui-même), trois fois pour chaque personnage. Pour ce faire, jeter un dé à six faces. Le résultat indique le nombre de points de vie que le blessé récupère. On ne peut plus soigner un personnage mort (dont les points de vie sont tombés à 0).

Nom du personnage	Guérisons
Merlin	(1) (2) (3)
Thorgain	(1) (2) (3)
Gauvain	(1) (2) (3)
Éric	(1) (2) (3)
Frère Jean	(1) (2) (3)

- Deux sorts de terreur, qui permettent de faire fuir instantanément un ennemi au choix **(1) (2)**.

Argent : 5 pièces d'or.

... Recopiez ou photocopiez cette fiche et confiez-la au joueur Frère Jean ...

Fiche de personnage

Nom : Éric

Profession : Guerrier barbare

Armure : Épaisses peaux de bêtes

Classe : 3

Points de vie : 7
(1) (2) (3) (4) (5) (6) (7)

Armes :
Épée longue - Dégâts : un dé à six faces plus un (2-7).
Arc magique qui touche à tout coup - Dégâts : 1 point de dommages.
Vous ne possédez que dix flèches, non récupérables **(1) (2) (3) (4) (5) (6) (7) (8) (9) (10)**.

Capacités particulières : Se déplace sans bruit.

Argent : 5 pièces d'or.

... Recopiez ou photocopiez cette fiche et confiez-la au joueur Éric ...

MONSTRES ET TRÉSORS

Tout au long de la partie, les aventuriers vont rencontrer une foule d'ennemis, dont le souhait le plus cher sera la plupart du temps de les réduire en bouillie ! Ces ennemis sont de trois sortes : humains, animaux plus ou moins monstrueux et monstres de légende.

Les humains

Vous pourrez rencontrer un catalogue presque infini d'affreux en tous genres : assassins, bandits de grand chemin, sorciers, hommes d'armes...

Les animaux

Outre les loups, serpents, requins et autres hyènes, vous tomberez parfois nez à nez avec des espèces géantes, d'autant plus dangereuses : araignées, vers de terre ou rats...

Les monstres

Ils sont issus de l'œuvre de Tolkien, *Le Seigneur des anneaux*, qui reprenait lui-même, en leur donnant une forme précise, quelques-uns des êtres monstrueux du monde des légendes : ogres, elfes, trolls ou korrigans. Voici les caractéristiques des monstres que vous rencontrerez dans cette aventure d'initiation :

Gobelin
Sorte de primate intelligent, moitié humanoïde, moitié bête. Utilise les différentes armes des aventuriers.

Homme-lézard
Il se tient debout comme un homme et s'habille, mais c'est un lézard avec des écailles et une longue queue.

Il est semi-intelligent et porte des armes.

Kobolt
Sorte de chien humanoïde qui se tient debout et utilise des armes pour se battre.

Korrigan
Mi-humain, mi-hyène, il se tient debout comme un humanoïde, mais il est de petite taille. Il utilise des armes comme celles des aventuriers. Vit en petite colonie.

Orque
Mi-homme, mi-bête. Il se tient debout, s'habille, mais dégage une forte odeur de cochon. Il est bête et méchant, mais combat assez bien. Les orques font fonction d'hommes de garde.

Vampire
Il peut être tenu à l'écart par le symbole de la croix, tendu face à lui, ou par le prêtre. Il subit des points de coups : 1 à 3 par l'eau bénite. Pour le tuer, il faut lui enfoncer un pieu dans le cœur pendant qu'il est endormi, ou, s'il est réveillé, le combattre à l'arme.

Zombie
Il peut être tenu à l'écart par le prêtre. Il subit des points de coups par l'eau bénite : 1 à 3.

Tous ces monstres protègent les divers trésors que pourraient découvrir les aventuriers : pierres précieuses, pièces d'or ou objets de valeur.

A l'issue de l'aventure, les joueurs pourront faire le compte de la fortune qu'ils ont ainsi amassée...

LES COMBATS

Face à un adversaire, il faut le plus souvent combattre, la ruse ou la corruption ne fonctionnant que rarement (à l'appréciation du meneur de jeu). Dans ce cas, deux situations peuvent se présenter :

- L'un des adversaires surprend l'autre, il est donc le premier à frapper.
- Les adversaires tombent nez à nez. Le joueur et le meneur de jeu (qui joue le rôle des ennemis du groupe) jettent un dé. Le plus fort total frappe en premier.

« Monstres » et « aventuriers » combattent à tour de rôle, même si plusieurs personnages participent à la bataille. Ainsi, si le Chevalier et le Voleur se battent contre deux kobolts, le Barbare devra attendre le tour de ses alliés pour tirer éventuellement une flèche ou se joindre à la bagarre.

Les combats se règlent en deux temps. Il s'agit tout d'abord de savoir si le coup porte, puis de savoir quels dégâts il provoque éventuellement chez l'adversaire.

- Réussite ou échec de l'attaque : l'attaquant jette deux dés à six faces. En fonction de la classe d'armure de son adversaire, le coup portera ou non. Pour connaître le résultat d'une attaque, reportez-vous au tableau ci-dessous.
- Points de dégâts infligés à l'adversaire : si l'attaque a réussi, jetez un dé à six faces en tenant compte du bonus ou du malus de l'arme que possède votre personnage. Le chiffre que vous obtenez doit être soustrait des points de vie de l'adversaire.

Celui-ci peut combattre jusqu'à ce qu'il lui reste 1 point de vie. Il est alors blessé à mort. Il peut être soigné, mais n'est plus en état de se défendre. Un personnage tombant à 0 point de vie est mort.

Exemple de combat

Éric le Barbare est opposé à un gobelin doté de 7 points de vie, armé d'une épée (1-6) et protégé par une armure de cuir (classe 3). Éric a l'initiative et frappe en premier. Il obtient 6 et 2 aux dés. Avec une classe d'armure de 3, il faut un total de 8 pour toucher le gobelin. Le coup passe donc de justesse.

Éric jette alors un dé pour connaître les dégâts qu'il inflige à son adversaire avec son épée longue. Il obtient 3, chiffre auquel il ajoute le bonus de 1 point propre à son arme. Le gobelin soustrait ce chiffre de son total de points de vie : 7 − 3 (+1) = 3. Le gobelin n'est pas mort, c'est à lui de riposter. Il tire 5 et 4 aux dés. Le minimum à atteindre contre Éric étant de 8, le coup passe. Le gobelin tire un dé pour les dégâts, et lui inflige le maximum pour son arme, 6 points de dommages ! Éric s'écroule, blessé à mort. Il ne peut plus combattre, mais ses alliés interviennent. Gauvain, le Chevalier, et Thorgain, le Voleur, frappent simultanément le gobelin. Gauvain obtient un total de 7 aux dés, insuffisant pour toucher, mais Thorgain obtient 10, et son coup passe. Il tire un dé de dégâts : 5 − 1 (malus de son arme) = 4. Le gobelin n'avait plus que 3 points de vie, il est donc mort. Frère Jean pourra soigner Éric...

Classe d'armure du personnage attaqué	7	6	5	4	3	2	1	0
Nombre à atteindre aux dés par l'attaquant	12	11	10	9	8	7	6	5

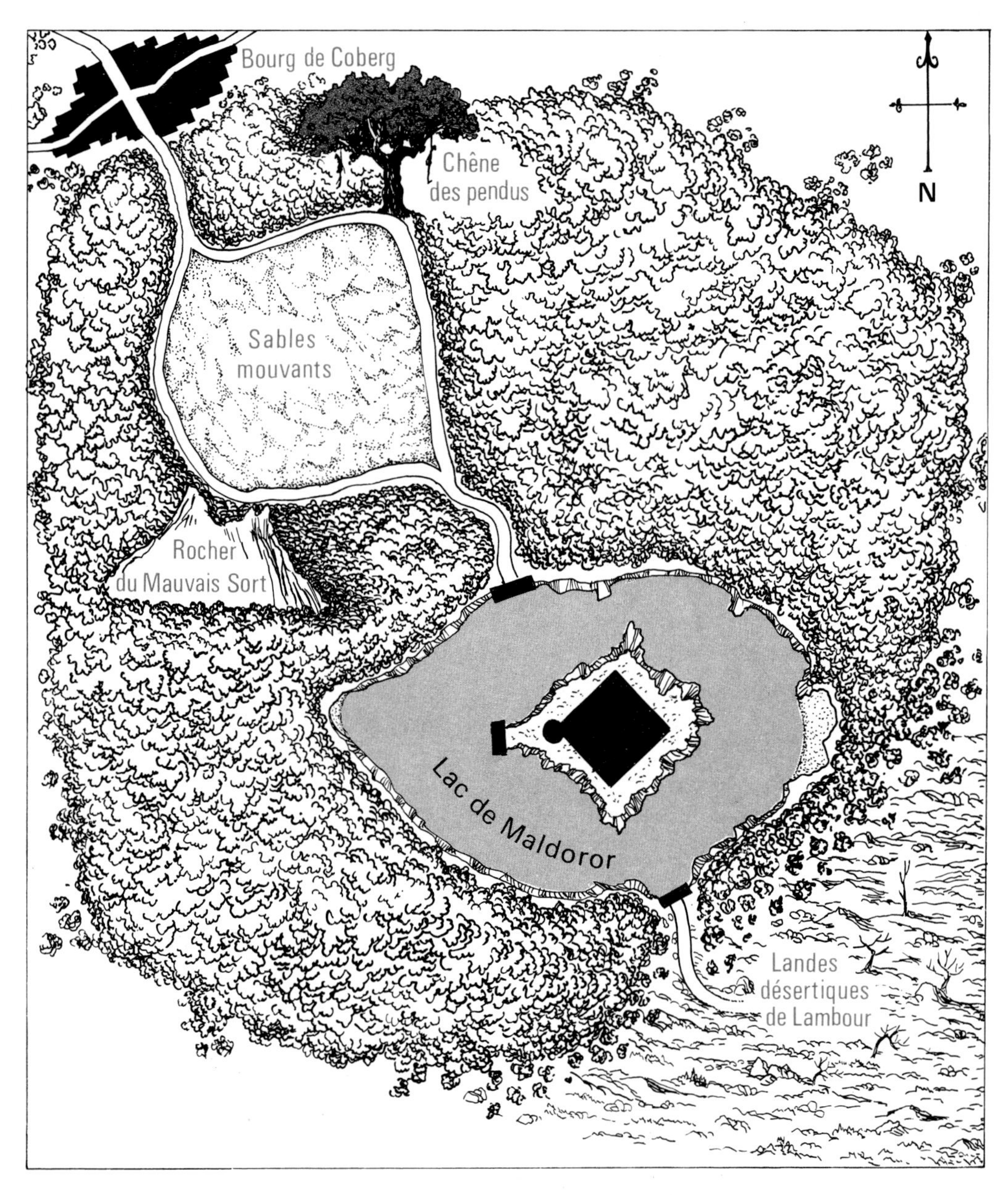

Plan du Comté de Lamoc

Prêt à jouer : Le Château du lac de Maldoror

L'HISTOIRE
(à lire aux joueurs en début de partie)

Vous êtes dans le comté de Lamoc. Nul n'ignore qu'à Lamoc, dans des temps antérieurs, vivait Gordon, un des plus puissants mages de l'Ancienne Alliance des Forces du Mal, et qu'il avait amassé dans son château, situé sur l'île au milieu du lac de Maldoror, nombre de trésors et d'objets magiques.

Depuis sa mort, l'année de l'éclipse totale, rares sont ceux qui se sont aventurés sur son domaine qui va de la forêt des Chênes noirs aux landes désertiques du Lambour.

Les villageois du bourg de Coberg, à l'entrée de la forêt des Chênes noirs, ont juste aperçu quelques rôdeurs du Mal, nostalgiques des festivités diaboliques pas-

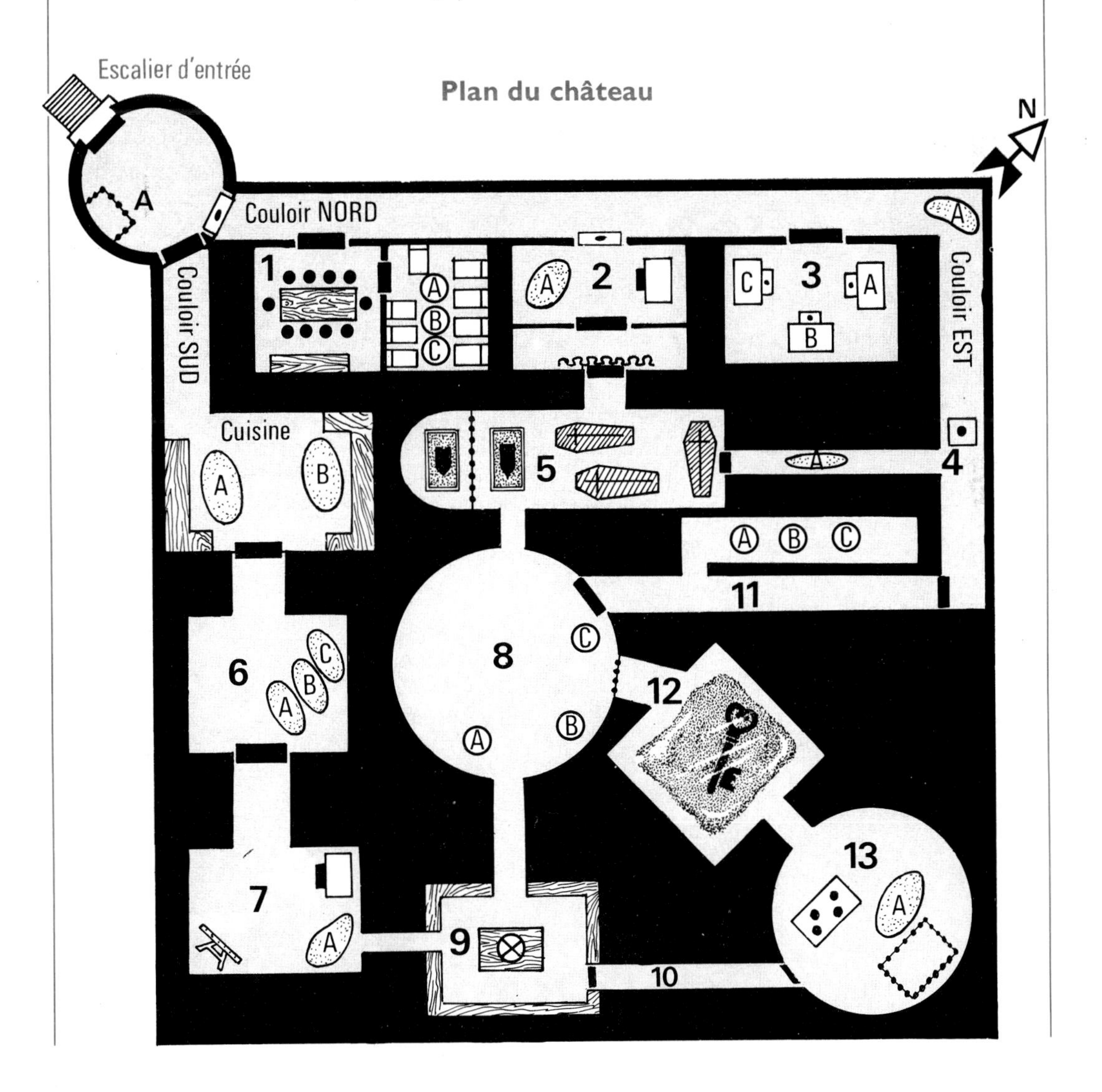

sées, se rendre vers le lac. Mais, en tout cas, personne à ce jour n'a encore osé entrer dans le château du lac de Maldoror, abandonné depuis la mort de Gordon.

A l'auberge du bourg de Coberg, Track, le nain, qui vous a parlé de l'histoire de Gordon, vous propose de vous vendre pour une pièce d'or le plan du comté de Lamoc.

Si vous êtes plusieurs aventuriers au courage bien déterminé, il ne vous reste qu'à acheter le plan de Track, quelques rations de nourriture, à rafraîchir, si besoin est, votre matériel, et à partir à la conquête des trésors du château.

Rappel. Les lignes qui suivent sont exclusivement réservées au meneur de jeu, qui devra les lire attentivement avant de commencer la partie.

DESCRIPTIF

Important : avant chaque action des aventuriers, faire préciser leur position à chacun.

Côté chêne des Pendus

Une troupe d'orques (au nombre de trois : A, B, C) sort de derrière le chêne dès qu'elle aperçoit les aventuriers.
Classe d'armure : 3.
Points de vie : A/3, B/1, C/3.
Type d'attaque : A/épée courte, B/hache à main, C/épée courte (0 à 5).

Dans leur poche : chacun 3 pièces d'or.

Côté rocher du Mauvais Sort

Deux korrigans (A, B) attaquent par derrière les aventuriers après qu'ils ont dépassé le rocher.
Classe d'armure : 2.
Points de vie : A/3, B/2.
Type d'attaque : A/fléau d'arme, B/massue (0 à 5).

Dans leur poche : chacun 4 pièces d'or.

A part ces monstres, la forêt est déserte. Le chemin conduit à un embarcadère en bois. Deux barques sont amarrées. Les eaux du lac sont agitées.

INDICATIONS SUR LE PLAN DU DONJON

Symboles	Signification
	Porte normale sans piège ni serrure fermée
	Porte avec piège ou serrure fermée
	Porte secrète
	Lit
	Cercueil ou pierre tombale (avec possibilité de vampire)
	Table avec tabourets
	Coffre sans serrure, sans piège
	Coffre avec serrure fermée ou avec piège
Ⓐ Ⓑ Ⓒ	Monstres A, B et C et leur disposition
	Tenture, rideau sur un mur
	Grille en fer
A C B	Monstres, animaux A, B et C (loup, araignée, rat, etc.)
×	Emplacement de trésor
⊗	Emplacement d'objet magique
	Cercueil sans vampire
	Trappe dans le sol

Au milieu du lac

Les aventuriers sont attaqués par une pieuvre géante.

Classe d'armure : 3.

Points de vie : 4.

Type d'attaque : 5 tentacules qui frappent ou cherchent à étrangler et à amener dans l'eau, l'un après l'autre.

Dé de coups par tentacule : 1 à 3 (dé à six faces divisé par deux).

Les aventuriers arrivent vers l'île sur laquelle se trouve le château. Un ponton en bois sert d'embarcadère. Le château est une grande bâtisse aux murs lisses, de forme carrée, avec une tourelle sur le devant. Des escaliers taillés dans le roc mènent à une grande porte en bois à double battant.

Tout autour de la bâtisse, il y a assez de place pour passer à plusieurs sur le roc. On n'aperçoit personne.

La porte d'entrée

Une serrure normale, pas de piège. Une fois les aventuriers entrés, elle se referme. Il fait noir.

Salle ronde A

En face, à gauche, une porte ; en face, à droite, une autre porte ; sur le côté gauche, une cage en fer avec des barreaux et une serrure. La cage est vide et la serrure est fermée. La cage est peinte en noir.

Porte de gauche, dite nord

Un objet lourd est coincé sur le haut, qui tombera dès qu'on ouvrira la porte : 2 points de coups.

Couloir nord

On aperçoit une première porte sur la droite.

Salle 1

Pas de pièges sur la porte. Elle s'ouvre lorsqu'on en a tourné le bouton. La pièce est carrée. Au milieu, une grande table, des tabourets. Une odeur infecte règne. Des restes d'aliments sur la table (os mal rongés). A gauche, une porte en bois ; au fond, un râtelier d'armes contenant 4 lances en fer.

Si les aventuriers se déplacent ou parlent, la porte de gauche s'ouvre et, subitement, arrive un premier gobelin, l'épée longue au poing, suivi d'un deuxième, armé d'une hache, et d'un troisième, armé d'une épée.

Classe d'armure : 3.

Points de vie : A/1, B/3, C/2.

Type d'attaque : A/épée longue (2 à 7) ; B/hache à main (0 à 4) ; C/épée (1 à 6).

Dans la salle d'où sont sortis les gobelins

Un dortoir avec 8 lits et, sous chaque lit, un coffre en bois. Dans chaque coffre, 3 pièces d'or (la paye mensuelle des gobelins).

Salle 2

Une porte piégée. Si on ne prend pas la précaution de désamorcer le piège, il explose quand on ouvre la porte, provoquant de 1 à 4 points de coups.

A l'intérieur, un chat sauvage géant saute sur le premier arrivant. Il a l'initiative et commence par donner des coups de griffes au premier tour ; au deuxième tour, il mord.

Classe d'armure : 4.

Points de vie : 3.

Dé de coups : pour les griffes : de 1 à 3 ; pour la morsure : de 1 à 6.

Sur la droite se trouve un coffre en bois, sans serrure. En face une porte sans serrure, avec une poignée. A l'intérieur du coffre un parchemin indiquant : « Noire est l'entrée, noire est la sortie, mais d'abord il faut prendre clé rouge que Méchante garde pour punir favori. »

En face, la porte s'ouvre sans problème. On arrive dans une petite pièce rectangulaire. Sur le mur, une tenture représentant une très jolie femme blonde dans un costume de magicienne et tenant en laisse un petit cube gélatineux de plusieurs couleurs. Autour de son cou, un collier au bout duquel pend une clé rouge.

Derrière la tenture, un passage secret. Si les aventuriers cherchent à le découvrir, le meneur de jeu, sans se faire voir, tire un dé : s'il obtient 5 ou 6, ils le découvrent.

Salle 3

Une porte d'entrée sans piège, qui s'ouvre avec une serrure sans piège.

A l'intérieur, 3 coffres en bois. Un à gauche (le A), un en face (le B) et un à droite (le C).

Coffre A

Un piège dans la serrure, déclenchant une trappe qui s'ouvre dans le sol. La trappe est peu profonde, mais celui qui y tombe prend quand même 1 point de coup. A l'intérieur du coffre, un sac contenant une pierre précieuse d'une valeur de 200 pièces d'or et une fiole d'antipoison (une dose).

Coffre B

Un piège qui déclenche une trappe, elle aussi peu profonde, mais 1 point de coup pour celui qui y tombe. A l'intérieur du coffre, quatre petites croix en bois sculpté.

Coffre C

Une aiguille empoisonnée dans la serrure et, à l'intérieur, une fiole contenant de l'eau bénite.

Sortie sur couloir nord

Le couloir fait un coude et on pénètre dans le couloir est. Au détour du couloir est, un jet de dé pour voir s'il y a un monstre errant.

De 1 à 4, pas de monstre errant ; 5 ou 6, un monstre errant se trouve nez à nez avec les aventuriers. Il s'agit d'un rat géant.

Classe d'armure : 2.
Points de vie : 2.
Type d'attaque : griffures et morsures.
Dé de coups : 1 à 6 pour la morsure, 1 à 4 pour les griffes.

Il faut jeter un dé pour savoir qui a l'initiative : de 1 à 3, c'est le rat qui commence à mordre ; de 4 à 6, c'est l'aventurier qui commence à frapper. Si le rat attaque, il mord avant de pouvoir griffer.

Couloir est

Au milieu, une trappe qui provoque 2 points de coups pour ceux qui y tombent. Le couloir peut contenir deux personnes de front (faire préciser l'ordre de marche).

Couloir 4, sur la gauche

Au fond, un mille-pattes géant monte la garde devant une porte.

Classe d'armure : 2.
Points de vie : 4.
Dé de coups : bave corrosive (1 à 6).

Salle 5

La porte ne comporte pas de piège : elle s'ouvre facilement et introduit dans la pièce 5. C'est une sorte de cimetière ou de salle de gisants, avec des catafalques. Ils sont recouverts d'une pierre tombale. Il y en a quatre, trois avec une croix dessus et un avec un blason. Au fond de cette salle rectangulaire, une salle de forme semi-circulaire. Une grille en fer rouillée empêche d'y pénétrer. A l'intérieur se trouve une pierre tombale sur laquelle repose une femme jeune peut-être endormie, en tout cas en parfait état de conservation. C'est la jeune femme dont le portrait était tissé sur la tenture de la salle 2, et qui est dessinée sur le tableau de la salle 7. Elle porte une clé rouge suspendue à un collier en or.

1) Si les aventuriers décident d'ouvrir les tombes : dans les trois tombes portant une croix se trouvent des squelettes qui jailliront immédiatement, épée à la main.

- *Squelette A* : il a une ceinture de fils d'or avec un gros saphir sur le devant ; valeur : 200 pièces d'or.

Classe d'armure : 2 ; points de vie : 1 ; type d'attaque : épée ; dé de coups : 1 à 6.

- *Squelette B* : il a un diadème d'or serti d'un gros rubis ; valeur : 300 pièces d'or.

Classe d'armure : 2 ; points de vie : 1 ; type d'attaque : épée ; dé de coups : 1 à 6.

- *Squelette C* : il a un médaillon en or avec un diamant en son milieu ; valeur : 300 pièces d'or.

Classe d'armure : 2 ; points de vie : 1 ; type d'attaque : épée ; dé de coups : 1 à 6.

2) Si les aventuriers ne soulèvent pas les pierres tombales, ce sont les pierres qui se soulèveront d'elles-mêmes lorsque les aventuriers passeront près du catafalque sans croix.

Dès que les squelettes seront abattus, le problème sera constitué par le dernier catafalque, dont la pierre tombale commencera lentement à glisser pour laisser le passage à un vampire.

Classe d'armure : 4 ; points de vie : 3.

Les croix tiennent le vampire à distance, si nécessaire ; les aventuriers ont l'initiative pour attaquer, que leurs coups portent ou non ; ensuite, c'est au tour du vampire de sauter sur la victime pour la mordre. Si le vampire réussit à mordre, la victime mettra 10 tours avant de mourir, à moins de trouver une fiole d'antipoison. Pour tuer le vampire, il faut lui enfoncer une épée, un pieu ou une dague dans le cœur.

Une fois le vampire tué, on trouve une clé toute rouillée dans ses poches.

Cette clé ouvre la grille qui enferme la jeune femme endormie. « Méchante » est le nom de ce monstre féminin. Elle est aussi vampirisée, elle a deux longues dents visibles si elle sourit. Elle se réveille si on essaie de prendre la clé rouge qui est suspendue à son cou.

Classe d'armure : 4 ; points de vie : 3 ; type d'attaque : une morsure empoisonnée.

Pour tuer la vampire, il faut lui enfoncer un pieu dans le cœur.

Une autre possibilité pour récupérer la clé consiste à s'approcher d'elle à plusieurs, chacun avec sa croix tendue en avant ; deux la retiennent par les bras tandis qu'un troisième lui cache le visage pour éviter qu'elle ne morde celui ou celle qui essaiera de s'emparer de la clé. Une fois la clé prise, grâce aux croix, elle sera en arrière et il ne restera qu'à l'enfermer derrière sa grille avec la clé rouillée.

Couloir sud et cuisine

La porte s'ouvre sans problème. La serrure n'a pas de piège. Ce couloir conduit à une grande pièce rectangulaire, une cuisine. Deux rats géants attaquent les aventuriers suivant leur ordre de marche.

Classe d'armure : 2 ; points de vie : A/2, B/3 ; type d'attaque : morsure ; dé de coups : 1 à 6, 1 à 4 pour les griffes.

Les aventuriers ont l'initiative car les rats étaient en train de manger.

Au fond de la salle, en face, une porte en bois fermée. Pas de piège. Elle donne sur la salle 6.

Salle 6

Un couloir ouvrant sur une pièce rectangulaire. Une pièce d'armes avec des râteliers aux murs. Un banc avec trois kobolts endormis qui se réveillent.

Classe d'armure : 3 ; points de vie : A/2, B/3, C/2 ; dé de coups : A/ une épée courte, B/ un fléau d'arme, C/ une hache à main (0 à 5).

Dans leur poche : A/ une gemme de 100 pièces d'or, B/ un sac contenant 50 pièces d'or, C/ une fiole contenant de l'antipoison (une dose).

Au fond de cette salle, une porte sans piège, qui donne sur la salle 7.

Salle 7

Un couloir ouvrant sur une salle rectangulaire. Sur la droite, un tableau sur un chevalet. A gauche, un coffre en bois, et, devant, un couloir. Au fond, à gauche, une énorme toile d'araignée sur laquelle une araignée géante commence à descendre vers les aventuriers.

Classe d'armure : 5 ; points de vie : 6 ; type d'attaque : une morsure ; dé de coups : 1 à 6. Si le 6 sort, l'araignée peut jeter son poison.

L'aventurier qui reçoit la morsure empoisonnée met 10 tours avant de mourir, à moins de disposer d'un antipoison.

Le tableau représente une jeune femme très jolie, blonde, en habit de magicienne, tenant en laisse un petit cube gélatineux de plusieurs couleurs. Autour de son cou pend un collier auquel est suspendue une clé rouge.

En haut du tableau est inscrit en lettres d'or : « Méchante et Favori ».

Dès que l'on crochète la serrure du coffre en bois, une trappe s'ouvre dans le sol. Elle est peu profonde, mais provoque 2 points de coups sur celui ou ceux qui y tombent.

A l'intérieur du coffre, une fiole d'antipoison, une croix en or (valeur : 50 pièces d'or) et une fiole d'eau bénite.

La toile d'araignée masque un couloir qui donne sur la salle 9.

Salle 9

Il s'agit d'une bibliothèque. Les murs sont couverts de livres. Au milieu, une petite table sur laquelle est posé un livre fermé. La couverture présente des couleurs très attirantes. Ce livre est magique : c'est un solarius.

Le premier qui l'ouvre se trouve hypnotisé par le charme du livre pendant plusieurs tours, selon sa profession. Le Chevalier, le Voleur et le Barbare seront, s'ils l'ouvrent, hypnotisés pendant 2 tours de jeu (c'est-à-dire le temps de visiter une pièce sans monstre, ou le temps de 2 aller-retour de combat, soit 1 attaque et 1 défense par tour).

Le Magicien sera hypnotisé pendant 3 tours, et le Prêtre pendant 4 tours.

Après que le charme s'est éteint, le solarius révèle son message.

« Noir pour l'entrée,
noir pour la sortie,
au noir correspond le noir,
au rouge le rouge.
Méchante elle est,
mais seule possède le rouge
qui ouvre le rouge,
qui possède le noir
qui ouvre le noir.

Elle repose depuis que Favori a avalé le noir, noir qui procure liberté. »

Sur la gauche, un couloir ; au fond, un passage secret. Le couloir mène à la salle 8, le passage à la salle 13.

Passage secret 10

Rien.

Salle 8

Une pièce circulaire, avec trois statues en pierre sur leur socle assez bas.

La statue A se trouve à gauche de l'entrée qui mène à la salle 9, la statue B à droite, la C à droite de la B et d'une grille en fer rouge qui donne sur un couloir. Les statues sont immobiles tant que les aventuriers ne sont pas arrivés au centre de la pièce. A ce moment-là, elles s'animent toutes les trois et frappent ceux qui sont à leur portée.

Classe d'armure : 4 ; points de vie : A/3, B/4, C/2 ; type d'attaque : chaque statue dispose d'une épée ; dé de coups : 1 à 6. La C a une épée magique qui donne droit à + 2 sur son dé de coups. Cette épée magique peut être récupérée après la « mort » de la statue.

De cette salle 8 partent 4 couloirs :

– celui qui mène à la bibliothèque, salle 9 ;

– celui qui mène à la salle 5 (prendre le descriptif de la salle 5 : le cimetière) ;

– celui qui est fermé par une grille en fer rouge. On aperçoit une masse gélatineuse rouge, derrière.

– une porte en bois, fermée avec une serrure sans piège, qui mène au couloir 11.

Couloir et ramification 11

La serrure est sans piège. C'est un couloir d'où part un autre couloir qui mène à une pièce en longueur, dans laquelle séjournent trois zombies.

Ceux-ci peuvent être tenus à l'écart par le Prêtre ou peuvent être détruits par une fiole d'eau bénite (une fiole par zombie).

Classe d'armure : 2 ; points de vie : 2 ; type d'attaque : A/ une dague (1 à 2), B/ un marteau (0 à 4), C/ une épée (1 à 6).

Dans leur poche : A/ une gemme de 100 pièces d'or, B/ une gemme de 200 pièces d'or, C/ une gemme de 150 pièces d'or.

Salle 12

Cette salle est presque totalement occupée par un énorme cube gélatineux de couleur. Il est translucide et tremblote comme de la gelée. Chacune de ses faces a une dominante de couleur. La face présentée en premier est rouge. Dès qu'une face est anéantie, le cube en offre une autre. Il y a juste assez de place pour passer sur les côtés du cube afin de l'attaquer à plusieurs.

Pour frapper, la gélatine prend la forme d'une massue au niveau de l'aventurier à frapper.

Classe d'armure : 3 ; points de vie : 8 ; type d'attaque : coups, comme une massue. (A noter que le monstre a toujours l'initiative du premier coup.) Dé de coups : 1 à 6 + 1 point.

Une fois le monstre tué, il commence à se dissoudre sous forme d'eau de couleur qui s'évacue par un trou du sol. Lorsqu'il a été complètement évacué, ne reste alors qu'une clé noire et brillante sur le sol. On aperçoit un couloir qui mène à la salle 13.

Salle 13

L'autel.

C'est la dernière pièce du Donjon. Elle est circulaire. Au milieu, un autel sur lequel sont disposés divers objets. De dessous l'autel jaillira un homme-lézard.

Classe d'armure : 5 ; points de vie : 3 ; type d'attaque : une lance ; dé de coups : 1 à 6.

Sur l'autel, une fiole d'antipoison, un anneau qui, une fois passé au doigt, donne une protection contre la morsure du serpent (il protège du poison du serpent mais pas des autres poisons).

Un coffre contenant 500 pièces d'or, une couronne sertie de trois gros diamants : valeur 400 pièces d'or.

Derrière l'autel, au fond de la pièce, se trouve une cage noire, semblable à celle qui était située à l'entrée du Donjon.

C'est une pièce de téléportation.

Pour l'ouvrir, il faut la clé qui se trouvait dans le ventre de Favori, le cube gélatineux. Une fois à l'intérieur, et après avoir refermé la porte à clé et retiré la clé de la serrure, les personnages qui s'y trouvent sont téléportés dans la cage noire de l'entrée du Donjon. Avec la clé gardée en main, ils peuvent ouvrir la porte et se trouvent prêts à sortir du Donjon.

Ils regagnent l'embarcadère. Pas de monstre pendant la traversée du lac.

Ils peuvent soit se diriger vers les landes désertiques de Lambour, soit repartir vers le bourg de Coberg. Selon le chemin qu'ils emprunteront, il est possible qu'ils tombent sur les monstres qu'ils n'avaient pas rencontrés à l'aller.

COMMENT SE DÉROULE LE DÉBUT DU JEU

Tous les joueurs se placent autour d'une grande table, au bout de laquelle préside le **meneur de jeu**.

Celui-ci cache le plan détaillé de son « Donjon » durant toute la partie, derrière un paravent fait de carton et sur lequel, en général, sont rappelés les différents tableaux de résolutions des combats, et autres précisions utiles en cours de jeu.

Le jeu progresse par une discussion continuelle des joueurs entre eux, et avec le meneur de jeu, suivie de décisions.

Au fur et à mesure de leur progression, le meneur de jeu décrit aux joueurs le plan de la pièce ou du couloir où ils se trouvent, mais pas plus. Les joueurs peuvent dessiner ce plan et placer symboliquement leur personnage sur ce morceau de plan, ou à côté si celui-ci est trop petit.

Le personnage de chaque joueur sera représenté par un objet. Ce peut être une très jolie figurine de plomb peinte à la main, représentant avec précision chaque type de personnage, ou bien un simple jeton (les couleurs seront différentes, selon les personnages), ou encore un morceau de papier numéroté.

Ces symboles serviront tout au long de la partie à indiquer l'ordre de marche des personnages, leur position dans chaque pièce. Il est important de savoir quel personnage tombe le premier dans la trappe ménagée dans le sol, celui qui se trouve le plus près de la porte quand entre le monstre, celui qui ouvre la porte et subit l'explosion magique.

Le **meneur de jeu** expose la légende de son « Donjon » aux joueurs. Les dons de conteur sont appréciés !

Il « campe » l'histoire du lieu, laisse entrevoir les richesses qui s'y trouvent, incite les joueurs à s'y aventurer.

Les joueurs frémissent d'impatience à l'idée des aventures qui les attendent. Le jeu peut débuter. Le meneur de jeu questionne les joueurs :
– Qu'est-ce que vous faites ? (Il ne cessera de répéter cette question tout au long du jeu dans les situations successives où se trouveront les aventuriers.) Placez vos figurines dans l'ordre de marche choisi.

Meneur de jeu. – Vous sortez de la forêt et vous venez juste d'apercevoir le château de Maldoror devant vous. C'est une énorme bâtisse aux hauts murs lisses, entourée d'un fossé rempli d'eau. Le chemin par lequel vous êtes arrivés s'arrête devant un pont-levis en bois, abaissé. Vous n'apercevez pas âme qui vive. Que faites-vous ?

Un joueur (aux autres joueurs). – On s'approche ? D'accord ?

Les autres (opinant du chef). – Oui, on s'approche.

M. J. – Indiquez-moi votre ordre de marche.

Les joueurs placent leurs figurines en ordre.

Les joueurs se concertent sur les actions à mener. L'un d'entre eux, dès le début, est désigné comme « Porte-parole ».

Pour éviter de donner la migraine au meneur de jeu, après concertation et décision sur la façon de procéder, le Porte-parole expose au M.J. la démarche de chacun, lors de mouvements communs à l'ensemble du groupe : choix d'une direction, déambulation dans les salles. Quand l'action est menée en particulier par un personnage, la discussion se fait en direct entre le M.J. et le joueur concerné.

Porte-parole. – Nous franchissons le pont-levis et entrons à l'intérieur de la bâtisse. Voici notre ordre de marche. Le Chevalier et le Voleur sont en avant, côte à côte, suivis du Prêtre, du Magicien et du Barbare. Nous avons nos armes en main.

M. J. – Bien. A peine le dernier d'entre vous a-t-il franchi le porche qu'une grille en fer s'abaisse derrière vous et bloque l'issue par laquelle vous êtes entrés.

Le Prêtre. – Flûte ! On aurait dû mettre un gros rondin pris dans la forêt pour empêcher la grille de descendre jusqu'au sol, et ainsi nous laisser un passage suffisant pour ressortir. Maintenant, nous sommes coincés.

Le Chevalier. – De toute façon, nous sommes venus visiter, alors visitons.

M. J. – Pendant votre discussion, de la porte située à votre gauche vient de surgir un petit bataillon d'orques. Ils sont huit. Les deux premiers sortis sont sur le Chevalier et le Voleur, disons le N° 1 et le N° 2. Ils ont l'avantage de la surprise pour le combat. Le N° 1 frappe le Chevalier. (Derrière son paravent, le meneur de jeu tire deux dés pour savoir si le coup porte.) Il te rate. A toi de faire.

Le Chevalier. – Je lui donne un coup de mon épée.

M. J. – Tu tires le dé.

Le Chevalier, très excité, lance ses dés. Il tire 9.

M. J. – Ça touche. Tu tires les points de coups que tu lui portes.

Le Chevalier. – Il va s'en prendre un maximum ! Avec mon épée, j'ai droit à un dé à six faces - Résultat = 5 !

M. J. – O.K. Il est mort. A toi, le Voleur. Ton adversaire te frappe. (Le M.J. tire les dés derrière son paravent.) Ça passe, il te touche avec son épée. (Le M.J. retire un dé pour connaître le nombre de points de coups infligés au Voleur.) 4, tu as 6 points de vie ; il t'en reste 2 après ce coup. A toi de frapper.

Le Voleur. – Je lui donne un coup de ma hache à main, je vais lui faire éclater la tête !

M. J. – Attends de savoir si ton coup passe ; tire les dés.

Le Voleur. – 10 !

M. J. – Ça passe. Points de coups ?

Le Voleur. – 5, le maximum sur ce chien.

M. J. – Très bien, tu lui as fait éclater la tête. (Le M.J. tire un dé derrière son paravent.) Les autres s'enfuient par où ils sont venus. Que faites-vous ? Vous poursuivez ?

Concertation.

Porte-parole. – Non. Peux-tu nous décrire ce que nous voyons ?

M. J. – Vous êtes dans la cour du château. De chaque côté de l'entrée où vous êtes : une porte ouverte à gauche par laquelle sont arrivés puis partis les orques, à droite une porte fermée. En face, un gros corps de bâtiment. Sur le côté gauche, des écuries, quelques têtes de chevaux apparaissent par les portes-fenêtres. Au milieu, une grande porte à double battant. A droite, une petite porte.

Pendant cet exposé, un des joueurs choisi par les autres dessine le plan d'après ce que raconte le M.J. Tout au long du parcours, il s'agira de noter le parcours effectué, ainsi que les pièges qui le jalonnent, car, plus tard, il faudra trouver le chemin de la sortie.

Annexes

Les jeux de Société

L'extraordinaire développement des activités de loisirs, depuis une cinquantaine d'années, a suscité la floraison de nombreux jeux de société. Ces jeux, destinés aux enfants et aux adolescents, ont souvent été détournés de leur affectation première par les adultes, qui les ont adoptés avec enthousiasme.

Quelques grands jeux se sont imposés au fil des ans comme des classiques, et font maintenant partie de la culture générale de tout honnête homme du XXᵉ siècle, de la même façon qu'il était naguère nécessaire d'être en mesure de « faire le quatrième » à une table de bridge. Qui, en effet, n'a jamais été sollicité pour disputer une partie de Monopoly ?

On peut distinguer cinq grandes familles, selon les thèmes de jeu exploités, et selon les publics concernés : les jeux de course pure, les jeux de parcours simples, les jeux de lettres, les jeux de parcours culturels et les jeux stratégiques.

Les jeux de course pure

Dans ce type de jeu, généralement réservé aux jeunes enfants, le joueur qui parvient le premier au but – qui est le même pour tous – remporte la partie. La course s'opère en déplaçant des pions sur un plateau, selon les chiffres indiqués par un lancer de dés. La chance joue un rôle essentiel dans les jeux appartenant à cette famille, mais le jeu se complique parfois par l'existence de cases spéciales : bonifications ou pénalités sont alors attribuées aux joueurs qui s'y posent, modifiant ainsi la chance simple des dés.

Ces jeux de course permettent aux enfants, même très jeunes, de se familiariser avec les nombres, la lecture, et les poussent à imaginer les différentes possibilités de jeu, selon le lancer de dés. Les grands classiques :

Le Jeu de l'Oie

Les joueurs déplacent leur pion, en fonction des dés qu'ils jettent, sur un parcours en spirale où des cases avantageuses ou pénalisantes altèrent le hasard du lancer de dés.

Ce jeu peut se jouer dès l'âge de 3-4 ans, et dure environ un quart d'heure.

Les Petits Chevaux

Les joueurs font avancer leurs pions – des petits chevaux – sur un parcours en croix, selon les dés qu'ils lancent. Là encore, le hasard pur est modifié par des règles propres au jeu : il est par exemple nécessaire de jeter un double avec les dés afin de pouvoir déplacer sa pièce pour la première fois...

Ce jeu, comme le précédent, se joue dès l'âge de 4 ans et dure environ un quart d'heure.

Les jeux de parcours simples

Ces jeux, qui s'adressent à un public d'enfants et d'adolescents, permettent d'introduire une dimension tactique et stratégique dans les jeux de course

pure : les progressions des joueurs ne sont plus fonction uniquement du hasard, mais dépendent également de leur habileté à gérer certaines ressources, qui sont limitées. On citera ici :

Le Lièvre et la Tortue

Ce jeu est apparenté au Jeu de l'Oie, mais se joue selon des règles beaucoup plus complexes : chaque joueur cherche à parvenir le premier au but final, mais ne dispose, pour faire avancer son lapin, que d'un stock limité de carottes. Le jeu se complique encore du fait qu'il est nécessaire de s'arrêter de temps à autre pour manger des salades. Si certaines cases donnent droit à des carottes supplémentaires, il faut tenir compte du fait qu'un petit parcours fait consommer proportionnellement plus de carottes qu'un grand déplacement. Ce jeu, fin et très amusant, qui exige la prise de nombreuses décisions, est destiné aux enfants, dès l'âge de 8 ans, et dure environ une demi-heure.

Le Mille Bornes

Ce jeu, inventé vers 1953 par Edmond Dujardin, jouit actuellement d'un succès soutenu, et se vend non seulement en Europe, mais également aux États-Unis et au Canada. En France seulement, il ne s'en est pas vendu moins de 230 000 unités en 1986.

Au Mille Bornes, les concurrents cherchent à parvenir les premiers à l'arrivée, au terme d'une course de 1 000 kilomètres. Tout au long du parcours, des cartes représentent soit le chemin parcouru (25, 50, 100, 200 kilomètres), soit les aléas de la route : feux rouges ou verts, limitation de vitesse, crevaison, panne d'essence. La finesse du jeu réside dans l'utilisation tactique de ces cartes non seulement pour se libérer (fin de limitation de vitesse, roue de secours, garage, etc.), mais également pour infliger un quelconque incident technique à l'un des autres participants dans le but de le retarder (panne, accident, etc.).

Ce jeu fort amusant peut se jouer à partir de 7 ans, et dure une demi-heure environ.

Le Pictionnary

Récemment apparu, ce jeu est d'une simplicité déconcertante, mais n'en est pas moins l'un des plus amusants qu'on puisse jouer en famille ou avec des amis, en une à deux heures de temps. Chaque équipe déplace son pion sur un parcours composé de cases de couleur correspondant à des sujets rassemblés par famille. En s'arrêtant sur une case, on tire dans une boîte-sabot une carte de la couleur correspondante, où figure un mot. Par exemple, sur la case « action » on tirera la carte « creuser ». Sans montrer cette carte à ses partenaires, l'un des joueurs de l'équipe doit leur faire deviner le mot tiré en le dessinant dans un délai fixé par un sablier. Certaines cases ou certaines cartes permettent aux équipes de se livrer un « défi », où s'affrontent les dessinateurs de chaque équipe.

Il n'est pas nécessaire de savoir dessiner pour gagner à ce jeu, mais plutôt de savoir exprimer une idée en quelques traits.

Les jeux de lettres

Les jeux de lettres sont des jeux souvent difficiles, en tout cas réservés aux adolescents et aux adultes. Ils sont apparus sous diverses formes en Europe dès le XVIIe siècle, mais ne se sont répandus dans le grand public que depuis une quarantaine d'années. Tous les jeux de lettres existant actuellement sont étroitement apparentés, mais une tentative récente a permis de marier un jeu de lettres avec un jeu de calcul mental.

Le Scrabble

Roi des jeux de lettres, le Scrabble fut inventé en 1948 par un architecte new-yorkais, Alfred Butts. Vendu maintenant à des millions d'exemplaires dans le monde entier, il se joue dans la plupart des langues existantes. Son nom provient probablement du verbe anglais *to scrabble*, qui signifie « gratter nerveusement çà et là ».

Le Scrabble s'est aujourd'hui répandu et développé à un point tel que des fédérations se sont formées dans la plupart des pays, organisant diverses compétitions, entre autres des championnats nationaux et même mondiaux (ces derniers rassemblant, bien entendu, des pays de même langue et de même culture).

Le jeu se joue sur une grille de 225 cases, avec des lettres affectées d'un certain coefficient numérique, inversement proportionnel à leur fréquence d'apparition dans la langue de référence. Certaines cases, primées, doublent ou triplent la valeur de la lettre ou du mot posés. Chaque joueur tire au sort 7 lettres et tâche, à son tour de jeu, de les placer sur la grille en formant un mot qui en croise un autre, verticalement ou horizontalement. Les règles confèrent un attrait supplémentaire au jeu en octroyant une prime de 50 points aux joueurs en mesure de faire « Scrabble », c'est-à-dire de placer toutes leurs lettres en une seule fois.

Pour bien jouer au Scrabble, il faut donc non seulement posséder un bon vocabulaire, de l'imagination et une grande vivacité d'esprit, mais également avoir un certain sens stratégique : s'il est en effet souhaitable de marquer à chaque fois le nombre maximal de points, il faut quelquefois prendre la décision de limiter volontairement ses prétentions, afin de ne pas permettre à l'adversaire d'atteindre facilement des cases primées. Le hasard, dans le jeu à deux, est limité, mais il prend de plus en plus d'importance dans le jeu à trois ou à quatre joueurs, du fait du tirage des lettres et des possibilités de placement des mots, ce qui a conduit à imaginer une formule de jeu en « duplicate », où tous les joueurs jouissent de chances égales.

Dans la formule du duplicate, un arbitre tire des lettres au hasard et les annonce aux joueurs, qui les placent devant eux. Ceux-ci disposent alors de trois minutes pour former leur mot et l'inscrire sur un bulletin. Au bout de ce laps de temps, l'arbitre ramasse les bulletins et sélectionne celui qui rapporte le plus de points. Le mot ainsi retenu est inscrit sur un tableau d'affichage et reproduit par chaque joueur sur sa propre grille. L'arbitre tire ensuite de nouvelles lettres, en nombre égal à celles utilisées, et le scénario précédent se reproduit. A tout moment, les concurrents doivent avoir les mêmes lettres et le même tableau de jeu devant eux. Le joueur qui a marqué le plus de points à la fin de la partie remporte naturellement l'épreuve.

Le Boggle

Ce jeu d'apparition récente, original et rapide, permet d'aiguiser la vivacité d'esprit, les réflexes et l'imagination. Il se joue à l'aide de 16 dés, dont les six faces représentent chacune une lettre : après brassage, ils sont positionnés sur un plateau alvéolé, et les joueurs disposent alors de trois minutes pour découvrir le maximum de mots, composés de 3 lettres au minimum, en combinant dans n'importe quel sens toutes les lettres contiguës (par les côtés ou par les angles).

Il existe deux façons de marquer : la liste la plus longue peut être seule prise en compte, ou chaque joueur peut ne comptabiliser que les mots qu'il a été le seul à découvrir.

Il est également très distrayant de jouer en solitaire, avec ou sans contrainte de temps, en cherchant simplement à découvrir le plus de mots possible.

Le Jarnac

Ce jeu récent et passionnant a été mis au point par un avocat français, maître Émile Lombard, et menace la suprématie actuelle du Scrabble. Il procure autant d'émotions que ce dernier et offre des possibilités sans doute aussi riches.

Les joueurs disposent d'un tapis de 8 lignes horizontales, où il leur est possible d'afficher des mots allant jusqu'à 9 lettres. Le premier joueur tire 6 lettres dans un sac et place le plus de mots possible, d'au moins 3 lettres. Chaque fois qu'il place un mot, il peut tirer une nouvelle lettre du sac.

A la différence du Scrabble, il est possible, au Jarnac, non seulement d'allonger un mot ou d'en créer un nouveau, mais également de modifier un mot déjà existant en le décomposant et en le recomposant.

Les joueurs ont intérêt à effectuer autant d'étapes que possible avant d'aboutir à leur mot définitif, puisque, à chacune de celles-ci, ils bénéficient d'une lettre supplémentaire qui leur permet d'accroître leurs possibilités : ainsi, avec les lettres I, G, A, S, L, E, mieux vaut afficher par exemple SEL, puis SALE, puis GALES et enfin AGILES.

Les mots se construisent horizontalement seulement, le Jarnac n'étant pas un jeu de mots croisés mais un jeu d'anagrammes.

Un même joueur continue de jouer tant qu'il découvre des possibilités. Quand il estime qu'il ne peut plus placer de lettres, il « passe », et c'est au tour de son adversaire de jouer.

La grande originalité du jeu réside dans la connaissance qu'ont les joueurs des lettres tirées par leur adversaire : ils participent en effet à sa réflexion, puisqu'il leur est permis, si ce dernier rate une possibilité fructueuse, d'intervenir et de s'emparer pour leur propre compte du mot malencontreusement omis par leur concurrent : c'est le « coup de Jarnac ».

La partie cesse lorsqu'un des joueurs qui a complété ses 8 lignes passe parce qu'il ne voit pas comment progresser, et que son adversaire ne peut le priver de l'un de ses affichages par un coup de Jarnac. Le gagnant est alors celui qui a totalisé le plus grand nombre de points.

Ce jeu, rapide et éducatif, aux règles simples, permet d'exercer la vivacité d'esprit et la mémoire, ainsi que de développer le sens tactique et le jugement. Il peut se jouer dès l'âge de 9-10 ans.

Des chiffres et des lettres

L'émission télévisée qui a connu sous ce nom un succès fulgurant et jamais démenti regroupe en fait, comme son intitulé l'indique, deux jeux différents que l'on peut d'ailleurs retrouver dans le commerce en deux boîtes différentes.

Ces deux jeux, dont l'association est heureuse, mais qui ne sont pas complémentaires au point de ne pouvoir exister l'un sans l'autre, permettent d'exercer la rapidité de pensée, l'imagination, la mémoire et les facultés de décision.

Le Compte est bon : le but du jeu est de retrouver en quarante-cinq secondes un nombre de 3 chiffres choisis au hasard, ou de s'en approcher au maximum en multipliant, divisant, ajoutant ou retranchant 6 plaques, elles aussi tirées au hasard et ne pouvant être utilisées qu'une fois, représentant certains chiffres (25, 50, 75, 100, et les nombres de 1 à 10).

Le Mot le plus long : il s'agit, à partir de 9 lettres communes aux deux joueurs, de composer le mot le plus long. Le joueur dont c'est le tour de jeu annonce son mot et marque autant de points que son mot comporte de lettres, sauf si ce mot n'existe pas dans le dictionnaire de référence, auquel cas les points sont comptabilisés par son adversaire, ou bien si ce dernier découvre un mot plus long, dont il marque naturellement les points.

Ce jeu comporte une certaine dimension stratégique et psychologique : s'il est en effet prudent d'« assurer » à son propre tour de jeu et de ne pas proposer de mot dont la validité est incertaine, il faut changer le style quand il s'agit du tour de l'adversaire, rechercher un jeu plus imaginatif et proposer quelquefois des mots insolites : cela permet parfois de marquer une quinzaine de points, ce qui creuse l'écart et peut soudainement faire douter l'adversaire.

Les jeux de parcours culturels

De nombreux jeux combinent actuellement un parcours à effectuer avec des questions culturelles. Ces dernières peuvent être à thème (Histoire, Scien-

ces, par exemple) ou de caractère général. Ces jeux sont destinés autant aux adultes qu'aux enfants, témoin la formidable propagation du dernier-né d'entre eux, le Trivial Pursuit : créé en 1979 au Canada par trois journalistes, Chris et John Haney et Scott Abbot, il s'est vendu à 50 millions d'exemplaires dans 28 pays et en 18 langues en moins de 5 ans. Rien qu'en France, il s'en est vendu 450 000 en 1986 !

Le Trivial Pursuit

Chaque joueur dispose d'un pion dit « camembert », divisé en 6 secteurs pouvant chacun recevoir un triangle de couleur. Grâce au jet de dés, les joueurs déplacent leur pion sur une piste circulaire, divisée elle-même en 6 secteurs et 72 cases coloriées. Ils doivent répondre à des questions, réparties en 6 catégories selon la couleur de la case d'arrivée : Géographie, Divertissements, Histoire, Art et Littérature, Sciences et Nature, Sports et Loisirs. Répondre de façon exacte permet de poursuivre son chemin. Il est important de répondre correctement lorsque le pion se trouve sur l'une des 6 cases de jonction des secteurs, ce qui permet d'obtenir un triangle de la couleur de la case, qui vient habiter le camembert. Le but du jeu est de compléter son camembert, de parvenir à la case centrale et de répondre à une dernière question dont le thème est choisi d'un commun accord par tous les adversaires.

Ce jeu, qui existe en plusieurs versions (junior, « baby-hosmer », etc.), peut se jouer dès l'âge de 11-12 ans, et dure de une à deux heures. Ses 1 000 cartes, qui regroupent 6 000 questions, permettent de remettre à jour ses connaissances, et de jouer longtemps avant de retrouver des questions déjà posées.

Le succès du Trivial Pursuit a bien sûr inspiré plusieurs jeux dérivés, parmi lesquels l'amusant Le Rouge et le Noir, uniquement consacré à la littérature.

Les jeux stratégiques

Ces jeux, pour adolescents mais aussi pour adultes, sont des passe-temps où la réflexion, la psychologie, la stratégie et les facultés de planification tiennent souvent un plus grand rôle que le hasard. Pour gagner, un joueur doit être le premier à remplir son objectif. Celui-ci peut être commun à tous les joueurs ou propre à chaque individu, connu de tout le monde ou bien tenu secret.

Quand les joueurs sont de force assez équilibrée, et si la chance n'a pas outrageusement favorisé l'un d'eux, il est fréquent de voir des parties se prolonger plusieurs heures durant. Le vainqueur sera alors le joueur se trouvant dans la position la plus favorable au moment de l'arrêt de la partie.

Il est possible de classer ces types de jeux en plusieurs grandes familles, dont voici une liste non exhaustive :

– les jeux de finance : Monopoly et Grand Hôtel (Acquire) ;

– les jeux de guerre et d'alliance : Risk et Diplomacy ;

– les jeux de poursuite et de déduction : Scotland Yard et Cluedo ;

– les jeux de crime : Super Gang.

JEUX DE FINANCE

Le Monopoly

A tout seigneur, tout honneur : il est inconcevable de parler des jeux de société sans commencer par ce best-seller mondial qu'est le Monopoly. Inventé en 1930 par un chômeur américain, Charles Darrow, ce jeu permit à celui-ci et à ses proches d'échapper à la triste réalité quotidienne d'un pays ravagé par la crise économique, en achetant et en vendant des terrains, en construisant des hôtels, en spéculant, en devenant richissime ou bien en se ruinant en quelques heures, bref en éprouvant les émotions d'un financier de haut vol.

En 1934, Darrow se voit refuser son jeu par la Parker Brothers, qui le juge trop long et trop complexe. Il en poursuit cependant la fabrication artisanale, et se voit récompensé par l'accueil triomphant que lui réserve le public. Parker revient alors sur sa décision et lance le jeu sur une grande échelle. Il se joue maintenant dans 36 pays, en 19 langues (il est cependant interdit dans les pays de l'Est et à Cuba), et 85 millions d'exemplaires en ont été vendus dans le monde, dont 9 millions en France seulement. La version américaine originale portant le nom des rues d'Atlantic City, cette ville a même fait apposer, quelques années après la mort de Darrow, une plaque commémorative sur l'une de ses plus belles avenues.

Inutile de s'étendre longtemps sur les règles de base de ce jeu, qui sont connues de tous ; les joueurs disposent au départ d'un pion et de liquidités. Ils parcourent avec leur pion une piste carrée où figurent des noms de rues au gré des chiffres indiqués par le lancer des dés, et peuvent acheter, vendre, hypothéquer, échanger des terrains et y bâtir différentes constructions, maisons ou hôtels.

Si la chance est indispensable pour gagner, elle n'est souvent pas suffisante : il faut impérativement savoir gérer non seulement ses ressources disponibles, mais aussi l'impondérable, représenté par les dés et certaines cases (Chance et Communauté) qui peuvent annoncer de véritables catastrophes au joueur qui s'y pose (en imposant par exemple des réparations sur toutes ses constructions.)

Le but du jeu est de devenir le joueur le plus riche et d'acculer ainsi tous ses adversaires à la faillite.

Les parties sont généralement assez animées et durent de une à deux heures.

Le Grand Hôtel

Également diffusé sous son nom anglais de *Acquire*, ce jeu subtil et passionnant consiste à créer sur un plateau quadrillé des chaînes d'hôtels, à acquérir des actions de ces chaînes, puis à tenter d'opérer des fusions pour accroître la valeur de ses actions. Ce jeu, rapide et plein de rebondissements, oblige les joueurs à élaborer une stratégie pour les deux ou trois coups à venir. Il se termine par la prise de contrôle d'une chaîne sur la majorité de ses rivales.

JEUX DE GUERRE ET D'ALLIANCE

Dans des jeux de conquête comme le Risk ou le Diplomacy, le but ultime est bien entendu de conquérir le monde entier. Il existe au Risk des cartes secrètes assignant à chaque joueur un objectif moins contraignant, dans le but d'écourter les parties, qui sinon seraient fort longues. Ce qui différencie principalement ces deux jeux, c'est la part qui est faite aux alliances : fortuite et tacite au Risk, les participants se liguant spontanément contre le joueur qu'ils soupçonnent d'être en mesure de remplir son objectif supposé, mais faisant partie intégrante du jeu et constituant le pivot central de l'action dans le Diplomacy.

Le Risk

Né dans les années 50 sous l'appellation, plus explicite que le nom actuel, de Conquête du Monde, ce jeu se joue sur une carte du monde où figurent des pays aux frontières quelquefois surprenantes. Les joueurs se partagent au départ tous les territoires, et disposent des armées correspondantes. Chaque joueur se voit attribuer un objectif secret, qui peut être de conquérir tel ou tel continent, ou bien d'éliminer un adversaire désigné de façon précise : pour ce faire, il est possible d'envahir les pays frontaliers de ses propres territoires, l'issue du combat étant réglée par des lancers de dés.

Ce jeu, fort distrayant, constitue une excellente introduction aux problèmes de déduction (deviner les objectifs adverses), de stratégie (pour tenter d'imposer la réalisation de son objectif personnel) et de psychologie (en masquant le mieux possible ses propres intentions).

Les parties durant généralement plus de deux heures, il est prudent de leur réserver un après-midi ou une soirée.

Le Diplomacy

Allan B. Calhamer, qui inventa le Diplomacy aux États-Unis vers 1958, eut du mal à imposer son jeu auprès des maisons d'éditions. Après le refus de publication que lui signifièrent ces dernières, il décida d'en entreprendre la fabrication à compte d'auteur, et vit ses efforts récompensés par le succès, en quelques années seulement.

Roi des jeux d'alliance, le Diplomacy n'hésite pas à consacrer les trois quarts du temps de jeu aux négociations entre joueurs. Il se joue sur une carte représentant les principales nations européennes du début du siècle, la France, l'Angleterre, l'Allemagne, l'Italie, l'Autriche-Hongrie, la Russie et la Turquie, divisées en provinces terrestres et maritimes. Chaque joueur est à la tête d'une de ces nations et tente de conquérir, grâce à ses flottes et à ses armées, 18 des 34 provinces comprenant un centre de ravitaillement.

A chaque tour de jeu, les joueurs négocient – quelquefois à trois, mais le plus souvent bilatéralement – pour tenter de passer des accords d'alliance leur assurant, par exemple, la neutralité d'un voisin ou même son support actif dans des menées belliqueuses contre un tiers. Au bout d'un quart d'heure, les joueurs inscrivent les ordres de route concernant leurs forces sur un morceau de papier. Les mouvements ainsi dévoilés, souvent différents de ceux promis, mènent dans la plupart des cas à des conflits qui se résolvent par des gains ou des pertes en territoire et en matériel.

Ce jeu raffiné, où le hasard n'intervient pas (il n'y a en effet ni dés ni cartes « chance »), permet de développer les dons psychologiques (l'art de la persuasion et les facultés de dissimulation), le flair tactique et le sens stratégique (par l'utilisation des forces au bon moment, en appliquant des principes stratégiques comme la concentration et l'économie des forces), et permet d'acquérir de solides notions de géo-politique (on s'aperçoit en effet rapidement que les alliances ne peuvent être fortuites, les choix politiques de chaque pays dépendant étroitement de sa situation géographique).

La complexité et la longueur des négociations obligent à consacrer au moins cinq à sept heures à une partie de Diplomacy.

JEUX DE POURSUITE ET DE DÉDUCTION

Ces jeux exercent parfaitement les réflexes nécessaires au travail en équipe, et permettent de développer les facultés de déduction, tels le Cluedo et le Scotland Yard.

Le Cluedo

Grand classique du jeu de société, le Cluedo ne prend pas une ride avec les années. Il se joue sur une piste représentant l'intérieur d'une maison, par des joueurs figurant chacun un personnage. Un meurtre a été commis par l'un d'entre eux, mais ni celui-ci, ni l'arme, ni le lieu du crime ne sont connus des autres protagonistes. Le but du jeu consiste à percer cette triple énigme.

Pour ce faire, les joueurs déplacent leurs personnages de pièce en pièce et interrogent les autres participants. Grâce à ce processus continuel de questions et de déductions, la vérité finira par apparaître...

Ce jeu, destiné à des jeunes à partir de 10 ans, dure en moyenne une à deux heures.

Le Scotland Yard

Ce jeu permet, lui aussi, d'affiner ses capacités de raisonnement grâce à un travail d'équipe : en effet, un fugitif court dans Londres, et tous les détectives sont sur ses traces. Si le but du jeu est, bien sûr, d'être le premier à rattraper le fuyard, cela n'est possible que si tous les détectives unissent leurs efforts pour le repérer et le cerner.

Le jeu se déroule sur un plateau représentant Londres, où figurent les trajets possibles des métros, bus et taxis.

Les joueurs se déplacent en gérant au mieux un stock limité de tickets de transport. On connaît à chaque tour le mode de déplacement du fugitif, Mister X, mais on ignore quelle direction il a sélectionnée : les détectives doivent donc formuler des hypothèses et se placer de façon à couvrir les cas retenus. Mister X est tenu d'indiquer son nouvel emplacement après les 3e, 8e, 13e et 18e coups, afin de rafraîchir les indices. Quand plus aucun détective ne peut se déplacer, ce qui arrive au plus tard au 22e coup, Mister X gagne la partie.

On peut jouer à ce jeu fort amusant dès l'âge de 12 ans, et les parties durent généralement de une à deux heures.

JEUX DE CRIME

Flair, sens tactique et hasard sont nécessaires pour gagner à ce genre de jeu, dont Super Gang est l'un des exemples les plus réussis.

Le Super Gang

Le jeu se déroule sur un plateau représentant une ville, divisée en 5 quartiers. Chaque joueur dispose de 3 personnages (la vamp, le tueur et le trafiquant) qui se déplacent au gré de lancers de dés, et braquent, font du racket ou sont partie prenante de règlements de comptes. Dans ce dernier cas, les joueurs placent leurs personnages sur un support et tirent sur leur adversaire, à une distance de 4 mètres, grâce à un pistolet à fléchettes fourni dans la boîte de jeu. Les cibles touchées peuvent être déclarées mortes ou simplement blessées. Le but du jeu est de dominer un quartier complet de la ville, ou bien de demeurer le seul gang survivant.

On peut y jouer dès l'âge de 12-13 ans, et il faut compter environ une à deux heures pour une partie.

La véritable révolution ludique constituée par l'apparition, à quelques années de distance, des wargames stratégiques puis des jeux de rôles du type Donjons et Dragons, a fortement marqué les jeux de société traditionnels et donné naissance à de multiples créations qui se situent à mi-chemin entre ces différents genres.

Fief, un jeu de stratégie médiéval, est à ce titre un excellent exemple d'adaptation « grand public » du principe des wargames et des jeux de stratégie.

Ce nouvel essor créatif a déjà produit d'éclatantes réussites, et a relancé les ventes des « grands classiques » décrits plus haut. Que demander de plus ?

Lexique des termes de jeux

Adouber Ce verbe s'emploie aux Échecs lorsque l'on veut rectifier la position d'une pièce mal centrée. Omettre de dire auparavant « J'adoube » oblige à jouer la pièce touchée. Cette expression, française, est cependant reprise telle quelle dans toutes les autres langues.

Affranchir Rendre des cartes maîtresses, en faisant tomber les Honneurs supérieurs adverses.

Annonce Déclaration par un joueur soit d'une enchère (demande de contrat, contre, surcontre, passe, etc.), soit d'une formation de cartes ouvrant droit à une prime (Belote, Tierce, 100 d'Honneurs, etc.).

Artificielle (enchère) Au Bridge, enchère purement conventionnelle n'ayant aucun rapport avec la couleur annoncée (par exemple, le Deux Trèfles « Stayman » sur l'ouverture d'un Sans-Atout).

Assurance Au casino, possibilité est ouverte aux joueurs de Black Jack de se couvrir contre un sort contraire, moyennant une prime égale à 50 % de la mise.

Atout Carte ou série de cartes (par valeur ou par couleur) qui l'emportent sur le reste du jeu.

Aveugle (jeu à l') Façon de jouer très spectaculaire, propre à certains jeux de plateaux (Échecs, Dames), et consistant à jouer sans regarder l'échiquier.

Back Game Plan stratégique consistant à faire frapper ses pions par l'adversaire, utilisé au Backgammon par un joueur estimant ne plus pouvoir gagner la partie normalement.

Banco Mot par lequel un joueur s'engage à miser une somme identique à celle misée par le Banquier.

Banque Organisme ou joueur qui, dans un jeu d'argent, paie les gagnants et encaisse les mises des perdants.

Bar Barre centrale séparant les deux parties d'un jeu de Backgammon. Avoir un homme au bar, ou à la barre : avoir un pion frappé.

Base Carte à partir de laquelle il est possible de construire Couleurs et Séquences dans les Patiences. On utilise également le terme de « souche ».

Bergère Dernière carte du jeu, à la Belote.

Blitz (partie) Aux Échecs, forme de jeu très vivante où les joueurs ne disposent que d'un temps de réflexion extrêmement bref pour l'ensemble de la partie. Il est ainsi possible de disputer des parties d'Échecs ne dépassant pas deux minutes, par exemple.

Blitz Se dit, au Gin-Rami, d'un joueur qui n'a pas encore marqué de points dans ses colonnes.

Blot Homme exposé, c'est-à-dire pion isolé sur une case, au Backgammon.

Bout Carte maîtresse au Tarot, également nommée Oudler.

Brelan Réunion de trois cartes de valeur identique.

Brûler (une carte) Au casino, éliminer une carte déjà utilisée en l'introduisant dans une fente pratiquée dans la table de jeu.

Capot Se dit d'un joueur qui n'a effectué aucune levée.

Carré Réunion de quatre cartes de valeur identique.

Carte numérale Carte dotée d'un numéro (de 2 à 10).

Cave Somme identique possédée par chaque joueur au début d'une partie de Poker.

Chaîne Au Go, série de pierres appartenant au même joueur.

Chelem Au Bridge, fait de réaliser la totalité des levées (Grand Chelem) ou bien toutes les levées sauf une (Petit Chelem).

Chicane Absence de cartes dans une couleur.

Chien Cartes données à part lors de la distribution, au Tarot. Le Chien appartiendra au preneur ou à la défense, selon le cas.

Chouette Forme de jeu à plus de deux joueurs, au Backgammon.

Chuter Ne pas réussir le contrat demandé.

Collage Placement d'un pion en prise, aux Dames.

Contrat S'engager à réaliser, selon les jeux, un certain nombre de points ou de levées.

Contre Enchère de pénalité, que l'on effectue si l'on pense que l'adversaire ne réussira pas son contrat.

Correspondance (jeu par) Il arrive à des joueurs pratiquant différents jeux (Échecs ou Dames principalement) d'utiliser la poste pour disputer des parties avec d'autres joueurs, faute de disposer d'adversaires convenables à portée de main.

Couleur Le terme de couleur indique une famille, à savoir Pique, Cœur, Trèfle ou Carreau, et non rouge ou noir. Voir également *Flush*.

Couper Fournir de l'Atout, au lieu de la couleur demandée.

Course (jeu de) Au Backgammon, situation du jeu lorsque les pions des deux joueurs ne peuvent plus être en contact.

Croupier Employé de casino chargé de conduire les opérations de jeu à la table, d'encaisser les enjeux et de payer les mises gagnantes.

Dame (aller à) Aux Échecs, mener un pion jusqu'à la dernière rangée, ce qui permet de le promouvoir en une pièce quelconque au choix du joueur (le plus souvent une Dame).

Déclarant Joueur qui a choisi le contrat. Au Bridge, premier joueur à avoir nommé la couleur du contrat final.

Dedans (être) A la Belote, situation du demandeur s'il réalise moins de points que la défense.

Défausser Se débarrasser de ses cartes inutiles.

Donjon Terme générique désignant le cadre symbolique dans lequel se déroule l'histoire, dans les jeux de rôles d'inspiration médiévale fantastique.

Donne Distribution des cartes, sur un coup.

Double (partie) Au Backgammon, prendre l'adversaire double (ou encore Mars, ou bien encore Gammon), c'est remporter la partie avant même que celui-ci ait pu sortir au moins l'un de ses pions.

Doubleton Présence de deux cartes seulement dans une couleur.

Écarter Synonyme de *Défausser*.

Échec Le joueur d'Échecs qui menace directement le Roi de son adversaire doit attirer l'attention de ce dernier, en déclarant à haute voix « Échec au Roi », ou, plus simplement, « Échec ». Cette obligation (dont le manquement n'est pas sanctionné) tend à tomber en désuétude en compétition.

Enchère Déclaration par laquelle un joueur de cartes donne des informations sur sa main ou bien s'oblige à remplir un contrat.

Entame Première carte d'un coup, mise en jeu par le premier joueur.

Entamer Jouer la première carte d'un coup.

Étaler Poser tout ou partie de son jeu sur la table, face visible.

Fianchetto Aux Échecs, mode de développement consistant à avancer un pion d'une colonne-Cavalier d'une case, puis à placer un Fou sur la case ainsi libérée.

Fiche Unité de compte, valant généralement 100 points. Matérialisation d'un enjeu (synonyme alors de *Jeton*).

Figures Se dit des cartes « habillées » : Valet, Dame, Roi (et Cavalier, au Tarot).

Fit Au Bridge, on dit de deux mains très complémentaires qu'elles sont « fittées ».

Flanc Au Bridge, se dit de la situation de l'équipe qui joue contre le déclarant, car ses joueurs sont assis sur les flancs de ce dernier. Par extension, jouer en flanc ou jouer le flanc signifie jouer en défense.

Flèche Case d'un plateau de Backgammon, de Jacquet ou de Tric-Trac.

Flush Combinaison de cartes au Poker, également appelée *Couleur*.

Forcer Monter sur les cartes précédentes, en fournissant une carte qui leur est supérieure.

Fourchette Aux Échecs, attaque simultanée de deux éléments adverses par une même pièce (fourchette de Pion, de Cavalier).

Fournir Jouer (fournir à Pique signifie jouer Pique).

Full Au Poker, réunion dans la même main d'un Brelan et d'une Paire.

Gambit Ce terme, qui vient probablement de l'italien *Dare il gambetto* (« faire un croc-en-jambe »), recouvre aux Échecs ou aux Dames un sacrifice de pion généralement effectué dans le début de partie dans un but positionnel (un meilleur développement, par exemple).

Go-ban Plateau de jeu du Go.

Handicap Au Go, avantage concédé par un joueur à un autre joueur de niveau différent, dans le but de rétablir l'équilibre.

Homme Au Backgammon, une des dénominations possibles des pions.

Honneur Au Bridge (et par extension dans la plupart des autres jeux), se dit des cinq plus fortes cartes de chaque couleur (10, Valet, Dame, Roi, As). Au Mah-Jong, se dit de certaines catégories de tuiles.

Interdiction Tout joueur peut se faire interdire d'un ou de l'ensemble des casinos français, pour une durée de cinq ans, renouvelable. Certaines catégories de personnes sont exclues d'office des casinos (militaires, repris de justice, mineurs).

Intervention Au Bridge, s'immiscer dans les enchères adverses, en proposant un nouveau contrat dans une couleur.

Jan Le jeu de Backgammon se divise en quatre quadrants, appelés Jans (ou Boards). Chaque joueur a devant lui son Jan intérieur (dans lequel il doit rentrer ses pions) et son Jan extérieur, séparés par le Bar.

Jeton Moyen de matérialiser les enjeux. La valeur des jetons est fixée en début de partie.

Jeu de rôles Jeu de simulation proposant aux participants de se mettre dans la peau d'un personnage d'inspiration médiévale ou fantastique, et de réagir conformément à ce rôle aux événements décrits par le meneur de jeu.

Levée Cartes ramassées par un joueur. Synonyme de Pli.

Liberté Au Go, intersection vide jouxtant une pierre, ou une chaîne de pierres.

Litige Situation qui se produit à la Belote lorsque les deux camps ont un nombre de points identique.

Main Ensemble des cartes d'un même joueur.

Maître du jeu Dans les jeux de rôles, nom du joueur qui crée le scénario sur lequel il fait jouer les autres participants.

Majeures Au Bridge, les couleurs Pique et Cœur.

Manche Une des étapes menant au gain d'une partie. Une partie se joue généralement en deux manches gagnantes (c'est-à-dire en deux manches, et belle s'il y a lieu).

Manque A la Roulette, chance simple (payée une fois la mise) portant sur la sortie des numéros 1 à 18.

Marque Façon de compter les gains et les pertes de chaque joueur. Les résultats de la marque sont généralement notés sur des feuilles de marque, propres à chaque jeu.

Martingale On trouve sous ce nom de nombreux systèmes de répartition des mises, pseudo-scientifiques, utilisés par les joueurs de casino dans l'espoir chimérique de gagner.

Mat Aux Échecs, situation d'un Roi, en position d'être pris mais ne pouvant se défendre contre cette menace. Le Mat met immédiatement fin à la partie. Aux Dames, se dit d'une position où le camp qui est dans l'obligation de jouer perd du matériel.

Mineures Au Bridge, les couleurs Carreau et Trèfle.

Mise Somme engagée par un joueur.

Module de jeu Dans les jeux de rôles, scénario mis au point par le maître du jeu.

Mort Au Bridge, partenaire du Déclarant. Après l'entame, le Mort étale ses treize cartes faces visibles et reste passif jusqu'à la fin du coup.

Mur Disposition des tuiles, au Mah-Jong.

Nénette Se dit, au 421, du lancer de dés représentant la figure la plus faible : 2-2-1.

Nulle Cas où les joueurs (d'Échecs ou de Dames, par exemple) ne sont pas parvenus à se départager.

Œil Au Go, vide situé à l'intérieur d'un groupe de pierres.

Orphelins Ce terme imagé recouvre les mises gagnantes oubliées par les joueurs étourdis sur une table de jeu d'un casino. Elles vont grossir le fonds d'aide sociale de la ville.

Oudler Voir *Bout*.

Ouverture Dans les jeux de plateaux (Échecs, Dames, Shogi, Go, etc.), désigne le type de début et de formation employé par les joueurs pour entamer la lutte. La plupart du temps, ces ouvertures sont bien connues, étudiées, et portent un nom.

Ouvreur Premier joueur ayant effectué une enchère positive.

Paire Réunion dans la même main de deux cartes de valeur identique.

Parole Synonyme de *Passe* (enchère).

Passe Enchère par laquelle un joueur, selon le jeu, signifie qu'il ne désire pas demander de contrat ou indique qu'il ne désire pas participer au coup.

Passe A la Roulette, chance simple (payée une fois la mise) portant sur la sortie des numéros 19 à 36.

Pat Aux Échecs, situation d'un joueur qui n'est pas en échec mais ne dispose d'aucun coup légal : il est dit « pat », et la partie est immédiatement nulle.

Personnage Rôle pris par les participants dans les jeux de rôles.

Pierre Pion du jeu de Go.

Pionner Échange de pions, par prise réciproque, au jeu de Dames.

Pli Voir *Levée*.

Points (d'Honneur, de distribution, de soutien) Barèmes servant à l'évaluation des mains, au Bridge.

Ponte Nom dont on désigne les joueurs affrontant un Banquier.

Porte Au Backgammon, point formé par deux pions superposés sur une même case. Un pion faisant partie d'une porte ou posé sur une porte est invulnérable aux frappes adverses.

Pot Au Poker, ensemble des mises imposées aux joueurs avant le début d'un coup.

Prendre Selon les jeux et les situations, demander un contrat, accepter comme Atout la couleur de la retourne, s'emparer d'une carte ou d'une levée.

Quinte Cinq cartes qui se suivent.

Quinte flush Au Poker, cinq cartes qui se suivent dans la même couleur.

Rampo Au 421, situation de deux joueurs ayant réalisé un lancer de dés identique. Il est alors d'usage de déclarer « Rampo » et de rejouer pour se départager.

Relance Au Poker, mise supérieure à une mise précédente.

Renonce Carte fournie en contravention aux règles du jeu.

Retourne Carte retournée par le donneur et fixant la couleur d'Atout.

Rubicon Se dit d'un joueur qui n'a pas atteint un certain nombre de points.

Sabot Boîte utilisée pour disbribuer les cartes.

Sans-Atout Se dit quand le jeu se déroule sans qu'un Atout ait été fixé. Au Bridge, le « Sans-Atout » correspond à une cinquième couleur dans la hiérarchie des enchères, d'un rang supérieur aux quatre autres couleurs.

Sec Aux dés, se dit lorsque l'on se contente de son premier jet, sans chercher à l'améliorer par un second lancer.

Série Sortie, plus de deux fois consécutives, d'une même chance au casino.

Singleton Présence d'une seule carte dans une couleur.

Suite Combinaison de dés ou de cartes de valeurs consécutives, également appelée Séquence.

Surcontre Enchère analogue au contre, mais effectuée par un camp contré qui pense réussir son contrat.

Table Matériellement, table sur laquelle se déroule le jeu aux cartes (Poker, Bridge, Tarot, etc.) ou au casino, et par extension les joueurs eux-mêmes (une table « forte », ou une table « de débutants », par exemple).

Tablier Plateau de jeu.

Talon Cartes restantes, quand la donne a été effectuée.

Tapis Au Poker, total des mises d'un joueur.

Territoire Au Go, partie du plateau entièrement encerclée par un même joueur, à l'intérieur de laquelle ne subsistent que des pierres de ce joueur.

Tierce Trois cartes qui se suivent, dans la même couleur.

Trick Autre façon de nommer les *Levées*, au Bridge et au Whist.

Triple (partie) Au Backgammon, prendre l'adversaire triple (ou encore Grand Mars, ou bien encore Backgammon), c'est remporter la partie avant même que celui-ci ait pu sortir au moins l'un de ses hommes.

Tuile Appellation des dominos, au Mah-Jong.

Valeur Nombre de points représentés par une carte.

Videau Au Backgammon, dé spécial permettant de relancer les enjeux.

Vulnérable Au Bridge, se dit d'un camp qui a déjà remporté une manche.

Yeux Au Go, libertés demeurant à l'intérieur d'une chaîne fermée de pierres.

Index